对话克丽奥
# 西方史学五十论

李 勇 著

复旦大学出版社

谨以此书献给

淮北师范大学五十华诞

# 目录

序言 "捧出地下的太阳,为你发热发光"/张广智　/ 001
前言 "史学史是思想史"　/ 001

## 总论篇

第 1 论　西方史学分期问题新论　/ 003
第 2 论　希腊神话何以具有永久魅力　/ 013
第 3 论　古希腊史学求真精神发覆　/ 019
第 4 论　神学史观与启蒙时期历史进步论　/ 030
第 5 论　博学时代与历史学的科学化　/ 045
第 6 论　怀疑和批判:历史皮浪主义的学术坚守　/ 053
第 7 论　历史理性上反笛卡尔之史学科学化意义　/ 060
第 8 论　"弗劳德病":科学主义史学的理性缺失　/ 074
第 9 论　思索独立于自然科学之外的历史学身份　/ 090
第 10 论　20 世纪美国的相对主义史学思潮　/ 098
第 11 论　从注重历史自然之道到强调史家心性之理:20 世纪以来欧美史学理论的转变　/ 123

第 *12* 论　欧美学者全球视野下的中国马克思主义史学　/ 129

## 史家篇

第 *13* 论　良史萨鲁斯特　/ 151
第 *14* 论　走向互见的普罗克比阿　/ 157
第 *15* 论　转换视角下的布鲁尼　/ 162
第 *16* 论　为罗马荣耀著史的比昂多　/ 174
第 *17* 论　非限于考证手民之误的瓦拉　/ 183
第 *18* 论　困厄中坚持作史的马基雅维里　/ 193
第 *19* 论　公民人文主义者圭恰迪尼　/ 208
第 *20* 论　为艺人作传的艺人瓦萨里　/ 217
第 *21* 论　伏尔泰史学渊源和著史模式　/ 232
第 *22* 论　伏尔泰史学影响、地位、张力和局限　/ 254
第 *23* 论　休谟史学的观念和特点　/ 260
第 *24* 论　休谟史学的张力、影响和地位　/ 272
第 *25* 论　世俗精神与宗教情怀：罗伯逊史学的两重性　/ 281
第 *26* 论　影响焦虑和社会倾向：罗伯逊的美洲史写作　/ 294
第 *27* 论　以社会学解史的弗格森　/ 306
第 *28* 论　吉本治史的学术倾向　/ 318
第 *29* 论　吉本史著中的社会偏向　/ 349
第 *30* 论　梯叶里浪漫主义史学的渊源　/ 363
第 *31* 论　"美国史学之父"班克罗夫特　/ 377

第32论　鲁滨逊对美国历史教育的贡献　　/ 395

第33论　"无私的好奇心"和"有情的怜悯":汤因比的治史动机　　/ 405

第34论　沃尔夫心中的中国史学　　/ 413

## 史著篇

第35论　《历史与批判词典》的批判精神　　/ 433

第36论　批判大革命的《旧制度与大革命》　　/ 442

第37论　揭示美国史学真相的《历史的真相》　　/ 448

第38论　比较视角下的《20世纪历史学与历史学家》　　/ 457

第39论　《历史中的人生:霍布斯鲍姆传》蕴藏的治史方法　　/ 464

## 学派篇

第40论　启蒙时期苏格兰史学派的学术营养　　/ 471

第41论　启蒙时期苏格兰史学派的"推测史学"　　/ 478

第42论　启蒙时期苏格兰史学派的共性和分野　　/ 493

第43论　鲁滨逊新史学派的欧洲和本土渊源　　/ 500

第44论　鲁滨逊新史学派的治学风格与分野　　/ 515

## 融通篇

第45论　多种维度与不同层次:史学史研究新思维　　/ 531

第46论 时代召唤与学理契合:西方史学东传之两翼 / 535

第47论 年鉴学派与中国史学的重塑 / 544

第48论 中西史学理论共通性之一:史学功用、史料和史家别裁 / 563

第49论 中西史学理论共通性之二:进化论、怀疑论和校勘学 / 571

第50论 中西史学理论共通性之三:史学批评的"中正" / 581

**跋语** / 591

# 序言

## "捧出地下的太阳,为你发热发光"

**题　记**

我们捧出地下的太阳,

为你发热,为你发光;

……

我们就是升起的太阳,

为你燃烧,为你兴旺……

——《淮北矿业之歌》

20年前,我曾为吾生李勇的博士学位论文《鲁滨逊新史学派研究》的出版作序,迄今已有整整20年了。一晃20年,历史一瞬间。20年间,他一路走来,披荆斩棘,勤于笔耕,成绩斐然。一个月前,当我收到李勇厚厚的书样《对话克丽奥:西方史学五十论》时,不由心里重重地咯噔了一下,由此想开去,感叹不已。

### 淮北大地的奋勇者

回顾历史,淮北具有悠久的历史文化传统,词家纪健生作《淮北赋》曰:"惟今淮北,乃古相城。数朝郡治,历代名城。既为一方之雄镇,必聚异代之精英……"但在我少年时代的脑海里,淮北总是与煤炭画上了等号。这知识首先来自老师教的地理课,老师说淮北产煤,是上海的主要供应地,也是中华人民共和国成立后十大煤炭基地,故被人们称为"煤都"。更多的是出自上海人的日常生活。在20世纪50年代,当时家家户户用煤球炉子烧饭。记得我小时候放学回家,母亲总是隔三岔五地叫我去附近的煤炭店买煤球,借用店家的四轮小型平板车运回家中。那活真是又脏又累,然一想到这天妈妈下班回家,总是会从厂里食堂带来几个肉馒头作为奖励,也就乐意地接受了。

多少年过去了,淮北再一次给我深刻印象的是李勇。是时我已是花甲之年,但却是我个人学术生涯的"黄金时代",奠定基业的《西方史学史》已问世,六卷本《西方史学通史》和后来的三卷本《近代以来中外史学交流史》已"待产"或"怀胎"了。

李勇的复旦三年(1999年9月—2002年7月),时跨世纪交替之际,沐浴在改革开放的春风里,身处于思想解放潮流中,莘莘学子读书正当时,奋勇向前行。他求学在安师大历史系本科,又在华师大历史系读硕士,在复旦攻博,打下了史学,尤其是中西史学史的基础,于他选择鲁滨逊新史学派作为博士学位论文的题目是很合适的。我在为他的书作序时评论道:"李勇的书,材料翔实,论证有力,是在新世纪开始时中国学人对鲁滨逊新史学派的一种新认识,它的问世,能不说是中国的美国史学尤其是鲁滨逊新史学派研究的一种进步的标志吗?"

学成归来,这"淮北之子"以全新面貌,大展身手,业绩不凡,略记一二。一是培养人才。他把淮师大的拔尖人才推荐给史界,攻读硕士或博士,我为本系西方史学史专业方向学生上课时,这些淮北子弟刻苦、勤奋和谦和,给我留下了良好的印象。二是"小学校,办大事"。随着时代的进展,淮北这座城市的"最高学府"终由安徽师范大学淮北分校(1974年)到淮北煤炭师范学院(1978年),直至"华丽转身"为淮北师范大学(2010年3月),于是它成了教育部中西部城市中学教师国培班的基地之一。我初来淮北,就是到淮师大为那里的中学历史教师国培班授课。8年后,再访淮北,是应邀参加2018年11月由淮师大主办的"近百年中外史学传承与创新"学术研讨会,这个大型的全国性的学术会议取得了圆满的成功。三是与此同时,李勇与母校历史系的文脉绵延始终不息,我上述《西方史学史》《西方史学通史》和《近代以来中外史学交流史》等,李勇皆挑重任,劳苦功高矣。

## 西方史学的耕耘者

"我们应不畏艰难,不辞劳苦,在这个领域内做些垦荒者的工作。……比如垦荒,斩除芦荡,干涸沼泽,而后播种谷物;于是一片金色草原将会呈现于我们的眼前!"

大音希声,历久弥新。60多年前,耿淡如师上述这段现已为学界所熟知的名言,启人心智,影响深远,李勇更信然!他20年拓荒耕耘,20年劳苦艰难,终成50论,结集在5篇:总论篇、史家篇、史著篇、学派篇、融通篇。通览之下,其作丰盈厚重,不落窠臼,新意纷出,在西方史学的长河中,疏凿源流,抉隐钩沉,与克丽奥(Clio,历史女神)做了20余年的"心灵对话",发出了中国学者的强音,为中国的西方史学研究做出了卓越的贡献。

(1)西方史学的新陈代谢。西方史学从古希腊史学发端到后现代主义史学,有着久远的历史,形成了它自身的史学传统。李勇的书从古希腊神话写起,论证了希罗多德与修昔底德两种史学模式之优劣,继之评析了中世纪基督教神学史观,着重考察了文艺复兴时期诸史家,尤注重探讨启蒙时代的理性主义史学派诸家,绍述19世纪的欧美史学至20世纪以来的西方新史学,从美国的鲁滨逊新史学派到法国的年鉴学派,直达当今的全球史学,等等。观览其论,作者视野开阔,以大手笔落墨,史海拾贝,挥洒自如,足见他对西方史学史整体把控的能力。这是他多年来独当一面为学生讲授西方史学史一课训练出来的,于此我深有同感。

(2)西方史学的个案研究。历史学研究当起步于个案,渐至专题,然后才有能力进行综合性的研究,西方史学研究亦然。李勇治西方史学也是沿着这样的路径。他的个案研究精到细致,比如他对18世纪理性主义史家伏尔泰、休谟、罗伯逊、吉本的论作,又如他对19世纪英国史家、牛津大学钦定教授弗劳德所谓的"弗劳德病"(Froude's Disease)的剖析。他关注"弗劳德病"术语的形成和衍义,兼及中西,并考察"弗劳德病"一词背后复杂的学术与社会因素,在学术因素之外又及弗里曼的个性和品德、弗劳德身后史家之见。从某种意义上言,两位英国科学主义史学代表弗里曼、费希尔(前者尤甚,对弗劳德污名化)和两位法国科学主义史家朗格诺瓦、瑟诺博斯一道,把弗劳德这位英国浪漫主义史家掀翻在地,并冠之以"弗劳德病"加以嘲讽。一路读来,十分有趣,也令人深思。"冠名一种史学上的粗心大意为'弗劳德病',则实属过分,体现了科学主义史学的理性缺失",条分缕析,纤毫毕现。我赞同这个结语。

(3)西方史学的开拓创新。21世纪以来,中国的西方史学研究,在马克思主义史学、西方史学史之史和中外(西)史学交流史等方面开拓创新,取得了显著的进步。反观李勇的书,它在这几方面都有成果,从《鲁滨逊新史学派研究》至本书的"沃尔夫心中的中国史学"一论,尤其他看重中外(西)史学交流史,在我主编的《近代以来中外史学交流史》一书中挑起重担,是为显证,兹不另述。

## 中西兼通的追逐者

"培养一批学贯中西的历史学家",这是中国新时代的历史使命,是从史学大国向着史学强国奋斗的目标,也是文明交流互鉴之基。据此,应为构建中国特色历史学学科体系、学术体系、话语体系,为中华民族伟大复兴做出应有的贡献。

回顾李勇的学术生涯,他得相城之古韵,浦江沾溉着他的心灵,卿云缦缦滋润了他的史魂,在淮北大地上,守望史学,博学笃志,切问近思,积以时日,他成了中西兼通的追梦人。他平常在电话中跟我聊天,我不时夸他"中西兼通"了,他羞愧难言,说刚刚在起步,去回答梦想的召唤。

他确实在践行。本书一开篇,就比较古代中希史学上的神话价值;写到博学时代就考辨史料之真伪,论证中西史学的"相通";论及史学批评的"中正"问题,举同时代的章学诚与英国史家威廉·罗伯逊做比较,真是做足了文章;他在"融通篇"里,力陈中西史学交流,进而详细阐解中西史学的共通性。如此深耕,必有大成。

笔者借此,披露李勇近10年来"兼及中西"的学术硕果。他申报的国家社科项目"郭沫若史学的命运与中国马克思主义史学的发展"已结项成书,定名为《郭沫若史学研究》,将由人民出版社龙年推出,与本书合框,为李勇的"中西兼通"增光,这是值得史界庆贺的一件事。作为他攻博时的导师,我自然高兴。20年前,我为《鲁滨逊新史学派研究》作序时,最后说道:"我们期望李勇以本书出版为契机,更加努力,勤奋学习,笔耕不辍,为我国的史学史研究多做贡献。"20年后我为本书写序,借此重录此言,期盼他在学术研究领域更上一层楼。

行文至此,我又想起了淮北,想起了这昔日的"煤都"正在转型的阵痛中浴火重生。"我们捧出地下的太阳,为你发热,为你发光……我们就是燃烧的太阳,为你燃烧,为你兴旺……"《淮北矿业之歌》,质朴、形象、高亢且有着鼓舞人们奋进的力量,且看:黎明从黑色的巷道里走来,这"地下的太阳"绽放出无限的能量,散发的光和热点燃世界,让我们举着光亮的贯通古今、东西交汇的火炬奋勇前行!

是为序。

张广智

2024年元旦于复旦书馨公寓

# 前言

# "史学史是思想史"

"史学史是思想史",并非套用或者导自西哲柯林伍德(R. G. Collingwood)的箴言"一切历史都是思想史",因为史学史原本就是思想的结果,跟这位西哲是否存在没有任何必然联系;只不过因为他对史学的潜思,提出上述那句箴言,使得"史学史是思想史"这个命题变得尤其外化和引人注目了。就中国学者而言,史学史研究领域的先行者在处理史学史和思想史的关系上有何追求,又受到学界怎样的质疑,如何从形而上和研究实践角度去认识这个问题,实在值得做细致分析。

## 一、先行者的开拓

梁启超在《中国历史研究法补编》中提出,史学史著述要作为文化专史去做,具体写史官、史家、史学的成立及发展、最近史学的趋势。然而,中国学界撰写史学史特别是中国史学史著作,在相当长时期内却多做成书目提要,其中一个重要因素,就是忽视了史学中的思想问题,这一定不是梁任公本意。中华人民共和国成立后,一些史学史研究先行者们提出,史学史要关注思想要素。

早在1961年,耿淡如就在《学术月刊》第10期发表《什么是史学史?》,"强调指出历史唯物主义对各种唯心主义的斗争、马克思主义历史科学对资产阶级伪科学的胜利""分析历史家、历史学派在思想领域内的斗争""应注意到其他科学领域的成绩与思潮"。①须知,注意其他科学领域的成绩与思潮,是20世纪初以来新史学的普遍主张;强调历史唯物主义对各种唯心主义的斗争、马克思主义历史科学对资产阶级"伪科学"的胜利,是他那个时代的学术精神或者说风气。耿淡如这样主张原本并不奇怪,但是他突出了"主义""思想""思潮"要素,则彰显了其变革求新的思考,那就是要对以往书目提要式的史学史著作加以完善或纠偏。

白寿彝在1964年2月29日《人民日报》上发表《中国史学史研究任务的商榷》,指出中国史学史的研究,首先要阐明中国史学发展的规律。这个规律是什么?在他看来,就是唯物主义与唯心主义的斗争,辩证法、历史的观点与反动、落后、武断、非历史观点的斗争。因此,把五四前后这些思想斗争加以区别,并联系起来进行研究,"是中国史学史研究工作重要的任务"②。白寿彝提出唯物主义与唯心主义的斗争,辩证法、历史的观点与反动、落后、武断、非历史观点的斗争,跟耿淡如一样是那个时代使然,不过也突出了思想要素。

上述两位分别作为中华人民共和国西方史学史和中国史学史的学科奠基者,在这个问题上,其主张却出奇地一致。

已经失去人身自由的吕振羽看到白寿彝的文章后,写出《关于中国史学史的一些问题》,其中称史学史是历史学中专门史研究的一种,"某些历史著作所包含的唯物主义观点和朴素辩证法思想,是在这个基础上与哲学史的一个圆圈一个圆圈相适应的",因此,

---

① 耿淡如:《什么是史学史?》,《学术月刊》1961年第10期。
② 白寿彝:《中国史学史研究任务的商榷》,《人民日报》1964年2月29日,第5版。

"从以往的历史著作中,指出其所包含唯物主义观点、朴素辩证法观点及其圆圈式的发展,察知其如何为历史唯物主义准备条件,或以之来丰富历史唯物主义,是有重要意义的"。① 其后学桂遵义论史学史研究道,史学思想"是史学的灵魂",由于无论哪一个史家、哪一个史学派别,都有一定的思想作指导,因此"研究史学史,通过对各个时代、各个学派的和史家的史学思想形成和演变的研究,探讨其历史学说的阶级属性、特点与发展规律"。他还说,有些人尽管不是史学家,没有留下历史巨著,但他们的各种历史观点对后世史学发展有着重要影响,"应作为史学史研究的对象,对他们的史学思想予以历史评价"。②

史学史学科的奠基者,当然不限于耿淡如、白寿彝等人,这里只是借助典型予以说明而已。一言以蔽之,1949 年以后,史学史研究的先行者们在史学史研究方面的见解比以往有了新突破,他们的主张及其实施,往"史学史是思想史"这个命题所指涉的目标迈出了重大的一步。

先行者的主张在后人那里得以延续和实施。在 1985 年的史学史研究座谈会上,吴怀祺批评以往的史学史著作"忽视对中国史学史上的各种历史观点和史家的史学思想的探讨"③。到了 1996 年,安徽人民出版社出版吴氏《中国史学思想史》,2005 年黄山书社出版他主编的 10 卷本《中国史学思想通史》。张广智在回顾这一过程后,认为吴怀祺"此见卓识"④,在自己主著的"面向 21 世纪

---

① 吕振羽:《关于中国史学史的一些问题》,《文献》1982 年第 1 期。按,此文虽发表在 1982 年,但它是吕振羽 1964 年 11 月 9 日的遗作。
② 桂遵义:《史学史研究的对象和任务略论》,《历史教学问题》1985 年第 6 期。
③ 《座谈中国史学史之争》,《史学史研究》1985 年第 1 期。
④ 张广智:《超越时空的对话:一位东方学者关于西方史学的思考》,北京师范大学出版社 2008 年版,第 11 页。

课程教材《西方史学史》里提出这样的设想:"研究西方史学史,应研究历代西方史学家的史学思想,它包括史家对历史发展进程的认识(历史观),也包括对历史学自身的认识(狭义的史学理论);特别要研究历代重要的历史学家的史学思想,因为他们往往以其高远的史学思想或奠基一个史学流派(如兰克),或创立一种史学新范型(如希罗多德、修昔底德),足以影响几代人,乃至在一个长时段中对史学的发展产生深刻的影响。"①这本教材确实按照其设想做到了。

不仅如此,上述主张还在其他具体著述中得到落实。例如,张广智主编的6卷本《西方史学通史》,瞿林东主编的3卷本《中国古代历史理论》、7卷本《中国古代史学批评史》,于沛主编的6卷本《马克思主义史学思想史》,陈其泰主编的5卷本《中国历史编纂学史》,胡逢祥等著3卷本《中国近现代史学思潮与流派》,无不关注社会思潮对史学的影响,无不突出史学思想的重要性。

## 二、"雷戈之声"的意味

就在历史学界高歌猛进的过程中,有论者提出不同意见,例如雷戈等发表《史学史与思想史新论》,对上述史学史著作范型提出批评,姑名之为"雷戈之声"。

雷戈在文章中不同意柯林伍德把思想看成高于历史的本体,认为在历史层面,思想就不再完全属于自身,即思想不再是本体;因为面对历史本体,任何东西都不再是本体。用他的话说,就是"历史本体高于一切本体。历史本体高于一切被称之为本体的东西。……毫无疑问,历史肯定要大于思想史。……不要把历史简化

---

① 张广智主著:《西方史学史》,复旦大学出版社2000年版,前言第2页。

为思想史"①。他把历史作为最终、最大、最高本体。

他的思绪继续把思想限制在历史学内涵之中。在雷戈看来，历史学的存在意味着思想的存在，意味着对历史的思考仍在继续，"史学作为思想，它对历史所作的思考并不仅仅是思想中的某一部分，而且是思想的全部"②。其言辞尽管拗口，但无外乎是说史学是思想，又在思考思想，可以推论的是，思想是史学反思的对象。

他这两点意见避免了思想先于一切、大于一切、高于一切的逻辑设定，或者说避免了唯心主义，重申以往学界历史无所不包、史学无所不容的信念。这些都还是学界的主流观点。

什么是思想史、史学史？这是雷戈的文章不能不回答的问题。

关于什么是思想史，雷戈说："思想史有其特定的内涵。首先，它不是人们习惯上所说的那种如同哲学史、文化史之类的专门史性质的'思想史'，它不是专门研究历史上所出现的各种思想的'思想史'；其次，它不是柯林伍德所指称的那种作为历史过程本身的'思想史'。"③显然，他反对从梁启超到自己发文时学界把思想史看成一种专门史的主张和做法，又反对柯林伍德历史过程意义上的思想史。这两点合在一起，说明他可能还有新的提法。根据其文章所述，这个新提法就是"一切思想都是历史，一切思想史都是史学史"④。

关于什么是史学史，雷戈以为："史学史同样不是专门史意义上的'史学史'，即不是历史学的一个分支学科……是指历史学的

---

① 雷戈、鞠健：《史学史与思想史新论》，《河南大学学报（社会科学版）》1999年第5期。
② 同上。
③ 同上。
④ 同上。

历史本身,而非各种各样的'史学史研究'。"①他把史学史界定为史学发展本身,不是后人反思后产生的学术成果形态的史学史。

总之,论及什么是思想史、史学史,他与柯林伍德和中国学界史学史研究先行者的主张都有所不同。

这里涉及思想史与史学史之间的关系问题,上文已及,雷戈说"一切思想史都是史学史"。他还说过"史学史只能是思想史","史学史就是思想史"。②

雷戈的思路到这里,还没有显露对于先行者的根本性批评意见。等谈及如何写史学史,批评之声就变得凌厉了。

他的理论前提是思想史一方面是历史学家和思想家创造出来的,另一方面也是普通人创造出来的;普通人以自己平凡的方式认真地思考着历史,从而使得知识范型的史学史和思想史具有了一个广阔的现实生活背景。其合理推论是"史学史和思想史不仅仅是历史学家和思想家的历史,而且也是普通人的历史"③。这就意味着史学史、思想史研究和著述要把知识精英和普通百姓及其创造过程和结果统统包括进去。

对于史学史著作如何处理与历史著作和思想的关系,雷戈认为,把史学史研究做成思想史研究,并不是简单地要求在研究史学史时,突出或侧重于史学思想这方面,比如历史观和历史理论的内容,以至于把史学史写成史学思想史;而是从本质上讲,史学史的实际状态和思想史的实际状态完全相同,都是在思考历史的过程中成其为本身的。"这就要求我们只考虑实际意义上的史学史和思想史之关系,而不必煞费苦心地考虑专门史性质的史学史和思

---

① 雷戈、鞠健:《史学史与思想史新论》,《河南大学学报(社会科学版)》1999年第5期。
② 同上。
③ 同上。

想史都有哪些特性和内容。"①他的意见可以简化为:反对专门史意义上的史学史写作,不必考虑专门史意义上的史学史的特性和内容,而是考虑实际意义上的史学史和思想史之关系。前半部分语义清晰明确,后半部分则语焉不详。无论如何,这都意味着他对于学界研究史学史突出史学思想的主张和做法感到不满。

他的解决方案是什么呢?据其文字表述,可以归纳为:第一,"既不要把史学史写得同思想史一模一样,又不要把史学史写成思想史内容的一部分。因为这两种做法都着眼于专门史的格式"。第二,"必须把史学史放到思想史的背景下来写,写出史学史与思想史的辩证互动关系。总之,要把史学史写出思想史的韵味"。②

"雷戈之声"要表达的是,时至今日的史学史著述都还没有突破专门史的窠臼,没有关注普通人的史学观念,没有写出史学史和思想史的辩证互动关系。

### 三、合理性与限度的沉思

"史学史是思想史"这一提法有其合理性。历史是人创造的,而人的创造行为受思想、精神、意志和观念等支配,思想、精神、意志和观念等的意义同属一个范畴,因此可以说历史始终是思想的产物。

在现象上,历史,包括人与人之间关联意义上的历史、人与自然环境之间关联意义上的历史,都是由一个一个具体的人,乃至一个一个具体人类化为抽象的人所创造的、所改变的。人创造或者改变历史,是通过思想和行为来实现的。人的思想和行为都会物化为文献和实物,知识体系中所谓的"史料",其实就是这些文献和

---

① 雷戈、鞠健:《史学史与思想史新论》,《河南大学学报(社会科学版)》1999年第5期。
② 同上。

实物经过时间洗刷后的残留。实质上，在思想和行为之间，行为是思想来源的中介，思想是行为的驱动力。说到底，所有历史文献和实物始终都是思想的产物。简言之，一切历史或者历史的一切都是思想的产物。

历史学是研究历史的学问，是人对历史的反思。一定时间和空间中的现象是历史的一部分，也是一种历史存在；历史著作是人对历史的反思结果的表达，呈现为知识形态，既是直接思想的一种，历史学以一定体例所呈现的成果，又是思想的产物。

历史学必须借助史料，而史料是思想的产物。研究历史必须借助思想方法和技术方法，而技术方法凝聚着思想的魔力，思想方法中的范畴、理论体系和逻辑终点则是自名为思想的。研究历史者与其他研究者势必存在认识的同与异，其中的附和、补充、延伸，或者分歧、交锋和反驳，都是思想过程；历史研究者要把见解表达出来，无论说还是写，或者使用融媒体，表达所借助的声音和形象符号都是人的杰作。简言之，一切历史研究都是在反思历史，都是思想过程本身。

史学史著述反思史学，作为历史存在，更是思想的产物。史学史为史学之史，作为一定时间和空间中的现象，天生是历史的一部分，是一种历史存在。史学史的基本内容要写史学家的成长与著述，史学家的成长本身就是接受各种知识的过程，换言之，就是在各种思想中选择的过程；其著述就是反思历史，就是将自己的理想、信念和意志物化为史著的过程。史学史要写史学家的历史观，历史观是史学思想最形而上的内容。史学史离不开对史著的阅读、阐释，离不开赞同与争鸣，这些阅读、阐释、赞同或反对的过程也是思想过程。史学史要写史学家著作的史料价值、编纂体例，史料价值反映的是对后世征引者与阐释者的思想引导、激励、冲突和融合的意义，编纂体例是史学家的写作形式和规范，是史学家根据思想表达需要而涉及的形式和规范。史学史要写史家、史著对后人的影响,亦即史著中蕴含的史学家思想对于他人和后人的影响。史学史是一种知识,所有知识都属于思想;史学史是反思史学的产物,自然就是思想史。

当然,为避免最终走向唯心主义,可继续的思路是:历史、史学、史学史,尽管是思想的产物,然而创造历史、历史学、史学史的那些思想、精神、意志和观念等的产物却要以客观条件为前提,没有那些客观条件,就无所谓思想、精神、意志和观念等。

要之,"史学史是思想史"这一提法的合理性在于史学史研究的对象中,史学家是思想者,史著是思想结晶,其地位和影响是思想的传承与流变;史学史研究各环节,包括文本阅读与意义揭示、论证逻辑构建、写作体裁和凡例选择,无一不是思想本身及其产物。故史学史原本就是思想史。

"史学史是思想史"这一提法,当有其限度,不容忽视。

其实,学界早已有人意识到史学史与哲学思想史的区别。例如耿淡如认为,史学史属于思想意识领域的历史,但不是一般叙述历史哲学或社会思想的历史,因此,史学史应和历史哲学与社会思想史有联系也有差别,它通过具体历史著作或历史上争论的问题,来说明历史学家或历史学派进步或反动的思想意识。史学史在叙述思想方面的主要任务,是"研究历史家或历史学派对整个历史过程或个别事件所采的解释方法与立场观点,因而估计它们的作用。它不是一系列理论与名词的堆积"[①]。后来,桂遵义主张研究史学思想时,也提出应注意把它同一般哲学思想区别开来。他认为,哲学思想指的是世界观,是对自然和社会现象认识的总和;史学思想主要是指史学家对历史人物、历史事件及其在历史发展过程中所

---

① 耿淡如:《什么是史学史?》,《学术月刊》1961年第10期。

持的立场、观点和方法,"哲学思想是指总的指导思想,而史学思想是从属一定哲学思想的,并受其所支配和制约的。因此,两者既有联系又有区别"①。

这些意见对于认识"史学史是思想史"的限度有所启发。至今,关于这个问题的有些方面还值得进一步思考。总的想法是,先行者的追求是可贵的探索,值得继承;"雷戈之声"也不可充耳不闻。

梁启超在《中国历史研究法补编》中,把道术史、史学史、社会科学史、自然科学史当成学术思想史的分支,尽管他没有具体论说社会科学史、自然科学史的做法,又把学术思想史与语言史、文字史、神话史、宗教史、文学史、美术史并列,作为文化专史,而且也没有具体论说文学史、美术史如何做,但非常可贵的是,他把史学史作为专史,也就是今天所谓专门史,把史学史看作学术思想史,这些被中华人民共和国史学史研究先行者继承下来。

批评者雷戈赞同史学史的思想史做法,但是反对把史学史做成专门史、做成知识精英思想史。"雷戈之声"有些提法是有道理的,例如,他把历史作为最终、最大、最高本体,主张史学思想是史学反思的对象,要把史学史写出思想史的韵味,关注普通人的历史认识。其实,他这些想法也差不多是学界过去的做法和未来的追求。史学史和思想史一方面有交叉,另一方面又有分离,这恐怕是雷戈没有意识到,或者虽意识到但未论述的。这个问题说到底是"史学史是思想史"的限度问题。

作为概念,"史学史""思想史"的词源目前一时难以明晰,学术史上之所以区分这两个概念有其学理逻辑。其合乎学理逻辑的基

---

① 桂遵义:《史学史研究的对象和任务略论》,《历史教学问题》1985年第6期。

础是:第一,史学史的重点是历史著作及其相关问题,思想史的重点是思想著述及其相关问题,这就决定了两者是分途的,或者各自进行的。第二,在史学史和思想史的研究实践中,史学史难以包含所有的思想,思想史又不可能囊括所有历史著作,更遑论普通人的历史认识,这就导致我们不得不认可史学史和思想史并存。第三,在史学史研究中,要介绍史料留存情况,叙述史学家搜集、整理史料的情况,这些是现有的思想史写作范型所无法越俎代庖的。

然而,由于它们具有共同的反思特性,因而史学可以反思思想,思想亦可以反思史学,这就决定了史学史少不了思想,思想史里也少不了历史著作。同时,历史上有不少人是百科全书式的学者,在是史学家的同时还是经学家、文学家等,研究这些学人就一定要出现其史学、思想线索的交织乃至纠结。这就决定了史学史和思想史许多时候是交叉重合的。

至于怎样做史学史,以下几条还是可以站得住脚的,可视为对"雷戈之声"的回应,视为"史学史是思想史"在实践上的限度。

从学术史研究的可操作性角度说,史学史还是处理为专门史为好。无论把思想史纳入史学史,还是把史学史纳入思想史,都有一定的合理性。无论如何,理论玄思是一码事,实际研究是另一码事。只能说在进行史学史研究时,应不忘它与思想史之间的复杂关系,如是而已。

研究史学史,当考察史家所处时代的思想环境,考察史著所涉人物那个时代的思想环境;考察史学家的思想,除了像有论者所说的考察史家的历史观和史学思想(观念)外[①],还要注意其关于经济、政治和伦理等方面的思想。

研究历史观和史学思想,包括研究对一些重要人物和事件的

---

① 吴怀祺:《史学思想和史学史研究》,《史学史研究》1986年第2期。

认识,就史料而言,要扩大其范围,从知识精英所创造的著作之外摭取思想材料;就角度而言,要揭示不同史学家在思想上的认同与交锋,同一个史学家在不同时期的变化。

总之,从反思特性上说,史学史就是思想史,史学史反思史学,思想史反思包括历史学在内的思想;从研究实践上说,先行者研究专门史、重视历史观和史学思想的做法值得肯定和继承,同时思想史研究的路数也值得参考和吸纳。这是史学史研究再出发的一个表征。不仅研究中国史学史如此,研究西方史学史亦如此。

# 第 1 论

# 西方史学分期问题新论

为便于学习和研究,西方史学发展史总要被分成某些阶段,但是如何划分,以往学界却众说纷纭。在提出明确意见前,回顾中国学者乃至西方学者已有的说法非常必要。

## 一、中国学者的见仁见智

中国学者的意见可谓五花八门,不过大体可以做如下划分。

第一,郭圣铭《西方史学史概要》七分法。郭先生所分七段是:古代希腊史学、古代罗马史学、5—12世纪欧洲史学、文艺复兴时期欧洲史学、17世纪中期到18世纪末欧洲史学、18世纪末到19世纪中期欧洲和美国史学、19世纪后期到20世纪初期欧洲和美国史学。这一提法出现在"文革"结束后不久,当时人们还视20世纪西方史学为洪水猛兽,同时对这些史学研究还不够充分,故而留空20世纪以来的欧美史学。不过,其后学王晴佳《西方的史学观念——从古希腊到现代》在继承郭圣铭分期法的基础上,之前突出荷马时代,之后增加关于20世纪史学的"历史认识面面观",算是对郭圣铭之说的一种补充。

第二,宋瑞芝、安庆征《西方史学史纲》四分法。他们把西方史学史分成四个阶段:古典史学(公元前5世纪到公元5世纪),创立时期,从神异或奇迹历史变成尘世或人类历史;中世纪基督教史学,人类历史被描绘成上帝信徒和魔鬼信徒做斗争的历史,历史学家不再考证史料,而是极力论证上帝的英明和正确;文艺复兴时期,开创近代史学,走向独立并广阔发展,直到19世纪末;现代史学,20世纪初批判兰克史学,新史学崭露头角,第二次世界大战后获得极大发展。这一分期体现了人在历史著作中地位的变化,且把20世纪纳入考察范围。

陈启能主编《西方史学名著提要》在序里所述分期法与《西方史学史纲》完全一样。杨豫也主张四分法,但与上述之说稍有不同。他在1993年江西人民出版社《西方史学史》之绪论中,把西方史学史分成公元前5世纪到公元5世纪古希腊和罗马史学、公元5世纪到文艺复兴、文艺复兴到20世纪50年代、20世纪50年代以后。

第三,郭小凌《西方史学史》三分法。他把宋瑞芝、安庆征之说的第三、四段合为一段,体现西方史学研究对象从神到人、再到神、再到人的发展脉络。

主三分法者还有刘昶,只是与郭小凌不同,其《人心中的历史》分西方史学三段为:第一阶段,英雄、古典时代,奠定基础;第二阶段,充满人文精神和崇尚人类理性的近代,以人为主题,体现理性和进步;第三阶段,历史哲学的兴起,历史的自觉,实证主义史学第一次将历史学当作一门严格独立的科学来对待,反对历史为任何外在的观念服务,强调历史的价值即历史本身。他以历史观为线索,留白中世纪。"文革"结束不久,中世纪是黑暗的这种历史认识依然流行,出于现实社会反封建的敏感问题,以及受国内中世纪研究严重薄弱的限制,留白中世纪不难理解。

第四,张广智五转折四阶段说。他的《克丽奥之路——历史长河中的西方史学》第二章"史学之父"提到西方史学发展的三次巨大变革,类似郭小凌从神到人、再到神、再到人的提法。后来他在《史学理论研究》1992 年第 2 期上发表《"眼在远处,手在近处"——关于西方史学史教学的几个问题》,提出五个转折的观点。这五个转折是:第一次,公元前 5 世纪古希腊从记神到记人,从真假莫辨到批判方法的初步运用,从史话家的杂沓到历史叙述的确立,史学走出童年,标志着西方史学的确立。第二次,公元 5 世纪基督教史家不仅征服了古典史学的人本观念,而且征服了古希腊罗马史学的地域观念,历史第一次被理解为一个由固定起点到终点的直线运动。第三次,欧洲文艺复兴开始,完成史学的"重新定向"——回到把人置于历史发展的中心地位。第四次,19 世纪与 20 世纪之交,传统史学鼎盛,同时受到挑战。第五次,20 世纪 50 年代,记叙体向分析体转变、社会科学特别是行为科学向史学全面渗透、计量方法广泛使用、史学成果数理化等特征,已成为西方史学进入当代的主要标志。他又在教育部普通高等学校"十一五"规划教材《西方史学史》中具体化为:古典史学,即古希腊罗马史学;中世纪史学,5 世纪到 14 世纪初;近代史学,20 世纪初至 50 年代;现当代史学,20 世纪 50 年代以来。这样就完成了他的"五次转折四个阶段"学说。

中国学者的说法尽管具有中国眼光,然而难免借助或吸纳西方学者的成说,因此回顾一下西方学者的意见乃顺理成章之事。

## 二、西方学者的异见纷呈

西方学者的提法也是五花八门,具体可以归纳如下。

第一,意大利贝奈戴托·克罗齐(Benedetto Croce)六分说。1915 年,他出版《历史学理论和实际》(*History: Its Theory and Practice*),其西方史学分期是:希腊罗马史学、中世纪史学、文艺复兴时期史学、启蒙运动史学、浪漫主义史学、实证主义史学。前四段立足时序,后两段依据思想倾向,多少有些别扭。

加拿大丹尼尔·沃尔夫(Daniel Woolf)2011年出版《全球史学史》(A Global History of History),综合考虑亚、非、欧、美,包括拉丁美洲的史学发展,分为六个时期:公元前的奠基时期、公元后第一个千禧年、1000年到1450年、1450年到1800年、19世纪、20世纪。这一分期的合理性姑且不论,就西方史学而言,同一形态的史学被分割在不同时期,前后搭联,古典史学被分解在第一、二时期,文艺复兴史学跨第二、三时期。从纯粹西方史学来看,这一分期混乱不堪。

第二,英国约翰·布罗(John Burrow)等人五分法。2007年他出版《多样史学的历史:从希罗多德和修昔底德到20世纪的史诗、编年、传奇和探究》(A History of Histories: Epics, Chronicles, Romances and Inquiries from Herodotus and Thucydides to the Twentieth Century),其划分的五段是:希腊、罗马、基督教世界、世俗史复兴、研究过去,相当于古希腊、古罗马、中世纪、文艺复兴、博学时代之后直到整个20世纪欧洲史学。其突出特点在前言中讲得清楚,他是从思想史角度写史学史,特别突出欧洲思想的变迁,划分标准为:欧洲文明独特性的观念,主要对照亚洲诸帝国;共和国美德的观念,呈现于罗马初期,因征服和奢靡而败坏;身为世界霸主的永恒神话,被改换成基督教帝国的观念,《圣经》促成集体犯罪、惩罚和救赎的观念;16世纪以来发现早期日耳曼人的自由观念、"古代宪政"观念;18世纪吸纳市民社会进步观念;19世纪民族认同和民族解放观念;20世纪则是少数族群愿望的表达。

丹尼尔·沃尔夫还总编有一套五卷本《牛津历史著作史》(The Oxford History of Historical Writing),2011年出版。其分期也是五段:从开始到600年、600年到1400年、1400年到1800年、1800年到1945年、1945年以后。其分期观念跟《全球史学史》

很像,存在着与《全球史学史》同样的问题,不过各分期时间节点有细微变化。

第三,美国汤普森(J. W. Thompson)等人四分说。1942年他出版《历史著作史》(A History of Historical Writing),综合考虑历史发展,把史学史分成:第一,古代部分,包括希腊、罗马和早期教会史学;第二,中世纪部分;第三,中世纪结束和文艺复兴、宗教改革与反改革时期;第四,从17世纪初博学时代开始的近代史学的兴起。

英国柯林武德1946年出版《历史的观念》(The Idea of History),也分历史为四段,分别是:希腊罗马历史学、基督教的影响、科学历史学的滥觞、科学历史学。第一段是时序意义上的,后三段是思想倾向意义上的,标准不一,犹如克罗齐。此外,还有美国米歇尔·本雷(Michael Bentley)主编《历史学指南》(Companion to Historiography),1997年出版。这是一部成于多人之手的论文集。本雷的编排显示其分期说为:古代、中世纪、文艺复兴到18世纪、启蒙运动以来,类似于汤普森。

第四,美国布莱塞赫(E. Breisach)三分说。他于1981年出版《古代、中世纪和近代历史学》(Historiography: Ancient, Medieval, and Modern),遵循剑桥三史古代、中世纪和近代的划分之法。

第五,其他人的分期办法。美国肖特韦尔(J. T. Shotwell)1922年出版《史学史导论》(An Introduction of History of History),1939年出版《史学史》(The History of History),把西方史学分为犹太、希腊、罗马、基督教的。由于他只写到中世纪基督教史学,因此近代以后如何处理不得而知。

美国巴恩斯(H. E. Barnes)1937年出版《历史著作史》(A History of Historical Writing),分期比较琐碎:历史著作起源、希腊和罗马人历史著作、早期基督教历史著作、中世纪历史著作、人文主义历史著作、宗教改革与反改革期间牧师的历史著作、社会和文化史兴起、浪漫主义和历史哲学、自由主义和民族主义影响下的历史著作、考证史学兴起、世界战争中历史学兴衰、历史学家眼界和解释的拓展、文化史兴起、历史学与人类科学、新史学与历史著作的未来。

总之,中外学者的观点让人有如坠雾里之感。关键问题是按照全球史观念来划分,还是依据欧美史学自身发展来划分。若按照全球史观念划分,则西方史学明显被淡化,且同一史学形态或者模式和思潮被分在不同时期。假如按照西方史学自身发展划分,那么文艺复兴之后还要不要再分若干阶段?具体来说,是否还要分近代早期和后期,即近代和现代?20世纪以来还要不要细分为不同阶段?在这些问题上,中外学界没有达成一致意见,这就给进一步讨论提供了必要性和可能性。

### 三、权进一说:一界碑五时段

首先重读耿淡如《什么是史学史》,这篇文章发表在《学术月刊》1961年第10期。耿先生把前马克思主义、前科学时期与马克思主义、科学时期对举,为什么这样做则未加说明。可以理解的是,突出马克思主义是中华人民共和国史学界的普遍做法,只有马克思主义史学才是科学。耿淡如关注科学的视角给予的启发是,西方史学史分期是否也可以把科学性作为一项要素。

再读柯林武德《历史的观念》,可以发现他特别重视科学史学问题。从何兆武、张文杰合译的汉文本来看,全书除导论外共计五编,前四编可以看作欧洲史学观念史,第三、四编都是以科学史学为切入口,第五编则是从科学意义上分析史学方法,可见柯林武德对科学史学的重视。这不是指他提倡科学史学,而是指他重视反思科学史学,或者说他发现科学史学在史学史上影响之大。柯林武德反对史学中的自然科学或者实证主义倾向。他主张历史学不仅要研究历史现象,并且还要研究造成历史现象的人的思想,这是自然科学无须做的;历史现象也不是历史学家能够感知的,而是自然科学研究的现象史可以感知的;自然科学可以控制自然能力的增长,却不能控制人类掌握局势能力的增长,解决后一个问题则要靠历史学。他批评史学家错误地模仿自然科学家,认为以弄清事实为目的摘录权威说法乃至考证史学都不是真正的史学,而只是"剪刀加糨糊"而已;走向构造历史模式的"鸽子笼"式史学也没有多少科学意义可言,得不到人们的普遍认可。

这一中一西两位学者,都特别重视史学科学性问题,恐怕是重新思考分期问题时要加以继承的。于是,西方史学史上神与人、科学与艺术这两对范畴立刻浮现出来。这里所说的"神"既指神话中的神,又指基督教神学中的上帝。古希腊罗马、中世纪欧洲史学都离不开神,张广智《克丽奥之路——历史长河中的西方史学》第二章"史学之父"、郭小凌《西方史学史》都有论述,恕不赘述。问题是,第三次转折后,人成为历史著作中的主角,之前的"神"跟之后的"科学"是怎样的关系?

西方科学主义史学究其本质是以自然科学为学术目标和衡量尺度的,具体来说,要像自然科学那样具有怀疑精神,弄清历史事实(甚至可以用数字来表达),归纳共性。17世纪博学时代,自然科学获得长足发展,成为世人破除迷信、祛除愚昧、对抗神学的利器。自然科学为史学科学化指示路径,在引导人类知识发展的同时,获得人类知识体系中的至尊地位,成为衡量历史知识可靠性的权舆。培根(F. Bacon)、洛克(J. Locke)经验主义促进了史学科学化,而笛卡尔(R. Descartes)理性主义则把历史学逼入科学化的不归之途。史学家秉承怀疑精神,校勘和辨伪史料,发现历史规律,开展数量分析,成为科学主义史学的发展趋势。总之,科学取代神学,成为人类知识的主宰。

需要进一步拷问的是,科学或者科学主义是否为神学或者神在近代以后的变体? 史学科学化的一个突出现象是发现普遍原理,也就是规律和模式。西方学者中已经有人探讨了科学和神学之间的微妙关系,一位是美国的卡尔·贝克尔(Carl L. Becker),另一位是德国的卡尔·洛维特(Karl Löwith)。

贝克尔著《18世纪哲学家的天城》(*The Heavenly City of the Eighteenth Century Philosophers*)指出,这些哲学家比人们通常所想象的更接近中世纪,更未能从中世纪基督教思想成见中解放出来,更接近宗教徒,他们是基督教新教和冉森教派①的世俗继承人。贝克尔点出了那些制造历史普遍模式的哲学家与基督教之间的渊源关系。

洛维特则在《世界历史与救赎历史》(*Welt geschichte und Heils geschechen*)中通过许多个案研究得出结论,一切历史哲学家都毫无例外地依赖神学,现代历史哲学是神学历史观的典型世俗化,而神学史观源自《圣经》对信仰的践行,而终结于末世论。

洛维特之论与贝克尔之说研究取向一致,结论也惊人地相似。特别是贝克尔从舆论气氛角度考察历史规律论与基督教神学进步观之间的类似性,认为启蒙学者的救世精神类似于基督教,其关于人与自然协调一致的观点也与基督教相同。

科学主义史学最接近自然科学的是发现规律,而发现规律恰恰是基督教神学的产物。可以说,在自然科学日益增进的形势下,神学蜕变为历史哲学,上帝摇身一变为自然,于是尊崇理性的历史学家自以为摆脱了神学走上自然科学之路,然而实际上,统领和规范历史学者的由神学变成自然科学,由绝对理念变成绝对理性,仅

---

① Jansenism,加尔文教的一个分支,由荷兰人冉森(C. O. Jansen)所创。

仅是改换称号而实质未变。

到了给出结论的时候了。以 17 世纪中期为界,近代以后史学可以分为前后两段。之所以选这个节点,是因为:第一,资本主义比较发达,英国爆发资产阶级革命;第二,席卷欧洲的宗教改革和反改革尘埃落定;第三,笛卡尔提出科学标准,博学派成就科学主义史学技术方法,波丹(J. Bodin)、维柯(G. Vico)等人提出历史发展普遍原理;第四,欧洲史学观念向世界各地传播,结果是科学主义史学至今在全世界占据上风。17 世纪中期就是"一界碑"。

17 世纪中期以前,就像张广智、郭小凌所说的那样,学者写史有人与神的较量,既有神对史学的统御,又有史学世俗化即摆脱神话和神学的努力。尤其是培根 1605 年出版《学术的进展》(*The Advancement of Learning*),1620 年出版《新工具》(*Novum Organum*),笛卡尔 1637 年出版《谈谈方法》(*Discours de la méthode*)①,标志着人类知识及其获得途径的强烈世俗化,人在历史上的重要性、历史学家在历史认识中的重要性获得普遍认可。

17 世纪中期之后,在人的重要性获得认可的前提下,人文艺术和自然科学的较量凸显出来。历史学引入经验、理性、哲学、自然科学,以巩固既得的对于神话、神学的胜利,突出表现为以理性主义史学、客观主义史学、实证主义史学为代表的科学主义史学,或者可以概括为"剪刀加糨糊"的史料搜求、"鸽子笼"的规律探求、计算机加数理模型的计量分析。同时,存在着试图摆脱理性、哲学与自然科学的羁绊,不满对于历史学人文性的严重忽略的情况,突出表现为浪漫主义史学、相对主义史学,特别是以后现代主义史学

---

① 全称《谈谈正确运用自己的理性在各门学问里寻求真理的方法》(*Discours de la méthode pour bien conduire sa raison et chercher la vérité dans les sciences*)。

为代表的人文主义史学。

前期西方史学经历古希腊罗马、中世纪、文艺复兴三个时段,以人取代神、以神取代人、再以人取代神;后期从17世纪中期开始到19世纪末,科学主义和人文主义较量,科学主义占据上风,这是第四个时段;20世纪以来开始第五个时段,代表人文主义史学的相对主义史学思潮一直在反搏,20世纪80年代兴起的后现代主义加剧反搏力度,至今还没有发生新的根本性变化。这是"五时段"。

一言以蔽之,西方史学史可以分为"一界碑五时段"。

# 第2论

# 希腊神话何以具有永久魅力

西方史学通常要从古希腊神话讲起。古希腊神话曾经颇为丰富,其源头有二:一是出自本土,另一来自异邦如赫梯、迦南叙事诗。对此,美国学者克雷默(S. N. Kramer)主编《世界古代神话》(*Mythologies of the Ancient World*)有较详细的论述。这里就古希腊神话的史学意义略陈一二。

## 一、神话乃史学的最初形态

学术界一直存在着如何认识神话的史学意义这个问题。众所周知,奉行科学主义的史学家总体上怀疑神话的史料意义,此类论著繁多,恕不赘述。相反,无论是否为科学主义史学家,认可神话的史学价值者也有一些,这一现象有必要加以说明。

公元前4世纪到前3世纪的希腊学者欧赫麦鲁斯(Euhemerus)作《神圣的历史》(*Sacred History*),认为神话中的人物就是以前的帝王或英雄,神话叙述之事情在历史上确实存在过,这一思想倾向被称为"欧赫麦鲁斯化"(Euhemerize),即对神话的"历史化"。[①] 这

---

① 详见张广智《克丽奥之路——历史长河中的西方史学》第一章(复旦大学出版社1989年版)。

里需要说明的是,有论者区别"神话历史化"和"欧赫麦鲁斯化",并指出茅盾翻译"Euhemerize"为"神话历史化"不当。① 然而理解"欧赫麦鲁斯化"为把神话等同于历史,则没有丝毫问题。到了20世纪,哲学家柯林武德在《历史的观念》里称神话为"准历史"(quasi-history)②,可理解为"带有历史性质""半历史""具有历史意义的"。还有神话学家米歇尔·H.詹姆森(Michael H. Jameson)在《古希腊的神话》(*Mythology of Ancient Greece*)中说:"事实上希腊神话就是那时的一种历史。"③总之,在这些西方学者看来,神话具有历史学意义。

中国史学家中也有一批学者肯定神话的史学价值。史学家白寿彝认为:"史学史是从神开始。……从远古的传说可以知道,当时人们认为人类和人类社会都是神创造的。……这些故事从远古流传下来,中间有加工,但不是假造,反映了部落的情况。"④丁山就《诗经》《吕氏春秋》《淮南子》里神话传说的史料价值说过:"由公元前600年以前的史诗——大雅、商颂,证以时前后的直接史料(如卜辞)和传说史料(如吕览、淮南),看商周两代的开国始祖的本事,都是从知母不知父的生殖女神叙起,直接可以说是原始农业生产的反映。"⑤白寿彝和丁山都是讲究实证的当代史学家,也可以说是科学主义史学家,他们却看重神话传说的史学价值。而神话

---

① 林玮生:《神话历史化的"五化"概念析读——兼对茅盾 Euhemerize 译语涵义的质疑》,《西北第二民族学院学报》2008年第4期。
② [英]柯林武德:《历史的观念》,何兆武、张文杰译,商务印书馆1997年版,第43—48页。
③ Michael H. Jameson, "Mythology of Ancient Greece", in ed. Samuel Noah Kramer, *Mythologies of the Ancient World*, Doubleday & Company, Inc., 1961, p.234.
④ 白寿彝:《中国史学的童年》,《史学史资料》1979年第1期。
⑤ 丁山:《中国古代宗教与神话考》,上海书店出版社2011年版,第13页。

学家孙作云论后羿神话说:"我们毫不踌躇地说羿的神话或传说是中国古代真正的事实,他和他有关联的诸人是当时各部落的首君酋长。"①尽管这话是就后羿神话而言的,然而却对理解全部神话都适用。还有文学家徐中玉道:"神话其实完全是人话。各色各样的神话产生于各色各样抱着不同功利目的、起着不同作用的人们之手、之口。"②他也看到神话和人话之间的交融。总之,在这些中国学者看来,神话也有历史学意义。看来,承认神话的史学价值,把神话传说当成史料来用并非个别史学家、思想家的做法。

现在的问题是,如何解释早期人类使用神话进行历史记忆的做法。原始人从自然界游离出来不久,对自然力缺乏足够理解和驾驭,他们反思历史除了关注自身外,还从自然界寻求参照物,把无法理解的自然力虚构为超自然。这样,神话所叙述的历史是人、自然和神的三位一体,其思维具有原始性。列维-布留尔(Lévy-Bruhl)在《原始思维》(由其多种著作编辑而成)中称之为原始思维。其实,所谓原始思维,就是神话思维或者非逻辑思维,这种思维里,任何在今天看来毫不相干的事物都存在着因果关系,叙述中往往把人、兽、神搅和在一起,这就是神话。

无论如何,上述这些学者的说法值得肯定。简言之,神话乃史学最初形态,希腊神话乃西方史学最初形态。

## 二、古希腊神话的历史认识价值

马克思在《政治经济学批判导言》里提出一个问题,"希腊艺术和史诗"何以具有永久魅力?这里的希腊艺术特指古希腊神话。

---

① 孙作云:《后羿传说丛考——夏时蛇、鸟、猪、鳖四部族之斗争》,《中国学报》1944年第3期。
② 田兆元:《神话与中国社会》,上海人民出版社1998年版,序二第2页。

他从社会存在决定社会意识的角度,论述希腊社会在不成熟阶段产生了希腊神话和史诗。不过,马克思提出的这个问题值得深思。曾簇林、江宜庶解读其中的原因为美学价值和历史认识价值。①

所谓美学价值,是文学作品给读者的美感。神话中神的阴郁、恶行、自私、虚荣,英雄们的英勇、果敢、执着,通过故事情节让历代听众、读者感到兴奋、震撼、惊恐、愤怒和向往,引起情绪波动起伏,这就是美学价值。

至于历史认识价值,具体可概括如下。

第一,神话具有明显的历史意识。古希腊神话中有清晰的时间意识、空间意识、角色意识和因果意识,与历史叙事具有相同的文体结构。

第二,包含着朴素的历史观。赫西俄德《工作与时日》讲述各代生人的故事,说人类第一代由黄金制成,至善;第二代由白银制成,尔虞我诈,违法乱纪;第三代是青铜人,战争连绵不断;第四代是神、英雄的一代,陷入战争而惨遭灭绝;他所处的时代是铁的一代,父子相残,没有仁慈,没有任何拯救希望。从五代生人故事的严谨性上说,第一、二、三、五代是用金属制造的,而第四代例外,似乎不够严密、细致,但这不重要,重要的是故事中蕴含着历史分期意识和历史退步观点,这是那时西方人历史观的一个重要表述。

第三,反映生产力状况。奥林匹斯12位主神都是自然力化身。例如,在荷马那里,宙斯是"雷霆之神""掷送闪电之神""聚集云彩之神",而波塞冬为海洋之神,是"撼动大地之神"。神话中的英雄多是征服自然力的英雄,例如欧罗巴的兄长卡德摩斯,寻妹途中,仆人为巨龙所害,卡德摩斯用梭镖刺伤巨龙,用剑砍下龙头。

---

① 详见曾簇林、江宜庶《论希腊艺术和史诗何以具有永久的魅力?》(文化艺术出版社1983年版)。

据统计,《荷马史诗》提到铜或青铜 419 次、铁 49 次,说明荷马时代已进入铁器时代早期。①

第四,反映社会关系状况。据赫西俄德《神谱》,宙斯是提坦神系第二代,为附属神,到奥林匹斯神系则变成最高神;特洛伊战事中,希腊英雄在大会上争吵,英雄们变女战俘为奴隶,为争夺女奴大打出手。这些都暗示着原始社会末期母系社会向父系社会转变,以及军事民主制和主奴关系的存在。

第五,暗示亚非文化对欧洲的影响。欧罗巴是腓尼基公主,做梦有两个女人争夺她,一位是亚细亚②,温柔体贴,另一位是阿佛洛狄忒,后者带她去见宙斯,宙斯把她骗到欧洲,使她委身于己,这个神话暗示亚洲文明影响了欧洲。还有一个神话,两只乌鸦从东南飞来,教底比斯人建立神庙,崇拜太阳神,这暗示可能是亚非文化影响了欧洲。

第六,包藏日后西方文化的根源,即崇尚英雄,重视知识、科技,推崇权术和阴谋。赫拉暗中帮助希腊人,匠神赫淮斯托斯打造坚硬盔甲,希腊人制造特洛伊木马,最终打败特洛伊人。这些故事就是最好的诠释。

第七,揭示一般人性。例如,神话叙述三位女神赫拉、雅典娜、阿佛洛狄忒找特洛伊王子帕里斯,把写着"最漂亮的人"的金苹果判给她们当中的一个,结果阿佛洛狄忒得到这只苹果,赫拉、雅典娜发誓报仇,在特洛伊战争中帮助希腊人,而阿佛洛狄忒则支持特洛伊人。这正说明财富、声名和私欲酿成战争和灾难。再如两性间的斗争,宙斯生性风流,下凡挑逗彼拉斯其国王的公主伊娥,赫

---

① 张广智:《克丽奥之路——历史长河中的西方史学》,复旦大学出版社 1989 年版,第 8 页。
② 神话中,亚细亚是欧罗巴之母。

拉嫉恨丈夫不忠,双方妥协,宙斯把伊娥带到尼罗河繁衍了埃及人。西方学者喜欢从一般人性的角度解释历史,尤其是当下喜欢从性别角度认知历史,都可以从这里找到源头。

第八,具有后世史学的社会认知功能。人类智能有不同类型,史学则是集体记忆的体现,其功能之一是要实现人群之间的认同。神话是人类的早期历史认识,述说先辈功勋,使他们成为后世敬仰的对象,来教育后人实现文化认同。连希腊的地名都有这样的情形。"Hellas"为一城市名,居民为"Hellenes",后来成为希腊和希腊人的统称,这一名称见于赫西俄德的作品。正如有学者所言:"神话叙述的功能,使原始人在社会化过程中无意识地继承着传统与历史。"①

至此,不难理解希罗多德《历史》第 2 卷第 53 节、第 4 卷第 32 节使用赫西俄德的作品,第 2 卷第 53、116 节和第 4 卷第 29 节使用《荷马史诗》;修昔底德《伯罗奔尼撒战争史》记述希腊人起源、海盗活动、阿伽门农远征军、科林斯人富裕,都征引了《荷马史诗》。

总之,西方史学源头当追溯到希腊神话,希腊人"是以史诗的方式用神话和传说来叙述他们过去的经历,那就是他们的'历史'"②。

---

① 陈新:《西方历史叙述学》,社会科学文献出版社 2005 年版,第 8 页。
② 张广智主编,吴晓群著:《西方史学通史》第二卷《古代时期》,复旦大学出版社 2011 年版,第 13—14 页。

# 第 3 论

# 古希腊史学求真精神发覆

  修昔底德批评前人说:"我认为我们不能相信传说中的每个细节。普通人常常容易不用批判的方式去接受所有古代的故事。"①还说:"事实上,大多数人不愿意麻烦去寻找真理,而很容易听到一个故事就相信它了。""诗人常常夸大他们的主题的重要性。"散文编年家"所关心的不在于说出事情的真相而在于引起听众的兴趣,他们的可靠性是经不起检查的;他们的题材,由于时间的遥远,迷失于不可信的神话境界中"。② 他自以为,"我确定了一个原则:不要偶然听到一个故事就写下来,甚至也不单凭我自己的一般印象作为根据;我所描述的事件,不是我亲自看见的,就是我从那些亲自看见这些事情的人那里听到后,经过我仔细考核过了的。就是这样,真理还是不容易发现的;不同的目击者对于同一个事件,有不同的说法,由于他们或者偏袒这一边,或者偏袒那一边,或者由于记忆的不完全"③。

  修昔底德所批评者自然包括希罗多德在内,明眼人都能看得

---

① [古希腊]修昔底德:《伯罗奔尼撒战争史》,谢德风译,商务印书馆1987年版,第16页。
② 同上书,第17页。
③ 同上书,第17—18页。

出来。它给人的感觉就是希罗多德不加考辨地随便写史,而修昔底德本人则非常严谨。

自然要发问的是,这是否意味着在求真问题上,希罗多德做得不够而修昔底德则完美无缺呢?希罗多德记载历史真的未经考证吗?为什么后人要坚持认为希罗多德不求真呢?

**一、修昔底德是否比希罗多德高明**

要认识这个问题,不能仅仅看理论上如何说,更为重要的是要看他们如何处理史料。

希罗多德《历史》中搜集和征引的史料如下。

第一,官方档案。书中许多地方交代了交战双方的船只、士兵数量,依照他严谨的态度,应该有依据,而能提供具体数据的只有官方。希罗多德时代,神庙是保存档案的场所。政府设有档案馆,公民大会决议会刻在大理石上。公元前5世纪,雅典重建席贝勒(Cybele)神殿,保存法律、法令和各项决议文本。以希罗多德游历之广和在雅典的特殊境遇,他可以看到这些档案。

第二,叙事诗和散文。《历史》中使用了前人的叙事诗和散文,就叙事而言,除了第2论中提到征引《荷马史诗》外,第4卷第117节还使用了《塞浦路斯之歌》叙事诗。至于记事散文,征引赫卡泰乌斯的著作最为典型,苏联学者卢里叶(Luré)《论希罗多德》(*On Herodotus*)做过论述,这里举出一例加以说明。《历史》第1卷第143节述:希罗多德到达埃及底比斯,联想到赫卡泰乌斯到过此地后追溯身世到16代之前,并说与神有血缘关系。希罗多德表示怀疑,认为赫卡泰乌斯的祖先不可能与神有关系,这证明他见过赫卡泰乌斯的相关记载,虽然没有指明具体哪份文献,但是根据希罗多德所述,他看到的应该是《大地巡游记》。

第三,各地神托。神托"Oracle",也译为神谕、神示或神谶,无论希腊还是小亚细亚和埃及都有许多神托所。希腊中部帕那苏斯山上有德尔菲神庙,这里的神托就很有名。希罗多德走访祭司,除了听他们讲述外,还采用祭司们整理的神托。

第四,实物及其铭文。希罗多德访问各地,见到许多实物,而且有的实物上有铭文,成为《历史》重要的史料来源。例如,第5卷第77节提供了为纪念希波战争而设置在雅典卫城正门入口左手边的青铜驷车及其铭文,铭文是"雅典的子弟们立了辉煌的战功"。

第五,各地风俗。希罗多德游历各地,理解其民族风俗,这些风俗因当时各地相互闭塞,而具有较大稳定性和纯粹性,成为写作当地古代史的重要依据。例如,第1卷第131节至第139节关于波斯的历史就是依据风俗写成的。

修昔底德《伯罗奔尼撒战争史》搜集和征引的史料如下。

第一,官方档案。根据古典学者莫米格里阿诺(Momigliano)的统计,修昔底德共计引用11份档案,详见《近代史学的古典基础》(*The Classical Foundation of Modern Historiography*)①,兹不赘述。

第二,前人叙事诗。他引用《荷马史诗》的情况第2论已述,这里从略。

第三,亲身经历,所见实景实物。修昔底德从色雷斯塔索斯统领7艘军舰救援安菲波里而攻取爱昂,这一类事情为他亲身经历。他非常熟悉西西里,汉译本第8页用墓葬材料说明开利阿人在提洛岛的殖民活动,就跟他游历西西里有关。第462页用神坛和卫城上的记载僭主罪行的石柱上没有希帕库斯的名字,来证明希帕库斯不是僭主。

---

① Arnaldo Momigliano, *The Classical Foundation of Modern Historiography*, University of California Press, 1990, p.13.

第四,听到的传说。《伯罗奔尼撒战争史》中有不少"据说""传说"这样的插入语,把传说当作史料。例如汉译本第 4 页说米诺斯第一个组建海军,第 6 页说彼罗普斯由亚细亚来到伯罗奔尼撒,第 21 页说蛮族居民引起伊庇丹努的政治混乱,第 81 页说斯巴达到德尔菲神庙求神托。诸如此类,不胜枚举。

这样看来,除了神托外,修昔底德史料的搜集和征引没有超出希罗多德的范围。希罗多德时代,史著的主要对象从神向人转变,《历史》记载的时代,自然崇拜普遍,原始宗教流行,诸神纷扰,神殿林立,神的影响和关于神的观念根深蒂固,希罗多德难免受限。而修昔底德时代,有些地方祭司由官方任命,战争中神庙不再具有庇护功能,加之祭司集团普遍腐败、无能,因而神的地位在人们心中大幅下降,可以理解希罗多德使用神托,而修昔底德则很少这样做。

此外,口碑史料的不可靠性同样困扰着修昔底德,甚至从某种意义上说,修昔底德在实践上还没有希罗多德做得好。希罗多德明示传说来源,但是修昔底德则不说明被采用传说的出处,没有给后人查证提供线索。尤其是《伯罗奔尼撒战争史》四分之一篇幅是演讲词,修昔底德自己都说有的是他亲自听到的,有的是他根据情景编撰的。① 这一做法本身就背离求真精神,与自己的主张脱节,后人有所批评。柯林武德就说修昔底德的风格"是粗糙、造作而令人反感的"②,评论他撰写演讲词说:"从历史上说,使所有那些非常之不同的人物都用同一种方式在讲话,这难道不是粗暴吗?……在我看来,这些演说似乎本质上并不是历史学,而是修昔

---

① [古希腊]修昔底德:《伯罗奔尼撒战争史》,谢德风译,商务印书馆 1987 年版,第 17 页。
② [英]柯林武德:《历史的观念》,何兆武、张文杰译,商务印书馆 1997 年版,第 63 页。

底德对演说人行动的评价,是修昔底德对演说人的动机和意图的重建。"①

总之,在使用史料以求历史之真方面,修昔底德并不比希罗多德高明。

## 二、希罗多德《历史》亦有考证

应当承认,希罗多德《历史》中使用了隐秘性很强的材料,有些叙事按照常理不可思议,甚至有错误,这些前人都有所指陈。

他使用了大量传说(口碑)材料,从地域或民族上看,有波斯、德尔菲、米利都、科林斯、迦勒底、斯巴达、萨摩斯、埃及等;从角色上看,有世俗人士,也有宗教界的祭司集团;从叙事对象上看,有神也有人。有些传说具有不可靠成分,居鲁士的出身就带有传奇色彩。还有最高军事会议、宫廷密谋、枕边对话等,他作为外地人又语言不通,从哪里获取那些细节,实在让人疑窦丛生。尤其是他所记梭伦访问小亚细亚是在克洛伊索斯当政三四十年前,他们根本没有谋面的可能,哪还有两人之间的精彩对话!

应当看到,希罗多德记下这些东西并不意味着他相信它们的真实性。对于这些传说,他是这样一种态度:"在这全部历史里,我的规则是我不管人们告诉我什么,我都把它们记载下来。"②"我的职责是把我所听到的一切记录下来,虽然我并没有任何义务来相信每一件事情;对于我的全部历史来说,这个说法我以为都是适用的。"③

---

① [英]柯林武德:《历史的观念》,何兆武、张文杰译,商务印书馆1997年版,第64—65页。
② [古希腊]希罗多德:《历史》卷二,王以铸译,商务印书馆1959年版,第123节。
③ [古希腊]希罗多德:《历史》卷七,王以铸译,商务印书馆1959年版,第152节。

事实上，许多时候，希罗多德明确表达了自己对于这些传说真实性的看法。他表达判断的类型有三种："在我看来"或"我认为"或"我的看法是"；"他们的话是对的"或"这个看法很有道理"或"是可以相信的"；"不是这样的"或"我是不信的"或"这乃是一种无稽之谈"或"这个说法是不对的"。这些短语在《历史》中出现 40 多次。

必须指出，希罗多德的表述有模棱两可的时候，《历史》中出现 7 例，可分为 3 种情况。

第一种，不同说法其实并不矛盾，却要人为地必选其一。这种情况有 1 例。关于波斯的萨尔迪斯太守欧洛伊铁司杀害萨摩斯僭主波律克拉铁司的原因，有两种说法，一种是欧洛伊铁司要吞并萨摩斯，自然要铲除波律克拉铁司，另一种是波律克拉铁司怠慢了欧洛伊铁司的使者。① 这两种说法并不矛盾，前者是根本，后者是导因，可是希罗多德把它们设置为必选其一，"随你相信哪一个好了"。这是一个不能成为责难希罗多德说法不可靠的例证。

第二种，完全对立的说法，没有强有力的证据以供做出选择性判断，逻辑上却要必选其一。这种情况也有 1 例。叙里巴斯国王铁律司出征克罗同人，第三方斯巴达王子多里欧司是否支持了克罗同人？叙里巴斯人加以肯定，证据是多里欧司建立雅典娜神庙就是为了纪念攻取叙里巴斯人驻地，且他违背神托而遭亡身之祸。克罗同人意见相反，证据是他们给予帮助过他们的卡里亚斯后人土地作为赠礼，但没有给予多里欧司礼物。其实双方证据都不充分，所以希罗多德说："人们可以选择他们认为最可信的一方面。"②

第三种，没有任何材料印证传说，或者传说中许多细节得不到

---

① ［古希腊］希罗多德：《历史》卷三，王以铸译，商务印书馆 1959 年版，第 120—121 节。
② ［古希腊］希罗多德：《历史》卷五，王以铸译，商务印书馆 1959 年版，第 44—45 节。

证实。这种情况有 5 例,所以他说"我不能确实断定"①,"我既不不相信,也不完全相信"②,"我不能明确判断"③,"我不知谁做的这件事情的,并且再也说不出更多的东西来"④,"我说不确定了"⑤。

希罗多德之所以能够明确判断,是以考核结果为依据的。他没有轻信来自某一方面的信息,而是通过与其他方面的信息相对照,甚至为确定其是否可靠而不惜长途跋涉加以验证。这里以他考证科尔启斯人出身为例加以说明。

希罗多德注意到,科尔启斯人肤色黑,毛发卷曲;与埃及人、埃塞俄比亚人一样,都是从远古就施行割礼的仅有的几个民族;其织造亚麻布的方法与埃及一样,连生活方式和语言都极为相似。这共同的体质特征和生活文化传统,让希罗多德想到科尔启斯人可能出自埃及人。但要坐实这个结论,还须再找到其他证据。于是,他询问埃及人,埃及人告诉他科尔启斯人是埃及国王塞索斯特里斯即拉美西斯二世军队的一部分。他又从祭司那里得知,当年拉美西斯二世在征服大陆时,凡是遇到英勇抵抗的地方,他都在石柱刻上他及该国家的名字,并说明他是怎样征服的;而在未遇到抵抗的地方,则在石柱上刻上女阴图像,表明这个被征服的民族是女人气、懦弱的。但是祭司的话是否可以当真还要经过证实。结果,他在巴勒斯坦发现这种石柱;在爱奥尼亚地区,从以弗所到波凯亚、

---

① [古希腊]希罗多德:《历史》卷一,王以铸译,商务印书馆 1959 年版,第 172 节。
② [古希腊]希罗多德:《历史》卷四,王以铸译,商务印书馆 1959 年版,第 96 节。
③ [古希腊]希罗多德:《历史》卷六,王以铸译,商务印书馆 1959 年版,第 82 节。
④ 同上书,第 124 节。
⑤ [古希腊]希罗多德:《历史》卷七,王以铸译,商务印书馆 1959 年版,第 152 节。

从撒尔迪斯到士麦那的道路上有两处岩石刻有这位国王的图像,身着埃及人和埃塞俄比亚人装束,胸部用埃及文写道:"我用我的肩部征服了这片国土。"这样,可以证实科尔启斯人就是埃及人后裔,是埃及国王拉美西斯二世征服留下来的军队。①

可见,在科尔启斯人问题上,希罗多德不仅使用口碑史料,而且使用民族学材料、实物多重史料以证实自己的假说,体现了希罗多德具有强烈的考证意识,只是没有科学主义史学考证得精细而已。

不过,也有材料表明希罗多德有主观隐讳之处。第4卷第43节说,波斯王克谢尔克谢斯处死外甥撒塔斯佩斯,后者的财富被一萨摩斯人扣留。关于这个萨摩斯人,希罗多德说:"这个萨摩斯人的名字我知道,但是我是故意把他的名字忘掉的。"他为什么要这样做?是社会势力胁迫,还是出于其他特殊考虑,令人费解。

无论如何,《历史》译者王以铸的话说得中肯:"对于史料,他基本采取了实事求是的态度。"②

现在要追问的是,后人为什么要贬低希罗多德,又为什么要把修昔底德推向神坛?

## 三、后人为何要抑希罗多德而扬修昔底德

郭小凌发表《被误读的希罗多德》③,梳理了希罗多德遭受的诋毁。下面按照郭小凌的思路略做补充。

---

① [古希腊]希罗多德:《历史》卷二,王以铸译,商务印书馆1959年版,第102—105节。
② [古希腊]希罗多德:《历史》,王以铸译,商务印书馆1959年版,出版说明第Ⅲ页。
③ 郭小凌:《被误读的希罗多德》,载《西学研究》第一辑,商务印书馆2003年版。

修昔底德是诋毁希罗多德的始作俑者,上文已述。对此,柯林武德认为,修昔底德是"把希罗多德的历史思想掩盖并窒息在反历史的动机之下的人"①。不过,修昔底德好歹还是从一般意义上议论的,没有指名道姓,更没有盯住希罗多德不放。

另一个重量级的批评者是西塞罗。他在《法律篇》中说:"对历史来说,评论万事的标准是真实,而在诗歌中,标准一般是其给予的愉悦;即使如此,在史学之父希罗多德著作及泰奥彭波斯著作中,人们却发现有数不清的难以置信的故事。"②他还在《论预言》中说,《历史》第1卷第53节所记吕底亚国王克洛伊索斯向阿波罗所求神托是希罗多德伪造的,把希罗多德视为作伪者。③ 好在西塞罗依然把希罗多德当成史学之父。

而普鲁塔克撰《论希罗多德的阴险》被收入其《道德论集》,说希罗多德是骗子,缺乏善心,不怀好意,用心险恶,居心叵测,是亲蛮者。④ 据《历史》记载,底比斯是希腊抗击波斯的背叛者,在历次战争中都有污点。底比斯受到希腊人的鄙视,以至于公元前335年,亚历山大血洗底比斯,被希腊人视为背叛希腊神圣事业的报应。⑤ 居住在底比斯的是彼奥提亚人,正是普鲁塔克的祖先。他为了替祖先辩护,极力贬低希罗多德《历史》的可靠性。

这样,从修昔底德开始,一直到1852年法国学者阿贝·热诺

---

① [英]柯林武德:《历史的观念》,何兆武、张文杰译,商务印书馆1997年版,第64页。
② [古希腊]西塞罗:《国家篇·法律篇》,沈叔平、苏力译,商务印书馆1999年版,第150页。
③ Cicero, *De Divinatione*, II, 116.
④ Plutarch, *Molaria*, XI, 856–858, Loeb Classical Library, Harvard University Press, 1965.
⑤ Arrian, *Anabasis Alexandri*, I, 9.

兹(Abbe Geinoz)为希罗多德辩护为止,希罗多德都背着骂名。①

至于后人为什么以及如何把修昔底德推向神坛,黄洋《修昔底德的理性历史建构》②梳理了这个问题,可供参考。

公元前1世纪,哈里卡纳苏斯的狄奥尼修斯在《论修昔底德》中说修昔底德为"历史学家中最为优秀者",其著作是"历史研究的标准"。③ 还是西塞罗,在《论演说家》中说修昔底德史"灵活性上很轻易超过了其他所有人","使用的材料非常丰富","相反和他的词汇一样多","表达上如此准确和清晰",按照西塞罗的说法,修昔底德就是史学家的表率。④ 公元2世纪,卢奇安《论撰史》认为"修昔底德是我们的崇高典范","分清了好史家和劣史家的界限","规定了英明历史学家所应树立的奋斗目的"。⑤ 他还说过,史著文字要简洁,"更好的榜样是修昔底德:他惜墨如金"⑥。19世纪科学主义史学昌明,科学主义史学家在为自己的史学模式寻求历史合理性即历史渊源时,发现修昔底德非常符合要求:推崇考证,关注政治军事史。兰克也十分强调史学科学性,托古修昔底德,把他推向神坛。⑦

---

① 参阅 Plutarch, *Molario*, XI, "Introduction", Loeb Classical Library, Harvard University Press, 1965, p.3。
② 黄洋:《修昔底德的理性历史建构》,《历史教学(高校版)》2007年第6期。
③ Dionysius of Halicarnassus, "On Thucydides",转引自黄洋:《修昔底德的理性历史建构》,《历史教学(高校版)》2007年第6期。
④ [古希腊]西塞罗:《西塞罗全集·修辞学卷》,王晓朝译,人民出版社2007年版,第2卷第13节。
⑤ [古希腊]卢奇安:《论撰史》,载章安琪编订:《缪灵珠美学译文集》第1卷,中国人民大学出版社1998年版,第204页。
⑥ 同上书,第208页。
⑦ 详见 M. I. Finley, *Ancient History: Evidence and Models*, Chatto & Windus, 1985, the fourth chapter; Oswyn Murray, "History", in eds. Jacques Brunschwig and Geoffrey E. R. Lloyd, *Greek Thought: A Guide to Classical Knowledge*, Harvard University Press, 2000, pp. 328 – 337。

总之，希罗多德访问神庙祭司，获得大量神托，而神托应验的事情使《历史》保留许多神秘因素，从保存当时人们的看法这个角度说，希罗多德做到了真实。修昔底德把自己的做法唯一化，未免心胸狭隘。普鲁塔克以私心而诬善，更为恶劣。后人追捧修昔底德而贬损希罗多德，是对希罗多德所代表的史学模式的排斥，抑或跟风，人云亦云，实为不妥。

# 第 4 论

# 神学史观与启蒙时期历史进步论

文艺复兴之后,特别是在启蒙运动时期,进步观念成为学士文人普遍关心的问题,"在1690—1740年间,启蒙的无限进步观已经在法国的知识界出现,而且曾经一度经常成为沙龙中讨论的主题"①。克罗齐曾指出:"人人都觉得,都说,他们不仅脱离了黑暗,而且脱离了黎明前的黑暗,说,理性的太阳已高悬在地平线上,以最鲜艳的光辉照亮着和照耀着才智。"②可是,托克维尔在《旧制度与大革命》中把启蒙思想说成一种宗教,一种不完备、没有上帝、没有崇拜形式也没有来生的宗教,是一种以战士、使徒和殉道者来淹没整个大地的宗教。看来,历史进步论与基督教神学史观之间的关系问题并不简单,值得讨论。

## 一、启蒙学者们的历史进步论

波丹在《理解历史的简易方法》(*Methodus, ad facilem historiarum cognitionem*)中运用历史学、法学、地理学的知识和方法,批驳古

---

① [英]约翰·伯瑞:《进步的观念》,范祥涛译,上海三联书店2005年版,第91页。
② [意]贝奈戴托·克罗齐:《历史学的理论和实际》,傅任敢译,商务印书馆1982年版,第193页。

典时期提出的"黄金时代"论和中世纪盛行的四王国阶段理论。他认为铁的时代是人类原始时期,人类将逐渐走上文明之路。他虽然认可上帝创世说和摩西事迹的真实性,而且关注现实超过关注未来,但是面对人类的进程,他"抱乐观主义的态度看人类在地球上的境遇"①。

伏尔泰考察了东方古代民族和西方世界的历史,考察了欧洲、中近东以及亚洲各国中世纪史,特别是路易十四统治时期社会和生活的各个方面及成就。在此基础上,他得出基本结论:总的说来,人类世界历史发展是沿着不断进步的道路进行的。在伏尔泰看来,历史进步是善与恶、理性与启蒙和迷信长期斗争的结果,是人类精神逐步摆脱宗教桎梏和愚昧的过程。但是,伏尔泰"没有具体指出这一进步的终极原因,即科学技术的发展对人们生活的重大影响"②。

孟德斯鸠的历史进步论摒弃了以往对历史发展所做的超验解释,甩掉教会传统哲学所宣扬的目的论,即所谓人类生存有其终极目的的学说。他力图在物理现象中抽象出普遍规律,求得对人类历史的因果性解释。但是,孟德斯鸠"没有具体指出历史进步的表现,划分历史演化的阶段"③。

杜尔哥(Turgot)于 1750 年发表"论基督教的创立为人类带来的好处"和"关于人类心灵不断前进"的演讲,"这两次演讲的主题是援引基督教的贡献来证明人类和人类精神的进步。历史的进程虽然有时被偶尔的倒退所打断,但却是由简单的进步原则支

---

① 李守常:《史学要论》,河北教育出版社 2000 年版,第 310 页。
② 王晴佳:《西方的历史观念——从古希腊到现代》,华东师范大学出版社 2002 年版,第 93 页。
③ 同上书,第 94 页。

配的"①。特别是在"关于人类心灵不断前进"中,他提出人类思想发展的三个阶段:早期阶段,人类心灵处于蒙昧状态,萌发诸神崇拜;第二阶段,思维进步,人类用抽象的术语解释现象;最后阶段,掌握物理机械原理,使用数理分析现象,用实验证实结论,是为科学时代。与此相对应,人类社会经历狩猎游牧时期、农业时期和商业时期。"引人注目的是,杜尔哥已经基本上完整地提出了孔德在《实证哲学教程》中阐述的人类智力乃至人类社会发展的三阶段规律:(1)神学阶段,又名虚构阶段;(2)形而上学阶段,又名抽象阶段;(3)科学阶段,又名实证阶段。"②此外,他还指出这一历史进步是缓慢的,进步过程中存在着罪恶、破坏、暴虐和不幸,但是每一次变乱后都走向完美。他在对历史发展动因的探究上超过了其前辈,因为他接触过洛克的学说,从研究人类心智出发,提出决定历史前进的首先是人类的品性,然后才是地理环境和气候。同时,他又承认伟人的自由意志和行为对于历史的影响:"涂尔戈知道,历史运动并不是一种单维的进步,而是热烈的意图和出乎意料的事件之间的一种辩证关系。……进步的自然规律取代了天意的超自然意志。尽管涂尔戈把天意这样世俗化了,但他并不把历史的道路看作纯粹的发展。"③

卢梭对人类文明进行了彻底的批判。他的批判始于自然状态与文明社会的对立。他认为进步也意味着退步。他的这种主张招致同时代乃至后人的种种责难。其实,卢梭并没有发展到号召人

---

① [德]卡尔·洛维特:《世界历史与救赎历史》,李秋零、田薇译,生活·读书·新知三联书店 2002 年版,第 116 页。
② 李秋零、田薇:《启蒙主义的历史进步论》,《中国青年政治学院学报》1994 年第 2 期。
③ [德]卡尔·洛维特:《世界历史与救赎历史》,李秋零、田薇译,生活·读书·新知三联书店 2002 年版,第 119 页。

们采取实际行动抛弃科学和艺术,返回到原始自然状态中去,其真实主张是要克服随着文明而产生的不平等,建立新的平等。总之,"卢梭看到文明每前进一步,不平等也前进一步,显然是思维深化的一种表现,更符合历史进步的辩证法。其实质在于,人类社会的发展与进步的历史一直是以一种异化的形式实现的。不过,卢梭虽然认识到了善恶转化的辩证法,但是,在他那里,善恶的转化是单向的,片面的,他只知道善可以转化为恶,却不知道恶也可以转化为善"①。

孔多塞历史进步论的突出特点在于,他虽然同样把社会进步首先看作知识进步,但同时也注意到整个社会生活的其他方面,包括生产方式的变化、道德的进步等。在孔多塞那里,这种有序进步的自然目标就是知识的完善,从而也是幸福的完善。人们对自然进步程序的贡献就在于保证它和促进它。无论是思考还是事实都表明,大自然没有为人们的进步设置界限。"孔多塞对人在未来完善的预言不是科学推论和证明的结果,而是信仰和希望的梦想。"②

伏尔泰、杜尔哥、孔多塞等人对人类进步的论证尚处于罗列事实并归纳的阶段,有待于上升到理论上的把握,以更好地说明进步的必然性。在他们那里,历史辩证法尚未完全展开。历史上善与恶、进步与倒退虽然互相交织、渗透,但始终处于对立的两极,他们还没有意识到两者互相转化的辩证关系。而康德"第一个全面论述了善恶互相转化的辩证关系,充分肯定了恶在历史发展中的地

---

① 李秋零、田薇:《启蒙主义的历史进步论》,《中国青年政治学院学报》1994年第2期。
② [德]卡尔·洛维特:《世界历史与救赎历史》,李秋零、田薇译,生活·读书·新知三联书店2002年版,第111页。

位和价值,把历史的轴心由善转向了恶"①,此处恕不赘述。

## 二、启蒙时期历史进步论产生的条件

历史观是一种系统的思想体系,其中有一个重要问题,那就是历史朝着怎样的方向发展。在思想史上,人们提供了不同答案,但是大体上可以概括为三种不同的说法,即通常所说的"历史退步论""历史循环论"和"历史进步论"。②

就西方而言,这三种不同说法在上古和中古都已经具备了。③ 关于历史退步论,例如古希腊诗人赫西俄德讲述的各代生人故事④,这种从黄金一代到铁一代的关于历史变化方向的看法,就是典型的历史退步说。关于历史循环论,例如波里比阿在其《罗马史》中考察了政治体制演变的历史,认为它由最初的君主政体演变为贵族政体,而后演变为共和政体;在共和制下,由于自由平等观念泛滥而重新走向无政府状态,从而开始新一轮循环,"从史学史的角度来看,波里比阿的循环论是西方史学中最早的周期性变迁的历史循环论,对以后西方史学影响很大"⑤。至于历史进步观

---

① 李秋零、田薇:《启蒙主义的历史进步论》,《中国青年政治学院学报》1994年第2期。
② 参阅李勇:《逻辑的起点与方向标:历史观的作用不容忽视》,载《保卫历史学》,世界知识出版社2009年版,第135—156页。
③ 祝宏俊认为,古希腊时期,退步、循环和进步史观并存,但是以前两者为主。参阅祝宏俊:《古代希腊进步史观的产生》,《东北师大学报(哲学社会科学版)》2004年第2期。
④ [古希腊]赫西俄德:《工作与时日·神谱》,张竹明等译,商务印书馆1991年版,第4—7页。
⑤ 张广智、张广勇:《史学:文化中的文化》,上海社会科学院出版社2003年版,第122页。还可参阅易宁:《论波利比阿的"政体循环"说》,《世界历史》1998年第6期。

点,中世纪基督教神学历史观就非常典型。它从《创世记》和《但以理书》等《圣经》文献演化而来,第一次打破了古代作家关于人类发展的循环观念,历史第一次被理解为一个由固定起点——上帝创世到终点——末日审判的直线运动,指出了历史是一种向着既定目标的前进运动。基督教神学史观的进步观点在西方史学中产生了深远影响。

历史进步论的产生有其历史条件,这些条件既有社会的又有学术的。17、18世纪,以英国和法国为代表的欧洲经济和社会出现繁荣,实现了对退步论和循环论的现实否定。英国经过17世纪中叶资产阶级革命,建立君主立宪政体,建成由资产阶级新贵族领导的政权,使其在政治和经济上都处于世界领先地位。它的经济在18世纪上半期得到较大发展,尤其是棉纺织业发展更为迅速,手工工场从分散走向集中,为机器大生产创造了条件。而法国在同一时期尤其是路易十四统治时期社会出现全面繁荣,称霸欧洲,势力盛极一时。这些给予人们以乐观向上的信心,无情否定了历史退步说和循环论,换言之,"旧史观关于历史发展的退化论和循环论","直接同近几个世纪西欧社会发展巨大进步的事实相抵触"。[①]

从文艺复兴前后开始直到启蒙运动,不仅基督教神学史观关于历史起点和分期的理论,而且其关于世界历史统一性的学说,都受到了挑战。正如上文所说,传统基督教世界史统一观中的人类实际上仅是欧洲及其近邻的几个民族,其共同起源是《创世记》中的亚当和夏娃;其共同道路是从失乐园而堕落到受惩罚,再经末日审判而复归;其王室系谱具有单一性,即所有王室系谱都可以追溯至中东。可是,15世纪末以后,非洲、美洲、西印度群岛、中国、印

---

① 何平:《历史进步观与18、19世纪西方史学》,《学术研究》2002年第1期。

度等一系列民族和文明出现在欧洲人的视野中,彻底超越了基督教狭隘的空间观念。随之基督教史观面临着难题:第一,这些众多民族、国家王室谱系难以纳入现存结论中;第二,基督教通过救赎走向末日审判的进步历史观,一旦碰到那些异教徒国家,其前提条件就无法成立了。这样,"基督教世界史统一观的两个假说,即王室系谱的单一性和各民族道路的共同性最终宣告破产了"①。

17世纪自然科学的发展促使人们重新理解历史和思考人类命运问题。传统基督教历史理论赖以立足的自然观——地心说在1543年被哥白尼提出的日心说所推翻。自然科学给予人们信心,相信人类可以通过自己的理性去认知世界,特别是可以通过科学方法在可知领域内理解世界;自然科学给予人们的暗示是,人类社会亦如自然界一样或者像一部机器,其运动是有规律的;它还给予人们批判与怀疑的态度,这种批判使人们坚信世俗理想王国一定会到来,人们在思考人类历史发展的终极原因时,产生了与传统观念中上帝支配人类命运说法不同的观点。近代历史进步论就这样应运而生。

历史进步论的产生还受到当时古今之争的诱导。人类从有历史意识开始便有关于古今问题的思考。意大利文艺复兴以来,这一思考被强化了。人文主义者对古人推崇备至,首推古人为人们模仿和效法的榜样,但不久之后就遭到各种各样现代观念的挑战,争论的结果莫衷一是。这个相持状态持续了很长时间,直到17、18世纪之交路易十四统治时期,"法国论争和英国'书籍之战'的到来,才推向了高潮"②。古今争论所围绕的主要问题是:第一,在哲学与自然科学知识方面,古人比今人懂得更多吗?第二,在文学

---

① 何平:《历史进步观与18、19世纪西方史学》,《学术研究》2002年第1期。
② 刘小枫、陈少明主编:《维柯与古今之争》,林志猛等译,华夏出版社2008年版,第108页。

与艺术方面,古人比今人更有成就吗?这场争论最初是在哲学、自然科学领域,后来发展到文学艺术诸领域,可见,"该论争更像一场伴随有许许多多小冲突的持久战,而非只是大战一场;它铺天盖地地展开战斗,涉及了无数问题,但论战双方最终都没有(尽管不是完全没有)分出胜负,而是陷入了某种僵局"①。古今之争本质上还是历史退步说与历史进步说之争,它促使近代历史进步论出笼,"这场关于古今时代和文化的争论,于18世纪初以尊今派的胜利而告终。1701年,崇古派代表人物布瓦洛致书佩罗,承认路易十四时代是历史上的最伟大的时代,过去一切时代的成就都不可与之抗衡。随着尊今派的胜利,进步观念日益深入人心,于是形成了一种时代的思潮和信念"②。

### 三、基督教神学史观与启蒙时期历史进步论的关联

历史进步论包含着基督教意蕴是有理论基础的。卡尔·洛维特,这位关注近代历史哲学与基督教关系的著名学者,通过许多个案研究得出结论说:"一切历史哲学都毫无例外地依赖于神学,即依赖于把历史看作救赎历史的神学解释。"③而现代的历史哲学"发源自《圣经》中对某种践履的信仰,终结于末世论典范的世俗化"④。他还说:"基督教和后基督教的历史观原则上都指向未来;它扭转了与现在和过去的事件相关联的事(historein)这个词的古

---

① 刘小枫、陈少明主编:《维柯与古今之争》,林志猛等译,华夏出版社2008年版,第107—108页。
② 张广智、张广勇:《史学,文化中的文化——文化视野中的西方史学》,浙江人民出版社1990年版,第190页。
③ [德]卡尔·洛维特:《世界历史与救赎历史》,李秋零、田薇译,生活·读书·新知三联书店2002年版,第4页。
④ 同上书,第5页。

典涵意。"①卡尔·洛维特所论精辟。

卡尔·贝克尔则从时代舆论气氛的角度考察了历史进步论与基督教神学进步观之间的等同或者类似关系。他指出每一个时代有着特殊的舆论气氛,与这种不同舆论气氛相匹配,就有不同的词汇来表达实际上一样的含义。例如,用"自然规律"和"自然界"来代替"上帝"②;"仁爱""人道","都是'哲学家们'以世俗的词句缔造出来表达基督教服务思想的新词汇"③。"神恩"被翻译成为"德行","灵魂不朽"变成"未来状态","福祉"变成"人类的可完善性"。④ 这样,"天城"就转移到了尘世,"上帝"通过"一种远为简单和自然得多的、远非那么神秘和深奥的方式,通过他的事迹,而向人们启示他的目的不是记录在圣书里的,而是记录在自然这部大书里的,是全人类都可以公开阅读的"。⑤

按照以上视角,启蒙学者的救世精神等同于基督教,18世纪的启蒙运动"把自己全部的精力都奉献给了要勾绘那幅人类所仅见的极其天真纯朴的规划,要使得王侯们变成为有用的人,要开辟追求幸福所能利用的一切途径,要向人类保障自由、平等和情爱的赐福。……然而它却终究是被同一个理想所鼓舞的,即基督教的服务理想,那种要摆正一切事物的人道主义的冲动"⑥。而且,启蒙思想家有着与基督教神学家同样的悖论。洛克在《人类悟性论》

---

① [德]卡尔·洛维特:《世界历史与救赎历史》,李秋零、田薇译,生活·读书·新知三联书店2002年版,第10页。
② [美]卡尔·贝克尔:《18世纪哲学家的天城》,何兆武译,生活·读书·新知三联书店2001年版,第28页。
③ 同上书,第44页。
④ 同上书,第52页。
⑤ 同上书,第54页。
⑥ 同上书,第45页。

(An Essay concerning Human Understanding)中就遇到了这一问题,那就是:"假如自然界是上帝的作品,而人类是自然界的产物,那么人的一切所作所为和所思所想,人的一切所曾有过的所作所为和所思所想,就必定也是自然的,并且是与自然的以及自然界的上帝的法则相一致的。……那么人和他的习俗又怎么可能居然和自然并不协调一致呢?"①同时,无论是基督教神秘主义者,还是自然神论者、无神论者,在回答各种终极问题时都无能为力。这些是历史进步论者等同或者类似于基督教神学家的主要地方。

许多启蒙学者都钟情于基督教,维柯、伏尔泰和孔多塞就是这样。维柯之所以作《新科学》(Scienza Nuova),其原因第一是对法律、民政问题有兴趣,第二是为竞选民法讲座之用,第三是为了挽救信仰。前两点为人们普遍接受,后一点有道理却并不被一般人所赞同。黄文斐在专门研究中分析道,那时的那不勒斯陷入一片笛卡尔学说风潮中,人们强调理性、追求真理,为此必须对一切尽可能地怀疑,甚至像"上帝存在"这样的教条也可质疑。维柯对这样的怀疑主义感到不安,他认为现今欧洲社会的乱象实起因于此。他指出,《新科学》"实质上是一种神学,维柯要以此来抨击笛卡尔式的怀疑主义、证明神意的存在与重要。维柯问的与要解决的是基督教信仰的问题"②。因此,《新科学》表面上以罗马为例子,批评"人的时代",但是实际上是在批判当时如笛卡尔之流的欧洲知识分子,说他们陷入怀疑主义,开始毁谤信仰了。

维柯在《新科学》的开始放置了一幅画,表明天意的神圣光线是通过形而上学,而与荷马即异教的历史世界联系起来的,但它却

---

① [美]卡尔·贝克尔:《18世纪哲学家的天城》,何兆武译,生活·读书·新知三联书店2001年版,第66页。
② 黄文斐:《维柯〈新科学〉之中古性》,台大出版委员会2000年版,第114页。

略过了自然世界。维柯的解说指出,形而上学在自然事物秩序之上观望上帝;而哲学家迄今为止都以自然事物为中介观望上帝。维柯的意思是,"真正的哲学在上帝里面观望的是人类精神的世界,为的是在人的世界中,即在各民族的民政世界中证实上帝的天意"①。可见,维柯的视角依然是神学的。

维柯采用传统基督教的说法,即因为人的原罪,乃至于理性时代仍不免堕落,故他欲以民政神学来启发人类,挽救失序的社会。维柯提出其认识论上的一大发明——"创造和真理的可对换性"。维柯至少在中年以后为虔诚教徒,浸润于天主教教育中,他相信上帝创造万物,人虽然可以了解部分事物,但是对于万物的终极原因却无法完全掌握,这是非创造者所难以理解的。以此类推,人类创造了民族世界,故人可以完整了解其真理所在。如此说来,"此一创新概念,其实也包含旧有神学思想之因子"②。

维柯也重视对终极原因的探求,他会问:为何人类可以长存?有没有终极性的原因可以解释?维柯将这些问题的解答归因于上帝,认为历史中有神意的运作,"此点也充满了中古神学的色彩"③。

维柯关于终止历史一再循环的思想也有基督教因子。他以为,人类自由选择与其说是要决定人类命运,毋宁说是让原罪或信仰基督教产生意义;在茫茫人世中,人类的一举一动与其说是追随个人需求,不如说是在完成更大范围的神意。人类理性与意志都必须服从于上帝,靠着主动信仰、蒙受基督恩惠,在现世才会终止于君主专制下,死后亦能进入天堂。因此在维柯那里,"是神意终

---

① [德]卡尔·洛维特:《世界历史与救赎历史》,李秋零、田薇译,生活·读书·新知三联书店 2002 年版,第 143 页。
② 黄文斐:《维柯〈新科学〉之中古性》,台大出版委员会 2000 年版,第 116 页。
③ 同上。

止了人类的循环、找寻到了真正的理想国"①。

伏尔泰无疑是崇高理想的保卫者,写过 70 卷篇幅的著作,以传播使人们得以自由的真理。从服务于人类的意义上说,他的精神就是基督教的救世精神,他"是一个怀有信念的人,是一个好好地打过仗的使徒,至死也不疲倦"②。伏尔泰与神学家圣托马斯有着大量共同之处,特别是坚信"他们的信仰是可以合理地加以证明的"③。

以唯一目标为鹄的,至少潜在地把各种事件的全部进程富有意义地联结起来的世界通史,出自犹太教一神论和基督教末世论。唯有《圣经》中的上帝,才世界性地为历史指明方向,把历史置于中心位置。一旦这种信仰站稳了脚跟,并且流行了数百年之久,即使人摆脱了创世和天意、末日审判和拯救这些说法,也很难返回到关于历史进程一种无目标、循环论的观点。伏尔泰"通过把基督教对拯救的希望,世俗化为对一个更好的世界的期待,来试图取代天意,但却仍是在预定的视野中进行的。对神明天意的信仰成为对人能够为自己的尘世幸福预先筹谋的能力的信仰"④。

孔多塞《人类精神进步史表纲要》(*Esquisse d'un Tableau Historique des Progrès de l'Esprit Humaim*)被后人视为 18 世纪思想家笃信理性进步学说的代表作。然而有论者认为,"恰恰是这种对人类完善能力的夸张的世俗信仰,把孔多塞与宗教神学中

---

① 黄文斐:《维柯〈新科学〉之中古性》,台大出版委员会 2000 年版,第 120 页。
② [美]卡尔·贝克尔:《18 世纪哲学家的天城》,何兆武译,生活·读书·新知三联书店 2001 年版,第 42 页。
③ 同上书,第 17—18 页。
④ [德]卡尔·洛维特:《世界历史与救赎历史》,李秋零、田薇译,生活·读书·新知三联书店 2002 年版,第 130 页。

关于未来完善的希望紧密联系起来,使他的历史哲学与历史神学有着某种内在的关联"①。像其他启蒙思想家一样,表面上,孔多塞历史进步论与中世纪神学历史观一刀两断,否定了上帝在人类历史中的主导作用,可实际上它有着深远的神学根源。其历史进步论有一个终极性目标,可是这个目标并不是内在于人类历史过程之中的,换言之,这一终极目的并不和某个具体的世代相联系,而是超越于一切时代。犹太教有关于弥赛亚即将来临的古老观念,也就是基督教关于至善王国、真理与正义之国迟早会实现的古老观念。这种弥赛亚与天国观念在孔多塞那里被世俗化,从上帝之手转入人类之手,从救世主弥赛亚转到人类理性,从天国转到人类未来的完美时代,"其内在根源却又与宗教神学有着某种内在的关联……因此,进步说依靠某种被信仰化了的东西对未来加以论证,这一点与宗教神学有着同工异曲之处"②。

根据孔多塞的说法,在实现人类命运的时间流程中,一代更替一代只是手段,只是工具,而不是目的本身。过去和现在世世代代的人们生活在充满矛盾的苦难之中,只有到了未来某个顶峰才会出现一代幸运者,他们将获得最充实的生活、最高的幸福和完善;而过去的人们只是实现这种幸福的一种手段,他们也只会在经过后世评判之后,以存在于后世记忆之中的方式而获得补赎。基督教宣扬人类历史充满罪恶和痛苦,但是尘世间那些坚忍谦卑、服从上帝的人们经过末世审判后会升入天堂,并由此抵偿先前在人间所受的苦难。因此,在末世审判之前,一切时代都虚幻不实,都是为了最后划分上帝之城和地上之城做准备。可见,孔多塞的观点

---

① 欧阳萍:《历史进步观中的神学阴影》,《湖南社会主义学院学报》2004年第6期。
② 同上。

实质上"与基督教神学有着很大的相似之处"①。

从其内容而言,基督教神学历史进步观是启蒙历史进步论的直接来源。第一,在牛顿学说的影响下,启蒙学者赋予所崇拜的对象一个新名词,用自然代替上帝。因此,启蒙时期出现了非常有意思的现象,那就是无论基督徒、自然神论者还是无神论者,虽然他们在争论不休,但是全都承认自然界的权威,即使有不同意见,也只涉及它那权威的范围,即涉及它究竟仅仅是肯定还是取代旧启示的权威:"在18世纪舆论的气候之下,不管你是寻求对什么问题的答案,自然界总是验证的标准;人们的思想、习俗和制度假如要想达到完美之境,就显然必须与'自然界在一切时间里、向一切世人所显示'的那些规律相一致。"②

第二,以伏尔泰为代表的自然神论者对无神论的拒绝,表明他们对基督教的虔诚。启蒙运动期间,爱尔维修(Helvétius)等人的无神论是追随伏尔泰等人的理性观念而继续走下去的结果。可是,启蒙学者们却毫无例外地拒绝无神论者的结论,可见启蒙学者骨子里是倾向于神学的。

第三,历史进步论者以对人道的爱取代了对上帝的爱,以人类通过自己努力而达到完美的状态取代了人类的赎罪,以希望活在未来世代的记忆之中取代了希望在另一个世界里获得不朽。"启蒙运动的历史哲学决没有扩展和丰富历史解释的神学图式,而是通过把神明天意拉平和世俗化为人对进步的预见,而限制和淡化了它。"③

---

① 欧阳萍:《历史进步观中的神学阴影》,《湖南社会主义学院学报》2004年第6期。
② [美]卡尔·贝克尔:《18世纪哲学家的天城》,何兆武译,生活·读书·新知三联书店2001年版,第55页。
③ [德]卡尔·洛维特:《世界历史与救赎历史》,李秋零、田薇译,生活·读书·新知三联书店2002年版,第120页。

第四，历史进步论就其起源而言是基督教的，就其倾向而言是反基督教的。"现代的进步宗教的出发点是在末世论的意义上对一种未来实现的期待，从它的角度来看，迄今为止的人类都生活在堕落状态中；……从伏尔泰和卢梭到马克思和索列尔，进步的和衰亡史的历史体系都是《圣经》的救赎说和衰落说的晚近的、但始终然有影响力的结果。"①

总之，关于启蒙学者的历史进步论，正如卡尔·贝克尔所言："他们抛弃了对上帝的畏惧，却保持着一种对神明的尊敬态度。……他们否定教会和《圣经》的权威，但对自然界和理性的权威却表现出一种天真的信仰。他们鄙视形而上学，却对被称为哲学家感到自豪。……在这些 philosophes（哲学家们）的著作中却有着比我们的历史书，所曾梦想到的更多的基督教神学。……这些 philosophes 砸烂了圣奥古斯丁的《天城》，只不过是要以更行时的材料来重建它罢了。"②

---

① ［德］卡尔·洛维特：《世界历史与救赎历史》，李秋零、田薇译，生活·读书·新知三联书店 2001 年版，第 74 页。
② ［美］卡尔·贝克尔：《18 世纪哲学家的天城》，何兆武译，生活·读书·新知三联书店 2001 年版，第 36—37 页。

第 5 论

# 博学时代与历史学的科学化

历史学是有灵魂的,它是人为的,控制和引导历史知识的形成与表现。然而,其控制和引导并不总是适当,事实上许多时候是反历史的,于是就有思想家屡屡发出呐喊,要求摆脱这种不当束缚。史学史上此类现象并不少见。例如,中国古代史学自经学产生后总体上表现为经学统摄史学,同时也不断有异端出现,这样就既有"以折衷六艺,宣明大道",又有"不与圣人同是非"的两种史学价值倾向。西方也不例外,以下所述博学时代史学科学化即为显例。

## 一、"博学时代""科学史学""史学科学化"

汤普森在《历史著作史》中主张博学时代(Age of Erudition)的断限在 1600—1750 年间;不过,学界一般是指从 16 世纪后半期到 18 世纪早期。

西方科学史学究其本质是以自然科学为学术目标和尺度的史学模式。具体说来,它要求具有自然科学那样的怀疑精神,像自然科学那样弄清具体事实,如自然科学一样归纳共性。其怀疑精神表现为怀疑现存历史知识的可靠性,质疑现有史料的正误、真伪程度,批判以往的史学家及其成果,与中国史学中"尽信书则不如无书""人言不可尽信""勿信人言,人实诳汝"之说相通。弄清具体事实,是指通过考证,纠谬正误、辨证真伪,获得清晰的历史事实,与中国史学"有是事而如是书""实事求是""如实直书"相一致。归纳共性,意味着在一系列清晰的历史事实基础上,归纳出各民族、各地区、各时期历史普遍存在的规律,这种"普遍规律",学术史上也曾称为"共相""普遍法则""公理公例";尤为重要的是,它要求历史学所揭示的普遍规律还要像自然科学那样可以演绎,以历史普遍性去解释特殊的历史。

西方史学科学化,是西方史学从神走向人,又从人走向神的替代物,即理性,包括哲学和自然科学的过程。其传统悠久,过程漫长,结果则是科学史学的问世,直至今日仍高居史学的主导地位。大体上,以17世纪中期为界,西方史学可以分为两个阶段:前半段,学者写史,有人与神的较量,既有神对于史学的统御,又有史学世俗化,即摆脱神话、神学的努力。尤其是培根1605年出版《学术的进展》,1620年出版《新工具》,笛卡尔于1637年出版《谈谈方法》,标志着人类知识及其获得途径的强烈世俗化,人在历史中的重要性、历史学家在历史认识中的重要性获得普遍认同。后半段,学者写史,有人文艺术与自然科学的较量,先是史学引入理性、经验、哲学、自然科学,以巩固既得的对于神话、神学的胜利,突出表现为理性主义史学、客观主义史学、实证主义史学进程中的科学史学,后是史学试图摆脱理性、哲学与自然科学的羁绊,不满对于人文性的严重忽略,突出表现为浪漫主义、相对主义,特别是后现代主义进程中反自然科学化的人文史学。总之,西方史学先曾有神话、神学对于史学的驾驭,因此有学者以理性和经验反叛神话的虚幻、神学的霸道;后曾有科学对于史学的压制,于是有后现代主义者对于科学理性专制的抨击与批判。

其实,科学史学的本质要素,古典时期就有了。修昔底德《伯罗奔尼撒战争史》批评前人"常常容易不用批判的方式去接受所有古代的故事"①,主张对于所描述的事件要经过仔细考核,透露出科学史学的两个要素,即怀疑精神与弄清事实。公元前8世纪赫西俄德在《工作与时日》中讲述"各代生人",显然包含着历史分期说和历史退步说,这恰好从一个侧面反映出古典时期人们对历史共性的概括。颇有意味的是,中世纪,在基督教神学的统领下,一方面西方史学总体偏离世俗性,以《圣经》及教界的解读为历史认识的指导,虽有异端出现,但历史写作中的怀疑精神、实事求是几乎无从谈起;另一方面其关于世界普遍性的认知则依据《创世记》《但以理书》,变古典的历史退步或者循环观点为不断进步的学说。就与科学史学的关系而言,较古典时期,不顾事实为倒退一步,而强调历史进步则为前进一步。近代以后,史学走上科学化道路,则是古典史学传统包括怀疑精神、弄清事实、发现共性的发扬光大,是对中世纪历史进步说的继承与发展。至少从17世纪开始,在众多学者的努力下,西方史学逐步自然科学化,科学史学虽历经波折、遭受各种批判,但经过实证主义的洗礼,最终占据了史学主导地位。

## 二、自然科学给予史学的方法论启示

博学时代,自然科学获得长足发展,成为世人破除迷信、祛除愚昧、对抗神学的利器。在其影响下,人们的世界观悄然发生变化,特别是对于自然界的认识完全不同于基督教神学;自然科学给予人们信心,相信人类可以通过自己的理性去认知世界,特别是可以通过科学方法在可知领域内理解世界;自然科学暗示人们,人类社会亦如自然界或者像一部机器那样,其运动是有规律的;它还给

---

① [古希腊]修昔底德:《伯罗奔尼撒战争史》,谢德风译,商务印书馆1987年版,第16页。

予人们批判与怀疑的态度,使人们坚信世俗的理想王国一定会到来,在思考人类历史发展的终极原因时,产生与传统观念中上帝支配人类命运说法完全不同的观点。总之,自然科学为史学科学化指示路径,在引导人类知识发展的同时,获得人类知识体系中的至尊地位,成为衡量历史知识可靠性的权舆。

培根关于史学的界定和自然科学方法的总结,对于史学而言是把双刃剑。他认为,历史学以历史为研究对象,历史即经验、经历,是人类过去经历的、被时间和地点所限定的单个事件的集合;人类可以对自己观察而得到的历史(经验)进行分析,探求异同、规律;人类的本性、史学家的偏好、公共语言的局限、已有知识的限制,都是历史学成为科学的障碍;人类可以把历史(经验)作为逻辑起点,通过广泛搜集、比较分析材料,扫除认识障碍,加以科学归纳,即可得到科学的历史知识。显然,他建立了以感性经验为一切知识基础的原则,依据感性材料,进行分析、归纳和综合,把历史学推向科学,是一合理逻辑;但是实验手段无论如何也无法适用于瞬息万变的历史过程,这样,历史学成为科学,在培根的思想体系下就被打了折扣。1690年,洛克出版《人类悟性论》,主张历史知识的特性关涉人们观念之间的一致性,认为一切观念都是具体的,历史知识尽管缺乏绝对真理的确实性,却能够达到人们一时所需的那种确实性。他把培根的经验论进一步发展为人对外部世界的感受即"外部经验"和人的心灵自我反省即"内部经验"。其对于方法论的启示是:真理性认识要有大量经验材料作为依据,结论可以从具体材料中概括出来,自我认识需要反思与批判。在洛克那里,合理的推论是,历史瞬息万变,可能导致历史知识的不确定,但是它恰好表明后世史学家批判前人历史知识的合理性。

笛卡尔对待历史学可没像培根那样客气,其关于科学的界定和自然科学方法的总结,使历史学陷于非常尴尬的境地。他在《谈谈方法》中对史学的社会价值称颂不已,说它可以激励人心,有助于英明善断,可以获得古人最精粹的思想,但是严厉指陈其非科学性,说它因歪曲、夸张或省略史实,而导致历史写作所呈现的历史不能尽如历史原貌。这一点恰好契合培根的实验手段在历史瞬息万变上的无能为力。他对史学科学性最为严重的否定是在1647年为自己《哲学原理》(Les principes de la philosophie)法译本所写的代序中,说到如果求真理的学问是棵树的话,那么哲学就是这棵树的根本,物理学是干,而医学、机械学和道德学则是树枝。显然,在这里笛卡尔彻底在思想上把历史学逐出了科学殿堂。按照其说法,历史学完全失去了追求真理或者成为科学的资格:历史学无法弄清个别事实;它不能像哲学那样发现普遍的东西,用笛卡尔的话说,历史知识只能进行归纳而不能像哲学那样进行演绎;历史学更完全与数学的运用无缘,不像天文学、物理学、医学和机械学(解析几何自不待言)那样都建立在数学基础之上,相反,历史学对于数学完全是陌生的。尤其是历史学对于数学的完全陌生,笛卡尔时代无论如何也无法克服。其质疑对于史学是毁灭性的,然而却激起反笛卡尔者为历史学科学化付出艰辛的努力。他们秉持怀疑精神,搜集与考证史料,将哲学引进史学,希望把史学做成不折不扣的科学,中了笛卡尔的"魔咒",不过,这里不便详述了。

### 三、博学时代的史学科学化倾向

博学时代史学在科学化道路上并非毫无作为。事实上,那一时期许多学者为史学科学化做出了贡献。

许多学者质疑过去的历史学,使怀疑精神成为近代以后西方史学的常态。早在16世纪早期,德国人阿格里帕(Agrippa)就著有《关于艺术和科学的自负和不可靠性》(Declamation Attacking the Uncertainty and Vanity of the Sciences and Arts),批评历史写作缺乏诚信,认为历史学是伪经验主义的,历史学家是说谎家。阿格里帕成为16世纪反历史学的代表,之后,西方掀起历史皮浪主义巨澜。波丹、培根、笛卡尔、维柯都承认历史学家偏见的存在,在某种意义上是对他的呼应,尽管初衷不同。

博学时代,新旧各派基督教史学家在长期论战中聚集为不同的学术团体,像玻兰达斯学派(Bollandists)、圣摩尔学派(Maurists)等,与法国雅克·塞芒德(Jacques Sirmond)、意大利穆拉托里(Muratori)等一起,统称为博学派。他们一方面回应历史皮浪主义的挑战,另一方面又延续其怀疑精神,使它成为近代史学的基本特征之一。博学派以外的史学家也秉持怀疑精神。培根在《学术的进展》中认为,以往的学术采用某些无稽的谣传、含糊的流言,或者一些虚假经验;古典史学大部分都是低劣的,基督教史学以殉教者、隐居者、荒漠中的僧侣和其他圣人的奇事及其遗物、神祠、礼拜堂和肖像来蒙骗人们,以往的自然史著作充满神话般的内容,其中很大部分没有经过检验,明显是不真实的。虽然其具体观点值得商榷,但是却体现了强烈的批判精神。皮埃尔·贝尔(Pierre Bayle)于1695—1697年出版的《历史与批判词典》(*Dictionnaire historique et Critique*)是当时法国最风行的书,几乎成为狄德罗等人《百科全书》的原型。其研究对象是从古代一直延续到贝尔时代各种文献中关于历史真相的错误记录,特别是他集中最大火力反驳天主教对《圣经》的解释,在其笔下没有任何东西是神圣的,他因此成为怀疑主义的化身。在他们的影响下,后世史学家都在批判前人的基础上构建自己的学术体系。

博学派史学家提出鉴定史料真实性的方法,为史学科学化做出贡献。路德依靠描述早期基督教团体的信条和习俗,并把它们作为美德的标准,来衡量当代教皇统治的精神缺陷。其做法引起天主教会的怀疑和反驳,被认为在历史事实上是站不住脚的。可是，新教徒发现天主教的反驳缺乏可信的客观标准，在历史事实方面，天主教也面临同样的窘境。在反复的论战中，双方发现各自的教义都有逻辑和历史缺陷。这样，基督教新派和旧派都以历史撰写为武器而参加战斗，在向对方发难时，都从历史文献中寻求进攻的证据，从而指示历史学的博学之路，成就了历史学中的博学派。博学派重视史料，搜集、整理和出版大量希腊文和拉丁文史料，为以后史学家深入研究提供了可能；它推动了历史辅助学科如年代学、古文字学、考古学、碑铭学等的发展，为科学史学增添羽翼。还有的博学者从理论上总结这些做法，例如，玻兰达斯（Bollandus）1643年出版《圣徒行传》（*Acta Sanctorum*），他在第一卷序言中叙述其断定历史著作可信性的方法是：史学家要考证它们是否由事件目击者所写，或者史学家本身没有看到自己所叙述的事件，但采纳了亲眼所见者的说法，或者不是由那些采纳目击者本人的说法的人所写，而是由那些根据目击者对其讲述过的人们的说法的人所写，或根据可信的遗物、遗嘱、协议所写，等等。这些考证方法已经类似于后世所谓的内部考证方法了，是后来客观主义史学的先声。他们这种以考证来弄清个别事实，把历史认识建立在可靠基础之上的方法，正是科学史学的基本做法。

一些学者阐述人类历史共性，为后世西方史学追求规律导引先路。意大利文艺复兴后，人们关于古今关系问题的思考被强化。人文主义者对古人推崇备至，首推古人为人们模仿和效法的榜样，但不久就遭到各色现代观念的挑战，争论的结果莫衷一是。这个相持状态持续了很久，直到17、18世纪之交路易十四统治时期，法国论争和英国"书籍之战"到来而进入高潮。古今之争本质上是历史退步说与历史进步说之争，它促使近代历史进步论出笼。这场关于古今时代和文化的争论，于18世纪初以尊今派的胜利而告终，进步观念日益深入人心。波丹就是一位尊今派学者，被称为"16世纪的孟德斯鸠"。1566年,他发表《理解历史简易法》(*Methodus ad Facilem Historiarum Cognitionem*),认为人是自然的一部分,人的不同生命是对普遍的反对,而历史只是宇宙的一种表面运动。他把历史与人相关联,把人和自然相关联,把自然与宇宙力量相关联。他反对以赫西俄德为代表的今不如昔的历史退步论,明确提出人类已经从自然状态中得到改良,在许多方面现代性意味着对旧事物的改进,其历史分期说是:南方人们占优势时代,天生爱好沉思,发展了宗教和哲学;气候温和地区人们占优势时代,其优势在于政治和政府;天才的北方人占优势时代,发明机器,并用于战争。波丹的分期建立在不同民族对文明发展进程做出贡献的基础上,维柯《新科学》中神、英雄和凡人三个时代说与其有异曲同工之妙。特别是如果把黑格尔《历史哲学》中的希腊世界、罗马世界划为一个地区,并按照时序被植入东方世界与日耳曼世界之间的话,那么黑格尔与波丹之间的差异就只是以"东方世界"取代"南方"而已。总之,在波丹等人的影响下,启蒙史学家们普遍信奉自然神论,把上帝的作用限制在创造人类里,至于人类如何发展,他们则认为上帝不关心。这样,就确立了后来人们在人与自然或者人与规律框架中讨论历史问题的基调。

总之,博学时代,许多学者继承并弘扬古典史学怀疑求真、发现共性的传统;他们在怀疑精神的指引下,重视搜集和考订史料,努力突破神学观点,以新创的历史规律论去解读历史,从而实现史学创新;这一时期的史学为启蒙运动及其以后科学史学的逐渐成型提供了思想材料,奠定了方法论基础。

# 第6论

# 怀疑和批判：历史皮浪主义的学术坚守

皮浪主义肇始于公元前4世纪到公元前3世纪希腊怀疑派哲学代表人物皮浪（Pyrrhon），他承认人对事物感觉的存在，主张感觉到的未必是真实的，感觉到的未必是对的。到了公元2世纪，同是希腊怀疑论哲学家的塞克斯都斯·恩皮里库斯（Sextus Empiricus）写出《皮浪主义纲要》（*Outlines of Pyrrhonism*），阐释皮浪的怀疑论为：人们对同一对象无法给出肯定或否定的判断；论证本身永无止境，因而无法得出结论；由于主观性的变化和对象与其他事物的关联，因而无法对事物本性做出判断；论证前提是一种未经证明的假定，论证未必可靠；由于循环论证的存在，因而人们对一切都不可做出决断。皮浪主义应用于历史研究领域，就是历史皮浪主义，简言之，就是历史怀疑主义或者历史学领域中的怀疑主义。它对于推进西方史学发展起到重要作用。

## 一、皮浪主义成为历史文献辨伪、纠谬的理论依据

中世纪的历史著作中存在着大量作伪成分，也存在无数错误。近代早期的历史学家在撰写古代和中世纪历史的过程中，开始对其进行批判，进而批判被奉为权威的古典时代历史学家，例如瓦拉

证明了教会权威文献具有虚假性,辨别出李维《罗马自建城以来的历史》中的错误记载。

尤其是博学派的兴起,离开皮浪主义是无法理解的。路德依靠描述早期基督教团体的信条和习俗,并把它们作为美德的标准,来衡量当代教皇统治在精神上的缺点。他的做法引起了天主教会的怀疑和反驳,被认为在历史事实上是站不住脚的。可是,新教徒发现天主教的反驳缺乏可信的客观标准,在历史事实方面天主教也处在同样的窘境中。正如有学者所说:"在反复的论战过程中,双方都发现他们的教义暴露了逻辑的和历史的缺陷。"①

这样,出于宗教论战的需要,基督教新派和旧派都以历史撰写为武器而参加战斗。例如,路德派以佛劳修斯(Flacius)为首编纂了《马格德堡世纪》(*The Magdeburg Centuries*),1559 年开始出版,1574 年出齐,向教廷发难。罗马教廷则委托巴洛尼阿斯(Baronius)应战。他出版《教会年代记》(*Annales Ecclesiastici*)进行回敬。新教又推出以撒·加索朋(Isaac Casaubon)撰写《巴罗尼阿斯著作中的习作》(*Exercitationes in Baronium*),对《教会年代记》逐条进行批驳,使得新教徒把巴罗尼阿斯称为"大谎言家"。② 无论是新教还是天主教,在向对方发难时都从历史文献中寻求进攻的证据,从而指示历史学的博学之路。无论是出于对基督教神学的批判,还是出于为基督教会的辩护,西方史学家都期望把历史写作建立在坚实而确切的历史证据之上,他们搜集和整理了大量古代文献,成就了以玻兰达斯学派和圣摩尔学派为代表的

---

① [英]B. A. 哈多克:《历史思想导论》,王加丰译,华夏出版社 1989 年版,第 59 页。
② Preserved Smith, "The Age of the Reformation", in Harry Elmer Barnes, *A History of Historical Writing*, second edition, Dover Publications, Inc., 1963, p.127.

博学派史学,其成就都是在这一历史怀疑精神的引导下完成的,皮浪主义对于博学派登上舞台起到了推动作用。

启蒙运动史学也是皮浪主义影响的结果。皮埃尔·贝尔对伏尔泰的影响就是这样。伏尔泰为写《亨利亚特》(La Henriade)去阅读17世纪人文主义史学家例如米什莱(Mézeray)、早期编年史家例如德图(De Thou)和贝尔的著作。伏尔泰读过贝尔全集,尤其是《历史与批判词典》,其反抗精神就是贝尔先进思想影响所致,而且"通过贝尔,伏尔泰首先同历史问题发生了关联"①。伏尔泰在描写自由主义基本主题的时候,由于热爱自由主义而走向批评不宽容的基督教徒例如圣伯纳德,为非基督教徒穆罕默德辩护,"伏尔泰借用了其新教徒同胞皮埃尔·贝尔的东西"②。伏尔泰深受历史学皮浪主义影响,正是贝尔《历史与批判词典》中《大卫》一文之功,它把《圣经》中的内容严格区分为历史的和教条的,主张历史学家享有对于前人的批判权利,"伏尔泰在《历史哲学》中重复了同样的事情,在物理学不可能的背景下批判奇迹则走得更远"③。伏尔泰批评以往史学家不能将真相和传说加以区分。这一不加区分的现象贝尔已经指出过,只是"没有一个人能像伏尔泰那样有如此之大的勇气致力于此"④。

## 二、皮浪主义是重新认识历史的理论工具

极端怀疑主义者阿格里帕斥责了所有领域的知识探索,特别

---

① J. H. Brumfitt, *Voltaire: Historian*, Oxford University Press, 1958, p.6.
② A. Owen Aldridge, *Voltaire and the Century of Light*, Princeton University Press, 1975, p.51.
③ J. H. Brumfitt, *Voltaire: Historian*, Oxford University Press, 1958, p.33.
④ J.B. Black, *The Art of History: A Study of Four Great Historians of the Eighteenth Century*, Methuen & Co. Ltd., 1926, p.51.

是这位德国学者认为,原则上史学家都不可能知道真实的情况。他在1526年出版《关于艺术和科学的自负和不可靠性》,其中称:"编史者之间的分歧竟有这么大,居然能把同一素材写得那样反复不定或说法不一。这足以显示这种研究是不可能的,它只是证明了许多史家可能是道地的撒谎者。"①

他的怀疑论被法国皮浪主义者蒙田所继承。蒙田于1580—1587年出版三卷《随笔集》,使得17世纪各种人都从他那里获取营养和快乐,特别是18世纪的丰德奈尔(Fontenelle)、贝尔、孟德斯鸠、伏尔泰等人都给予他很高的关注和赞赏。② 蒙田说过:"人人都可以写历史。"③因此,"每当我要阐述一个我们早已接受的权威看法时,我不想墨守陈规地只用规则和事例来证实,而是穷源溯流,寻根究底,我就会发现这个看法根基不牢"④。蒙田的怀疑主义一方面意味着不存在正确的东西,另一方面又意味着不存在错误的东西。在他看来,任何真理都是矛盾的,对一个真理的否定就是产生另一个真理。而且,自我意识是蒙田身上恒定不变的部分,是他衡量一切学说的尺度。文德尔班(Windelband)指出:"在蒙台涅的《论文集》中无论透露的是什么哲学思想都来源于皮浪主义。因此,中断已久的传统线索又连接起来了。理论见解和伦理观点的相对性,感官的错觉,主观和客观之间的鸿沟,主观客观的不断

---

① 转引自[英]B. A. 哈多克:《历史思想导论》,王加丰译,华夏出版社1989年版,第61页。
② 参阅莫里斯·拉"原版引言"中关于蒙田影响的部分,见于[法]蒙田:《蒙田随笔全集》,潘丽珍等译,译林出版社1996年版。
③ [法]蒙田:《几位大使的一个特征》,载《蒙田随笔全集》上卷,潘丽珍等译,译林出版社1996年版,第77页。
④ [法]蒙田:《论习惯及不要轻易改变一种根深蒂固的习俗》,载《蒙田随笔全集》上卷,潘丽珍等译,译林出版社1996年版,第129页。

变化,一切理智活动均依赖于非常不可靠的论据——所有这些古代怀疑主义的论点,在这里我们都碰到了,只不过不是以系统阐述的形式,而是在具体问题的讨论中乘兴结合;也正因为如此,反而感人更深。"①

贝尔接触皮浪主义是通过阅读蒙田的著作,"把蒙田的思想几乎全部记在脑中"②。受其影响,贝尔对一切知识产生疑问和怀疑,写出《历史与批判词典》,提出许多与以往不同的历史认识。

在这里,皮浪主义显示的是任何时候关于某历史的认识都不是最后的认识;任何史学家的结论都不是最终的结论。史无定论,成为持续研究某一对象的哲学前提。

### 三、历史皮浪主义的学术坚守

有论者说:"历史皮浪主义正冲击着传统的历史教育和宗教信仰。宗教会众(玻兰达斯派、圣摩尔派)对于区别历史中的理性和非理性怀疑应该做最大贡献,这是自然而然的了。但是探索可靠的历史法则并不局限于他们。关于皮浪主义的讨论在德国新教大学中盛行,而这些大学那时恰好对于历史学方法首先做出了自觉的贡献。"③

这段话除了表明历史皮浪主义的方法论意义外,还指出了对于历史认识理性和非理性怀疑的区分。这里涉及极端怀疑主义或者消极怀疑主义的问题。作为历史学方法论,怀疑是有效的手段,

---

① [德]文德尔班:《哲学史教程》下卷,罗达仁译,商务印书馆1993年版,第492页。
② Elisabeth Labrousse, *Bayle*, trans. Deny Potts, Oxford University Press, 1983, p.14.
③ Arnaldo Momigliano, *Studies in Historiography*, Garland Publishing, Inc., 1985, p.11.

但是消极的怀疑则是对历史学的取缔。阿格里帕继承古典皮浪主义的基本精神,对人类一切知识提出怀疑,受到笛卡尔的驳斥。就历史学而言,他们都做出过伤害,不过前者彻底取消历史学存在的必要性,而后者不过是把历史学驱逐出科学的行列。

其实有限度的历史皮浪主义是非常有效且合理的历史研究的思想方法,那就是怀疑和批判。离开批判可能会走向极端怀疑主义,加上批判就防止了这种走向极端的可能性,因为批判得以剔除作伪、修订错误,把历史认识建立在坚实证据的基础上,没有给极端怀疑主义留下空间,博学派就是这样。有意思的是,对历史皮浪主义的强烈反应竟然来自基督教史学家。他们要回答历史皮浪主义式的质疑,就要重新审视基督教史料,开展辨伪和纠谬工作。随着宗教改革论战的进行,新教派和天主教派都发现自己不由自主地与怀疑论哲学家处于联盟之中,这种情况使得"教会史家以彻底批判的方法重新估价自己的资料,这种批判没有给那些神圣的无法确定文献依据的传说留下自己的机会"①。玻兰达斯在 1643 年出版的《圣徒行传》第一卷序言中叙述了其断定历史著作可信性的方法:史学家要考证它们是否由事件目击者所写,或者他们本身没有看到自己所叙述的事件,但是采纳了亲眼所见者的说法的人所写,或者不是由那些采纳目击者本人的说法的人所写,但是由那些根据目击者对其讲述过的人们的说法的人所写,或根据可信的遗物、遗嘱、协议所写,等等。② 要之,博学派史学家一方面回应了历史皮浪主义的挑战,另一方面又延续了皮浪主义者的怀疑态度,使怀疑态度成为近代史学的基本特征。

---

① [英] B. A. 哈多克:《历史思想导论》,王加丰译,华夏出版社 1989 年版,第 64 页。
② 同上书,第 65 页。

总之,在皮浪主义的质疑下,兴起了博学派的文献搜集和整理运动,印证了皮浪主义的合理性,怀疑精神传承下来,并逐渐形成一套历史考证方法,搜集、整理和出版大量希腊文和拉丁文史料。在这一传统下,启蒙运动时期,欧洲史学家利用既有的考证方法,批判史著中神迹的虚假,清算史学中的神学,全面开展史学科学化进程。这些为19世纪史学家所继承,最终成就科学主义史学。

# 第7论

# 历史理性上反笛卡尔之史学科学化意义

西方史学科学化进程中,笛卡尔的历史理性是反历史学的,给西方学者立下魔咒,他们在历史理性中反笛卡尔,把史学一步步推向科学主义,这里讨论启蒙时期学者历史理性方面反笛卡尔的情况。

## 一、笛卡尔反史学的历史理性

勒内·笛卡尔关于历史知识的思想对西方史学的发展产生过重大影响,正如格莱灵(Grayling)所云:"勒内·笛卡尔是个傲慢、喜欢独处,有时是孤僻而常常是敏感的人物,他对西方世界的知识历史有着巨大影响。影响之大可以从这一事实得到判断,那就是将近四个世纪他的著作一直在印刷着,直到今天还保留在世界上差不多每一所大学的阅读书目中。"[1]因此,他有着同样影响的史学观念在西方史学史中必须加以论述。

1596年,笛卡尔生于都兰的拉黑耶,出身贵族,次年丧母,童

---

[1] A. C. Grayling, "Preface", in *Descartes: The Life of René Descartes and Its Place in his Time*, Free Press, 2005, p. XIII.

年与外祖母生活在一起。1607年,他进入拉·弗莱施公学接受耶稣会士的正规传统教育直到1615年,攻读古典语文、历史、修辞、神学、哲学等。离开公学后学习法律,于1616年获得波提厄斯大学硕士学位。

他游历过很多地方,并把它作为学习的过程,用他自己的话说就是:"访问各国的宫廷和军队,与气质不同的人交往,搜集各种经验,在碰到的各种局面里面考验自己,随时随地用心思考面前的事物,以便从中取得教益。"①他曾参加日耳曼三十年战争,到过尼德兰、德国等许多地方。结束军人职业生涯后,1621年,他来到巴黎,为从事科学研究把从父亲那里得到的采地卖掉,到意大利游历。1628年再次到荷兰,直到1649年受瑞典女王克里斯汀娜之邀去斯德哥尔摩讲学,1650年去世。

笛卡尔的主要著作有:1637年发表《谈谈方法》;1641年发表《第一哲学沉思录》(Les méditations métaphysiques);1644年发表《哲学原理》;1649年发表《灵魂的激情》(Traité des passions de l'âme);早年的《指导心灵的原则》(Rules for the Direction of the Mind);晚年的《自然之光照耀下的真理之后的探讨》(The Search after Truth by the Light of Nature);另有三卷《书信集》(Correspondence)。

笛卡尔倾心于新科学,因为他认清了宗教迷信和经院哲学对人生有百害而无一利,只有科学才能给人类带来幸福。他和培根都反对经院哲学,认为经院哲学的认识方法出了错误。经院哲学有信仰主义、先验主义和形式主义的特点,它的认识方法以某些宗教信条为根据,依照三段论,推出有利于宗教的结论。培根提出经验主义反对先验主义,而笛卡尔提出理性主义反对信仰主义。从

---

① [法]笛卡尔:《谈谈方法》,王太庆译,商务印书馆2000年版,第9页。

这个意义上说,他无疑是西方思想解放的健将。但是他关于历史知识的思想却给西方学术界带来了不安。

1637年笛卡尔发表《谈谈方法》,书中对史学的社会价值称颂不菲,他说:"史传上的丰功伟业,可以激励人心;精研史册,可以有助于英明善断;遍读好书,有如走访著书的前代高贤,同他们促膝谈心,而且是一种精湛的交谈,古人向我们谈出的只是他们最精粹的思想。"①他还说:"同古人交谈有如旅行异域,知道一点殊方异俗是有好处的,可以帮助我们比较恰当地评价本乡的风俗,不至于像没有见过世面的人一样,总是以为违反本乡习惯的事情统统是可笑的、不合理的。"②不过,他反对过分阅读历史著作,"可是旅行过久就会对乡土生疏,对古代的事情过分好奇每每会对现代的事情茫然无知"③。

当他自己通过考察许多风俗,发现不同民族对待风俗的态度不一样的时候,于是大开眼界,对成规惯例发生怀疑,"凡是我没有明确地认识到的东西,我决不把他当成真的接受"④,而且"任何一种看法,只要我能够想象到有一点可疑之处,就应该把它当成绝对虚假的抛掉"⑤。他的这种怀疑态度使其对历史知识产生怀疑,严厉指陈了历史知识的非科学性,笛卡尔说:"就连最忠实的史书,如果不歪曲、不夸张史实以求动听,至少总要略去细微末节,因而不能尽如原貌;如果以此为榜样亦步亦趋,每每会同传奇里的侠客一样陷于浮夸,想出来的计划每每会无法实现。"⑥他对史学科学性

---

① [法]笛卡尔:《谈谈方法》,王太庆译,商务印书馆2000年版,第6页。
② 同上书,第7页。
③ 同上。
④ 同上书,第16页。
⑤ 同上书,第26页。
⑥ 同上书,第7页。

最严重的否定,是在1647年他为自己《哲学原理》法译本写的代序中,说到如果求真理的学问是棵树的话中,那么哲学就是根,物理学是干,而医学、机械学和道德学则是树枝。① 显然,在这里笛卡尔彻底在思想上把历史学逐出了科学殿堂。

按照笛卡尔的说法,历史学完全失去了追求真理或者成为科学的资格。因为它不能像哲学那样发现普遍东西,历史知识只能进行归纳,而不能像哲学那样进行演绎。更因为历史学完全与数学运用无缘。无论是天文学、物理学还是医学和机械学(解析几何自不待言),都是建立在数学基础之上的。数学成为衡量知识是否为科学的权舆,于是人们认为,同样的工具在人的研究中会得到类似的成功。"不可能用近似于数学思想的方法表达出来的知识受到了排斥,要么把它们看成无害但却是混乱的,与知识毫不相干的概念,要么把它们看作真理道路上危险的错误。这些机械论的方法在本质上并不受时间限制。历史,恰恰是历史发展的思想,对这些方法完全是陌生的。"②

笛卡尔这套学说消弭了史学成为科学知识一部分的可能性。他的思想促使后来的史学家和思想家按照他的标准来为史学科学性进行辩护和写作。笛卡尔学派总的说来是反历史的,促使一批学者起来反笛卡尔,这些人中就有维柯、洛克、孔多塞和休谟(David Hume)等。

### 二、反笛卡尔:维柯的历史理性

笼统地说维柯反对笛卡尔并不确切,因为维柯的思想也在变

---

① [法]笛卡尔:《谈谈方法》,王太庆译,商务印书馆2000年版,第61页。
② [英]B. A. 哈多克:《历史思想导论》,王加丰译,华夏出版社1989年版,第57页。

化,正如利昂·庞帕(Leon Pompa)所言:"长期以来,他的思想一直处于不断发展的状态,所以他的早期著作与晚期著作中所表达的理论之间存在着重大差别。"①按照他的说法,1720—1722年间出版《论普遍法的唯一原理和唯一目的》和《论法学的容贯一致性》标志着维柯由早期向晚期的转变。维柯早期是笛卡尔主义的信奉者,晚期是笛卡尔主义的反对者。

维柯在早期《论我们时代的研究方法》中,首肯一切科学和艺术的共同工具是笛卡尔的方法及其给予的第一真理"我思",同时对忽略涉及人的心灵、激情、公民生活和雄辩术的伦理学、政治学不满,但是他又说:"既然研究的唯一目标今天是真理,那末我们所以要研究事物的本性,是因为这本性似乎是确定的,而人的本性则不然,还因为自由意志使它变得极为不确定。"②在对笛卡尔稍表不满后,又回到笛卡尔那里去——对人类事物的认识无法达到真理。在这里,维柯也有不同于笛卡尔的地方。据维柯的说法,只有对自己创造物的认识才能成为真理,因为自然物是神创造的,所以关于自然的真理完全是神意决定的;而在笛卡尔那里,自然科学完全是人的理性的结果。

《论意大利人的古代智慧》也是维柯的早期代表作,从语源角度论述了知识问题。他仍然认为,"形而上学探讨的是确凿无疑的真理"③,现代物理学的工具为"人类增添了许多新真理"④,"最确定的知识分支是几何学和算术"⑤,但是几何学的方法不能用于生

---

① [英]利昂·庞帕:《维柯著作选》,陆晓禾译,商务印书馆1997年版,英译者序。
② 同上书,第74页。
③ 同上书,第105页。
④ 同上书,第97页。
⑤ 同上书,第110—111页。

活,"有作为的历史学家也并不提供关于事实的不精确说明和一般原因,而是探究基本事实情况,揭示具体原因"①。这些同笛卡尔的思想没有什么本质区别。然而,维柯在关键问题上同笛卡尔唱起了对台戏。维柯首先反驳了笛卡尔派的第一真理"我思故我在",认为怀疑论者并不怀疑他思和他的存在,因而"我思"不是"我在"的原因,而是"我在"的标志;指出许多肉体并不会思,其中暗含的推论是没有思不能说明不在。② 在真理的认识问题上,维柯也同笛卡尔发生了严重的分歧。在笛卡尔那里,真理是清晰而明确的认识;而维柯眼中的真理,是能够证实的知识。③ 尤其是维柯说过:"神的真理是事物的立体表示,如同一座塑像;人的真理是一张素描即平面表示,犹如一幅绘画。另外,正如神的真理是上帝按他所知加以安排的产物,人的真理也是人按他所知安排事物的产物。"④这里,维柯对真理的理解犹如在《论我们时代的研究方法》中把真理作为神的产物,走上了与笛卡尔完全不同的道路。而且这为历史学直达上帝、成为科学提供了理论依据,因为历史学也是人认识事物的一张素描,取得与其他人类知识同等的地位。在维柯看来,笛卡尔派所谓真理即是清晰明白的观念,实际上是一种主观的或者是心理的标准,人们认为的清晰和明白的东西,并不能证明自身是真实的,而只能证明人们相信它。

特别是在《新科学》中,维柯思想中最普遍受人关注的是其关于历史发展过程的思考。

第一,历史发展三阶段。维柯主张历史发展具有规律性。他

---

① [英]利昂·庞帕:《维柯著作选》,陆晓禾译,商务印书馆1997年版,第97—98页。
② 同上书,第92—93页。
③ 同上书,第89—90、94、113页。
④ 同上书,第84页。

在追求永恒和普遍的历史,《新科学》指出:"每个民族在时间上都要经历过这种理想的永恒历史,从兴起、发展、成熟以致衰败和灭亡。"①后来又有:"这种永恒的历史是各民族的国别史在时间上都经历过的,都经历了兴起、发展、鼎盛以至于衰亡。"②换言之,在维柯看来,历史既具有永恒性,又具有普遍性。

维柯以为,这种普遍性可以分解为各民族历史表现的三种形式。他在《新科学》中认为,人类各民族的发展都不外乎三个阶段:神祇的时代、英雄的时代和凡人的时代,相应地就有三种自然本性(诗性和创造性、高贵性、理智、谦恭、善良心、责任感)、三种习俗(带有宗教虔诚的色彩,暴躁、拘泥细节的,有责任感的)、三种自然法(神的法,由宗教支配的凭强力的法,受人类理智左右的人道的法)、三种政府或政体(神的政府,英雄或贵族专政的政府,人道的政府)、三种语言(神的心头语言表现于无声的宗教动作或神圣的礼仪,英雄们的徽纹,发音的语言)、三种字母或者文字(神的字母"象形文字",英雄的字母、想象的共相,土俗字母)、三种法学(秘奥的神学,关于神的语言的科学或对占卜秘奥教仪的知识;英雄的法学,讲究辞令、文字的妥帖,严格按照法律条文裁决;人道的法学,审核事实本身真实与否,宽厚地使用法律条文)、三种权威(财产所有权的权威,依据法律正式条文的权威,在智慧方面享受信任和名誉的权威)、三种理性(神的理性,国家政权的理性,自然理性)、三种裁判(神的裁判,常规裁判,人道的裁判)③。这三个时代所对应的历史发展是:古代希腊是神的时期;荷马史诗的时代为英雄时

---

① [意]维柯:《新科学》,朱光潜译,商务印书馆 1997 年版,第 128 页,第 245 节。
② Giambattista Vico, *The Autobiography of Giambattista Vico*, trans. Max Harold Fisch and Thomas Goddard Bergin, Cornell University Press, 1944, p.169.
③ 详见《新科学》第四卷《诸民族所经历的历史过程》。

期;梭伦则是民众政体的开始。最后是罗马君主专制的帝国时代,蛮族入侵,罗马帝国衰亡,历史的循环开始。中古前期是神的时代,后期是英雄时代,而维柯生活的时代早已经是人的时代了。

需要指出的是,维柯也看到了各民族的发展具有差异性,还就特殊性的原因进行了探求,他说:"因为各族人民确实由于地区气候的差异而获得了不同的特性,因此就产生了许多不同的习俗,所以他们有多少不同的本性和习俗,就产生出多少不同的语言。"①这就使得他没有陷入机械论的深渊而不能自拔。

第二,历史的"复归"。维柯认为人类历史经历上述三阶段后,将进入新一轮的神、英雄和人的阶段。维柯据罗马帝国后期北方蛮族入侵欧洲,推翻罗马帝国,建立了近代国家如英、法、德、西等,认为这是野蛮时代的"复归"或"复演"。例如在各国政体中,教会首领同时兼任政府首领,恢复第一次野蛮时代司祭兼任国王的旧规;被征服民族变成了家奴去替地主种田服役,恢复了第一次野蛮时代收容所的制度,过去的东佃制发展成为系统化和等级化的封建制度。政体变更在第二次野蛮时代大致也和第一次野蛮时代一样,由君主统治,经过贵族统治,逐渐过渡到平民统治,经过动乱,又回到维柯认为最理想的君主专制。

第三,历史发展的动力。维柯把历史发展的动力归结为上帝。他在《论意大利最古老的智慧》中说:"因为上帝以其无限德性创造了一切事物哪怕是最微小的事物。"②他还在《自传》中说:"永恒的

---

① [意]维柯:《新科学》,朱光潜译,商务印书馆1997年版,第227页,第445节。
② [意]维柯:《论意大利最古老的智慧——从拉丁语源发掘而来》,张小勇译,上海三联书店2006年版,第84页。

历史建立在天神或神旨这种思想的基础上。"①《新科学》中更是说:"是天神意旨制定了各种政体,同时也制定了部落自然法。"②

同时,他又认为人创造了自己的历史。维柯指出,"这个民族世界确实是由人类创造出来的"③,"这个包括所有各民族的人类世界确实是由人类自己创造出来的"④。甚至,维柯认为人不仅创造了人类历史,连天神也是人类创造出来的,他说:"世界诸天神是由恐惧创造出来的,这种恐惧不是由他在自己心中引起的,而是由人们自己引起的。"⑤

第四,各民族共同性的基础。维柯进一步探讨的是,支撑各民族历史具有共同性的基础是什么?《新科学》归纳出宗教、婚姻仪式、埋葬制度等。它们"承认天意安排","主张人类情欲应受到节制,变成优美品质","承认人类灵魂的不朽"。⑥ 凭借着这一基础,人类得以创建。用他的话说就是:"在天神意旨这第一个原则,隆重的婚姻典礼这第二个原则之后,还有埋葬制度所依据的灵魂不朽的普遍信仰这第三个原则。我们这门学科就根据这三个原则来讨论它所研究的全部众多而复杂的制度的起源。"⑦

总之,如柯林武德所言:"维柯做了两件事情。第一,他充分使用了17世纪晚期历史学家在批判方法上所做的进步,并且把这一

---

① Giambattista Vico, *The Autobiography of Giambattista Vico*, trans. Max Harold Fisch and Thomas Goddard Bergin, Cornell University Press, 1944, p.169.
② [意]维柯:《新科学》,朱光潜译,商务印书馆1997年版,第347页,第五章标题。
③ 同上书,第164—165页,第349节。
④ 同上书,第609页,第1108节。
⑤ 同上书,第187页,第382节。
⑥ 同上书,第101页,第130节。
⑦ 同上书,第13页,第13节。

进程推向一个更远的阶段;指出了史学思想怎样能够既是建设性的而又是批判性的,割断了它对权威著作的依赖而使它成为真正有创造性的或依赖于其自身的,并能够对数据进行科学分析来恢复那些已全然被忘记的真实。第二,他发挥了一些哲学原则——它们隐含在他的历史著作里——达到能够对笛卡尔主义的科学的和形而上学的哲学发动反攻的程度,要求给知识论以一种更为广阔的基础并批判了当时流行的哲学信条的狭隘性和抽象性。"①

### 三、反笛卡尔:洛克、孔多塞和休谟的历史理性

关于洛克对笛卡尔消极影响的反对,可以借助柯林武德的认识表述如下:洛克和贝克莱(Berkeley)在其著作中并没有对历史学的思想问题表现出特别的关注。洛克在《人类悟性论》中的"历史的平易方法"类似于维柯,涉及历史学中的观念和事实之间的问题,而这一点是笛卡尔派所没有考虑到的。洛克的反笛卡尔表现为:第一,"否定天赋观念而坚持知识来自经验",《人类悟性论》第一卷里就已经隐含了一种关于知识的历史观点。第二,"否定了有意沟通所谓的观念和事物之间的鸿沟的任何论证",而主张知识涉及人们观念之间的一致与否,这一观点适合了认识人类的历史知识特性。第三,"否定抽象观念并坚持一切观念都是具体的",这一点也是思考历史的自然方式。第四,"人类知识的概念尽管必然缺乏绝对的真理的确实性,却能够达到我们的情况所需要的那种确实性",这一观点给予历史知识以坚固的基础。②

孔多塞是法国数学家和哲学家,曾参与百科全书派的活动,与

---

① [英]柯林武德:《历史的观念》,何兆武、张文杰译,中国社会科学出版社1986年版,第80页。
② 同上书,第81—83页。

达兰贝尔(d'Alembert)、伏尔泰、杜尔哥等人关系友善。他于 1785 年发表《论依据众多意见做出判断概率应用的分析》(*Essai sur l'application de l'analyse à la probabilité de decision rendue à la pluralité de voix*),1793 年发表《概率演算教程及其在赌博和审判中的应用》(*Tableau général de la science gui a pour l'objet l'application du calcul aux science politiques et morales*)。1793—1794 年逃亡期间写成《人类精神进步史表纲要》,1795 年出版。

孔多塞受卢梭和杜尔哥的影响,他的法学和政治学思想继承了卢梭自然和自由、平等的观念,而他对人类历史规律的论述显然来自杜尔哥的理念。他对史学的贡献表现为三个方面:一是提出一些掷地有声的史学观念,二是尝试把数学方法引入社会研究,三是阐述了人类精神进步观念。

孔多塞肯定历史知识对于精神进步的重要性。他说:"假如能有一门预见人类进步、能指导进步、促进进步的科学,那么人类所已经做出了的进步的历史就应该成为这门科学的主要基础。"①他相信可以在历史中发现行为准则,在研究古人的见解中发现真理,反对摒弃经验教训的偏见。他批评现存历史学只关注大人物的做法,说:"迄今为止,政治史也像哲学史和科学史一样,只不过是某些少数人物的历史;真正构成其为人类的那些人,即几乎全然依恃自己的劳动而生活的广大的家庭却被人遗忘了,甚至于还有从事于公共职业的那类人(他们的活动不是为了他们自己而是为了社会,他们的任务是教学、是管理、是保卫、是安慰别人),而唯有领袖

---

① [法]孔多塞:《人类精神进步史表纲要》,何兆武、何冰译,生活·读书·新知三联书店 1998 年版,第 9 页。

们才吸引了历史学家的关注。"①他分析了影响历史学健康发展的几个因素:一是依据旅行家所搜集的材料,带有外国人的偏见;二是利害关系、党派精神、民族骄傲或情调;三是专制君主御用史学家的奴颜婢膝。②

孔多塞认识到,虽然社会现象的分析不可能精确,但是对发生这些现象的概率进行估值可以是精确的。他认为社会现象研究要成为科学,必须引入数理分析的方法,而概率则是建立这门科学的有效途径,因为这样,任意的预言就转化为理性的预言,用人的预见取代天意。他的这一主张和努力是非常有意义的,有论者评价道:"这种以数学方法处理人事问题的努力,使他和维柯并列,成为18 世纪建立'有效的'社会科学的努力中最有贡献的两个人。"③

他主张人类精神服从"普遍的规律",不可阻挡地走向进步,更不会倒退。他分十个时代依次考察和思考了人类精神的进步。这十个时代是:人类组合成部落、游牧民族、农业民族的进步、人类精神在希腊的进步、科学的进步、知识的衰落、科学在西方的复兴、从印刷术发明到科学与哲学挣脱权威的束缚、从笛卡尔下迄法兰西共和国的成立、人类精神未来的进步。孔多塞对于人类精神进步的分析遵循着从经济生活出发,考察社会组织,分析政治形式和精神状态这样的路径,显然是唯物主义的做法。他指出给进步造成障碍的哲学家的偏见、不开明阶级的偏见和某些有权势者的职业偏见这三种偏见,把中世纪列为知识衰落阶段,这些又使得孔多塞的思想带有辩证性。

---

① [法]孔多塞:《人类精神进步史表纲要》,何兆武、何冰译,生活·读书·新知三联书店 1998 年版,第 173 页。
② 同上书,第 174 页。
③ 同上书,译序第 1 页。

最后,是反笛卡尔的休谟的历史理性问题。休谟在其早年的《人性论》(Treatise of Human Nature)中指出,历史知识不需要任何形而上学的假说,历史能够被认识就在于其中贯穿人性,人性使历史在特殊中蕴涵着普遍的东西。在休谟那里,历史知识是一种合理信念的体系。他说,人们相信某一事实,"是根据历史学家们的一致的证据所确立的,而这些历史学家都一致给那个事件指定这个确切的时间和地点。这里有若干符号和文字呈现于我们的记忆或感官之前;我们也记得这些文字符号曾被用作某些观念的记号;这些观念或者是存在于行刺时亲自在场、并由这件事的存在直接得到这些观念的那些人的心中;或者是这些观念是由别人的证据得来,而那个证据又从另一个证据得来,这样清楚可见地层层推进,直至最后我们达到那些目击此事发生的人们为止。显然,全部这个论证连锁或因果联系最初是建立在所见过或所记忆的那些符号或文字上的,而且没有记忆或感官的根据,我们的全部推理就将成为虚妄而没有基础"①。在休谟看来,由符号所传载的、由记忆所验证的事实,是与人们的观念结合在一起的,而且这种结合是经常的,当初写在纸上所指的就是人们所理解的,也就被相信是真实的。在休谟那里,历史证据不会因为时间久远而消失。通常看来,历史相关事实的知识在到达第一个史学家手中之前,一定经过百口相传,而且在史学家写作之后又变成新的本子,这样随着时间的推移,这种关于历史事实知识的翻新必然越来越多、越来越大、越来越长,历史证据似乎完全消失了。但是,休谟指出:"联系任何原始事实和作为信念的基础的现前印象的那些环节虽然是无数的,可是它们都是种类相同,都依靠于印刷者和抄写者的忠实

---

① [英]休谟:《人性论》,关文运译,商务印书馆1980年版,第100页。

的……我们知道了一个步骤,就知道了一切步骤。"①这样依据人性、依据人们辗转理解历史知识的习惯的共性,仍然可以辨别出历史的证据来。休谟的观点对于反笛卡尔意义非常大,它"把历史学置于一个和任何其他科学至少是同样坚实的立足点之上","证明了历史学是一种合法的而有效的知识"。②

总之,维柯、洛克、孔多塞、休谟历史理性的反笛卡尔,表明历史是可以认识的,历史跟自然一样有共性,而且历史研究也可以引进数学方法,这些为日后史学家走科学主义道路做好了理论工作。

---

① [英]休谟:《人性论》,关文运译,商务印书馆1980年版,第168—169页。
② [英]柯林武德:《历史的观念》,何兆武、张文杰译,中国社会科学出版社1986年版,第86页。

# 第8论

# "弗劳德病":科学主义史学的理性缺失

詹姆斯·弗劳德(James Anthony Froude,1818—1894年),英国史学家,托马斯·卡莱尔(Thomas Carlyle)的得意弟子,1892年接替爱德华·弗里曼(Edward Augustus Freeman)任牛津大学钦定教授。其历史著作有《从沃尔什倒台到伊丽莎白去世的英国史》(*History of England from the Fall of Wolsey to the Death of Elizabeth*)、《18世纪爱尔兰的英国人》(*The English in Ireland in the Eighteenth Century*)、《西印度群岛的英国人》(*The English in the West Indies*)、《托马斯·卡莱尔》(*Thomas Carlyle*)等。学术史上,其名被冠于治学粗心之现象,即所谓"弗劳德病"(Froude's Disease),对他而言这是一桩不幸也不公的事件。学界已探讨过弗劳德与卡莱尔的关系,他与弗里曼之间就英国史撰写所发生的争执,"弗劳德病"一词对弗劳德构成的伤害,以及科学主义史学对这一事件所发生的效用,解决了一些与本论相关的重要问题。然而,还有其他一些问题有待进一步澄清,例如,"弗劳德病"一词出现及其在欧美和中国衍义的大致脉络是什么,弗里曼与弗劳德之争的原因有哪些,如何看待弗里曼等人这种污损同行的行为等,就需要加以深入而细致的讨论。

## 一、术语"弗劳德病"的形成和衍义

自 1856 年弗劳德出版《从沃尔什倒台到伊丽莎白去世的英国史》前两卷,到 1870 年 12 卷本全部面世,乃至 1888 年出版《西印度群岛的英国人》,这一时期,《爱丁堡评论》(The Edinburgh Review)、《评论季刊》(Quarterly Review)、《绅士杂志》(Gentleman's Magazine)、《威斯敏斯特评论》(The Westminster Review)、《双周论坛》(Fortnightly Review)、《不列颠北方评论》(North British Review)、《当代评论》(Contemporary Review)、《麦克米兰杂志》(Macmillan's Magazine)、《黑森林杂志》(Blackwood's Magazine)、《雅典娜》(Atheneum)等,都发表过关于弗劳德历史著作的评论文章。这些文章中既有赞歌又有微词,饶有意味的是,这些评论本身在经济主张、政治观点、道德观念、宗教倾向等方面就互为轩轾,甚至在弗劳德的历史著作使用材料问题上都见仁见智。①

按理说,弗劳德出版史著,学界或褒或贬,再有弗劳德回应,做出辩解乃至反驳,这些原本都是史学生态中最正常不过的争鸣现象。可是值得注意的是,有人却始终盯着弗劳德著作中的所谓"不确切"不放,并将其污名化。这个人就是弗里曼。弗里曼乃弗劳德同时代的英国历史学家,主要研究领域也是英国史。1867—1876 年出版《诺曼征服史》(History of the Norman Conquest),1884 年接替斯塔布斯(Stubbs)任牛津大学钦定教授。从 1864 年直至 1892 年他去世,弗里曼对弗劳德及其著作一直口诛笔伐。他对弗

---

① 参阅 Andrew Fish, "The Reputation of James Anthony Froude", Pacific Historical Review, Vol.1, No.2,1932。

劳德穷追猛打，言辞激烈，自称"痛打弗劳德"（Belabouring Froude）①，这里略举几例，以见其情。

弗里曼评论弗劳德说："其观念是恶劣的，其观念的实施也是恶劣的。通篇漏洞百出，无法弥补，一无是处。"②又道："反对弗劳德著作的主要理由是，其任一标题下乃至全书中，充满瑕疵。那些瑕疵就是对事实的完全粗心和辨别正误的完全无能……对英国法律令人震惊的无知……对于英国早期历史和世界通史同样是令人震惊的无知。"③还曰："我没有说弗劳德先生肆意错误描述某事情，是说他不知道什么是真相，或者如何去寻找真相。这部书不尊重真相，而真相才是应该写的。我坚持认为，说它不是'一部诚实的书'，这还是公正的。"④

有西方学者回顾这段弗里曼批评弗劳德的历史，曾生动地描述弗里曼的状态为："他极度凶残地剖析弗劳德，不厌其烦，年复一年……他暴跳如雷，捶胸顿足，吹胡子瞪眼睛，义愤填膺。"⑤

事实上，尽管弗里曼极其粗暴地对待弗劳德，并给世人造成弗劳德著史不确切、不诚实的印象，然而他并未从一般意义上弄出"弗劳德病"这个污名来。明确提出术语"弗劳德病"者，是法国学者朗格诺瓦（Langlois）和瑟诺博斯（Seignobos）。1897年，他们出版《史学原论》（*Introduction aux études historiques*）。此书第二编第五章"考证与考证学家"明确提出"不确切之病"（maladie de l'inexactitude）和"弗劳德病"（maladie de Froude）这两个义同名殊

---

① Paul Herbert, *The Life of Froude*, Charles Scribner's Son, 1905, p.151.
② Andrew Fish, "The Reputation of James Anthony Froude", *Pacific Historical Review*, Vol.1, No.2, 1932.
③ Ibid.
④ Ibid.
⑤ Ibid.

之术语。① 从书中内容来看,朗、瑟二氏对"弗劳德病"的概括一定受到弗里曼和费希尔(Fisher)的影响。书中论史学观念和方法时不止一次提到弗里曼,而弗里曼曾"作为'科学'学派史学家的声望,诱导许多人接受这种荒唐。他几乎无休止的重复就是要建立一个要义,那就是弗劳德永远也不讲真相"②。可以想见,弗里曼作为英国科学主义史学派的代表、牛津大学钦定教授,同时代的两位法国学者在撰写史学理论与方法著作时不会不关注其批评弗劳德的言论。至于费希尔的影响,可以从《史学原论》说明"弗劳德病"所举的例子推导出来。朗格诺瓦、瑟诺博斯举弗劳德1886年出版的《海洋之国即或英国及其殖民地》(*Oceana, or, England and Her Colonies*)中论述阿德莱德为例,说弗劳德的叙述与实际不符。这个例子来自费希尔。费希尔也是科学主义史学派的代表人物,供职于牛津大学,弗劳德去世后,他在1894年12月的《双周论坛》(*Fortnightly Review*)上发表《近代史学家及其方法》(Modern Historians and Their Methods),宣扬史学的科学主义理念,把弗里曼和弗劳德加以对比,认为弗里曼还不是最为地道的科学主义史学家,而弗劳德绝对不是科学主义史学家。他征引弗劳德《西印度群岛的英国人》和《海洋之国即或英国及其殖民地》中的不确切之处,其中就有弗劳德在后者中关于阿德莱德的"错误"叙述。③ 在费希尔看来,"弗劳德在论说上注定不能取得任何进展,而这种论说是不会被错误摧毁的",这里的潜台词就是弗劳德的书

---

① Charles V. Langlois, Charles Seignobos, *Introduction aux études historiques*, librairie Hachette Et C$^{ie}$, 1898, pp. 101 – 103.
② Andrew Fish, "The Reputation of James Anthony Froude", *Pacific Historical Review*, Vol. 1, No. 2, 1932.
③ Herbert A. Fisher, "Modern Historians and Their Methods", *Fortnightly Review*, LXII, Dec., 1894.

中错误严重。可是,他仍然认为弗劳德是"差不多 40 年来英国史学最权威者之一"。① 由此可见,费希尔对弗劳德褒贬兼有,朗格诺瓦、瑟诺博斯并未全面吸纳费希尔的说法,而是选取费希尔举出弗劳德叙述阿德莱德有误的例子,结合弗里曼所谓弗劳德著史不确切、不诚实的观点,在《史学原论》中转化出"弗劳德病"来。

朗格诺瓦、瑟诺博斯的《史学原论》出版后,被译成多种文字,这里仅以英译和汉译为例一斑窥豹,认识"弗劳德病"一词衍义的大致情况。

1898 年,伯利(Berry)就把此书译成英文,名为 *Introduction to the Study of History*。他译 "maladie de l'inexactitude" 成 "chronic inaccuracy"②,义为"不确切的慢性病"或者"不确切的不治之症",结果是"不确切"的程度加深了,但是基本含义未变。他又译"maladie de Froude"为"Froude's Disease"③,含义未有任何变化。在伯利英译本的影响下,英语世界普遍接受这一说法,以至于美国教会大学彼得·古尔德(Peter Guilday)指出,历史研究的粗心大意,"法国人称之为'弗劳德病'"④。甚至到了 1994 年,普林斯顿大学的格拉夫顿(Grafton)写《脚注:从德图到兰克》(The Footnote from De Thou to Ranke),还把史著中容易识别的错误习惯地称为"弗劳德病"。⑤

---

① Andrew Fish, "The Reputation of James Anthony Froude", *Pacific Historical Review*, Vol.1, No.2, 1932.
② Charles V. Langlois, Charles Seignobos, *Introduction to the Study of History*, trans. G.G. Berry, Duckworth & Co., 1899, p.125.
③ Ibid., pp.125 – 126.
④ Peter Guilday, "Arthur O'Leary", *The Catholic Historical Review*, Vol.9, No.4, 1924.
⑤ Anthony Grafton, "The Footnote from De Thou to Ranke", *History and Theory*, Vol.33, No.4, 1994, Theme Issue 33: Proof and Persuasion in History.

可以说,弗里曼是损害弗劳德的始作俑者,也是最为强烈者、最为执着者;而费希尔褒贬兼有,其所举之例被利用为攻击弗劳德的弹药;朗格诺瓦、瑟诺博斯是最后的宣判者和行刑者。需要说明的是,著名史学史家汤普森在其《历史著作史》有"弗劳德疏忽"(blunders of Froude)的提法,意思是弗劳德在历史著作中因粗心造成的错误,而把这种错误方式或现象名为"弗劳德疏忽",把这种做学术的倾向写成"Froudacity"。① 这个"Froudacity"可以译成"弗劳德倾向"。这是"弗劳德病"在英文世界的一个变相说法。

汉语文献中,李思纯以法文本为底本,参考英译本,把朗格诺瓦、瑟诺博斯的著作译为《史学原论》,把"maladie de l'inexactitude"译为"不确实之病",将"maladie de Froude"译作"Froude氏之病"。② 译者未用英译之义,而是直取法文原意。而孙秉莹、谢德风翻译汤普森《历史著作史》时,把"blunders of Froude"译为"夫劳德说过的一些错话",而把"Froudacity"意译成"夫劳德式的鲁莽"③,这就变成"blunders of Froude"的直译。孙秉莹、谢德风的译法被当代研究西方史学的中国学者所采用,或称"弗劳德式的鲁莽",或把"弗劳德式的鲁莽"和"弗劳德病"并称。可见,当代中国研究西方史学史的学者在这个问题上兼取朗、瑟二氏最初的含义和后来汤普森的变相之义,但是本质含义未曾有变。

---

① J. W. Thompson, *A History of Historical Writing*, Vol. 2, Macmillan Company, 1942, p. 306.
② [法]朗格诺瓦、瑟诺博司:《史学原论》,李思纯译,商务印书馆1933年版,第85—87页。
③ [美]J. W. 汤普森:《历史著作史》下卷第三分册,孙秉莹、谢德风译,李活校,商务印书馆1996年版,第19页。

## 二、"弗劳德病"一词背后复杂的学术与社会因素

"弗劳德病"一词的出笼,表面上始于弗里曼和弗劳德的个人之争,实际上反映了西方近代以来史学中的科学主义和人文主义包括浪漫主义之争。争执的结果是英、法科学主义派史学家,具体说是朗格诺瓦、瑟诺博斯、弗里曼、费希尔集体毁灭了英国浪漫主义史学家弗劳德的名声。

弗劳德是19世纪英国浪漫主义史学家,继承了其导师卡莱尔的衣钵,其史著充满激情、狂热和强烈的民族主义。古奇(Gooch)在《19世纪的历史学和历史学家》(*History and Historians in the Nineteenth Century*)里把他列在卡莱尔之后,对其浪漫主义文学手法评论道:"(他)天生就是小说家,以最为简朴的手段产生效果。读其书那种感受,用航行来比喻,犹如一叶扁舟轻松驶过那晶莹的水面,令人心旷神怡。还没有哪一位英国的历史学家具有这样简易、流畅和清澈的笔调。"① 汤普森在《历史著作史》中把他列在麦考莱(Macaulay)和卡莱尔之后,并称他们是"英国三位伟大的文学家兼历史学家,他们的著作根本上就是文学作品"②。他论弗劳德史著中的浪漫主义说:"弗劳德是一位文学艺术家,而不是主张科学主义史学的人。他的著作带有偏见,犹如一位辩护师。……其书中的人物经其文艺魔力而个性化,变得有人情味与合乎情理,而不是那种传统意义上的圣徒和魔鬼。"③ 中国的西方史学著作和教材一般都把他列入浪漫主义史学家,恕不赘述。

---

① G. P. Gooch, *History and Historians in the Nineteenth Century*, Longmans, Green, And Co., 1913, p.334.
② J.W. Thompson, *A History of Historical Writing*, Vol.2, Macmillan Company, 1942, p.294.
③ Ibid., p.307.

不幸的是,弗劳德声名鹊起的时代,正是西方史学专业化、学科化时期。这一时期,受自然科学影响,西方史学中科学主义史学派占据主导地位,对于浪漫主义史学的这种文学倾向非常不屑。

西方科学主义史学是很难用一两句话进行高度概括的。不过,从19世纪勃兴到20世纪达到顶峰,可分成三大支派,即史料搜求派、规律探求派和定量分析派,其方法特征或可比喻为"剪刀加糨糊""鸽子笼"和"计算机加数理模型"。科学主义史学偏重史料的搜求与考证,归纳历史发展的共性,进行精准的数理分析,一言以蔽之,是按照笛卡尔针对史学非科学的责难而进行的自然科学化,即把历史学做成像自然科学一样的科学。当然,弗劳德、弗里曼时代,西方史学还未走到"计算机加数理模型"阶段,而是处于"剪刀加糨糊""鸽子笼"时期。

浪漫主义史学在欧美不同国家表现形式各异,主要特征也不相同,同样难以给予精准的定义。然而,可以肯定它是人文主义史学在18世纪末到19世纪的一个特殊形态,其特征可以概括为:偏重历史情节的设置,充满想象和修辞;偏重历史特殊性,包括凸显民族国家、历史人物的个性;偏重历史情感的挖掘和渲染,揭示历史中的感情世界。总体而言,浪漫主义史学的这些特征,与科学主义史学追求史料精准性和历史共性大异其趣。

弗里曼、费希尔是牛津大学科学主义史学或者说是向科学主义史学过渡的代表,而朗格诺瓦、瑟诺博斯则是法国典型的科学主义史学代表,在某种意义上,两位法国科学主义史学家与两位英国科学主义史学家一道,把弗劳德这位英国浪漫主义史学家掀翻在地,并冠之以"弗劳德病"加以嘲讽。当然,这四位史学家角色不同,在污名化弗劳德的过程中所起的作用也不同。弗里曼是故意的、主动的,规定了"弗劳德病"的内涵;费希尔则是被动的、稀里糊涂地做了助力者,提供了具体例证;朗格诺瓦、瑟诺博斯发明了概念,以英国人谈英国人,顺水推舟,用英国人制造的内涵和提供的材料,做成一顶污名之帽扣到弗劳德头上,成为最终的行刑人。死去的弗劳德无法抗议,活着的其他浪漫主义史学者即使抗争,也改变不了既成事实,可谓哑巴吃黄连,有苦说不出。同时,英国的其他科学主义史学家却视之为理所当然。伯利把《史学原论》译成英文,请鲍威尔(Powell)写了篇"致读者",其中有言:"历史必须做科学的研究,它不是风格的问题,而是确切、丰富、观察和理性的正确性问题。""历史学必须像做生物学和化学那样以科学的精神进行。"①这位鲍威尔也是一位科学主义史学派的人物,正是他在1894年接替弗劳德做牛津大学的钦定教授,在"致读者"里没有在意"弗劳德病"一词的公正性问题。科学主义已经让他觉得这样对待弗劳德理所当然,而变得麻木了。

"弗劳德病"一词是科学主义史学与浪漫主义史学之争的产物,朗格诺瓦、瑟诺博斯以之标识科学主义史学与人文主义史学的主张不同,显然是前者的主张占了上风。史学史上,史著中史料出现问题包括史料不准确是任何史学家都避免不了的,也是不可能完全克服的,科学主义史学家丝毫不例外,弗里曼的史学中也存在着史料错误的现象,这当然毫不奇怪。可是,为什么不用"弗里曼病"或者其他人冠名的"病",而偏偏用"弗劳德病"来概括这一现象呢? 这个贬义词在某种意义上是科学主义史学家的发明,用一位浪漫主义史学家的污名来指代所有史学家因粗心大意造成错误的现象。

然而,行文到这里,对这个问题的探讨还不能画上句号。因为

---

① F. York Powell, "To the Readers", in Charles V. Langlois, Charles Seignobos, *Introduction to the Study of History*, trans. G. G. Berry, Duckworth and Co., 1898, pp. VI – VII.

有个现象耐人寻味,那就是弗里曼去世后,斯狄芬斯(Stephens)编《弗里曼的生平与书信》(The Life and Letters of E. A. Freeman)对弗里曼批评弗劳德之事保持了沉默。赫伯特(Herbert)在《弗劳德传》(The Life of Froude)中使用的几条材料可以解释这个现象,而且对于认识弗里曼的另一面相特别有价值,姑且归为两类转述于下。

第一,弗里曼私下对弗劳德的评价用词严重不当。弗里曼去世后,其藏书被转至曼彻斯特的欧文学院,藏书中就有弗劳德的《从沃尔什倒台到伊丽莎白去世的英国史》,书中有弗里曼的批语,批语中有"畜生""呸""我能活到那天吗?把詹姆斯·安东尼·弗劳德的心肝给挖出来""建议校长把弗劳德安排去碎石、喂猪,或者其他什么事情,就是不要去写什么乱七八糟的东西""弗劳德确实就是最可恶的写过一部书的坏蛋",等等。① 弗里曼的这些批注完全超出学术之外,已经不像一位学者的言辞了,足见弗里曼私下对弗劳德厌恶到了无以复加的地步。这正好说明为什么斯狄芬斯对两人的争执不置一词了,因为一旦涉及,则不可避免地展现弗里曼的非学术、不理性,同时也说明今天不能仅仅从学术分歧的角度,而是必须从多角度去认识弗里曼对弗劳德的批评。

弗里曼为什么会有这样的表现呢?概而言之,这里还有复杂的社会因素。关于社会因素影响弗劳德史学声誉的问题,古奇做过分析。他指出,弗劳德对亨利八世极尽歌颂之能事,无论是解散教会,还是处死托马斯·摩尔(Thomas More)等人,以及个人私生活等方面,弗劳德都给予全面辩护和完全肯定;相反,对伊丽莎白女王却没说多少好话,对苏格兰玛丽女王也多有微词,对爱尔兰民

---

① Paul Herbert, *The Life of Froude*, Charles Scribner's Son, 1905, pp.152-153.

族持蔑视态度,这些是学界包括弗里曼在内批评他的重要原因。① 关于弗里曼为何不满弗劳德,汤普森也发现了其中的社会因素。他指出,弗劳德是强烈的帝国主义者和统一派,而弗里曼是自由主义者,爱尔兰自治的热烈支持者,反对英格兰的大国主义,自然就以为弗劳德在替专制主义辩护。② 两位史学史家的解释非常有道理,确有事实依据,恕不赘述。弗劳德被弗里曼批评得忍无可忍,就向《星期六评论》(*Saturday Review*)编辑部提出请求,希望组织专家对其著作进行核查,审查其中的错误是否像弗里曼所说的那么严重,从而还自己一个清白。但是,弗劳德的这一请求被编辑部拒绝了,根本原因就是这家刊物崇尚自由主义,与弗劳德推崇专制主义格格不入。同时,在信仰方面,弗里曼属于高教会派(High Church),主张恢复天主教的诸多传统,而弗劳德却极力推崇宗教改革,这也是弗里曼揪住弗劳德不放的原因之一。除此之外,恐怕还有纯属弗里曼个性、私德的因素。

第二,弗里曼想博得关于16世纪英国史的声望。1857年4月27日,弗里曼给挚友胡克(Hook)写信说:"你知道的,我对16世纪是外行。我打算通过没完没了地痛打弗劳德,获得世人的信任,因为别人以为我了解那些时期比我实际了解的要多。"③在批评弗劳德之后,他又给胡克写信:"我发现我有声望了,有人以为我了解16世纪,实际上我完全无知。"④就此事而言,他对于挚友坦诚之至,但是对于弗劳德却用心不良。反过来说,弗劳德熟悉16

---

① G. P. Gooch, *History and Historians in the Nineteenth Century*, Longmans, Green, And Co., 1913, pp. 332–339.
② J. W. Thompson, *A History of Historical Writing*, Vol. 2, Macmillan Company, 1942, p. 316.
③ Paul Herbert, *The Life of Froude*, Charles Scribner's Son, 1905, p. 151.
④ Ibid.

世纪的英国史,学界反响大,似乎抢了同样研究英国史的弗里曼的风头,所以弗里曼才"痛打弗劳德",将其名声弄臭,同时自己作为弗劳德的批评者自然就获得了声望。想博得学术声望,是每位学者的自然理想,完全合乎情理,可是弗里曼使用的手段未免有失道义。

总之,弗里曼表面上以弗劳德史著"不确实"为由猛烈抨击弗劳德,从学术理念上代表了科学主义史学的主张,实际上又代表了学术观念之外的与弗劳德政见、宗教观念不同的人们发声,另外多少还体现了他想扳倒潜在的学术对手,而把优秀的同行弄得臭名昭著的个人愿景。

### 三、"弗劳德病"体现科学主义派的非科学精神

无论是弗里曼还是费希尔,他们批判弗劳德,既有弗劳德难辞其咎之份,又有对他的误批错判之处。这一方面西方学者早就提供了一些感性材料,使得今天能够顺理成章地理解这个问题。古奇在《19世纪的历史学和历史学家》中提供材料表明,弗劳德关于克伦威尔早年生活的叙述几乎没有一句不是错的;在弗劳德编辑的卡莱尔《回忆录》(Reminiscences)里,诺顿(Norton)在前5页中就发现有130处错误。① 汤普森也指出,弗劳德不仅在校对时,而且在抄写资料时,都表现得疏忽大意,甚至对文字中逗号的倒置都毫不在意。② 例如,弗劳德书中有一个明显的错误例子,是1864年1月30日弗里曼在《星期六评论》上指出的。法国的一个省名为吉耶纳(Guienne),可是弗劳德把它跟一个小镇的名字吉斯尼

---

① G. P. Gooch, *History and Historians in the Nineteenth Century*, Longmans, Green, And Co., 1913, p.337.
② J.W. Thompson, *A History of Historical Writing*, Vol.2, Macmillan Company, 1942, p.306.

(Guisnes)混淆了。① 从这些事实上看,弗劳德难辞其咎,在这方面受到指责毫不冤枉。还有,在知识背景和道德问题上,弗里曼的批评也是有道理的。这一点古奇在《19世纪历史学和历史学家》中曾经指出过,多少有点为弗里曼辩护嫌疑的赫伯特在《弗劳德传》中也承认过。赫伯特说:"我想,弗劳德《英国史》中有两个污点,弗里曼算是击中了,一个是知识上的,另一个是道德上的。"②赫伯特所谓"知识上的"污点包括弗劳德对亨利八世时期司法方面知识的缺乏,所谓"道德上的"污点则包括他对伊丽莎白行为的评判,这两点都包含在弗里曼批评的范围内,看来弗里曼没有冤枉弗劳德。古奇评论弗里曼说:"他指责弗劳德无视亨利八世的残暴,这一点是正确的。他抱怨弗劳德忽视了考察王室与议会、朝廷的关系,也是公正的。他提醒人们注意校对上的疏忽和细节差错,没有超出权利范围。"③这样看来,弗里曼所指出的弗劳德历史著作问题的种类大体上是得到学术史家认可的。但是,在具体问题上,弗里曼和费希尔也有批评错了的地方。费希尔认为弗劳德关于南澳大利亚的阿德莱德的叙述有误,这就是错误的,下文论朗格诺瓦、瑟诺博斯未加考证就采纳费希尔之说时将做具体说明。至于弗里曼的错误批评,赫伯特在《弗劳德传》中就提供了一个典型例子。1870年2月5日,弗里曼在《星期六评论》上发表文章,说弗劳德述及西班牙无敌舰队时错误地把皇家方舟(Ark Royal)写成雷利方舟(Ark Raleigh)。其实,"雷利方舟"的意思是"雷利的船",以船员的名字"雷利"来命名,这是弗劳德从手稿里发现而用在自己的著作里的。看来是弗里曼不了解这一情况,说弗劳德错了,事实却恰

---

① Paul Herbert, *The Life of Froude*, Charles Scribner's Son, 1905, p.153.
② Ibid., pp.161 – 162.
③ Ibid., pp.160 – 161.

好相反,是他自己弄错了。① 弗里曼和费希尔的错误性质与弗劳德无异,可是弗劳德是被批评者,而前两者则是批评者,从道义上说不公平,从学术上说不科学。尤其是弗里曼把弗劳德的具体错误加以概括,做出一般性的结论,说弗劳德的著作没有说出真相,可谓以偏概全,有点夸大其词了。

朗格诺瓦、瑟诺博斯在《史学原论》中煞有介事地长篇大论什么是史料、如何搜集史料、如何考证史料,特别是如何鉴定原始史料、如何校勘、如何辨伪,来不得半点疏忽和差池,这阵势弄得史学俨然与自然科学无异。可实际上,他们说一套做一套,在弗劳德问题上就是这个样子。他们在没对费希尔批评弗劳德之词做出鉴定之前,就贸然吸纳其错误的举例,这本身是违背科学精神的。对于费希尔的观点和材料片面选择,舍去对自己观点不利的说法,截取有利的材料,这同样与科学精神背道而驰。例如,费希尔发表在《双周论坛》上的《近代史学家及其方法》认为弗劳德《海洋之国即或英国及其殖民地》述澳大利亚南部小城阿德莱德有误。弗劳德述其所见,称阿德莱德建在平原上,小河从旁边流过,有15万人口,人们宁静无欲,无片刻纷扰。费希尔指出,小城建在山岭高地,无河流经过,人口不过7.5万,弗劳德游历之时正赶上当地发生饥馑,因此阿德莱德根本就不是弗劳德所描述的那样。可是,朗、瑟二氏未考订弗劳德、费希尔两人不同说法孰是孰非,就直接采纳费希尔的说法。对此,后人批评道:"事实上,朗格诺瓦和瑟诺博斯导致了对于中伤性错误的重复。朗格诺瓦依据1894年H. A. L.费希尔的一篇论文,基于弗劳德描述南澳大利亚的阿德莱德的一句话,批评反驳了这句话的四点说法,将其用于'弗劳德病'。但是,关于前两点,弗劳德绝对正确,而费希尔绝对错误,关于第三点弗

---

① Paul Herbert, *The Life of Froude*, Charles Scribner's Son, 1905, p.161.

劳德比批评者更接近正确,至于第四点,两人都错了。这个事实很奇怪,过去 56 年里,竟然所有关于历史学方法的著作中都没有最大限度地去纠正对一个人的不公正,而这个人的不确切,总体上足以使得如此夸张性的批评是不必要的。"① 还有,前面已述费希尔并没有完全否定弗劳德,相反充分肯定了弗劳德的学术贡献和地位,可是朗、瑟二氏仅使用"一位很有天赋的作家"一语带过②,没有忠实地引用费希尔的言论,这也不像是科学主义史学家自我标榜的著述风格。更为严重的是,他们对待史学的评判标准是双重的,他人的史料有错误可以原谅,弗劳德使用史料出错就要付出被冠以污名"弗劳德病"的代价。关于这些科学主义史学派人物的不当做法,后人已经提出批评。除去赫伯特《弗劳德传》之外,还有其他学者发出不平之声,有论者说:"弗劳德及其著作一直受到诽谤。这些不恰当的控告被再三重复,没有受到可能更了解情况者的验证。"③ 还有论者道,弗劳德"并非自己比较好斗,只是他不幸受到不分青红皂白和毫无原则的伤害"④。看来,在 19 世纪末倡导科学主义史学的一些人,尤其是朗格诺瓦、瑟诺博斯,在其鼓噪科学主义的理论著作《史学原论》中,对一些历史事实的处理并未完全践行科学的精神。

弗劳德按照自己的兴趣写 16 世纪英国史,涉及这时期有争议的历史人物,诸如英王亨利八世、伊丽莎白、苏格兰玛丽女王,又涉

---

① Fred A. Shannon, "Review of *Social Science Research Methods* by Wilson Gee", *The Mississippi Valley Historical Review*, Vol. 37, No. 3, 1950.
② Charles V. Langlois, Charles Seignobos, *Introduction to the Study of History*, trans. G. G. Berry, Duckworth & Co., 1898, p. 125.
③ Andrew Fish, "The Reputation of James Anthony Froude", *Pacific Historical Review*, Vol. 1, No. 2, 1932.
④ Ibid.

及英格兰与爱尔兰之间的民族关系、宗教改革和反改革等敏感问题,其专制主义、民族主义以及过度赞扬宗教改革的思想倾向,自然成为奉行自由主义和主张回归基督教传统的弗里曼无休止批判的对象。加之,弗劳德风头十足,可是治学严谨程度不够,引起弗里曼以"不确切""不诚实"为由,奋起"痛打弗劳德"。弗劳德去世后,费希尔本来想以第三方的身份把弗里曼和弗劳德争执的公案做个裁断,不料其指摘弗劳德关于阿德莱德的"错误"记述的文字,成为朗格诺瓦、瑟诺博斯《史学原论》批评治学粗心大意的典型案例,并总结出"弗劳德病"这一术语。随着《史学原论》在各国的翻译与流传,"弗劳德病"也变得世人皆知了。颇具讽刺意味的是,自诩为科学主义史学家的朗格诺瓦、瑟诺博斯在这个问题上却违背了科学精神。科学主义史学家的主张与其实践未必一致,值得怀疑。弗劳德史著中的问题,是史学家中比较普遍存在的现象,只不过有数量和程度上的差异而已,可却由弗劳德来冠名,这对他是极其不幸和不公的事情。总之,弗劳德史著中的知识不足、史料错误和道德尺度被批判,是其应受之份;但冠名一种史学上的粗心大意为"弗劳德病",则实属过分,体现了科学主义史学的理性缺失。

第 *9* 论

# 思索独立于自然科学之外的历史学身份

西方史学科学化,说到底就是自然科学统领人类知识的结果。没有科学,人类是愚蠢的;把科学奉为至上和唯一,则是愚昧的。就在科学主义史学如日中天的时期,西方学者思索起独立于自然科学之外的历史学名分,其实就是反思历史学是什么的问题。

## 一、自然科学迫使历史学寻求科学之路

人们尤其是近代以来的人们之所以讨论历史学是否为科学,其原因在于他们沉迷自然科学理念,用自然科学标准去衡量历史学。这绝不是危言耸听。

早在19世纪末,狄尔泰就指出:"关于自然的知识所具有的日益增加的力量,则以某种新的方式、以同样的压力迫使它们俯首帖耳。"[1]后来,克罗齐曾提到笛卡尔时代数学和自然主义主宰并抑制

---

[1] [德]威廉·狄尔泰:《精神科学引论》第一卷,童奇志、王海鸥译,中国城市出版社2002年版,第2页。按:狄尔泰在这里还指出了形而上学对历史知识的压制,所以才有"同样"一词;"它们"是指关于社会-历史的各种学科。

了历史。① 再后来柯林武德也论述了实证主义者如何在自然科学的牵制下思考历史学的科学性。② 德罗伊森也说:"这些历史学家把自然科学的方法当作唯一科学的方法,并认为历史学必须运用这种方法才能跻身科学行列。这正好像在历史领域,即在精神生活领域中,只有类同才值得尊重,而畸变、个体、自由意志、责任和天才等等都是例外。"③他显然意识到自然科学改变了历史学家的思维。屈维廉(Trevelyan)在批评实证主义史学时,也认识到自然科学对于历史学的消极影响,他说:"有人认为,历史事实之有价值,乃是只有专家才能懂得的一门精密科学的重要组成部分;这种说法是由于误用了同自然科学的类比。"④还说:"把历史同自然科学类比的做法,在过去三十年里错误地引导许多历史学家离开了他们的职业的正确道路。在关于过去的知识里,没有实用的价值,也没有科学地演绎关于全体人类的行动的因果规律的方法。"⑤

从人类认识的角度说,人的认知方式是多样的。人可以通过美术、音乐、摄影、描写、叙述、分析、计量等来认识客观对象。这些途径有的是自然科学的,有的是社会科学的,而有的是人文学科的。这些科学或者学科对于人类认识而言,都非常有意义。可是,就历史学来说,它刚从神学、经学等紧箍咒中摆脱出来,又背负上了自然科学的精神枷锁,因为相信自然科学是最为科学的认识方

---

① [意]贝奈戴托·克罗齐:《历史学的理论和实际》,傅任敢译,商务印书馆1982年版,第199页。
② [英]柯林武德:《历史的观念》,何兆武、张文杰译,商务印书馆1997年版,第189—197页。
③ [德]德罗伊森:《艺术与方法》,载何兆武主编:《历史理论与史学理论——近现代西方史学著作选》,商务印书馆1999年版,第287页。
④ [英]屈维廉:《历史女神克利奥》,载何兆武主编:《历史理论与史学理论——近现代西方史学著作选》,商务印书馆1999年版,第623页。
⑤ 同上书,第628页。

式,并且被当成衡量一切知识的权舆。否定自然科学的价值和意义是愚蠢的,可是如果因为它重要而忽视乃至泯灭其他认知途径,则是非常不幸的,甚至对于整个人类文明都是灾难性的。

## 二、思想家思考历史学究竟是什么

自然科学的迅猛发展以及由此产生的对知识的强势规范,的确是值得深思的问题,其中历史学是什么这个问题就顺理成章地被提了出来,狄尔泰、文德尔班、李凯尔特、皮亚杰和屈维廉等就思考过这个问题。

狄尔泰在《精神科学引论》(*Einleitung in die geisteswissenschaften*)中把关于社会-历史的各种知识称为与"自然科学"相对立的"精神科学"①,历史学就是其中的一种。他认为,历史科学由各种事实、各种原理以及各种价值判断和规则所组成,各个生命的生理和心理单元所组成的系统是它的研究主题。狄尔泰坚决反对历史哲学介入历史学,在他看来,历史哲学不是科学,其方法是错误的,所以他对维柯、赫尔德、黑格尔、孔德等人嗤之以鼻。② 在狄尔泰那里,历史学靠的是历史学家对于社会-历史的特殊事件的体验和对历史意义的理解。③ 他认为,自然科学和精神科学的总的差别,是自然科学家的思维过程"已经变得脱离了我们与外部世界

---

① 狄尔泰在有些时候把精神科学视为历史学、经济学、法学、心理学、宗教研究、文学、诗学、建筑学、音乐学以及哲学的各种世界观和体系。参阅[德]威廉·狄尔泰:《历史中的意义》,艾彦、逸飞译,中国城市出版社2002年版,第4页。

② 他在《精神科学引论》和《历史中的意义》中都是这样看的。不过他在《历史中的意义》中引入整体的概念,而且认为通过类比可以预知相似的结局,可见这一点在他的思想中有矛盾。

③ 参阅[德]威廉·狄尔泰:《精神科学引论》第一卷,童奇志、王海鸥译,中国城市出版社2002年版。

的实际接触;但是就精神科学而言,生命和科学之间的联系仍然得到了保留,因此,不断从生命之中产生出来的思想仍然是科学家活动的基础"①。于是,历史学终于以既不同于自然科学又不同于艺术的面目呈现出来。

对于自然科学压抑历史学,文德尔班比克罗齐更早表示了不满,他说:"由于发生了万物齐一论的偏向,曾经造成不少差错;这种偏向无视个别认识领域的自主性,意图使一切对象都服从同一方法驱使,这样一来,科学分类就只剩下那种仍然落实的、亦即形而上学的观点了。"②

他也反对自然科学与精神科学的分类方法,认为"对于这些认识现实事物的学科,现今流行的分类方法是把它们分为自然科学与精神科学。我认为这种分法并不恰当"③。为此,他使用了经验科学概念,认为经验科学最终一致的原则是"要求一切有关同一对象的表象要素契合一致,不相矛盾"④。就自然科学与历史学而言,它们有许多共同点:"经验科学的性质,是自然研究和历史学共有的,也就是说,二者都以经验、感觉事实作为出发点,从逻辑上说就是作为推论的前提;而且它们还有一点一致之处,就是都同样地不满足于头脑淳朴的人通常了解的那种经验。它们都要求以一种经过科学提炼的、经过批判琢磨的、并且在概念活动中受过考验的经验作为它们的基础。"⑤

---

① [德]威廉·狄尔泰:《历史中的意义》,艾彦、逸飞译,中国城市出版社2002年版,第21页。
② [德]文德尔班:《历史与自然科学》,载何兆武主编:《历史理论与史学理论——近现代西方史学著作选》,商务印书馆1999年版,第384页。
③ 同上书,第286页。
④ 同上书,第284页。
⑤ 同上书,第290页。

但是在文德尔班那里,两者有着巨大差异:"经验科学在现实的事物的认识中寻找的,要末是自然规律形式下的共相,要末是历史规定形态下的殊相;它们所考察的,有的是常住不变的形式,有的是现实事件的一次性的、特定的内容。有一些是规律科学,有一些是事件科学;前者讲的是永远如此的东西,后者讲的是一度如此的东西。如果我们可以造一些新术语,那就可以说科学思想在前一种场合是制定法则的,在后一种场合是描述特征的。"①

因此,历史学不仅不能使用自然科学来衡量,并且它们永远属于对峙的两极,用他的话说就是:"规律与事件是我们的世界观中最后的不可通约数,永远处在对峙状态中。"②由此,他反对实证主义历史学概括规律的主张:"有人说人类的理智只有掌握了分散的个别事物的共同内容,才能把众多的东西一下表象出来;这话诚然不错,但是人类的理智愈是努力追求概念和规律,也就愈要把个别的东西本身抛掉,忘掉,放弃掉。有一件事实使我们看清了这一点,这就是有人以一种特殊的现代方式,企图'从历史中建立一门自然科学',这是实证主义的所谓历史哲学所提出的口号。对人民生活的规律进行了这样一种归纳之后,最后得到的是什么东西呢?是几条不痛不痒的普遍规则,仅仅以仔细分析为名,来掩饰其车载斗量的例外。"③

总之,历史学的形象是这样的:"历史的批判在对它所陈述的东西加工的时候,尽管需要进行一些非常细致复杂的概念工作,但是它的最终目的永远在于从大量素材中把过去的真相栩栩如生地刻画出来;它所陈述出来的东西是人的形貌,人的生活,及其全部丰富多

---

① 何兆武主编:《历史理论与史学理论——近现代西方史学著作选》,商务印书馆1999年版,第288页。
② 同上书,第399页。
③ 同上书,第395页。

彩的特有的形成过程,描绘得一丝不苟,完全保存着生动的个性。"①

李凯尔特继承了文德尔班的许多说法,在强调历史学特殊性方面比老师走得更远。他把文德尔班经验科学中与自然科学相对立的部分称为文化科学,取代狄尔泰的精神科学。历史学是文化科学中的一种。他这种划分的前提是预设了自然与文化的对立,然后推论出自然科学与文化科学在质料和形式上的差别。他把自然科学看成关于普遍概念的科学,把现实变成同质的连续物;而文化科学是关于个别性的科学,把现实变成异质的间断。② 这里李凯尔特把历史学界定为同自然科学平等的科学。他并没有将自己的探索停留下来,而是发展到把历史学从以往的艺术中脱离出来。他认为,历史学之所以被人们划为艺术,其原因是它依靠想象力而形成的直观形象非常像艺术;但是它们的"这种亲近对于历史科学的本质来说是没有多大意义的,因为:第一在纯粹艺术的直观与历史学家所创造的直观之间有原则性的区别;第二在作为一门科学的历史学中,直观因素从逻辑学的观点而言,一般说来只能具有次要的意义"。他进一步指出,"美学因素本身在科学中不可能具有决定性的意义",艺术把直观提升到普遍性领域,"是与历史学家的个别化方法直接对立的"。③ 至此,历史学被做成既不是自然科学又不是艺术的文化科学。

皮亚杰把历史学叫作"人文历史科学","以重现和理解在时间的长河中展开的社会生活的全部画卷为己任"④。他认为,以探求

---

① 何兆武主编:《历史理论与史学理论——近现代西方史学著作选》,商务印书馆1999年版,第392页。
② 参阅[德]李凯尔特:《文化科学和自然科学》,涂纪亮译,商务印书馆1986年版。
③ 同上书,第66—67页。
④ [瑞士]让·皮亚杰:《人文科学认识论》,郑文彬译,中央编译出版社1999年版,第4页。

规律为己任的科学与历史学的关系,是"每一方都随时需要对方,它们各自的方向却因互为补充而各不相同,即使涉及共同的内容也是如此:与前者必要的抽象法对应的是后者对具体的复原,而复原也是人类认识的一个头等重大的职能,不过与建立规律不一样罢了"①。

在皮亚杰看来,包括历史学在内的人文科学同自然科学相比,"它们的认识论中心难题延伸成为这样一个难题,即这一客体本身又是一个具有语言和各种象征手段的有意识的主体,因此,客观性及其非中心化的先决条件就更加困难并且常常受到限制"。但是这并不等于说没有补救的办法,相反,有三个补救办法:第一,"通过主体之间的比较,同时把研究限制在有明确范围的问题之上,使内省本身非中心化"。第二,"排除内省只研究行为"。第三,"注意到内省是带有欺骗性的这一事实,另一方面则询问为什么,并研究意识对认识的歪曲,因为这些歪曲构成许多现象中的一些现象,并在人们能够希望从中抽取规律与解释性因素的范围内也同样值得注意"。② 可见,皮亚杰历史学特殊化的思想倾向非常明显。

屈维廉似乎比狄尔泰等人更圆滑。他不认为历史学是科学,并找到其原因:"自然科学的功用主要有两方面:在实际方面的直接利用和理论知识方面对于'因果'规律的演绎。而这两方面的功用历史都没有。"③所以,屈维廉得出这样的结论:"在历史是艺术还是科学的这个议论纷纷的问题上,让我们认为它两者都是或者两者都不是。因为它有两者的因素。并不是在猜测历史的'因果'

---

① [瑞士]让·皮亚杰:《人文科学认识论》,郑文彬译,中央编译出版社1999年版,第5页。
② 同上书,第23—25页。
③ [英]屈维廉:《历史女神克利奥》,载何兆武主编:《历史理论与史学理论——近现代西方史学著作选》,商务印书馆1999年版,第624页。

上出现了科学;而是在收集和检验关于史实的证据上,一个历史家需要有一些科学精神的东西,正如一个侦探或一个政客也需要这样的东西一样。"①

这些学人深入思考了历史学是什么,答案不同但比较接近,那就是历史学有自己的名分,至少是独立于自然科学之外的人类知识体系,它有自己的个性、尊严和形态,科学主义史学不是史学的全部,而只是其中的一种形式。

---

① [英]屈维廉:《历史女神克利奥》,载何兆武主编:《历史理论与史学理论——近现代西方史学著作选》,商务印书馆1999年版,第624页。

# 第 10 论

# 20世纪美国的相对主义史学思潮

20世纪前半期的美国史学思潮是比较复杂的问题。其复杂性在于：导致一种思潮产生的因素是多样的，在发展中不同思潮又相互交叉和相互影响；美国史学中还存在着欧洲学术影响与本土学术生长之间的区别与联系；后人包括美国人对美国史学的研究，使用的话语体系不同。因此，给予20世纪前半期的美国史学思潮以明确梳理，是比较困难的事情。这里仅择其重要问题做简单回顾。

## 一、科学史学及其遭受的批判

20世纪的美国史学思潮，最初可以追溯到科学史学流行及其所遭受的批判。

19世纪后期，美国科学史学盛行起来，至少到20世纪前10年，它仍然是美国史学的主流。科学史学讲求对第一手证据例如档案和手稿的考证，然后如实地重构过去。科学史学家们认为，利用一切材料，研究细碎问题，写出专题文章，是史学家的首要任务。即便需要综合，也只有在多年彻底研究和分析之后，让模式自己显示出来。

理查德·希尔德雷斯（Richard Hildreth）、亨利·C.利（Henry

C. Lea)和稍晚的爱德华·艾格尔斯顿(Edward Eggleston)都是科学史学家的领袖人物。他们都保持着一种特别的热情,去修正主观判断的错误,"没有把自己淹没在历史情形所暗示的心绪和情感中"①。

科学史学兴起的原因主要有两方面:一是达尔文生物进化论和斯宾塞社会达尔文主义的影响,另一是经过美国人改造的德国兰克史学的影响。

19世纪的最后30年和20世纪伊始,达尔文在美国被异常热情和迅速地接受。19世纪70年代早期以前,达尔文物种的演变和自然选择的观点很快风行美国一些最古老的大学。1869年,达尔文成为美国哲学学会的荣誉成员,促使美国的科学家接受了自然选择的法则。19世纪80年代,进化的观念甚至走进了教堂。斯宾塞依据生物学和物理学的进步理论,提出了综合的世界观,预示着人类不管多么苦难深重,只要进化就意味着进步,使人们确信整个人类的生活将走向永恒的美好,这些显然适合美国人的脾胃。因此,在美国,斯宾塞的著作从19世纪60年代最早出版,到1903年12月,共计卖了368 755卷。② 进化理论中的层累观念、持续变化的概念和通过无止境的明确因果链而运行的概念,意味着每件事情的含义和经验的所有形式都归结于它在链条中所处的位置,而史学家的任务就是通过发现它与前后的传承关系,从而使每一种联系得以突显。进化理论对历史学家的影响正如一位学者所言:"达尔文主义日益在美国思想界传播开来,历史学家试图去说

---

① John Higham, Leonard Krieger and Felix Gilbert, *History*, Prentice-Hall, Inc., 1965, p.93.
② Richard Hofstadter, *Social Darwinism in American Thought*, The Beacon Press, first published in 1944, revised in 1955, seventh printing in 1963, p.34.

明事物的发展,这是一项叙述超越时代的不断变化的任务。为此,他们就不得不确定统一体,以某种有意义的方式处理它。自然科学家说明生物的分支和种属的进化,历史学家却要说明制度的进化。"①

兰克史学也是美国科学史学的重要内容。19 世纪 70 年代以后,大批美国青年学者留学德国,接受了客观主义史学的观念,并在美国加以传播。霍尔斯特(Holst)从德国来到霍普金斯大学、康奈尔大学和芝加哥大学开办讲座,赫伯特·巴克斯特·亚当斯(Herbert Baxter Adams)于 1876 年在霍普金斯大学建立了他的习明那尔,几乎同时,亨利·亚当斯(Henry Adams)开始在哈佛大学、查尔斯·肯德尔·亚当斯(Charles Kendall Adams)在密执安大学教授历史,等等。兰克史学与美国本土的史学科学性追求暗中吻合,因而不难理解,"兰克的名字被世纪之交的美国史学家作为精神偶像去乞灵"②。他们把科学史学理解为学者可以通过近乎完善的考证方法,发现历史事实,获得关于历史的客观性,但是其眼中的兰克形象"只不过是按照他们自己的构想塑造的结果"③。

比尔德(Beard)概括了兰克科学史学的理论主张:"第一,历史(通史或断代史)作为客观或系列的客观,是存在于人的头脑之外的……第二,历史学家可以面对和认识并且如实直书它们。第三,历史学家至少可以为了研究和写作,去消除自己宗教、政治、哲学、社会、性别、经济、伦理和美学等兴趣的局限……第四,众多的历史

---

① Oscar Handlin, *Truth in History*, The Belknap Press of Harvard University Press, 1979, p. 62.
② Peter Novick, *That Noble Dream*, Cambridge University Press, first published 1988, reprinted 1992, p. 26.
③ Cushing Struot, *The Pragmatic Revolt in American History: Carl Becker and Charles Beard*, Yale University Press, 1958, p. 20.

事件通过内在的(也许是原始的)联结,成为一些结构性的组织;而这种内在的联系,史学家如果是不偏不倚的,就能够通过调研和观察获得,并在史书中再现出来。第五,历史本体是可以通过纯理性的或思想作用而获得的,它们是不用任何超验的东西——上帝、理念或者唯物主义来伴随的。"①

总之,在科学史学那里,"历史学家的主要任务就是做到如实直书,历史学家持之以恒的工作就是观察和记录确切发生的事情"②。

事实上,这些科学史学家们没有那么客观,"他们是深深赞赏美国的民主主义观念的。他们像约翰·菲斯克那样,通常是反对神学和忽视哲学的,不过又普遍接受进化(达尔文主义)和进步的理念,并认为是放之四海而皆准的真理,然后用这种观念去构建其历史学。他们也是些有良知的人,认识到自己所肩负的社会责任:让其同胞充满活力,教育学生,改善国家的学校。他们中的大部分是正在成长中的学院和大学教师,把大部分时间花在教学上面。于是,他们研究的目的不仅在于发现历史的真相,而且在于把它传达给他们的学生和同胞们"③。由此可见,科学史学家的历史著作中同样是存在着理论体系的,同样抱持着历史责任感。不过,他们的兴趣是有限的,他们致力于研究殖民地的发展和英帝国在美洲的情况,致力于讨论政治机构和社会组织,注重探讨外交史,特别

---

① Charles Beard, "The Noble Dream", *The American Historical Review*, Vol.41, No.1, 1936.
② George. B. Adams, "History and the Philosophy of History", *The American Historical Review*, Vol.14, No.2, 1909.
③ Michel François, A. Taylor Milne, Wolfgang J. Mommsen, et al., *Historical Study in the West*, Appleton-Century-Crofts, Division of Meredith Corporation, 1968, p.178.

是重视考察美国独立战争和内战的历史。相反,很少有人研究欧洲和亚洲的历史,研究非洲历史的更是少数,除非这些地方的历史与美国史发生了密切的关联。

到了20世纪初,在欧洲学术影响和美国学术发生变迁的情况下,科学史学遭受了严重的批判。对科学史学的批判,一种来自业外人士,他们责难科学史学派把历史变得无法阅读了,攻击"德国式的迂腐",痛惜历史学伴随着科学方法的使用而丧失了文学成分。从1905年到1909年间,《国家》(*The Nation*)、《独立》(*The Independent*)、《大西洋》(*The Atlantic*)和《帕顿南月刊》(*Putnam's Monthly*)都发表过一些文章,流露出这种抱怨。另外一种,也是更具有深远影响的批评,源于社会科学家。他们批评正统历史学家不愿详细说明历史规律或法则,认为"历史学如果真的要成为科学的话,那么它最好能总结出一些普遍的法则"。①

哥伦比亚大学的詹姆斯·鲁滨逊(James Harvey Robinson)以《新史学》(*The New History*)为题,对科学史学展开了批判。他指出科学史学的弊病在于:"(1)只是随意罗列人名和地名,这对激起读者的兴趣和思想不仅没有意义,反而使他没有精神。(2)专门偏重政治事实的记载,忽略其他更重要的事情。(3)爱好叙述突出的事情,并非因为它们可以说明一般事物的进展或某时代的情况,而仅仅是因为在编年史中很突出。"②

比尔德则批评兰克在历史可知性问题上的首鼠两端,他说:"尽管兰克对史学理论做出了有力的贡献,并要求如实直书,然而他没有顺着内在逻辑而得出经验主义的结论。他反对黑格尔的哲

---

① John Higham, Leonard Krieger and Felix Gilbert, *History*, Prentice-Hall, Inc., 1965, p.107.
② James Harvey Robinson, *The New History*, Macmillan Company, 1922, p.16.

学方法……同时,兰克又以莫名其妙的方式,把历史学设想为'上帝的启示'。但是,在如实'客观'地选择和组织历史事实中,他又不公开采纳这一信仰。他认为历史中的上帝是不可知的,但是他想象人可以在历史事件中看到'上帝的指头'和模糊地得到上帝在历史中的手工作品。……他反对哲学,公开赞扬实证的历史学,受到一种泛神论的控制。"比尔德以讥讽的口吻指出,甚至像兰克这样揭橥客观主义的史学家同样没有做到客观公正。首先,兰克所写的教会史是不客观的,"兰克当然能带着庄严的不偏不倚的派头写历史,并且说他如实直书。例如,他写牧师的历史,让天主教徒的上层和新教徒满意。无疑,他如实讲出了牧师的历史,但是他实现自己的主张了吗? 问题在于,关于教皇,是存在着有效性问题的,兰克回避了历史中的主要事实:教皇世系实际上是他们断言的'上帝之子造人的机构',还是谬见、职业和人造权力的混合? 兰克怎么可以回避这个问题,甚至声称如实直书呢?"其次,兰克在德国革命中显然偏向普鲁士,根本不是不偏不倚的,"在1848年3月的大动荡之后,兰克有力地支持弗里德里希·威廉四世反抗基于民主精神的对宪法的普遍要求。事实证明,这一场合下,这位'不偏不倚'的史学家是普鲁士专制主义的堡垒……兰克还为1870—1871年'作为保守的欧洲对革命的胜利'的事件感到高兴,同样表明他不能完全把他的政治观念同历史观念分开。他一直忽视历史中的社会和经济利益,成功地避免了冒犯其时代欧洲最保守者利益的任何一种历史写作。兰克的特征可以被正确地概括为19世纪产生的最'偏执的'史学家之一。"① 比尔德还指出,德国同样有人批评兰克,美国也没有完全接受兰克,安德鲁·怀特(Andrew

---

① Charles Beard, "The Noble Dream", *The American Historical Review*, Vol. 41, No. 1, 1936.

D. White)没有迷信兰克,亨利·亚当斯一样讲史学的功能,奥斯古德(Osgood)也不是如实直书,美国没有多少人具有高贵的梦想。换言之,"兰克的原则和作为历史主义的扩展,从来也没有成为美国历史学会的官方信条"①。

鲁滨逊、比尔德的批评遭到保守主义者的攻击。例如,史密斯(Smith)就把美国对科学史学的破坏归于鲁滨逊和比尔德等人所提倡的历史学的实际用途和对主体的强调。他说:"有两个对历史学'不偏不倚'观念的远程攻击。第一来自我们的前主席,詹姆斯·哈维·鲁滨逊,1926年他公开宣布,完全放弃他曾经接受的游戏性的历史学原则,主张只要历史学能够有用,不偏不倚是可以废除的。……后来也是我们的主席,比尔德先生,以他的历史学的经济学理论为基础,发动了更猛烈的进攻。……事实上,他认为不偏不倚的观念是不可能的。"②在史密斯看来,鲁滨逊希望历史知识被用于烛照现实生活的困境和促进调整与改革,曾经断言所谓的"客观历史学"绝对没有客观可言;而比尔德使用经济学解释历史,成就了偏执和不公正的历史学。他以为,鲁滨逊和比尔德毁灭了不偏不倚的观念与梦想,毁灭了美国的历史学会。

对此,比尔德进行了毫不客气的反击。他认为鲁滨逊是探求真理的,"旧史学的守卫者,首先要求探讨'客观真实'。那些被史密斯先生放到敌对一方的人,真是反对这种探求真理的思想的吗?追求知识,对当代同'我们今天生活质量'的斗争有用,就是不关心知识的真实性吗?……不能说试图识破政治背后的经济因素,就一定是与追求真理的观念相对立的。可以想见,它可能会比忽视

---

① Charles Beard, "The Noble Dream", *The American Historical Review*, Vol.41, No.1, 1936.
② Theodore Clarke Smith, "The Writing of American History in America, from 1884 to 1934", *The American Historical Review*, Vol.40, No.3, 1935.

或蔑视历史的经济方面更对真实感兴趣。"①而且,比尔德直揭科学史学误区的关键:"人们使自己摆脱所有的种族、性别、阶级、政治、社会和宗教的偏见,如实说明历史真相,这可能吗? 史密斯先生高贵的梦想、他辉煌的希望,事实上能实现吗?"②

## 二、相对主义的史学理念

鲁滨逊等人把批判科学史学的不足推进了一步,那就是他们从一般意义上否定历史认识的科学性,进而走向历史相对主义。鲁滨逊的观点滥觞,其他人尤其是比尔德、贝克尔、巴恩斯等人对他的发展几乎到了极致。

鲁滨逊一直对历史学成为科学的可能性表示悲观。他在20世纪之初就提出:"历史学绝不会成为物理学、化学、生物学,或甚至人类学那种意义上的科学,因为人类现象异常复杂,我们无法去直接观察它们,更不用说对事实进行人为的分析和检验。"③但是他又主张"应该以科学的精神去研究历史"④。可见,鲁滨逊一方面认为历史学不能成为自然科学意义上的科学,另一方面又主张以自然科学的态度治史,真正体现了知其不可为而为之的无奈。

比尔德并不是要废除流行着的科学史学的做法,而是强调不要过分。他明确提出:"我们用科学精神写出的著作没用了吗? 我们必须废除科学的方法吗? 答案显然是否定的。"同时,他认为使用自然科学的方法研究历史是有局限的,他表示,要"认识到科学

---

① Charles Beard, "The Noble Dream", *The American Historical Review*, Vol.41, No.1, 1936.
② Ibid.
③ James Harvey Robinson, *The New History*, Macmillan Company, 1922, p.61.
④ Ibid., p.54.

方法的本质和局限,消除它能产生历史科学的幻想"。① 他认为,用物理学方法研究历史,把历史学变成重视因果的学科,带有决定论色彩;用生物学方法研究历史,把历史当成有机的,仍然是物理决定论。② 而且,历史科学的实现将会产生不可思议的结果,"假如历史科学实现了,它……就会把历史中对未来的预测变得可能。它就会把历史偶发事件带入一单个的领域,揭示展现其终结的未来,包括现在和即将做出的选择。它就是无所不知的。这种史学的创造者,将拥有神学家所描述的对上帝的贡献。未来一旦揭示了,人类就无事可做了,除非坐以待毙"③。他呼吁"打破物理学和生物学的专制,当代历史学思想将其实证的引擎转向历史相对性的原则——这种原则使所有写出的历史都仅仅是相对于时代和环境的,是即将过去的阴影和错觉"④。

贝克尔不主张历史学是科学,这一点像鲁滨逊。他明确表示:"人们都希望历史学尽量是科学的,然而历史学要想成为这样的科学,几乎是不可能的。"⑤而且,以是否把历史学做成"科学"为标准来衡量史学家是毫无意义的,"说一个无论是古代还是近代的史学家是'科学的'或自由的或爱国的,他就没有告诉我一点我想知道的东西;特别是把'科学的'看成任何一个史学家团体的充分特征,只能消弭其独特性和差异性,而这种独特性和差异性对真正的批

---

① Charles Beard, "Written Historical as an Act of Faith", *The American Historical Review*, Vol. 39, No. 2, 1934.
② Ibid.
③ Ibid.
④ Ibid.
⑤ Carl Becker, "Detachment and the Writing of History", in Phil L. Snyder, *Detachment and the Writing of History: Essays and Letters of Carl L. Becker*, Cornell University Press, 1958, p. 28.

评来说又是重要的"①。

巴恩斯也主张历史学非科学,他说"一方面是由于历史学家所感觉到的历史时期的本质,另一方面是因为他们对当代生活的影响。但是实际和直接的原因是在这两种情况下历史学家思想中的目的"②。既然历史学家的目的最重要,而且他们的目的是受其偏见束缚的,那么"史料、学者和这些史料的解释者都是从属于这些偏见的,这些偏见源于宗教、种族、民族、党派热情、经济利益及附属"③。因此,"历史事迹和文化形式不是一元的或绝对的,而是两重的甚至可能是多元的。每一个历史事实都具有相对的意义"④。他同样主张历史学是艺术和社会科学,"当历史被看作对人类过去活动的记录的时候,特别是早期历史学被一些人看成一种艺术——一种文学的分支。随着权威数量的增加,它主要被看成社会科学,与尽可能重建人类过去的思想和活动有关了"⑤。

这样,美国史学潮流走向相对主义。有学者指出:"在第一次世界大战以后,历史学家充分认识到狄尔泰和克罗齐的理论。那时他们的观点对历史研究的方向发挥了强劲的影响。然而在第一次世界大战前的岁月里,历史学家对于这些理论实质的兴趣可能

---

① Carl Becker, "Labelling the Historians", in *Everyman His Own Historian: Essays on History and Politics*, Quadrangle Paperbacks, 1966, p.135.
② Harry Elmer Barnes, *A History of Historical Writing*, second revised edition, Dover Pulication, Inc., 1963, p.379.
③ Harry Elmer Barnes, *History and Social Intelligence*, Alfred A. Knopf, Inc., 1926, p.10.
④ Harry Elmer Barnes, *A History of Historical Writing*, second revised edition, Dover Publication, Inc., 1963, p.381.
⑤ Ibid., p.3.

是有限的。"①是的,鲁滨逊、比尔德、贝克尔就是这样。

克罗齐关注社会和政治活动,他不认为历史学家能再现过去和如实显示"它是怎样发生的"。克罗齐以为,研究历史意味着对在当代世界还起作用的那种力量的分析,过去总是通过现实的镜子得以认识的。这样,对历史的关注提高了人对其地位的理解,从而达到最高的意识水平。在理解适合过去的目的和价值后,人类就懂得了他能在构建未来中发挥积极的作用。人类应该认识到他的活动是由其所控制的力量决定的。人类能够也应该树立这样的价值取向,技术和物质因素的使用相对于这种价值而言应该是次要的。

克罗齐的著作,20世纪20年代在哥伦比亚大学的年轻史学家中,是经常讨论的话题,贝克尔和比尔德都承认受益于克罗齐。贝克尔是在20世纪20年代初读到克罗齐的书的,他在1938年专题论丛"改变我们思想的书"(Books that Changed Our Minds)中说,克罗齐的作品"有助于我们形成关于历史学的观念,我在那篇《人人都是自己的史学家》演讲里阐述了这一点"②。而比尔德曾试图将克罗齐带到美国历史学会1933年的年会演讲上,不过没有成功;他还打算把克罗齐的一封信接着他自己的主席演说文本在美国历史学会的年度报告中印出。比尔德也认为,克罗齐的作品应该在那些"改变我们思想"的书中占有一席之地。美国历史学会的行政秘书科尼尔斯·里德(Conyers Read)在1933年给贝克尔写信说,相信比尔德"有一点对克罗齐着迷了"③。对此,彼得·诺

---

① John Higham, Leonard Krieger, Felix Gilbert, *History*, Prentice-Hall, Inc., 1965, p.351.
② From Peter Novick, *That Noble Dream*, Cambridge University Press, first published 1988, reprinted 1992, p.154.
③ Ibid., p.155.

威克(Peter Novick)做过分析,认为"贝克尔和比尔德能够尊重克罗齐反法西斯主义的姿态和在第一次世界大战中坚决反对民族主义歇斯底里的态度"。"在克罗齐那里还有更多的东西,除了他对形而上学的强调以外,他们是能无条件接受的。例如,克罗齐断言'所有真实的历史都是现代史'(与'毫无生气的编年史'具有明显的区别),具有把历史学与历史学家自己时代相联系的特征,这正是比尔德和贝克尔的史学特征。克罗齐坚决主张,确定事实和判断或诠释事实是不可分的,企图淡化历史学与哲学之间的分界线,比尔德和贝克尔也是与他趣味相投的。其中最重要者也许是他们拥有共同的对手,这些对手对'毫无生气的编年史'表现出敬佩,而克罗齐恰恰对这些编年史曾经进行过毁灭性的攻击。"[①]

另一个主观主义者是狄尔泰,他的思想也对美国新史学产生了不小的影响。在狄尔泰看来,人把握生活的真实和形成关于世界的观念有三种不同的方式:那就是意愿、感觉和思考。而且在所有世界观中都能发现人类态度三种形式的因素,只不过有一种居支配地位。由此,历史过程中出现了形形色色的世界观,历史时期相互间也因为不同的世界观得以明确区分开来,而每一种世界观被理性化和反映通常又是在价值体系中完成的。他相信,没有任何一种对待生活的态度一定比别的好,因为每一个体思想都潜在地存在着所有对待生活的态度,历史学家能够理解不同价值体系流行的时期,所以说明规定历史过程的必要因果联系或规律不在历史学家的权力范围内,也不是他特有的任务。他的结论是,历史学的方法就是理解,历史学家的目的是增加对全部人类潜在特性的了解。狄尔泰的观点打开了通往相对主义的大门。1927年比

---

[①] Peter Novick, *That Noble Dream*, Cambridge University Press, first published 1988, reprinted 1992, pp. 155 – 156.

尔德出发到欧洲旅行,写信给多德(Dodd)说:"在这个国度里我们有太多的声音,可是冷静的思考太少了。我是内疚的,但我要试图做出补偿。"①在他旅行期间和随后的阅读中,他得到他的女婿,德国史学家和表现主义诗人埃尔夫莱德·瓦茨(Alfred Vagts)的引导,读了狄尔泰的著作。其所受的影响是很难估量的,整个20世纪30年代,比尔德从未停止促使他的同事去读德国人的书,其中就有狄尔泰的著作,结果狄尔泰等人的书"在美国差不多总是注定会有重大价值的,或者前景被看好:广为传播而在知识领域发生影响"②。

到第一次世界大战前夕,鲁滨逊强调历史知识的相对性,不过同历史学客观性观念的决裂是第一次世界大战之后才出现的。至于其中的原因,一时难以说清。彼得·诺威克就说过:"究竟是什么东西,把宾夕法尼亚时期和哥伦比亚早期鲁滨逊的认识论上的正统论,变为1910年温和的怀疑论的,这个问题是很难确切搞清楚的。难道是在越来越强烈的环境主义风气里他著名的知识史教学经历?还是他在哥伦比亚与杜威的日常漫步,唤醒了他所承认的唯一给予他永久性影响的老师詹姆斯的早年影响?或者是与他年轻的同事、社会活动家比尔德,在辉煌的教科书方面合作的经历?对于这些问题,我们缺乏直接的证据,也只能推测而已。"③但是这并不等于说鲁滨逊主张研究历史不需要考证材料,鲁滨逊对历史论据的批判态度在一些吸引广大读者的著作,诸如《形成中的意识》(*The Mind in the Making*)、《知识的人文化》(*The Humanizing of Knowledge*)、《文明经受着考验》(*The Ordeal of*

---

① Peter Novick, *That Noble Dream*, Cambridge University Press, first published 1988, reprinted 1992, p.158.
② Ibid.
③ Ibid., p.107.

*Civilization*)中体现出来。其著作风格与19世纪历史科学研究的创始人是一致的,其方法与尼布尔(Niebuhr)和兰克著作中的方法相同,"十多年里他把考证带进了历史过程"①。难怪有人在总结新史学的特点时特别强调:"新史学家基本上接受了与19世纪科学史学家所坚持的同样的客观观念。"②

鲁滨逊以为历史认识是暂时的:"我们对事物的思考范围要比前人广阔得多;我们知道真理不但像古代希腊一个重要学派已经看出的那样是相对的,而且这个相对性是以我们知识的经常增加为条件的。……我们要在希腊人所发现的事物所固有的相对性上,添加能动的相对性。这种相对性是科学知识飞速发展的结果,因而就必然会使我们一切的结论都是暂时性的结论。"③他还以为历史认识不等于历史本身,"我们只能说它们可能像描述的那样,但我们没有一点点理由说它们就是那样"④。真实的叙述不等于历史的真相,"真实的叙述不一定是讲出了真相"⑤。他又认为人只能认识历史的表面现象,"人类历史的大部分,当我们记载它时,必须满足于事情的表面,不要希望获得更多在深层运行的东西。因为我们不得不转向史学家所热衷使用的一种史料,他们拥有它,但文献似乎缺少可靠性"⑥。

---

① "Historical News", *The American Historical Review*, Vol. 41, No. 3, 1936.
② John Higham, Leonard Krieger and Felix Gilbert, *History*, Prentice-Hall, Inc., 1965, p.115.
③ James Harvey Robinson, *The New History*, Macmillan Company, 1922, p.130.
④ Ibid., p.47.
⑤ Ibid., p.11.
⑥ James Harvey Robinson, "The Newer Ways of Historians", *The American Historical Review,* Vol.35, No.2, 1930.

可贵的是,鲁滨逊并未走向不可知论,而是企图寻求解决问题的办法。他首先强调历史研究应该注意被他人所忽略的问题,"我们不能因为历史学家通常偏重某类历史事实,就认为这证明我们不必去注意其他相关的事情"①。其次,他主张对代表着不同社会集体的历史认识进行批判。例如关于法国革命史,20世纪初的法国人就像1790年的法国人一样,对革命或爱或憎,没有人能在叙述法国革命时既不加以咒骂也不加以辩护。鲁滨逊指出:"如今法国的重要著作里正如同100年前一样,还存在着许多党派偏见。"②因此,"现在是对法国革命进行全面评估的时候了。我们应把它看成一个社会的、政治的和经济的改革的重要方面,而不是简单和孤立地看待它"③。具体说来,"我们必须对各种党派偏见——宗教的、政治的、社会的和哲学的见解进行研究"④。

比尔德认为,首先,时代精神影响史学。"一个多世纪以来,人们不是一直在说史学家都是其时代的产物,他的作品反映了时代、国家、种族、集团、阶级或者阶层的精神吗?"其次,历史研究的主体对史料是有所选择的。"每一个历史学者都知道,他的同事在选择和排列材料时,受其偏见、成见、信仰、感情、通常的教育和经历,特别是社会和经济的经历的影响。""事实没有选择自己,或者说没有自动进入某种史学家脑海里安排好的固定主题,事实上在史学家思考的时候就被选择和排序了。"⑤因此,史学主体一般都自以为

---

① James Harvey Robinson, *The New History*, Macmillan Company, 1922, p.12.
② Ibid., p.198.
③ Ibid., p.201.
④ Ibid., p.199.
⑤ Charles Beard, "Written History as an Act of Faith", *The American Historical Review*, Vol.39, No.2, 1934.

是,对他人很少赞许。"许多史学家对其著作都津津乐道,说他们的事实仅仅是依据内在的需要选择和组织的;但是,持这种立场的人中没有哪一个愿意对别人的著作表示同样的赞同和肯定,除非他人与自己臭味相投。"①

应该指出,尽管比尔德的看法是辩证的,但其思想中的矛盾无法克服。因为他强调了史学家的主观作用,"本质上,史学家确信能够知道历史运动的真实事情,并且这种信仰是主观的决定,而不是纯粹的客观发现"②。这种对史学主观因素的过分强调,最终使他走上不可知论。"所有实际的历史偶发事件,肯定不会这样有序;它们中的大部分是不得而知的,而且记载是少量的,许多东西一定永远不会被知道。"③在这一点上,比尔德要比鲁滨逊走得远得多。

接着,比尔德从正面阐述了人们不能发现和如实表述历史客观真相的理由。他以为,历史是过去的实际,发生在当代史学家的思想之外,历史学家不能超越其时代而观察过去,他是通过文献中介"看"历史实际的。文献只是部分地记载了过去的人与事,而历史学家又部分地阅读、选择和依靠本来就不完整的文献,真实的总的历史是无法知道的。通过对部分文献中的部分研究来对过去进行构建,纯粹是一种假设。历史学中的人和事陷入了伦理的和唯美主义的考虑。在史著中,被用于给予过去的事物以一致性和结构的任何假设和概念都是对超然存在的解释。历史学家是人,并非镜子,他是时代、地方、环境、兴趣、偏爱和文化的产物,历史学家带着自觉的哲学和目的进行材料的选择和安排。兰克的原则和历史主义被内部的矛盾和当代的思想毁灭了,历史学家的能力是有

---

① Charles Beard, "Written History as an Act of Faith", *The American Historical Review*, Vol.39, No.2, 1934.
② Ibid.
③ Ibid.

限的,他可以寻求但不能发现"客观真实"或者"如实直书"。①

贝克尔并不反对考证历史事实,他说:"上个世纪的历史学家,发现历史学中散布着支离破碎的哲学,不甘永受愚弄,转而(痴心妄想)抛弃'解释',而面向严格的实际事件的研究,即就事件发生的实际情况进行研究。在研究技术日趋完善的情况下,他们辛辛苦苦地搜集材料,并且使出难以置信的毅力和机智,对幻想的错误进行追根求源……对于这样伟大的事业精神,我没有异议。不受蒙蔽和注意周围的世界,乃是人类的首要责任之一。另外,向从来没发生过的事件寻求人类经验的重要意义,也肯定是件值得怀疑的事情。去确定事实,那总是应该的,并且也是历史学家的首要职责。"②关于其中的原因,贝克尔以为,史学家记载的是说法而不是事实。"他直接记载的是关于事情的说法。简言之,他没有记载事情而是记载了说法,这个说法肯定了事情发生的事实。"③

按照贝克尔的理解,又如何看到历史学中事实的真实性呢?应该承认,历史事实是死的,然而历史事实又是复杂的和难以确定的。贝克尔说:"历史事实毕竟是一件难以理解的事情,很难确定,几乎不可能同'理论'区别开来。"又说:"单个的事实总是同其他的事实联系在一起,而这些联系在一起的事实虽然比较复杂了,但仍然是相对简单的事实。"基于此,"历史的实际永远消失了,并且历史'事实',不管它们过去曾经是什么,仅仅是历史学家为了理解它

---

① Charles Beard, "The Noble Dream", *The American Historical Review*, Vol. 41, No. 1, 1936.
② Carl Becker, "Everyman His Own Historian", *The American Historical Review*, Vol. 37, No. 2, 1932.
③ Carl Becker, "What Are Historical Facts?", in Phil L. Snyder, *Detachment and the Writing of History: Essays and Letters of Carl L. Becker*, Cornell University Press, 1958, p. 47.

所造就的精神想象或图画"①。

现在的问题是,这些想象是怎样形成的呢? 贝克尔的答案是个人经历。他说:"我们的经历为新的图画提供了新的因素。新的史料使我们同经历因素更正确地联系起来,但是经历必须提供用于选择的因素。历史'事实'不会为任何一个史学家而存在,直到他创造了它们,他个人经历的一部分必须进入他所创造的事实。"而且,"经历并不仅仅在形式上使史料成为我们想象的因素,它还是诠释史料的最后裁判所"②。尽管历史学依赖于检验,然而检验所做出的质的判断最后还是由经历决定的。这些发挥是鲁滨逊的思想中所没有的。

更为重要的是,贝克尔看到,具有一定经历的历史学家可以改变史料的意义,对史料意义的改变就是对其意义的确定。"那就是说根据史料,情况不是这样的,我们没有什么可做的;更有甚者,我们会让史料说情况就是这样的。"③历史学家确定史料的意义在于综合,"综合的问题,的确不是确切记载发生了什么,而是通过暗示,来揭示所发生的事情的概念性含义。带着问题,每一个有建设性的史学家自始至终工作着"④。到这里,贝克尔接着为我们发现了"综合",正是综合造成了概念,而概念本身是一种选择,最终决定了事实。"历史综合中重要的是选择。"⑤在综合过程中,是概念

---

① Carl Becker, "Detachment and the Writing of History", in Phil L. Snyder, *Detachment and the Writing of History: Essays and Letters of Carl L. Becker*, Cornell University Press, 1958, pp.10-11.
② Ibid., p.12.
③ Ibid., p.13.
④ Ibid., p.16.
⑤ Ibid., p.18.

决定事实,而不是相反,"概念决定了事实,而不是事实决定了概念"①。说综合在于选择的思想,鲁滨逊是有的,但是说概念决定事实是他所不具备的。

由此,贝克尔的推论是历史学家有偏见。他说过:"历史学家不能排除个人的因素。"②还说过:"完全公正是产生不了史学的,没有人称得上是完全公正的;因为真正公正的脑子是死脑子。"③又说过:"所有的史学家,甚至最科学的史学家都有偏见。"④尚说过:"他并不知道也无须知道,在这种行为中,他个人的利害关系是一个捣乱的偏见,使他无法洞悉全部真相或求得最后原因。一般人并不希望知道全部真相或求得最后原因……换言之,他但愿本身能适应一种实际的局面,因此,恰恰因为他不是处于超然的地位,而是在低水平上,才成为好的史学家;如果他确实解决了问题,那么他之借以求得解决的,是他的理解力,而不是他的超然态度。"⑤鲁滨逊也是这样主张的。

于是,许多事实在历史学中被掩盖了。"在一份我所知道的教育

---

① Carl Becker, "Detachment and the Writing of History", in Phil L. Snyder, *Detachment and the Writing of History: Essays and Letters of Carl L. Becker*, Cornell University Press, 1958, p.24.
② Carl Becker, "What Are Historical Facts?", in Phil L. Snyder, *Detachment and the Writing of History: Essays and Letters of Carl L. Becker*, Cornell University Press, 1958, p.56.
③ Carl Becker, "Detachment and the Writing of History", in Phil L. Snyder, *Detachment and the Writing of History: Essays and Letters of Carl L. Becker*, Cornell University Press, 1958, p.24.
④ Carl Becker, "Labelling the Historians", in *Everyman His Own Historian: Essays on History and Politics*, Quadrangle Paperbacks, 1966, p.136.
⑤ Carl Becker, "Everyman His Own Historian", *The American Historical Review*, Vol.37, No.2, 1932.

议事录中,恰当的美国史教学,'例如通过把征服者威廉作为起点,显示人类从奴役时期走向当代的稳定进步是可能的'。我不怀疑这一点:人类走向世界大战,更走向国际联盟或《凡尔赛和约》或全世界苏维埃政权的最终建立。过去将提供给人类你喜欢想象的任何一种命运。啊,历史学,在你的名字里被省略的真实怎么这样多!"①

问题不仅在于史学家的选择和理解决定了事实,而且在于历史事实还受文字陈述的限制。贝克尔对此有较详细的论述,权引之如下:"即使是最公正的历史学家,在执意说他没有先入之见这一点上,至少就有一个先入之见了。无疑,历史事实在史料里已经有了陈述。历史学家如果把自己的心思沉浸和窒息在散乱的状态中,不能把事实加以整合而重新叙述,那他就是在做多余的工作,把人类经验的一切意义剥夺干净。如果任其自然,事实是不会说话的;如果任其自然,事实就不存在了,确实也就不存在了,因为就实际目的而言,除非有人加以确定,否则便不会有什么事实。对于任何事实,历史学家至少能做选择和确认的工作。去选择和确认哪怕最简单的一堆事实,也是去给予它们在某种观念模型内的某种地位,仅仅如此便足以使它们取得一种特殊的意义。无论怎样'铁板'和'冰冷',历史事实毕竟不像砖头或石料是具有一定形状和清晰而持久的轮廓的实在物资。历史事实的罗列毕竟不能同一车砖头的倾卸相比。砖头随便放在何处,始终保持它的形式和压力,而历史事实的形式和实质既然仅在文字陈述中取得一种可以兑现的存在,便会随着用来传达它们的文字而变异。既然历史并不是外在世界的一部分,仅是已经消失的事件的一种想象的重建,那么它的形式和实质就是不能分离的:在文字陈述领域,观念的实

---

① Carl Becker, "Mr. Wells and the New History", *The American Historical Review*, Vol.26, No.4, 1921.

质是一种形式,而传达观念的形式就是实质。因此,叙述所表达出来的并不是那种未经区别的事实,而是历史学家的理解:使事实传达出来的那种特殊意义,乃是产生于历史学家用来设想重建不存在于知觉中的一系列事件的那种实质-形式。"①

由此看来,历史知识是不确定的。历史学家都是普通人,都要受到时空的限制。"历史学家所写的历史,像普通人非正式形成的历史一样,是真实和想象一种便利的混合物,即我们通常所说的'事实'和'解释'的混合物。……然而每一时代都把历史当作实际事件,从它那里可以得到一种主要的意义,并且每一时代都有这么一种幻觉,就是现在的说法是可靠的,因为其中叙述的事实是真实的,而以前的说法是不可靠的,因为所依据的事实是不正确或不充分的。"②

而且,任何一种历史认识都是暂时的。"无论我们怎样去正确地确定历史'事实',事实本身和我们对事实的解释以及我们对解释的解释,都将随着人类向未知的未来行进,而有不同角度和相对不明确的看法。从历史上来看,作为一个变化的过程,我们对人类和人类世界的了解显然只能说是暂时的,因为从定义上说,它是一种仍在进行而尚未完成的东西。"③

具体说来,"每一个时代为了契合其自己的目的而重新解释过去。把区别个体的古怪行为放到一边,历史学家总体上是不能使自己自由的,然而他们力图摆脱他们生活时代的最一般的偏见去达到不偏不倚。在沉寂时代,人们多对现实满意,或者他们害怕变化和希望稳守不动,他们就可能对过去满意,可能感激它对世界的

---

① Carl Becker, "Everyman His Own Historian", *The American Historical Review*, Vol.37, No.2, 1932.
② Ibid.
③ Ibid.

大多数人做出了贡献；在这样的时代，历史学家容易陷入仅仅记载过去的习惯，因为它自身就足够有趣和有意义。但是在专制时期，时代被看成令人不满的，不满于现实的人可能也会对过去不满。这时，历史学家，至少是年轻一代的历史学家，会抓住不安的精神，倾向于盘问过去，以发现为什么它没有展示更好的事物状态，倾向于判断什么事过去做过了，以不满现实的眼光赞成或反对。历史是一种屏幕，每一代人都在其中反映他们对将来的视角；'新史学'在人类思想中作为希望之春已经很久了，这将是一种再现现象"①。

所以，贝克尔认为人们无法发现历史中的真实。20世纪20年代，他是这样看的："在历史里没有什么是你不能发现的，除了真实：一种你的确能发现的真实。许多真实被区别出来，与过程完全没有关系。"②30年代，他还是这样认为的："关于这些事件的绝大部分，我们是一无所知的，甚至不知道它们发生过；有许多我们知道得并不完整；甚至我们自以为知道的少数事件，也不能绝对加以肯定。"③

### 三、走向后现代主义

什么是"后现代"？这是一个歧见迭出、无法说清的概念。不过，对于后现代的特征，笔者接受沃·威尔什（Wolfgang Welsch）的观点，其一，"'后现代'是一个人们用以看待世界的观念发生根本变化的时代，其标志是机械论世界观已陷入不可克服的危机"。

---

① Carl Becker, "Mr. Wells and the New History", *The American Historical Review*, Vol. 26, No. 4, 1921.
② Ibid.
③ Carl Becker, "Everyman His Own Historian", *The American Historical Review*, Vol. 37, No. 2, 1932.

其二,"后现代是一个告别了整体性、统一性的时代。在这个时代,一种维系语言结构、社会现实结构和知识结构的统一性的普遍逻辑已不再有效"。其三,"后现代是一个彻底的多元化已成为普遍的基本观念的历史时期"。其四,"后现代的基本经验,是完全不同的知识形态、生活设计、思维和行为方式的不可剥夺的权利"。其五,"这种多元性原则的直接结论是:反对任何统一化的企图"。① 这种观点所概括的、具有这些特征的思想一旦成为一种思想体系、思维习惯并流行,那就是后现代主义。后现代主义在史学中表现为:第一,"强调灭种屠杀、世界大战、经济衰退、环境污染以及饥馑等经验使人们怀疑进步、开明理性的必然性,他们甚至否认人们能够搞明白这些灾祸。实际上,他们根本不相信有求得任何明确知识的可能性"。第二,"后现代主义者常常把'事实'这个名词放在引号里,对外在世界的真实提出质疑。对他们而言,任何事实都不能超越表达事实的话语"。② "在福柯眼中,真实或真理不过是包藏着权力意志的话语。至于德里达,人在面对无休止的符号游戏时竟还在寻求叫作'真实'的东西,这种努力令他质疑"③。简言之,后现代主义史学家认为,历史的进步不是必然,对"事实"提出质疑,而且所谓的史料仅仅是一种文本,不相信求得明确的历史知识的可能性,主张人人都要参与历史的著作。

这里以海登·怀特(Hayden White)为例来说明20世纪后半期的美国后现代主义史学思潮。他以激进怀疑主义甚至悲观主

---

① [德]沃·威尔什:《我们的后现代的现代》,载[法]让-弗·奥利塔等著:《后现代主义》,赵一凡等译,社会科学文献出版社1999年版,第46—48页。
② [美]乔伊斯·阿普尔比、林恩·亨特、马格丽特·雅各布:《历史的真相》,刘北成、薛绚译,中央编译出版社1999年版,第185—186页。
③ 同上书,第194页。

义,否认人文学科可以获得真正人生的可能性,这就把相对主义推向极致。他揭示了和人们习以为常的事物相对的怪相,那就是"我们从来不能准确地说出我们希望说的话,也不能准确地表达我们要表达的意思"①。还有人们"对客体的描写中丢失一些东西,或加进一些东西"②。从这个意义上说,把历史学做成科学就失去了根本。

海登·怀特同情史学家使用费边策略,在科学和艺术之间应对来自不同方面的批评:"一方面要求得到艺术家和科学家的特权,另一方面又拒绝接受艺术科学中现行的批评标准。"③不过,他潜在的意思是,若历史学家不可以脚踏艺术和科学两只船,也没有科学的可能性,那历史学将是什么?

他指出:"一旦承认一切历史在某种意义上都是阐释,那就有必要确定历史学家对过去事件的解释具有多大的客观性。"④海登·怀特要做成熟的"元史学"来支撑历史学解释策略的正当性,提出历史学的阐释建立了三个方面的模式:情节编排上的罗曼史、喜剧、悲剧、讽刺;解释模式上的特殊规律、有机论、机械论、语境论;意识形态模式上的无政府主义、保守主义、激进主义、自由主义。⑤ 他还论述历史著作存在着语言转义的四种形式,即隐喻、换喻、提喻、反讽。历史学在他那里已经与自然科学毫无可比

---

① [美]海登·怀特:《转义、话语和人的意识模式》,载《后现代历史叙事学》,陈永国、张万娟译,中国社会科学出版社2003年版,第1页。
② 同上书,第4页。
③ [美]海登·怀特:《历史的负担》,载《后现代历史叙事学》,陈永国、张万娟译,中国社会科学出版社2003年版,第14页。
④ [美]海登·怀特:《历史中的阐释》,载《后现代历史叙事学》,陈永国、张万娟译,中国社会科学出版社2003年版,第64页。
⑤ 同上书,第92—94页。

性,倒是与文学走近了,这在《元史学:19 世纪欧洲的历史想象》(*Metahistory: The Historical Imagination in Nineteenth Century*)中得到了充分展现,恕不赘述。

总之,科学主义史学在海登·怀特那里被解构了。

# 第11论

# 从注重历史自然之道到强调史家心性之理：20世纪以来欧美史学理论的转变

史学蕴涵着核心精神,可谓史学的灵魂,在不同学者那里或是"历史哲学",或作"史学观念",也称"史学思想",抑或为"史学理论"。20世纪西方史学理论有着从注重历史自然之道走向强调史家心性之理的演变历程。

## 一、注重历史自然之道

20世纪上半期,欧美史学家受历史规律论,例如马克思主义历史观、实证主义社会思想、社会进化论等影响,绝大部分在追求史学科学性,自信可以发现历史规律,并且认为这些规律是历史自然性使然。换言之,这些史学家相信他们所阐释的历史规律是自然之道,例如,文明形态理论或者文化形态史观就是其中的典型。

德国人斯宾格勒(Spengler)1918年出版《西方的没落》(*Der Untergang des Abendlandes: Umrisse einer Morphologie der Weltgeschichte*)。他相当自负,自诩做出了历史领域的哥白尼式发现。在他看来,人类历史有着本质结构,除了因果必然性或者空间逻辑以外,还有另一种生活中的有机必然性、宿命必须性即时间逻辑。这种结构的知识形态，他称之为形态学。他认为，如果采取形态学的观点，人类历史上的每一种文化都能以原始的力量从其诞生的土壤中勃起，都有一个从发生到成熟再到衰落，永不复返的过程。

英国的汤因比(Toynbee)于1920年读了《西方的没落》，翌年酝酿关于世界文明的宏大写作，费40年之功完成并出版12卷《历史研究》(A Study of History)。他从斯宾格勒那里继承了不少内容，也进行了许多创新，这里暂且不论。可以肯定，他希望通过总结历史的"自然法则"发现历史统一性，结果他看到了文明发展具有起源、生长、衰落与解体的阶段，这确实类似于斯宾格勒。

他们影响巨大，以至于20世纪末还有人在文化形态思维中看待世界历史。例如，美国亨廷顿(Huntington)于1996年写成《文明的冲突与世界秩序的重建》(The Clash of Civilizations and the Remaking of World Order)。他批判历史进步、两个世界、国家主义和完全无序的世界范式，大体上继承了文化形态学说关于文明及其关系和发展的学说，只是在分析模式上强调了"文明的冲突"。

问题在于，两次世界大战使人们强烈怀疑历史进步论、科学史学所阐释的历史规律的可靠性，他们发现了马克思主义的深刻性，但是不愿接受其关于资本主义命运的预言。特别是第二次世界大战后，过去的弱势人群例如有色人种、妇女等地位有所提高，他们提出自己的历史写作主张，这样，历史学关注社会生活史问题，有摆脱宏大叙事的倾向。于是，就在历史发展存在自然规律的主张大行其道之时，却有许多学者对它提出了挑战，史学理论也就从注重历史自然之道走向强调史家心性之理。

## 二、强调史家心性之理

英国的波普尔(Popper)1945年出版《开放的社会及其敌人》

(*The Open Society and Its Enemies*),1957 年出版《历史规律论的贫困》(*The Poverty of Historicism*)。他认为历史没有规律,因而也就无法进行预言。具体说来,历史认识中的解释只是一种假说,无法进行验证;未来社会的行程受知识的影响,人们无法知道未来知识如何增长,因此无法预测未来。他批判柏拉图、黑格尔、马克思等人的历史规律论。

法国的阿隆(Aron)1938 年出版《历史哲学导论》(*Introduction à la philosophie de l'histoire*),承认社会静态规律和局部历史规律是存在的,但是往高级方向发展就困难了。其关于历史规律的观点接近波普尔。

英国的伯林(Berlin)在《决定论、相对主义和历史的判断》①一文中,一方面肯定历史必然性的意义,另一方面指出它势必导致人的责任的概念无法应用于实际。他又认为,接受规律论,同时又按照目前所做的那样来思考问题,只能引起思想上的混乱。他还认为真的把人们的思想与言论适应于规律论的假设是难以做到的。

德国的亨佩尔(Hempel)1965 年出版《科学解释面面观》(*Aspects of Scientific Explanation, and Other Essays in the Philosophy of Science*),其中有《普遍规律在历史中的作用》(The Function of General Laws in History)。他承认普遍规律对于历史学的重要性,但是又认为解释的不充分有可能使得或然性的假设不是普遍的决定论或者全称条件形式的规律;因此,如果是充分明晰的阐述的话,那么初始条件就使得待解释事件的发生成为高概率的;要使概率高,就要扩充证据,增强精确性,尽可能完整重构说明这个解释或者解释框架的论据。

---

① 该文载于[英]汤因比等著:《历史的话语:现代西方历史哲学译文集》,张文杰等译,广西师范大学出版社 2002 年版,第 234—247 页。

既然历史学规律论不一定可靠,那么史学主观性则突显出来。主观性起到怎样的作用?会泛滥成灾吗?许多人在思考,史学的核心精神最终走向人的心性之理。

早在 1926 年,贝克尔发表《什么是历史事实》(What Are Historical Facts?),认为构成历史事实的正是关于这个事实的证明,因此历史事实存在于人的头脑里,存在于当前,且是模糊的和变动不已的。由此,他提出历史学家不可能展现某个事件的全过程,历史学家不可能消除个人在观察上的偏差。1931 年他又发表《人人都是他自己的历史学家》(Everyman His Own Historian),提出历史的本质就是关于说过和做过的事情的记忆,历史是想象的产物,是个人所有的东西,这种东西是我们每一个普通人从其经验里塑成的,以适应其实际的或者情绪上的需要。

英国的怀特海(Whitehead)1933 年出版《观念的冒险》(The Adventure of Ideas)。他认为,在观察与撰写历史中渗透着人的情感、意图以及理论解释。人类历史的发展也就是人类观念历史的发展,而如何描述观念的历史就取决于我们对于历史的观念。他还认为,在历史发展中有两种力量在起作用,一种是体现于人的精神之外的强制性的力量,另一种是被系统表达出来的思想的劝说性力量,这两种力量共同作用,使得人类历史和人类观念的历史发展为一场永远激动人心的冒险。

法国的巴特尔(Barthes)在《历史的话语》[1]中认为历史话语是历史学家在提供解释,吸取教训,并由史学家所执意的个性化形式来表达。历史学家搜集事实实际上是在搜集能指(记号表现,记号的物质性方面),历史学本质上是意识形态的产物,是想象的产物。

---

[1] 该文载于[英]汤因比等著:《历史的话语:现代西方历史哲学译文集》,张文杰等译,广西师范大学出版社 2002 年版,第 110—124 页。

"客观性的"历史中,"现实"始终是藏身于表面上万能的所指物背后的、未加表述的意义。从"客观性"话语中删除意义,只不过是又产生了一种新的意义,历史学的试金石是可理解性。

美国的海登·怀特的相关著作有 1965 年《历史的重负》(*The Burden of History*)、1973 年《元史学:19 世纪欧洲的历史想象》、1978 年《话语的转义:文化批评论集》(*Tropics of Discourse: Essays in Cultural Criticism*),他的单篇论文被自选为《后现代历史叙事学》①。其总的观点是:历史撰写就所涉及的史实性材料而言,与其他方式的写作没有什么区别,其中最重要的不是内容而是形式,说到底是语言问题。他认为,编年史、故事、情节编排模式、论证模式、意识形态含义的模式是任何历史著作都不可或缺的,也就是"历史场",也是历史写作的五个阶段。具体情况这里恕不展开。可以肯定,怀特是强调史学的主体性的。

如此说来,上述反对历史规律说的观点如果成立的话,那么势必招致强调客观性学者的诋诟,因此就有学者出来为强调主观的做法进行辩护。

英国的沃尔什(Walsh)1951 年出版《历史哲学导论》(*An Intro-duction to Philosophy of History*)。在此书中,他提出配景论。配景论首先承认史学的主观性及其冲突,并指出造成冲突的原因是个人偏好、集体偏见、各种互相冲突的有关历史解说的理论、根本的哲学冲突;但是,这些不同与冲突并不意味着历史学就没有真实性和客观性,因为无论哪种思想倾向或者流派,都按照各自的标准做到了公正客观。

荷兰的安克斯密特(Ankersmit)发表《弘扬主观性》(In Praise

---

① [美]海登·怀特:《后现代历史叙事学》,陈永国、张万娟译,中国社会科学出版社 2003 年版。

of Subjectivity)。他认为,完全不应对相对主义发生焦虑。他说,历史著述是一块试验田,可以用它来验证政治和道德价值,能够避免在现实中可能遭到的灾难,并且人们有权在其中评估全部表现性成果的审美标准各自的优缺点。主观性并非在所有情形下都是历史著述的一种致命缺陷。一切真正重要的历史著述均要求采纳某种道德和政治的标准。一部成功清除了道德和政治标准所有痕迹的历史作品,它在人们极力区分道德和政治价值的好坏中不可能有任何帮助,必将严重削弱人们对过去的洞察。

总之,从注重历史自然之道走向强调史家心性之理,既是社会发展的产物,又是学术演进的结果,从一个侧面反映了欧美史学的变革。需要说明的是,20世纪前半期注重历史自然之道并不意味着没有丝毫关于史学家主体性的张扬,后半期强调史家心性之理也不意味着关于客观历史的理论悄无声息,只是说有主次之别而已。

# 第12论

# 欧美学者全球视野下的中国马克思主义史学

中国马克思主义史学是中国新史学的强劲分支，1949年后在中国大陆占据主导地位，自然成为编纂中国20世纪以来史学史的重点内容。特别是晚近以来，欧美学者在全球视野下考察中国新史学，毫无例外地聚焦于马克思主义史学，尽管其出发点未必相同。新时代伊始，中国学界承担着构建中国史学话语体系的使命，因此，研究欧美学者在全球视野下关于中国马克思主义史学的认知，发现这些"他者"之见，对于重新认识中国马克思主义史学发展的历史境遇，批判欧美学者一些历史误读，推进中国史学话语体系构建，当不无裨益。

## 一、科学主义与族国主义后嗣

福克斯（Fuchs）和斯塔奇特（Stuchtey）曾主编《跨越文化边界：全球视野下的历史学》(*Across Cultural Borders: Historiography in Global Perspective*)[①]，第六章"1900—1940年，德国历史主义

---

① 罗曼和利特菲尔德出版社2002年出版。1997年10月，华盛顿德国历史研究所举办"1850—1950年跨文化视野下的科学与历史学科"研讨会，会议提交的部分论文，加上另约的一些主题相关论文，一起结集出版，即为《跨越文化边界：全球视野下的历史学》，这为该书"致谢"所明言。

和科学史学在中国"①提出以梁启超为代表的中国新史学是实证主义、族国主义②促成的结果。特别是文章认为,中国马克思主义史学是中国"科学史学"或者"新史学"的一个分支,而"科学史学"或"新史学"则是 18、19 世纪西方史学历史主义尤其是德国兰克史学的产物,其本身就是科学主义和族国主义结合之果。梁启超正是从科学知识与民族前途的角度来倡导新史学的,胡适、傅斯年、姚从吾、李济这些留学欧美的史学家同样是科学主义和族国主义的后嗣。这些史学家的工作又被称为中国的"启蒙史学"。至于中国马克思主义史学家及其工作则是"在不同方向上继续着中国近代科学史学的步伐。在很大程度上说,他们的工作属于由梁启超在其《新史学》中引进中国的'启蒙史学'的分支"。特别是作者又指出,20 世纪 30 年代日本侵华把中国马克思主义推向了族国主义:"就在专业史学家将其科学史学屈服于中国族国主义的时候,马克思主义史学家进入舞台中央。……他们的历史学似乎更好地服务于中国族国主义,构成 1949 年共产主义胜利的驱动力。"③

---

① 撰者王晴佳为美籍华裔,能否被视为欧美学者或有争议,不过他提交的文章经主编同意收入该书,可以理解为主编认同其观点。因此,虽然不一定把王晴佳视为欧美学者,但是毫无疑问可以把他论中国马克思主义史学视为欧美学者的一种主张。下文李怀印亦作如是观。

② 这里的"族国主义"英文对应词为"nationalism",现多译为"民族主义"。蒋廷黻译其博士生导师海斯(Hayes)的论文集 Essays on Nationalism 为《族国主义论丛》,并在其中国近代史研究中以之指代中国近代以来的"爱国主义"。蒋廷黻所理解的这种爱国主义或者族国主义,今天可以理解为极端爱国主义。详见李勇《鲁滨逊新史学派研究》第十章(人民出版社 2004 年版)。

③ Eckhardt Fuchs and Benedikt Stuchtey, *Across Cultural Borders: Historiography in Global Perspective*, Rowman & Littlefield Publishers, Inc., 2002, p.173.

颇有意味的是，相关章节第 18 个注释明言这里关于中国马克思主义史学的族国主义论述，参考了费维恺（Feuerwerker）1968 年出版的《共产主义中国的历史学》(*History in Communist China*)。在本条和第 53 条注释中，还提到德里克（Dirlik）《革命与历史：中国马克思主义历史学的起源，1919—1937》(*Revolution and History: The Origins of Marxist Historiography in China, 1919-1937*)中的相关论述。

《共产主义中国的历史学》实际上是一本论文集，探讨 1949—1965 年间中华人民共和国学者发表的史学论著。众所周知，这一时期中国大陆史学界一方面兴起学习马克思主义经典的热潮，另一方面集中批判源自欧美的资产阶级史学，总体呈现"左"的倾向，引起太平洋彼岸美国史学界的关注。该论文集就是在此背景下诞生的。其中，第一篇是哈鲁德·康（Harold Kahn）和费维恺合作的《学术意识形态：中国新史学》(*The Ideology of Scholarship: China's New Historiography*)。文章主要依据《人民日报》《光明日报》《新建设》《学术研究》等刊物上发表的史学论文和《毛泽东选集》中的相关论述，讨论这 16 年来的中国大陆史学，有段话论及中国马克思主义史学的族国主义道："这一现象并不陌生。普鲁士学术服务于俾斯麦，犹如波克洛夫斯基之后的苏维埃学术服务于斯大林，今天中国的学术服务于毛泽东。一般说来，这就是族国主义的学术。族国主义是位多疑善妒的妇人，要求如同写国家和人民的历史那样，去写作特殊性历史和个人事务。"[①]哈鲁德·康和费维恺的话虽尖刻且应批判地看待，但中国马克思主义史学确实具有一定的族国主义特征。

---

① Alburt Feuerwerker, *History in Communist China*, M. I. T. Press, 1969, p.1.

德里克的《革命与历史》出版于 1978 年,其学术出发点是试图跟费维恺等人一味强调中国大陆史学意识形态化唱反调,而从思想史发生意义上论述中国马克思主义史学起源中的一系列问题,可是其中一段话与哈鲁德·康和费维恺之言相近:"这些马克思主义者与他们的前辈和同时代人的不同之处仅仅在于他们公开地表明了其史学研究努力背后的政治意图。他们代表了 20 世纪早期以来,重写中国历史以使其与现实变革要求相一致的一系列努力的最新发展。"①尽管德里克没有使用"族国主义"一词,然而他说"表明了其史学研究努力背后的政治意图"、"重写中国历史以使其与现实变革要求相一致"、"他们代表了 20 世纪早期以来"的"一系列努力的最新发展",实指称中国马克思主义史学本质上为族国主义且是中国新史学的族国主义代表。

顺便说明,德里克的观点还影响了其他全球史学史编纂者对于中国马克思主义史学的认识。例如,伊格尔斯(Iggers)等人著《近代全球史学史》(*A Global History of Modern Historiography*)把马克思主义史学作为近代西方科学史学的一个范式来看待,对于 20 世纪三四十年代中国马克思主义史学,则联系战争与革命背景,着眼于其民族主义倾向和特征,完全是《跨越文化边界》第六章中的说辞;而论述中国马克思主义史学的族国主义特征,也是德里克在《革命与历史》中的论说。再如,丹尼尔·沃尔夫《全球史学史》在中国马克思主义史学问题上,承认受到王晴佳的影响②,像《跨越文化边界》一样,从讨论梁启超新史学开始,涉及欧美史学对胡适、何炳松、顾颉刚、傅斯年、姚从吾的影响,最后把中国马克思

---

① [美]阿里夫·德里克:《革命与历史:中国马克思主义历史学的起源,1919—1937》,翁贺凯译,江苏人民出版社 2005 年版,第 3 页。
② Daniel Woolf, *The Global History of History*, Cambridge University Press, 2011, p.439.

主义史学说成"某种意义上是自由族国主义的发展"。① 他总编五卷本《牛津历史著作史》(The Oxford History of Historical Writing),第四卷囊括 1800—1945 年的全球史学,其中第二十四章为"中国和日本史学的转变"(The Transformation of History in China and Japan),论及中国马克思主义史学,关注 20 世纪二三十年代族国主义和共产主义者的结合,几乎完全照搬德里克的观点。

《跨越文化边界》《近代全球史学史》《全球史学史》《牛津历史著作史》,这些具有全球视野的史学史著作关于中国马克思主义史学族国主义或者"革命性"的论述,主要吸取德里克和费维恺的说法,但有别于他们的是强调中国马克思主义史学的科学性、与中国新史学其他分支的关联性、与欧美特别是德国科学史学的渊源关系,实质上是把中国马克思主义史学置于科学和族国主义两极之间,并寻得平衡,从而克服了片面性。这一做法把中国马克思主义史学视为科学史学和族国主义的后嗣,尽管中国族国主义不同于德国族国主义,也不同于俄国族国主义,然而体现了中国马克思主义史学在全球史学史编纂中的类型意义:"他们的科学史学实践向我们昭示了文化结构中的根本动力。这种动力不仅在今日具有再发性和重要性,而且关涉世界范围内的跨文化交流研究。"②

这一看法就中国马克思主义史学而言,既看到了它与欧美史学的渊源,又看到其在中国新史学中的地位。其所谓族国主义,中心内容本质上就是中国学界所说的"革命性"。因此,把中国马克思主义史学视为科学主义与族国主义后嗣,实质上从科学与革命

---

① Daniel Woolf, *The Global History of History*, Cambridge University Press, 2011, p.436.
② Eckhardt Fuchs and Benedikt Stuchtey, *Across Cultural Borders: Historiography in Global Perspective*, Rowman & Littlefield Publishers, Inc., 2002, p.174.

这两个观察点来认知中国马克思主义史学,这与中国马克思主义史学家的"科学性与革命性的统一"自我定位和反省是一致的,不过使用了不同的学术语言而已。

## 二、马克思主义成为儒学替代物

中国马克思主义史学是五四新文化运动滋润的结果,而"打倒孔家店"是五四新文化运动特征之一,认识中国马克思主义史学则势必关涉马克思主义与儒学的关系,这也是欧美学者绕不开的话题。

沃尔夫在《全球史学史》中指出马克思主义与儒家学说有明显区别,他说:"儒家学说把世界看成以王朝兴衰为间隔的稳定的连续统一体,而马克思主义把世界看成直线进步的舞台;儒家学说是关于秩序和协调的,而马克思主义则专讲阶级斗争和反叛。"①其实,沃尔夫关于儒学的认识并不完全符合事实,儒学并非完全不讲反叛问题,相反,形而上地讲通变、正统、兴废,或支持顺应天命而反叛现存王朝的思想行为;马克思主义也不是不讲社会共同体的稳定和生产发展,相反,主张在一定历史条件下寻求社会和谐稳定。不过就中国新民主主义革命时期而言,沃尔夫这样笼统地说大体过得去。

沃尔夫发现儒学在马克思主义者那里命运乖舛,他说:"虽然古代经典紧接着 1911 年革命,很快失去《圣经》般的光辉,无论是共和主义者还是马克思主义者,都没有能轻易地抛弃儒家学说的全部。许多马克思主义者发现它的用处……把保守的孔子转变为早期进步的理论家,其与阶级和封建主义相关者因为适宜其时代,

---

① Daniel Woolf, *The Oxford History of Historical Writing*, Vol. 4, Oxford University Press, 2011, p.479.

而被完全接受下来,现在却随着社会安排而突然消失了。"①的确,中国马克思主义史学家在民国时期对待儒学、儒家的态度不同,例如,杜国庠、范文澜视孔子为落后、反动势力的代言人,而郭沫若把孔子当成进步思想家和革命势力的代表。1949年以后,因推崇法家,批判儒家的反动,改革开放后孔子又被重新定位为中国伟大的教育家、思想家,其学说被当成中国文化的内核。然而,学术归学术,一到政治层面,就会发生一定的抵牾,史学家总是跟不上社会形势的需要。因此,沃尔夫的论说无疑得体。

须指出,就欧美学者认识中国马克思主义史学与儒学的关系而言,20世纪60年代有夸大前者、对后者冲击之嫌。例如,费维恺说:"北京的共产主义政府,以还在发展着的毛泽东版的马克思列宁主义作为评价过去的权舆,去替代中华帝国的儒家意识形态。"②这里,费维恺明确指出,1949年以后中华人民共和国有以毛泽东思想取代儒家学说的倾向。

他又说:"包括马克思主义在内的重新定位过去价值的知识影响,倾向于西方。甚至'新中国'人们对过去的文化纠偏,提出一些与中国相匹配的神话,去填补那个由于反叛儒家自由传统而留下来的空白。"③费维恺指出,中国马克思主义者的诸多努力,实际上用被神化了西方的思想去填补儒学消退而留下的意识形态空白。其实,毛泽东思想已是中国化的马克思主义,把来自西方的马克思主义与中国传统思想相融合,既有反传统倾向,又自觉或不自觉地继承了传统,包括儒学的某些东西。

---

① Daniel Woolf, *The Oxford History of Historical Writing*, Vol. 4, Oxford University Press, 2011, p.479.
② Alburt Feuerwerker, *History in Communist China*, M.I.T. Press, 1969, p.13.
③ Ibid., pp.14-15.

德里克纠费维恺之偏,认识角度迥异。他承认新文化运动对于儒学的冲击:"儒家历史观尽管受损于新文化运动时期西化思想的攻击,不过,直至由马克思主义所激发的社会史研究的崛起,它才真正面临致命的挑战。"①德里克所说的西化思想、社会史研究对儒学家历史观的冲击和挑战,实际上都是广义的新文化运动对儒学的破坏。他所言是不争的事实。但是,他发现马克思主义史学理论对于儒家历史观被破坏后造成的意识形态空白具有填补性的意义,避免了中国人历史意识的危机。他说:"当'现代主义的偶像破坏'毁灭了传统解释的权威性而又没有提供新的替代物时,唯物史观一度为重写中国历史提供了急需的方法论。与它运用于中国历史产生的所有缺陷相伴随的是:它有效地减轻了中国人历史意识的危机。"②

德里克和费维恺都意识到马克思主义替代儒学的事实,可费维恺是以批评口吻说出来的,而德里克显然持赞赏的态度。与他们两人相比,沃尔夫的认识则多了些许全面性和复杂性,可以说是对上述两人认识的推进。

实际上,中国马克思主义史学与儒学的关系非常复杂。像沃尔夫那样区别政治层面和学术层面是必要的,也是研究中国马克思主义史学的一种策略。当年郭沫若、范文澜、吕振羽、翦伯赞、侯外庐马克思主义史学五老,学术上各有一套,可政治上又是一统,如果不加以政治和学术的区分,就没有办法认识他们的学术特性与共性的对立统一关系。可是,仅仅这样区分是不够的,细忖之,还需要加上政治生活以外其他生活层面的考察。在非政治层面的

---

① [美]阿里夫·德里克:《革命与历史:中国马克思主义史学的起源,1919—1937》,翁贺凯译,江苏人民出版社 2005 年版,第 5 页。
② 同上书,第 4 页。

社会生活中,马克思主义史学家受家教、家风、师教、师风等诸多因素影响,践行传统伦理道德规范,从这个意义上说,中国马克思主义史学家并未背离传统儒学。

### 三、因普遍性和特殊性抵牾而起纷争

丹尼尔·沃尔夫在《全球史学史》中看到早期马克思主义史学家因政治上的国共合作破裂而分道扬镳。例如,在他看来,范文澜在20世纪20年代以后成为共产主义者,而"早期最坚定的中国马克思主义史学家之一"陶希圣却"没有成为共产主义者"。① 其看法的合理推论是,范文澜和陶希圣都是马克思主义史学家。

沃尔夫自己承认受到德里克的影响,区分共产主义者和马克思主义者,这种观察中国马克思主义史学的角度,德里克在《革命与历史》中这样表述:"对于马克思主义理论的接受,并不必然等于对共产主义政治诉求的接受。……这一区分,不仅对于阐明理论自身的诉求,而且对于解释为什么从一个共同起点出发的马克思主义社会分析却引出了大相径庭的结论,都是至关重要的。"②

德里克之后,另一位欧美学者罗梅君在《政治与科学之间的历史编纂——30和40年代中国马克思主义历史学的形成》里有类似说法:"'马克思主义历史学家'这个术语的使用并非要把那些未加入中共的历史学家规定为非马克思主义者。"③沃尔夫在《全球

---

① Daniel Woolf, *The Global History of History*, Cambridge University Press, 2011, p.480.
② [美]阿里夫·德里克:《革命与历史:中国马克思主义史学的起源,1919—1937》,翁贺凯译,江苏人民出版社2005年版,第16页。
③ [德]罗梅君:《政治与科学之间的历史编纂——30和40年代中国马克思主义历史学的形成》,孙立新译,朱茂铎校,山东教育出版社1997年版,第2页。

史学史》中重申这一看法，它对于重新认识中国马克思主义史学有所裨益，更为重要的是要揭示造成马克思主义史学内部分歧的学理究竟是什么。

沃尔夫继续按照这一思路走下去，他认为："关于历史分期的争论和马克思主义史学之间的其他争议，象征着马克思主义（确实是所有普遍性理论）内部这一个巨大难题：其样板很难从一种语境向另一种语境转换。"①引文中提到马克思主义的普遍性问题，在比较详细地论述之前，我们必须先说明他所谓的"其样板很难从一种语境向另一种语境转换"。关于这个说法，沃尔夫总编的《牛津历史著作史》进一步明确："马克思主义史学家围绕马克思主义理论和特殊的中国历史之间的关系继续争论起来，他们中的大部分在中华人民共和国的 30 年里卷入政治斗争。"②他在这里表明，不仅共产主义者和非共产主义者之间有学术分歧，共产主义者内部同样有激烈争执。由此不能不联想到许冠三《新史学九十年》，他特别关注郭沫若、翦伯赞和范文澜三人史学的突出特点，分别把它们概括为"中国社会应与他国无异""研究历史须从实际出发""不能削中国之足适西欧之履"，这就注意到中国共产主义者史学家的理论取向有差异。

当然，沃尔夫等人关于共产主义者内部分歧的观点和结论受益于其他学者。例如，《牛津历史著作史》第四卷论及 20 世纪 40 年代中国马克思主义史学关注中国历史特殊性、范文澜《中国近代史》的代表性意义，依据李怀印《在传统和革命之间：范文澜与近代中国马克思主义史学的起源》（Between Tradition and Revolution:

---

① Daniel Woolf, *The Global History of History*, Cambridge University Press, 2011, p.480.
② Daniel Woolf, *The Oxford History of Historical Writing*, Vol. 4, Oxford University Press, 2011, p.517.

Fan Wenlan and the Origins of the Marxist Historiography of Modern China)。李怀印这篇文章刊于 2010 年《近代中国》(Modern China)第 3 期,罗嗣亮、临川译为汉文,发表在《现代哲学》2012 年第 6 期上。他以范文澜《中国近代史》为例,揭示共产主义者在中国近代史解读上的流变。

李怀印指出,李鼎声和张闻天一直支持来自苏联的"正统"马克思主义,其关于中国近代史的总体观念也直接以斯大林和共产国际的"正统"解释为基准。可是,范文澜对中国近代历史的解释挑战了这种"正统"马克思主义对于近代中国的解释霸权。有意思的是,1949 年以后,范文澜试图修正自己关于中国近代史的看法,而"经过修订的观点在许多方面接近或等同于李鼎声和张闻天早前的解释"①。

无论如何,今天看来,这种在同宗中看到差异的眼光,对于理解"中国马克思主义史学"无疑具有启发意义。

中国马克思主义史学家之间争论的原因,除了上述政治需要外,还有马克思主义一般原理与中国历史实际结合的问题。关于这一点,撰写全球史学史的欧美学者注意到了。上文所引沃尔夫论中国马克思主义史学分歧的话,就表达了他眼中将马克思主义作为普遍理论去认识历史而产生的巨大难题。

伊格尔斯等人在《近代全球史学史》里比沃尔夫更早提到,中国马克思主义史学内部分歧"涉及了马克思主义历史理论能否应用于解释中国这一更大的问题"②。根据作者提供的信息,他们受益于德里克。德里克这样说,马克思主义"史学困境实际上是源于

---

① 李怀印:《在传统和革命之间:范文澜与近代中国马克思主义史学的起源》,罗嗣亮、临川译,《现代哲学》2012 年第 6 期。
② [美]格奥尔格・伊格尔斯、王晴佳、苏普里娅・穆赫吉:《全球史学史(第二版)》,杨豫、王晴佳译,北京大学出版社 2011 年版,第 344 页。

历史唯物主义对于中国历史的适用度的问题"①。

其实,关于马克思主义与中国历史的适用度问题,更早些时候费维恺就说过:"族国主义是位多疑善妒的妇人,要求就如同在国家和人民之间那样,去写作特殊性历史、个人事务。……马克思主义也多疑善妒,对其历史学家提出普适性的要求。对文化的唯一性和普遍适应都加以取悦,是一项没有什么史学家能感到有趣味的任务,然而今天中国作者却被迫实施。"②这里,费维恺生动形象地指出了中国马克思主义史学家在中国历史特殊性和马克思主义普遍性之间难以名状的艰难和无奈。

马克思、恩格斯的历史观形成之初,他们并未研究过所有民族国家的历史,后人用来解释本国历史时会碰到无法适用的难题,但是为了达成普遍性的历史解读,各国马克思主义者不得不加以发展和调适。不仅如此,即使同一个民族国家在不同历史时期遭遇不同时代主题,其关注历史的重点也在发生变化,马克思主义理论体系中的相关因素或放大或缩小。理论体系在调整,体系内因素的活跃性在调整,可是目的没有变,那就是达到历史的马克思主义解读。既然如此,则势必存在着理论普遍性与民族国家历史特殊性无法协调的问题,这一难题在中国马克思主义史学家那里同样无法避免,至于如何因时制宜、因地制宜,那绝不是简单的理论问题,更是要费尽周折的永恒的实践问题。

### 四、"独裁与集权体制的附庸"

沃尔夫揭示政治上的马克思主义对史学所施加的压力,给

---

① [美]阿里夫·德里克:《革命与历史:中国马克思主义史学的起源,1919—1937》,翁贺凯译,江苏人民出版社2005年版,第186页。
② Alburt Feuerwerker, *History in Communist China*, M. I. T. Press, 1969, p.1.

史学家在儒学影响下的社会与学术中的工作带来不适,他道:"国家层面上的马克思主义对于历史学过分要求……毛泽东思想以多种方式被强加到按照儒学信条组织起来的社会上。适应起来很不容易。"①沃尔夫认为中国马克思主义有政治和学术之分,并指出政治层面的马克思主义对历史学提出了超出学术界限的要求,做到这一点说明其分析颇为细致,而没有把政治和学术混为一谈。

沃尔夫《全球史学史》论20世纪史学用了"独裁和集权主义政体下的历史学"(History under Dictatorships and Totalitarian Regimes)这样的标题,专门讨论独裁和极权主义笼罩下的史学,他说:"20世纪,历史学和史学史转以或左或右的政治体系,服务于一些独裁、军政府和极权主义政体,转向实施一种控制和压制的水准,这一水准使得早些世纪的国家或王国的干预显得业余和温和了。"②问题是,他论述一般意义上的马克思主义史学,与意大利法西斯主义史学、日本帝国主义史学和德国纳粹史学相提并论,并认为:"共产主义者处于左派,在20世纪大部分时间里,情形显著相似。尽管反理性主义、怀疑主义和悲观主义在1918年后成为西欧的主旋律,导向法西斯主义,但以马克思主义为形式的不和谐音调,首先来自以苏维埃为大本营的东方。"③特别是他在说明中国马克思主义史学受苏联影响的同时,批评苏联马克思主义史学服务于独裁、专制。他论中国马克思主义史学,从20世纪20年代以前开始,提到俄国革命的唤醒、马克思主义者和历史唯物主义观念

---

① Daniel Woolf, *The Oxford History of Historical Writing*, Vol. 4, Oxford University Press, 2011, p.479.
② Daniel Woolf, *The Global History of History*, Cambridge University Press, 2011, p.472.
③ Ibid., p.476.

对中国思想界的影响、日本在中西之间的桥梁角色,简述郭沫若、范文澜等人的史学成就和"文革"时期吴晗、翦伯赞等人的人生际遇,论及毛泽东思想对史学的影响。这样得出推论,中国马克思主义史学服务于中国的"专制、独裁政体"。

虽然沃尔夫没有明示他这一套论点受之于何人,但是可以从费维恺、伊格尔斯那里找到同调。费维恺主编《共产主义中国的历史学》中有两篇具有导论性质的文章,一篇是上文已提到和征引过的哈鲁德·康和费维恺合撰的《学术意识形态:中国新史学》,另一篇则是费维恺独撰的《马克思主义盛装下的中国史学》(China's History in Marxian Dress)。

第一篇关于这个问题的论述有:"中国共产主义者对中国历史的重新解读,相当大的部分被当作宣传之用,被当作对中国人民中间现行社会制度的不朽支持。还有比这更有过之而无不及的,今天中国的历史著述,就像其领导者们所看待的那样,也申明了纯粹的企图,那就是从中国的过去中为最近的国内外发展找到合法性。"①

第二篇则依据金毓黻《中国史学史》、郭沫若《关于厚今薄古问题》、毛泽东《中国革命和中国共产党》、李光璧等人编《中国农民起义论集》、中国人民大学中国史教研室编《中国资本主义萌芽问题讨论集》《明清社会经济形态的研究》、历史研究编辑部《汉民族形成问题讨论集》《中国近代史分期问题讨论集》《中国的奴隶制与封建制分期问题论文选集》、文史哲编辑部编《中国古史分期问题论丛》、胡绳《帝国主义与中国政治》、丁名楠等《帝国主义侵华史》、胡滨《十九世纪末叶帝国主义争夺中国权益史》等文献,梳理1949—

---

① Alburt Feuerwerker, *History in Communist China*, M.I.T. Press, 1969, p.13.

1965年中国史学界集中讨论的五个重大历史问题：农民起义、资本主义萌芽、汉民族形成、帝国主义与中国近代史、中国历史分期。其中论史学与政治领袖关系的有这样两段文字："而对于新的、流行的马克思主义传统的深思熟虑的创造，显然是一种加重而不是改进发现过去意义的问题。所以，很荒唐，大陆史学家被迫带着方向的变换和五四运动那代人留下来的遗产，去再现，去结合。"①"中国的史学再也不会是'自由民'的史学了。同样未必可能的是，波克洛夫斯基似的关于莫名的社会动力的论述将从中华人民共和国的舞台上消失。然而，可以想象（或许是更希望）一个时代，到那个时候，就像中国共产党领袖所阐明的那样，对真实世界的迫切要求将会减退到这样的程度——不再相信中国近代史上存在着唯一的罪恶之源了。"②

上述引文表明，在费维恺等人看来，1949年以后毛泽东关于历史问题的论述对于中国马克思主义史学的影响甚大，以至于史学家按照毛泽东的想法去解读中国历史问题，为当前政治、经济制度找到存在的合理历史依据，从而妄图揭示出中国史学在"独裁、集权"政体下的状况。

伊格尔斯《近代全球史学史》第四章关于这个问题这样说："布尔什维克夺取政权后不久，在苏联实行了另一种形式的威权主义。……在两战之间欧洲的任何地方，历史学家都没有像在斯大林的大清洗之后那样受到直接的人身威胁，包括流放和处死。历史研究必须接受所谓马克思列宁主义学说的指导。虽然列宁从唯物主义历史观出发，坚持经济力量的冲突决定了事件的发展过程，

---

① Alburt Feuerwerker, *History in Communist China*, M. I. T. Press, 1969, p.14.
② Ibid., p.43.

但他把唯意志论的因素引进了马克思主义,规定政党的核心作用是干预和指导历史进程。"①

费维恺、沃尔夫等人的观点颇有值得商榷之处。第一,他们从"独裁"和"集权"角度去认识马克思主义史学,并把它与法西斯主义、纳粹主义、日本军国主义并列,显然有失历史的公正,因为他们忽视了这些思想产生的具体历史环境以及思想内容的差别,其本质还是欧美意识形态在发生作用,以自由主义来衡量过去中国历史上出现的社会思潮。第二,不能把中国马克思主义史学与苏联马克思主义史学等量齐观。前者确实受到后者的深刻影响,而且1949年以后中国大陆确实出现过极"左"现象,但是中华人民共和国出现的所谓"独裁""集权"也是特殊历史条件的产物。而且1949—1965年,中国大陆史学并不是集权政治附庸,毕竟有20世纪60年代初相对自由的学术环境。退一步说,欧美学者的上述看法,即使有"文革"这样一个典型作口实,可是一旦回到1949年以前,他们的结论也就由于中国马克思主义者还处于国民党统治下而彻底失去了事实依据。

这个问题说到底,还是与第一个问题中马克思主义史学的"革命性"密切相关。罗梅君的观点比较中肯。她研究20世纪三四十年代的中国马克思主义史学,1982年出版《政治与科学之间的历史学》,在内容上可以看作德里克著作的续作。尽管此书没有聚焦1949年以后的马克思主义史学,然而其观点可取。她说:"在中华人民共和国的政治生活中,历史科学发挥着重要作用,它作为意识形态的重要载体是形成社会意识形态的一个主要工具。政治论争往往依赖于追溯历史事件,政治对手总要从历史中寻找合法性的

---

① [美]格奥尔格·伊格尔斯、王晴佳、苏普里娅·穆赫吉:《全球史学史:从18世纪至当代》,杨豫、王晴佳译,北京大学出版社2011年版,第192页。

说明,而社会发展的规划和纲领则反射着'过去的教训'。历史学家集科学工作者和政治意见的代理人两任于一身,他们的工作始终带有政治使命。"①这段话应该成为欧美学者观察和评价中国马克思主义史学的立足点。

### 五、欧美学者上述认识的价值与局限

福克斯、伊格尔斯、沃尔夫等人以"跨越文化边界""跨越文化视野"或者"全球视野""全球观"来写世界各民族国家的史学史,其"全球视野"编纂理念不仅在于像"全球"一样广泛的地理意义,而且在于"关注不同文化中和不同文化间的特殊的思考和写作历史的形式"②。他们自陈"全球视野"是反欧洲中心论或者欧洲中心观的。所谓"关注不同文化中和不同文化间",则具体有两重意义:不同文化的史学都有等同的价值,应进行文化间的史学交流与比较。这一编纂视野非常可贵。

这一视野在中国学界早有先声。20 世纪 60 年代初,杜维运激愤于欧美学者或缺乏宽容或缺乏基本知识而贬低中国史学,奋而先作《与西方史家论中国史学》,与"欧洲中心主义"史学家唱起反调;后作《中西古代史学比较》,突出中国史学对于世界史学的贡献。其三卷本《中国史学史》处处保持着中西比较的视角。他在理论上提倡"超越国界的世界史学",杜维运说:"一部包举四海的世界史,能使全世界人类互相了解,而生存于历史之中;一种超越国界的世界史学,是世界史的指导与灵魂,也是人类产生宽容思想的

---

① [德]罗梅君:《政治与科学之间的历史编纂——30 和 40 年代中国马克思主义历史学的形成》,孙立新译,朱茂铎校,山东教育出版社 1997 年版,第 1 页。
② Eckhardt Fuchs and Benedikt Stuchtey, *Across Cultural Borders: Historiography in Global Perspective*, Rowman & Littlefield Publishers, Inc., 2002, p.12.

媒介。"①从其主旨来看,他所谓"超越国界的世界史学",其实就是上述欧美学者所说的"全球史学"。杜维运优于他们之处是在中西史学比较的方面,特别是在全面和深入了解中国史学方面,他远远胜出欧美史学家。

上述欧美学者在全球视野下论中国马克思主义史学的四个方面,涉及其起源问题、与中国传统儒学的关系问题、马克思主义普遍性和中国历史特殊性契合问题、与社会政治的关系问题,都是中国马克思主义史学成长和发展中的重大主题,为考察中国马克思主义史学所无法回避。

他们考察中国马克思主义史学起源,把它放到族国主义抬头、欧洲史学专业化的世界范围内的社会和学术背景下,一方面表明欧洲史学对中国的影响,另一方面表明它与19世纪以来欧洲史学有共性,体现出交流、比较的全球视野。可他们完全忽略的是,包括马克思主义史学在内的中国新史学,其族国主义与欧洲的族国主义有着完全相反的意义。虽然欧洲内部民族国家有争斗、有强弱更替,但是总体上它们相较于亚洲、非洲、拉丁美洲而言,却处于统治和压迫地位;相反,中国族国主义处在欧美列强乃至日本的压迫和凌辱之下,是求生存、反压迫的。欧美学者忽视这一根本性差别,因而无法把认识推向深入,只能流于肤浅的表象归纳。

他们考察中国马克思主义史学与传统儒学的关系,放在中国文化在近代推陈出新的背景下,分析其走向中国学术舞台的合理性以及坎坷历程。尽管他们出发点不同,但是揭示了一个不争的事实,即传统儒学确实在近代遭到毁灭性的摧残。然而,马克思主义史学家对包括孔子在内的儒家在不同时期态度有所变化,同时吸纳其中一些积极因素,甚至像郭沫若撰写《马克斯进文庙》,试图

---

① 杜维运:《史学方法论》,台湾三民书局1986年版,第357页。

讨论马克思主义与儒家学说的相通和契合性。

他们考察中国马克思主义史学的内部分歧，认识到根本原因在于马克思主义普遍性与中国历史特殊性之间的冲突；考察中国马克思主义史学与社会政治的关系，揭示史学与现实政治之间的张力。这些认识对于反思中国新史学、梳理近代史学思潮变迁、撰写20世纪以来史学史都具有启发意义。但是，认为中国马克思主义如同德国、苏联一样，是中国"专制集权"的附庸，陷入简单类比，与事实不符，这点必须指出。

他们关于中国马克思主义史学的认识，从某种意义上说是对其他学者例如费维恺、德里克等人相关论述的借鉴，华裔学者例如王晴佳、李怀印等人关于中国马克思主义史学的论述亦提供了智力支持。对此，上文相关部分已涉及，兹不赘述。

总之，福克斯、伊格尔斯、沃尔夫等人提出了认识中国马克思主义史学一些不容忽视的根本性问题。这些认识是对其同质文化前辈成果的继承和批判，也是借鉴华裔学者论著的结果。特别是他们在认识中国马克思主义史学时，把马克思主义区分为学术和政治两个方面，提出"马克思主义"不同于"共产主义"，表明其分析的细致；但是以西方自由主义为权舆来衡量中国马克思主义史学，则说明他们仍未跳出欧洲至上主义的窠臼。当前，学术界要重新研究中国马克思主义发展史，构建新时代中国史学话语体系，这份"他者"学术不容小觑，且必须加以批判性吸纳。

# 第13论

# 良史萨鲁斯特

萨鲁斯特(Sallustius,公元前86—前34/24年),出身骑士家庭,在罗马接受教育,通晓希腊语。曾做过财务官,当选过公元前52年保民官,公元前46年任执政官。他追随恺撒,前往北非参与消灭庞培余党,被任命为阿非利加行省行政长官,任内搜刮大量钱财结交罗马权贵。公元前44年恺撒被刺,他遂息影园林,专心著述。

## 一、萨鲁斯特的史著

第一,《历史》,写作和发表年代不详。可以肯定,此书有一定的渊源。据苏维托尼乌斯《语法论》,萨鲁斯特的老师斐洛洛古斯曾把自己的全部罗马史写作提纲给了萨鲁斯特,老加图的罗马史《创始记》也为他提供了不少借鉴。可惜,此书仅有4篇演讲词、2封书信传世,以及一些文字因后世学者征引而残留下来。

第二,《喀提林战争》,大约发表于公元前43年。王以铸、崔妙因译为《喀提林阴谋》(商务印书馆1995年版)。书中主角喀提林是苏拉的追随者,公元前67年从阿非利加卸任,竞选公元前65年执政官,因受指控贪赃枉法而失去资格。他与另外两名情形类似者意欲在新执政官上任之际动用武力,还元老院以颜色,但因元老院有所防范而未果,此为第一次喀提林阴谋。他又提出竞选公元前63年执政官,然而因西塞罗胜出而落选。接着他又提出竞选公元前62年执政官。西塞罗心存忧虑,买通喀提林随从情妇,得知喀提林准备以武力协助竞选,遂向元老院揭发,喀提林竞选再次失败。这样,喀提林纠集苏拉旧部,要血洗元老院,又因西塞罗提前获得情报而被揭穿,遭到元老院的镇压。萨鲁斯特写出这样一段罗马国内政治历史,揭露了罗马的权贵专权、军人干政、权钱交易、政治腐败。

第三,《朱古达战争》,大约公元前41年发表。书中主角朱古达是公元前2世纪末罗马附属国努米底亚(相当于今阿尔及利亚)的国王,其王位篡夺于堂弟,打破了王国与罗马之间的正常关系,导致罗马出兵。本来这场战争规模不大,罗马对努米底亚是以大对小、以强对弱,胜败显而易见。但是,罗马元老院收取敌人贿赂,为统帅制造麻烦;前方将领除了收取贿赂外还寻欢作乐;前线因农民无产化而兵源不足,士兵军纪败坏,或投敌或逃跑或如蝇逐利,这些因素导致战争久拖不决。公元前109年,以梅特路斯为统帅、马略为副帅,罗马出兵努米底亚,结果对内得不到补给,对外毫无战果。两年后,马略接替梅特路斯为统帅,以雇佣兵制代替民兵制,虽然镇压了朱古达,但是由此培育出罗马共和制的掘墓人。萨鲁斯特选择这样的典型主题,揭露罗马政治的黑暗、腐败和无耻。

## 二、萨鲁斯特的史学观和历史观

他重视和热心历史著述。萨鲁斯特说:"记述过去的事情是特别有用事。"[1]他以为,一方面,对被写者而言,历史著作可使其丰

---

[1] [古罗马]撒路斯提乌斯:《喀提林阴谋·朱古达战争》,王以铸、崔妙因译,商务印书馆2009年版,《朱古达战争》第4章。

功伟业流传千世,例如,"由于雅典产生过具有非凡才能的作家,所以雅典人的功业便被认为在世界上是无与伦比的。这样看来,成就事业的人们的功绩所以被捧得如此之高,只不过是伟大的作家能够用颂扬的文字对事业本身加以抬高而已"①。另一方面,对写史者而言,"为国家干一番事业是光荣的,而以语言文字服务于国家也不是一件坏事;在和平与战争时期人们都可以使自己成名"②。因此,他执着于罗马历史写作:"我决心撰述罗马人民的历史,把我认为值得后人追忆的那些事情挑选出来,笔之于书。"③

他意识到著史不易。萨鲁斯特说:"撰写历史是极为苦难的一件事。"④并认为原因有二:第一,写史者的"文笔必须配得上他所记述的事情"。第二,"倘若你对别人的缺点进行批评,大多数人就会认为你这样做是出于恶意的嫉妒。此外,如果你记述了杰出人物的丰功伟绩,则人们只有在他们认为你所说的事他们自己也容易做到的时候,才愿意相信你,一旦超过这个限度,他们即使认为你的话不是荒谬的,也是凭空捏造的了"。⑤

他对写好历史相当自信。萨鲁斯特曾说:"我之所以对这一工作抱有信心,是因为这时我个人已经不再有所希求,不再有所恐惧,不再有派系的偏见。"⑥此所谓无欲则刚,无欲则无所畏惧、无所偏倚!

至于其历史观,则可以从是命运史观还是英雄史观,以及如何评价历史人物上得到说明。有人说他是命运史观,也有人说他是

---

① [古罗马]撒路斯提乌斯:《喀提林阴谋·朱古达战争》,王以铸、崔妙因译,商务印书馆2009年版,《喀提林阴谋》第8章。
② 同上书,《喀提林阴谋》第3章。
③ 同上书,《喀提林阴谋》第4章。
④ 同上书,《喀提林阴谋》第3章。
⑤ 同上。
⑥ 同上书,《喀提林阴谋》第4章。

英雄史观,其实两者皆有,且有从命运史观向英雄史观的转变。

《喀提林阴谋》中两种史观兼有。他先是说:"毫无疑问,是命运主宰着一切。她可以任意地使一切事件变得有名或默默无闻,而不顾事实。"①后又说:"由于我读到和听到过罗马人在国内和国外、在陆地和海上所成就的丰功伟绩,因此我突然产生了这样一个强烈的愿望,那就是找出主要是哪一种品质使得罗马人成就了这样伟大的功业。……在长期的思考之后,我确信这完全是少数公民的突出功业所成就的,正是由于这些人,贫穷战胜了富足,少数战胜了多数。"②

《朱古达战争》明显秉持英雄史观。他说:"精神乃是人的生活的引导者和主人……它甚至不需要命运,因为命运不能把诚实、勤奋或其他优良品质给予任何人,也不能把它们从他们身上夺走。"③还说:"如果国王们和统治者无论在和平时期还是在战争时期都能表现出同样的精神力量,那么人间的事情就可以进行得更加顺畅和平稳,人们将不会看到权力的易手,也不会到处发生骚乱和混乱的现象。"④

他评价历史人物能够采取辩证观点。萨鲁斯特一方面肯定梅特路斯的勇敢和睿智,另一方面批评他贵族式的傲慢;一方面说朱古达勇敢而有计谋,另一方面又说他是邪恶的人。

### 三、萨鲁斯特乃一代良史

萨鲁斯特身经政治和军事历练,对权力易手、时势变迁、人情

---

① [古罗马]撒路斯提乌斯:《喀提林阴谋·朱古达战争》,王以铸、崔妙因译,商务印书馆 2009 年版,《喀提林阴谋》第 8 章。
② 同上书,《喀提林阴谋》第 53 章。
③ 同上书,《朱古达战争》第 1 章。
④ 同上。

世故有深刻理解,这是他成为良史的一个重要条件。他熟悉努米底亚,能够获取可靠史料,可以看到元老院命令、西塞罗演讲词等文献,还可以直接询问克拉苏等相关人员,这些是他能够成为良史的另一个重要因素。

特别是他的不偏不倚的态度,是成为良史不可或缺的要素。按说,萨鲁斯特会偏向喀提林,贬低西塞罗,可事实上他没有这样做。但是,喀提林与恺撒经历相似,都为克拉苏所扶持。恺撒曾在元老院慷慨陈词,为喀提林辩护,被指责为喀提林的暗中支持者,这毫不奇怪。而萨鲁斯特又是恺撒的追随者,因此《喀提林阴谋》被视作替恺撒辩护之书。事实上,书中确实有文字为恺撒辩护,替他歌功颂德。① 并且,萨鲁斯特对喀提林的结局深表同情,这也印证了他与恺撒是一伙的。于是,这连带出另一个问题,那就是萨鲁斯特和西塞罗是否有恩怨并借机诋毁西塞罗。

从现存的《喀提林阴谋》来看,他没有丑化西塞罗,相反,在西塞罗罹难和著作遭禁之际,抛出西塞罗最得意之时的言论,倒反而像为西塞罗树碑立传。而且,在现存的西塞罗著作中,也未见他与萨鲁斯特有私人恩怨的材料。因此,王以铸以为,说萨鲁斯特与西塞罗是私敌的观点是不成立的。②

萨鲁斯特与西塞罗政治观点不同,所属政治派别不同,这确定无疑。至于他们之间是否有私人恩怨还不好说,因为西塞罗著作遭禁,其中可以证实两人有恩怨的材料亡佚,是完全可能的。以未见为未有是默证之举。情形也许恰好是西塞罗为人正派,敢于直言,而萨鲁斯特不诬其善,也未可知。无论如何,他揭露罗马社会

---

① 详见《喀提林阴谋》第49、54章。
② 王以铸:《萨鲁斯提乌斯及其作品》,载[古罗马]撒路斯提乌斯:《喀提林阴谋・朱古达战争》,王以铸、崔妙因译,商务印书馆2009年版,第52—54页。

的黑暗,为主公恺撒讳,又不诬西塞罗之善,恰有良史之特征。

萨鲁斯特是文章高手,这助益其成为良史。这里摘录他书中的一些句子以见其情:"靠财富和美貌得来的声名是转瞬即逝的和脆弱的。"①"权力便总是从能力较差的手里转入能力最强的人手里。"②

正因为他是良史,所以可以理解他在后人那里反响巨大,这是对古希腊史学优秀传统的继续。李维的文风不同于萨鲁斯特,对他持批评态度,而塔西佗在史识和文风上都深受其影响,甚至法国雷兹主教的《菲斯克的阴谋》(La Conjuration de Fiesque)、让-弗朗索瓦·萨拉赞(Jean-François Sarasin)的《瓦尔斯兰的阴谋》(La Conjuration de Valslein),都是对萨鲁斯特的模仿。尤其是孟德斯鸠、伏尔泰等人对萨鲁斯特赞赏有加,并借鉴其著作相关内容。

他的史学地位可以从欧洲史学的纵向脉络上得到认识。其史著,就《喀提林阴谋》《朱古达战争》来看,受古希腊史学影响的痕迹明显,其主题、技巧、角度和语言酷似修昔底德,译者王以铸做过具体论述。③ 可以说,萨鲁斯特写政治军事史、撰写演讲词,叙事严谨,语言精练,都延续了修昔底德的传统。

难怪史学史家对他评价很高。汤普森说:"萨鲁斯特才算得上第一位伟大的罗马历史家。"④郭圣铭评论道:"他有良史之才,他尊重历史事实的客观性,立论精辟,而且善序事理,文辞典丽。"⑤

---

① [古罗马]撒路斯提乌斯:《喀提林阴谋·朱古达战争》,王以铸、崔妙因译,商务印书馆1995年版,《喀提林阴谋》第2章。
② 同上。
③ 王以铸:《萨鲁斯提乌斯及其作品》,同上书,第82—86页。
④ J.W. Thompson, *A History of Historical Writing*, Vol.1, Macmillan Company, 1942, p.70.
⑤ 郭圣铭:《西方史学史概要》,上海人民出版社1983年版,第38页。

# 第14论

# 走向互见的普罗克比阿

普罗克比阿(Procopius,约 500—565 年,也译为普罗柯比或普洛柯比乌斯、普洛科皮乌斯),为东罗马的史学家,中世纪杰出的世俗史学家。

## 一、普罗克比阿的史著及其情绪差别大的问题

普罗克比阿的历史著作有《战史》(History of War)、《建筑》(The Building of Justinian)、《秘史》(Secret History)。最后一种由教廷图书馆员阿勒曼(Alemanus)于 1623 年整理旧书时发现,此书用希腊文写成,封面有"趣闻轶事"(Anecdota),书中多污言秽语,阿勒曼译成拉丁语,名之为《秘史》。这部书的作者一度是个谜。阿勒曼同乡亚尼斯(Iannes)据书中"我在以前的书里说过""我在别的书里说过"这样的句子,定为普罗克比阿所作。而兰克在《世界史》(Weltgeschichte)中认为是假托普罗克比阿的伪作。1906 年,拜占廷学专家赫利(Haury)出版《恺撒里亚的普罗克比阿》(Procopii Caesariensis Operaominia),证实《秘史》与《战史》《建筑》风格一致。原本在《罗马帝国晚期史》(History of the Later Roman Empire)第一卷里赞同兰克的布瑞(Burry)在第二卷中改变看法,这一年是 1923 年。之后,《秘史》为普罗克比阿所

作逐渐成为共识。

这三部著作的年代尚无法确定。J. A. S. 伊文斯（J. A. S. Evans）在《普罗克比阿》（Procopius）中认为《秘史》与《建筑》写于6世纪50年代后期。可是,根据阿芙丽尔·凯美龙（Averil Cameron）《普罗克比阿和6世纪》（Procopius and the Sixth Century）,《战史》《秘史》都完成于550年前后。

为什么相较于《战史》《建筑》,《秘史》情绪差别较大?《战史》和《建筑》赞扬查士丁尼,而《秘史》则揭露查士丁尼和皇后塞奥多拉的荒淫、堕落。这里举《建筑》和《秘史》中的用语为例加以说明。《建筑》说查士丁尼"伟大""辉煌",是"天道大王""慈父领袖",臣民"感激涕零""感恩戴德"等;《秘史》则骂查士丁尼为"蠢驴""恶魔""吸血鬼""白痴""奸诈""虚伪"等。

问题是《秘史》的记载可靠吗？后世学者考察6世纪拜占廷其他学者的著作,例如伊法格里乌斯（Evagrius）《教会史》（Ecclesiastical History）、阿拉塞亚斯（Agathias）《查士丁尼的统治》（On the Reign of Justinian）、以弗所约翰（John the Ephesus）《教会史》（Ecclesiastical History）等书,发现这些书记载的史实与《秘史》一致,而且《秘史》与《战史》《建筑》中的史实也吻合,只是爱憎不同。

回到原因分析上来,布瑞和伊文斯以为,《秘史》是普罗克比阿晚年得精神分裂后所写,亚瑟·布克（Arther E. R. Book）在《秘史》英译本序言说:"普罗克比阿写作《秘史》的动因之一,肯定是在罗马帝国晚期专制统治下,他无法公开批评政府而产生挫败感;其次是查士丁尼对外战争的结果使他的期盼成为泡影。"[1]

---

[1] Arther E. R. Book, "Foreword", in Procopius, *Secret History*, trans. Richard Atwater, University of Michigan Press, 1961, p. IX.

## 二、普罗克比阿最终使用了互见之法

普罗克比阿对查士丁尼、贝利撒留态度的变化,是两部著作爱憎悬殊的根本原因。他出身贵族,通晓叙利亚语,527年被任命为镇守东部边界的贝利撒留的随从,随贝利撒留出征北非、西西里。后因贝利撒留卷入宫廷之争受到贬斥,两人相约不再为宫廷效力。544年,贝利撒留再度受宠,出征意大利,普罗克比阿有被戏弄之感。另外,贝利撒留的妻子放荡不羁,为宫廷做说客,打动贝利撒留再次出山。对此,普罗克比阿很反感。这样,他对贝利撒留的态度从崇敬到鄙视,再到敌视。尤其是查士丁尼在东罗马打击和限制贵族,普罗克比阿很不满;查士丁尼发动地中海战争,造成罗马贵族消亡或逃难,普罗克比阿感到悲哀。总之,他对查士丁尼从过去的感恩戴德发展到仇视。这样就可以理解他对查士丁尼的先扬后抑。

撇开这个问题不论,从写史的手法上可以理解为《秘史》是对《战史》和《建筑》的补充,即专业术语所谓"互见"。他在《秘史》前言里说得明确:"到目前为止,在我所写的有关罗马人战争的文字中,那段历史是按照年代顺序记述的,而且完全是为当时情势所迫。现在我要按照另外一种方案写作,以揭露整个罗马帝国真正发生的事件作为对以前完成的呆板的正史编年史的补充。众所周知,当某些人在世时,按照历史家本应做的那样去记载其真实言行是不可能的。如果我这样做了,那么他们的间谍就会发现,并且置我于最悲惨的境地。我甚至无法相信我最亲近的人。这就是我为何在前几部著作中被迫矫饰历史并隐瞒自己真实观点的原因。"[1]

---

[1] [东罗马]普罗柯比:《秘史》,吴舒屏、吕丽蓉译,上海三联书店2007年版,前言第1页。

普罗克比阿自勉道:"无论如何,我内心自勉,因为这些记述将因他人的佐证而被承认,所以我也将信守职责,完成这项工作。现今非常了解事实真相的人将是值得信赖的见证人,他们会对后人证明我的论据是准确的。"①

在他的著作中,《战史》要专门加以讲述。《战史》包括《波斯战争》两卷、《汪达尔战争》两卷、《哥特战争》四卷,其中第八卷的体例稍微有点变化,前半部分是综合补充战争所涉各地的地理、风俗等,后半部分继续讲述哥特战争史。他的价值"正是在于它为我们提供了当时的一幅真实可靠的历史画卷……给后世提供了多种门类的丰富史料"②。

他非常熟悉古希腊史学,特别擅长模仿希罗多德和修昔底德。在人生经历上,他直接参与战争类似于修昔底德,但是到过的地方超过修昔底德而接近于希罗多德。他对于两人的模仿在《战史》中充分体现了出来。普罗克比阿在书中使用档案、传说、实物等,与希罗多德、修昔底德相似;记载不同说法,表明自己的意见,或者让读者自己去判断,显然是希罗多德的做法;记述战争,到年底就说"普罗克比阿叙述的第某年战争结束",类似于修昔底德,记时到春分、冬至,则超过了《伯罗奔尼撒战争史》;频繁使用插叙,用类似"以下说说这件事"作为起始句,用"这件事就是这样了"作结束语,却颇像《历史》;记载许多征兆,并相信命运和神意,非常像希罗多德,而描写拜占廷的黑死病,解释发病原因,则几乎是修昔底德描写伯罗奔尼撒战争中瘟疫的翻版。其中记述哥特战争史的部分引起了意大利布鲁尼(Bruni)的注意,译之为拉丁文,名为《意大利人

---

① [东罗马]普罗柯比:《秘史》,吴舒屏、吕丽蓉译,上海三联书店2007年版,前言第1页。
② 王以铸:《关于普洛科皮乌斯》,载[拜占廷]普洛科皮乌斯:《战争史》,王以铸、崔妙因译,商务印书馆2010年版,第33—34页。

反抗哥特人的战争记事》(*The Commentary on the Italian Wars against the Goths*),引起后世学者的批评,详见本书第 15 论。但是,《战史》包括《建筑》代表了官方的视角和观点,没有揭示罗马的黑暗和腐败,显然没能全面反映历史真相。

作为古典色彩浓厚的史学家,普罗克比阿还是有求真的基本操守的,体现在他在《秘史》中把《战史》《建筑》里不好处理的事情和问题做了单独的记述和评论。

第 15 论

# 转换视角下的布鲁尼

利奥纳多·布鲁尼(1370—1444 年)①出生于阿雷佐,故也被称为利奥纳多·阿雷提诺(Leonardo Aretino),"是继古代楷模之后写出历史著作的第一位人文主义者"②,开一代史学风气。国内一般视其为西方近代史学的开创者,这可见于通常的西方史学史之类的著作中。还有学者较全面深入地探讨其人文主义史学特征、成就和局限等。③ 问题是,当时人文主义在不同人那里有差

---

① 关于布鲁尼的生年有不同说法。坎农(Cannon)《布拉克沃历史学家词典》(*The Blackwell Dictionary of Historians*)定为 1374 年,比较少见。汤普森《历史著作史》主张为 1368 年,而郭小凌《西方史学史》、张广智《西方史学史》均定为 1369 年,这两说比较接近,是否为年头年尾的分别造成了说法的不同,不得而知。主张为 1370 年的说法比较流行,如格利菲茨(Griffiths)等人《布鲁尼的人文主义》(*The Humanism of Leonardo Bruni*)、翰金斯(Hankins)为布鲁尼《佛罗伦萨人民史》写的导论、科克兰(Cochrane)《意大利文艺复兴历史学家和历史学》(*Historians and Historiography: In the Italian Renaissance*)等均持这一观点,这里从此说。

② Gordon Griffiths, James Hankins, David Thompson, "General Introduction", in *The Humanism of Leonardo Bruni*, Center for Medieval and Early Renaissance Studies, 1987, p.14.

③ 详见孙锦泉:《论布鲁尼的人文主义史学》,《四川大学学报(哲学社会科学版)》2007 年第 5 期。

异,例如彼特拉克就卓然独行,而但丁则积极介入公民事务,布鲁尼作为后学,是否在两者之间有所偏重? 同时,19世纪科学史学勃兴,布鲁尼多受病诟,其为人诚实和史著可信问题今天应如何看待? 看待这些问题,转换视角非常重要。

## 一、从公民人文主义角度理解布鲁尼

布鲁尼史学具有一般人文主义特征。他对古典文献非常入迷,并为古典复兴做出过重要贡献。其导师是当时最伟大的人文主义者萨鲁塔提(Salutati),其希腊文教师是希腊学者厄曼纽厄尔·克立索罗拉斯(Emanuel Chrysoloras)。他养成了对古典文学和史学的爱好,成为15世纪最有创造力的翻译者之一。他翻译普鲁塔克《传记集》(*Parallel Lives*)中的《小伽图传》(Life of the Younger Cato)、《安东尼传》(Life of Antony)、《皮洛士传》(Life of Pyrrhus)、《狄摩西尼传》(Life of Demosthenes)等,还翻译色诺芬《希尔罗》(Hiero)、《伊里亚特》(*The Iliad*)中的演说词、《柏拉图早期对话》(*The Early Platonic Dialogues*)、亚里士多德《伦理学》(*The Ethics*)和《政治学》(*The Politics*)等。这些译本"很快取代了中世纪的翻译,成为全欧洲权威性的学院文本"[1]。他在形式上模仿古典作品,《亚里士多德传》(Life of Aristotle)就很典型。此著像苏维托尼乌斯那样,描写传主的先人,按时间顺序回顾其生平,论述其活动,记述其死亡;像第欧根尼那样写教学生涯,列出传主的作品目录。至于《佛罗伦萨人民史》(*History of the Florentine People*)对古典作品的效仿,有学者概括得很好:"他把其作品分成卷,插入激动人心的老套演说,用优雅的拉丁

---

[1] Eric Cochrane, *Historians and Historiography: In the Italian Renaissance*, University of Chicago Press, 1981, p.18.

文写作。"①

同时,布鲁尼具有强烈的公民意识,其人文主义超越一般人文主义,可称为公民人文主义。这在他那儿就是:"活跃生活优于沉静生活,财富优于贫困,婚姻优于独身,政治行当优于寺院行当。同时,他把这些原则付诸实际。"②他强调史学的实际功用,指出:"历史是任何一个严肃学者都不应忽视的学科。"③关于《佛罗伦萨人民史》的写作,他说:"这些行动对我来说似乎值得记录和记忆,我认为了解它们将对公众和个人目标的实现均有益处。假如人岁数越大就越明智,那是由于他们见识了更多生活;如果我们细心阅读历史,那么它给予我们的明智将会多么大啊!因为历史中无数岁月的成就和结果都会被细致呈现;从其书页中人们将轻松学到应该模仿和避免的东西,而伟人所赢得的荣耀,就像其中记载的那样,会激励我们实践那些具有美德的行为。"④他还说:"假如我没搞错,学者要特别赞美其时代成就,把它们从漠视和命运力量中拯救出来——的确,把它们描绘得神圣而万古流芳。"⑤这显然是其公民人文主义在史学价值观中的体现。史学实践中它表现为关注市民生活。

例如,《但丁传》(Life of Dante)和《彼特拉克传》(Life of

---

① Ernst Breisach, *Historiography: Ancient, Medieval and Modern*, University of Chicago Press, second edition, 1994, p.154.
② Eric Cochrane, *Historians and Historiography: In the Italian Renaissance*, University of Chicago Press, 1981, p.19.
③ "De Studiis et Litteris", in Gordon Griffiths, James Hankins, David Thompson, "The New History", *The Humanism of Leonardo Bruni*, Center for Medieval and Early Renaissance Studies, 1987, p.175.
④ Leonardo Bruni, "Preface", in *History of the Florentine People*, Vol.1, Harvard University Press, 2001, p.3.
⑤ Ibid., p.5.

Petrarch)就很典型。《但丁传》写传主出身和从事公共事务,写其财产和为人、学问型诗歌写作,写但丁的子嗣。需要说明的是,布鲁尼《但丁传》与薄伽丘所写不同。布鲁尼在结尾处写到但丁的儿子利奥纳多到佛罗伦萨访问自己,布鲁尼引导他参观祖屋,并告知许多他过去不知道的事情,详细写了但丁被放逐,这些是薄伽丘书里没有或者轻描淡写的。更为重要的是,他与薄伽丘的观点颇有差异。薄伽丘认为,但丁有妻子,这是与其学术生活对立的,而布鲁尼则认为,"按照哲学家的说法,人是社会动物。由于所出生城市的多面性,人的第一个组合是丈夫和妻子,无论哪里缺乏这一点,就都没有完美可言,因为只有这种爱是自然的、合理的和被许可的"[1]。而《彼特拉克传》则写传主出身高贵、少年不凡,叙述他从学法律转向阅读古代哲学家、诗人和史学家的著作,写他拒绝教皇任命他为秘书的召唤,写他把父亲的遗产挥霍殆尽。有意思的是,在传记最后,布鲁尼将但丁和彼特拉克做了比较,认为"他们都是最有才干的、最著名的,最值得高度赞扬和褒奖",但是又认为但丁的生活更具有积极性和公民性,其写作环境更困难,但丁比彼特拉克更有学问。[2] 可见,但丁与彼特拉克相较,布鲁尼更推崇前者。布鲁尼是公民人文主义者,在生活和学术上与但丁相似,因而有以上看法就不足为怪了。

再如《佛罗伦萨人民史》,正像有人所说的那样:"公民人文主义精神渗透到其中,有着集体英雄佛罗伦萨人、一个清晰的故事、佛罗伦萨人的得势。布鲁尼把佛罗伦萨的成功归于她的共和国的自由,在此涌动着美德、优美风尚、勇气、勤劳和强壮。自由的衰

---

[1] Leonardo Bruni, "Lives of Dante and Petrarch", in *The Humanism of Leonardo Bruni*, Center for Medieval and Early Renaissance Studies, 1987, p.87.

[2] Ibid., pp.98–99.

落,就像罗马帝国和随后千年跌落黑暗所证明的那样,将会摧毁所有的美德和伟大。共和城市国家和其公民道德力量、国家昌盛之间相关联的主张,使布鲁尼把他的叙述定型为统一的乐章。他讲述过去广泛中世纪风格的修辞,是这样严谨,以致能够恰好抽出与散漫的希罗多德史学相反的、同修昔底德史学的类似之处。"①②也有学者说:"布鲁尼对西方史学经典的重要贡献是一本多少带有官方色彩的《佛罗伦萨人民史》……布鲁尼用拉丁文,而不是用方言写作。较之布兰尼幼稚的记载,其高明之处还在于他忠于西塞罗对历史的理解,即历史是解释知识的形式,是有价值的道德与政治教诲的源泉。"③这些论述足以让我们认识到这一著作中的公民人文主义。

## 二、从知识史角度理解布鲁尼的影响和史德问题

布鲁尼的历史著作被翻译成意大利文、法文、英文、德文、西班牙文等多种文字。据研究,《第一次布匿战争评注》(*The Commentary on the Punic War*)意大利文本流传下来的就有150个手抄本和12个印刷本。④ 而《在斯特罗兹葬礼上的演说》(*Oration for Nanni Strozzi*)流

---

① Ernst Breisach, *Historiography: Ancient, Medieval and Modern*, University of Chicago Press, second edition, 1994, p.154.
② Gordon Griffiths, James Hankins, David Thompson, "The New History", in *The Humanism of Leonardo Bruni*, Center for Medieval and Early Renaissance Studies, 1987, p.179.
③ [美]唐纳德·R.凯利:《多面的历史:从希罗多德到赫尔德的历史探寻》,陈恒、宋立宏译,生活·读书·新知三联书店2003年版,第263页。
④ James Hankins, "Rhetoric, History, and Ideology: The Civic Panegyrics of Leonardo Bruni", in *Renaissance Civic Humanism*, Cambridge University Press, 2000, p.147.

传下来的大约有 65 个手抄本。① 总之,"在大学、人文主义者学校里,在所有受过教育的社会阶层中,不管是有学问的还是稍有点文化的,人们都了解和阅读过布鲁尼的著作"②。

布鲁尼明确表达其历史学结构观点:"历史学须臾离不开相关的绵长叙述,每个特别事情的原因说明,和关于每个转折点评判的公开表述。"③至今人们对于史学结构的认识还没有超过这一经典表述。他提出了历史学社会价值追求下的客观问题。鉴于意大利人同哥特人之间的战争没有留下拉丁文文献,而希腊文记载倒是存在的,布鲁尼出于民族激情,利用自己对于希腊文本的熟悉,依据普罗克比阿《战史》中关于哥特战争史的部分,写成《意大利人反抗哥特人的战争记事》。一方面,书中保留着他一贯的历史写作信念,"历史学让我们更聪明和更谦逊";另一方面,又导出了后来兰克所信奉的客观主义原则,"一个人必须像发生的那样去写历史"。④ 这种对社会价值与学术价值的双重追求是今天史学理念的先声。

布鲁尼的历史著作是"人文主义者史学的样板"⑤,引起了日

---

① James Hankins, "Rhetoric, History, and Ideology: The Civic Panegyrics of Leonardo Bruni", in *Renaissance Civic Humanism*, Cambridge University Press, 1987, p.151.
② Gordon Griffiths, James Hankins, David Thompson, "General Introduction", in *The Humanism of Leonardo Bruni*, Center for Medieval and Early Renaissance Studies, 1987, p.45.
③ Leonardo Bruni, "Preface", in *History of the Florentine People*, Vol.1, Harvard University Press, 2001, p.5.
④ Leonardo Bruni, "Preface to the Italian War against the Goths", in *The Humanism of Leonardo Bruni*, Center for Medieval and Early Renaissance Studies, 1987, pp.195-196.
⑤ Ernst Breisach, *Historiography: Ancient, Medieval and Modern*, University of Chicago Press, second edition, 1994, p.155.

后一切政府当局的效法,并在一定程度上一直延续到今天。总之,"布鲁尼把历史变成了一种严肃的东西。所有这些革新都是非常重要的"①。

布鲁尼的影响如此之大、地位如此崇高,但是这并不意味着他没有受到指责和怀疑,相反,学术史上,人们提出了他为人的诚实和著作可信度问题,这就是布鲁尼的史德问题。他作为一个史学家,在19世纪遭到严重批判。

有人认为,布鲁尼利用读者对希腊文的无知,而把希腊作者的作品归于自己名下。这使得史学史家给他留下了不光彩的记载。例如,关于《意大利人反抗哥特人的战争记事》,汤普森在《历史著作史》中明确指出:"他作为一位历史学家虽然有他的优点,但他并不是诚实的学者。他曾无意中得到一部普罗科比阿《哥特战争史》的拜占廷手稿,就把它译成拉丁文,定名《意大利反抗哥特人的战争记事》六卷,冒充自己的作品问世。"②其实人们怀疑的还不仅限于这部著作,其他评注性作品都面临着同样的处境,甚至连《西塞罗新传》(The New Cicero)的诚实性都受到质疑。

如何看待这种对于布鲁尼的批评?关于《第一次布匿战争评注》,布鲁尼在序言中说,"事情越古老","它就越需要修复","我希望尽可能弄清楚所有东西,就是这促使我写这一评注的"。他为了把第一次布匿战争弄清楚,就给相关希腊文和拉丁文作者列清单,发现最早的记录是罗马人费边·毕克多(Fabius Picor)用拉丁文写的,大约同时迦太基人菲里努斯(Philinus)用希腊文记载了这场战争,他们都赞赏各自的国家,结果菲里努斯的记载被波里比阿所

---

① [英]丹尼斯·哈伊:《意大利文艺复兴的历史背景》,李玉成译,生活·读书·新知三联书店1988年版,第134页。
② [美]J. W. 汤普森:《历史著作史》上卷第二分册,谢德风译,李活校,商务印书馆1996年版,第686页。

继承,而毕克多的记载则被李维所继承。问题是李维之书已经亡佚,拉丁语中几乎见不到关于这场战争的记载。布鲁尼"为前辈的荣耀所感动,为避免关于其辉煌和重要业绩的记载被毁灭,而写关于这场战争的评注",因此他说自己的做法"并不像翻译者那样依据单方面,而是依据多方面,以我自己最好的评判去衡量他们"。① 巴龙(Baron)在《转折》(Crisis)一书中认为,这一著作基本上是对波里比阿的改写。可是,雷诺尔兹(Reynolds)在《布鲁尼和皮罗提》(Bruni and Perotti Present a Greek Historian)中,把波里比阿和布鲁尼的著作进行对比,发现布鲁尼除了使用波里比阿的材料外,还征引了斯特拉波(Strabo)、修昔底德和彼特拉克的东西;特别是经过布鲁尼的重新写作,罗马形象被美化了。即使采用了波里比阿的著作,也没有照搬照抄,他省略了波里比阿的序言,插入了在波里比阿那里见不到的事情,例如增加了罗马人杀死"非洲魔鬼"的故事。可见,这一作品虽然不能看成他所创作的纯粹历史著作,但是说他完全抄袭波里比阿也不妥当。

至于《古希腊评注》(Commentarium Rerum Graecarum),它以色诺芬《古代希腊》(Hellenica)为基础,叙事始于修昔底德《伯罗奔尼撒战争史》丢下的公元前411年,评注斯巴达对雅典的胜利、斯巴达霸权及其被底比斯推翻的历史。在序言中,布鲁尼道出写作目的:历史上的争吵、危险不是因为命运,而是人类自己的愚蠢;他评注古希腊史事就是为了吸取教训。这就决定了它不是严格意义上的原创性史著。他不过是把古希腊几个最强大国家的形势与15世纪意大利区域性政权——佛罗伦萨、那不勒斯、罗马、威

---

① Leonardo Bruni, "Preface to the First Punic War", in *The Humanism of Leonardo Bruni*, Center for Medieval and Early Renaissance Studies, 1987, pp.192-193.

尼斯和米兰的形势相类比。这一类型的史学"就是要建立作品写作者和接受者之间的联系,不是为了勾勒出作者和材料间的关系"①。而后来那些批评者希望看到的关于史料的说明,对于布鲁尼时代的大部分人来说是怪异和毫无意义的。因为对于不懂希腊文的读者而言,说明材料仅仅见于最稀少的手稿和用看不懂的文字所写的文本里,显得没有必要;而能够读懂修昔底德的人则完全不需要注释,即使没有机会读到修昔底德的人也还有拉丁文版本去转读。总之,使用科学史学标准去衡量布鲁尼这部著作显然是反历史的。

《意大利人反抗哥特人的战争记事》也有类似情况。布鲁尼在序言中说,他从希腊人的论述中获取资料,可是他没有明确地把普罗克比阿的著作称作史料,这成了众多批评的焦点。布鲁尼的评注同普罗克比阿的原著相比,还是有许多不同的。有学者指出:"他省略了许多,根据自己的意愿对普罗克比阿的叙述进行重新组合,增加了许多自己的判断。"②是的,他省略的有关于更为广阔世界的讨论、法兰克人和皇帝之间的谈判、君士坦丁堡政治情况的论述,等等。同时,他也有所增补,指出了原著中暗示的一些东西。例如,布鲁尼从普罗克比阿的叙述中体会到,哥特人的和谈阴谋使贝利撒留把休战看成哥特人被制服了。他增加了原著中没有的部分,例如他关于托里拉(Totila)胜利价值的评价、被困罗马人的坚忍、那西斯(Narses)到来前罗马的不幸的记载等。对于这一著作,如果转换一下视角,以评注类型来看待,那么就会宽宥布鲁尼了。

---

① Paul Botley, *Latin Translation in the Renaissance: The Theory and Practice of Leonardo Bruni, Giannozzo Manetti, and Desiderius Erasmus*, Cambridge University Press, 2004, p.25.
② Ibid., p.36.

布鲁尼《西塞罗新传》同样不是苟且而为的著作。他在序言中说得清楚,他发现现存译本由于译者不懂希腊文等而错误百出,于是打算重译。可是在翻译过程中,他发现普鲁塔克的著作本身也不能令人满意。因为在布鲁尼看来,普鲁塔克遗漏了许多相关材料。他索性把普鲁塔克的本子和译本丢开,重新写作西塞罗传记。他阅读希腊文和拉丁文相关著作,最后写成《西塞罗新传》。① 当然,这一作品是否像布鲁尼所说的那样,历史上有人怀疑过,萨恩提尼(Santini)就认为它是翻译之作;而巴龙则认为前三分之二完全是普鲁塔克的,后三分之一是布鲁尼的补充;佛莱德(Fride)认为布鲁尼超越了普鲁塔克。② 其实,布鲁尼是位诚实的学者。就这一著作而言,即使是受指责最大的前三分之二,也补充了许多原传记中没有的东西,例如关于喀提林阴谋、西塞罗担任西里西亚总督、西塞罗加入庞培集团原因等问题的分析,就是普鲁塔克所忽视的。

为什么19世纪有学者指责布鲁尼不诚实?可以这样解释:"首先是由于他们对人文主义史学一般意义上的偏见,其次特别是由于布鲁尼作品近代版本的缺乏,最后是由于他们把布鲁尼历史著作中的几种假设为仅仅是翻译作品。"③言之有理。

既然布鲁尼的诚实受到怀疑,那么就连带出其著作的可信性问题。《佛罗伦萨颂文》(*The Laudatio Florentinae Urbis*)、《在斯

---

① Leonardo Bruni, "The New Cicero", in *The Humanism of Leonardo Bruni*, Center for Medieval and Early Renaissance Studies, 1987, pp.184 – 185.
② Gordon Griffiths, James Hankins, David Thompson, "The New History", in *The Humanism of Leonardo Bruni*, Center for Medieval and Early Renaissance Studies, 1987, pp.177 – 178.
③ Ibid., p.176.

特罗兹葬礼上的演讲》等应景之作显然带有政治用心,其真实性不足为凭,"因为事实上,《颂文》和《在斯特罗兹葬礼上的演讲》都充满了无耻的夸大、修饰、虚构和不真实"①。要知道,他是一位公民人文主义者,从这个角度上说,他的这些工作是可以理解的。

至于其他著作,布鲁尼在写史过程中面临着史料抉择问题,因为同一件事情有着不同的说法。中世纪,古代历史材料错误重重而且越积越多,但是萨鲁塔提引领下的人文主义者开始以批判精神清算中世纪传奇和发现关于过去的真实论述。布鲁尼以其老师为榜样,从希腊文和拉丁文中汲取了数量空前的古代史料。特别是他能够从罗马角度审视希腊史学家的历史记载。他在色诺芬那里发现了关于公元前4世纪政治历史的充分叙述,以此来编写拉丁文希腊史;在普罗克比阿那里发现比先前所知更多的关于意大利的卡西奥多乌斯(Cacciodorus)和后期拉丁文关于"拉丁之父"时代的信息。他发现描写布匿战争的李维著作大部分丧失,而波里比阿的著作具有补偿价值,于是把波里比阿书中遗留下来的所有材料编成一个简单事件年表。他增加了在安提阿图斯(Antiatus)、普鲁塔克、佛洛鲁斯(Florus)和奥罗修斯(Orosius)那里发现的全部信息。他汲取波里比阿近代意大利人可能认为多余的、关于北部意大利地理的描述,加入了关于古代西西里的内容。

他创造了一种历史写作体裁,进行史事汇编,并发展为独立写作形式,这就是评注。它不被单个主题或者一个论点所束缚,而仅仅搜集信息,并传诸后人,这本身就是一种严谨的学术态度。但是

---

① James Hankins, "Rhetoric, History, and Ideology: The Civic Panegyrics of Leonardo Bruni", in *Renaissance Civic Humanism*, Cambridge University Press, 2000, p.161.

由于这些信息多是翻译过来的,因此常常受到人们质疑。

总之,一旦转换视角看问题,就会发现布鲁尼并没有随意处置历史,而是"高度发展史学艺术,其水平是杰出的",他"使考证技术复杂化,超越了给他提供样板的古代罗马史学家"。①

---

① Gordon Griffiths, James Hankins, David Thompson, " General Introduction", in *The Humanism of Leonardo Bruni*, Center for Medieval and Early Renaissance Studies, 1987, p.13.

# 第16论

# 为罗马荣耀著史的比昂多

佛拉维奥·比昂多（Flavio Biondo，1392—1463年），意大利文艺复兴时期著名的社会活动家和学者，出生于佛莱，"他不但是一位考古学家，而且是一位历史学家"[1]。

## 一、良好的治史条件

比昂多受过良好的教育。他最初在帕都亚接受教育，在那儿与第二代彼特拉克主义者交往，然后到皮亚森扎读大学，在那里遇到了后来成为维斯孔蒂（Visconti）家族一员的史学家皮·堪蒂多·德塞波里奥（Pie Candido Decembrio），并与之建立良好关系。

比昂多有良好的社会交往圈。他从父亲那里继承巡回大臣办事处的公证人职位，这样他就能够到达罗马格那和维尼托的大部分城市。身处使团期间，他遇到了最著名的早期文艺复兴导师古亚里诺·达·维罗那（Guarino da Verona），正是维罗那把比昂多引入了古典语言文献学。在佛罗伦萨，比昂多度过了性格形成中的大部分岁月，他自己把后来历史学成为其主要事业归因于在佛

---

[1] J.W. Thompson, *A History of Historical Writing*, Vol.1, Macmillan Company, 1942, p.491.

罗伦萨的经历，特别是布鲁尼的影响。他阅读布鲁尼的著作并从中获益，还要求布鲁尼修正自己所写或者提出建议。有学者指出："也可能就是布鲁尼教会他这些后来引导他的原则：历史与人的行为有关，与上帝无关；与政治有关，与宗教无关；与实际有关，与想象或者假设的政治组织无关。"①

比昂多具有官僚和学者双重身份。一方面他长期从政：1422年秋是佛莱驻米兰代表；1425年为维琴察的佛兰西斯科·巴巴罗(Francesco Barbaro)的秘书；1427年改任布莱西亚的皮特罗·罗丹(Pietro Loredan)的秘书。他还当过佛莱的卡迪那尔·多美尼科·卡普兰尼卡(Cardinal Domenico Capranica)的秘书，做过佛罗伦萨大主教乔万尼·维特莱奇(Giovanni Vitelleschi)的秘书。1433年，他进入罗马教廷，效力于尤金四世，在费拉拉-佛罗伦萨宗教会议期间为教皇起草了大部分比较重要的宗教文献。他还是教皇的大使，执掌着特别干练的外交使团。在尼古拉五世、加理斯都三世、庇护二世时期，他是教皇文件、诏书和书信的起草人。另一方面他孜孜于学术工作：1422年秋在发现和出版西塞罗的《布鲁图斯》(*Brutus*)中起到关键作用；从1435年起以《论罗马话的表述》(*On the Expressions of Roman Speech*)开始写作生涯，讨论拉丁语和意大利语之间的历史联系；1439年开始撰写《三十年》(*Historiarum ab inclinatione Romanorum imperii decades*)；1444—1446年写作《复兴的罗马》(*De Roma instaurata*)；1447—1453年忙于《辉煌的意大利》(*Italia illustrata*)的写作；1453—1460年又写作《胜利的罗马》(*Roma Triumphata*)。他还有未完成的《威尼斯人民的历史》(*The History of the Venetian People*)。

---

① Eric Cochrane, *Historians and Historiography: In the Italian Renaissance*, University of Chicago Press, 1981, p.35.

他的这种双重身份使他同那个时代的许多人文主义学者,例如古里亚诺·达·维罗那、利奥纳多·布鲁尼、利奥纳多·圭斯提尼亚尼(Leonardo Guistiniani)、佛兰西斯科·斐莱尔佛(Francesco Filelfo)等建立了广泛联系。他还同那时人文主义者的强大保护者,例如那不勒斯王阿拉贡的阿方索(Alfonso d'Aragona)、费拉拉侯爵博索·达艾斯特(Borso d'Este)和显赫的威尼斯外交家与政治家佛兰西斯科·巴巴罗(Fracesco Barbaro)有着密切的关系。这使他有足够的财力用于旅行和购置图书,可以动用各种关系获取必需的图书资料,对于他完成自己的历史著作起了重要作用。

### 二、卓越的历史著作

比昂多著作中与历史有着直接关系的是《三十年》《复兴的罗马》《胜利的罗马》和《辉煌的意大利》,分述如下。

#### 1.《三十年》

比昂多生活的意大利处于四分五裂状态,可是它却有着辉煌的历史,而且两者是连续的历史过程。这促使他去发现意大利是怎样从辉煌走向衰落的。于是他回到了古代罗马最后一位历史学家奥罗修斯那里,并以之为榜样进行历史探讨。

书的断限是410—1441年。他把410年到1410年看成罗马劫难后的第一个千年,之后意大利开始了漫长的另外一个时代。这个时代政治上并未统一,但是至少美好的文学得以复兴。他重点写这30年的历史,故名《三十年》。

比昂多认为,世界历史千年纪元的结束,标志着一个新纪元的开始。这个新纪元的特征不是持续和共同的帝国,而是不同民族在同时代的分裂。依靠武力建立起来的帝国覆灭了,而有着一些共同遗产、共同利益和共同语言的民族却得以延续。可见,暴力对一个民族的影响比不上共同遗产、共同利益和共同也是最初语言的影响。

奥罗修斯所写的是整体历史,这就要求比昂多游遍欧洲特别是整个意大利,以搜寻那些仍然只能在当地获得的历史记录。但比昂多当时无论如何都很难做到。虽然布鲁尼主张单个城市史只能放在几个城市共同体的逻辑关系中理解,但是比昂多对单个城市或者地区进行叙述,因此慢慢地,他对意大利整体的考虑淡化了。这一思路使得他与布鲁尼之间出现了差异,尽管在佛罗伦萨史的叙述方面,他差不多逐字逐句地步了布鲁尼后尘。自然,他与后来继承奥罗修斯整体史写作的弗朗切斯科·圭恰迪尼(Francesco Guicciardini)也完全不同了。

2. 《复兴的罗马》和《胜利的罗马》

比昂多对古代时期的热爱最终使他转向罗马宏伟的遗存,于是有《复兴的罗马》和《胜利的罗马》的写作,对罗马的地形、制度和古典时代与基督教时代的古迹进行了开拓性的调查研究。他不仅赞美罗马过去的伟大,而且把废墟理解为具有充分真实信息的考古学档案。

的确,这两部著作存在着不足。著作是不完整的,逻辑结构粗糙。然而应该看到,书中所鉴定的大部分事实已为近代学者所接受。它们对历史的认识具有自己的特点,对罗马政治的评价依据西塞罗给昆图斯的信而不是塔西佗,他把意大利第一个伟大的时代没有像布鲁尼那样放到艾特拉斯坎斯时期或者共和早期,而是布鲁尼所痛骂的帝国的第一和第二个世纪。

3. 《辉煌的意大利》

比昂多在《辉煌的意大利》中把在《复兴的罗马》和《胜利的罗马》中为罗马城所做的事情扩大到《三十年》的地理限度。在《辉煌的意大利》一书中,他对意大利半岛上之14个地区做了地理和历史考察。

关于写作动机,比昂多自述,由于罗马城被湮没了,文学艺术的培育暂时被疏忽了,历史写作艺术不能独立生存而最终泯灭了。同时,"没有人把正在做的事情记载下来而传给子孙后代,结果我们在很大程度上就忽略了那些其名是那么频繁地出现在古代作家笔下的意大利地区、城市、城镇、湖泊和山脉的地方性,更不用说已经消失的千年历史事件了。引起我更大惊奇的是,其所产生的更为严重的后果是许多城镇,也许还有城市建立的日期,与它们建立者的名字一起被湮没了"①。这样,"我想通过本人所获得的关于意大利历史的实际情况,去看看我能否把流行的新创词汇中的名字提供给意大利古代恰当的地方和人们,去建立新的命名法权威,去复活和记录已经被清除了的命名。总之,要用一束光亮来照耀意大利历史的昏暗"②。

这一著作最初是根据前人现有成果简单编辑而成的,他所征引的重要作者有李维、老普林尼、维吉尔、西塞罗等许多古典学者。其实,他还征引了同时代人的著作,例如安考那的西莱亚科(Cyriac of Ancona)的《游记》(*Travels*)和薄伽丘的地理学著作《论山脉、森林、泉水、湖泊、河流、沼泽》(*On Mountain, Forests, Fountains, Lakes, Rivers, Marshes*)、《论海之名》(*On the Names of the Sea*)等,还有彼特拉克的《西里安游记》(*Syrian Journey*)。因此这书多少有点剽窃的嫌疑。到了1453年,比昂多进行了重新编排,那就是沿着第勒尼安海岸,从热那亚到那不勒斯,返回亚得里亚海岸的威尼托,停在次要地方威里吉奥或者不再显要的鲁尼的镇子,从古代及其地理位置、政府、建筑物和文化的

---

① Biondo Flavio, "Preface", in *Italy Illuminated*, trans. Jeffrey A. White, Harvard University Press, 2005, p.5.
② Ibid.

概况开始简单写了每个地方的历史。

关于该书的一些不足,艾力克·科克兰(Eric Cochrane)说:"须知,著作离完成还差得远。佛罗伦萨的历史被明显地缩写,比昂多说,因为布鲁尼已经写得很权威了。罗马教会没有被触及,可能是因为他犹豫是否要重复他在以前著作中已经包括了的东西。山麓和岛屿一起被遗漏了,可能是因为关于它们的信息还没有得到。这种地理学、地方志、政治和文化史的灵巧结合,充分符合'我们时代的人们知道过去时期的热切愿望',也符合他们实际的愿望——能够通过近代名字来区分这些在古文字中提到的地方。"①

在书中,比昂多把他的视野拓宽到14世纪意大利地区的全局。除了它朴实的形式和百科全书式的内容外,比昂多的史学类型比许多人文主义者的史学生命力长久好多世纪。他热衷于熟练地使用文献以外的过去遗留,表明研究古物运动的兴起,最终扩大了历史学的范围,增强了重视原始史料的意识,唤起历史学家对于过去生活的整体感受。

### 三、史学影响与地位

比昂多的历史著作在西方产生了不容忽视的影响,在西方史学史上具有重要地位。

他读了塔西佗关于安东尼、奥罗修斯和杰罗姆(Jerome),关于君士坦丁和希奥多修斯(Theodosius)的说法,并且受布鲁尼关于帝国不可弥补地破坏了共和国通过巧妙办法建立起来的、分为东西两部分国家的观点,进而界定了一个"罗马衰落"的历史概念。这一概念所包含的实质问题曾被彼特拉克和布鲁尼在西部提出,

---

① Eric Cochrane, *Historians and Historiography: In the Italian Renaissance*, University of Chicago Press, 1981, p.40.

但是没有充分证明。14世纪希腊历史学家耐科方索(Nikeforos)阅读早年拜占廷教会历史学家艾瓦格里奥(Evagrio)的著作后,也在东部提出了这一问题。不过,这一问题首先被比昂多赋予名称"罗马帝国衰落"(Inclinatio Romani Imperri)。它成为欧洲历史学中的重要概念,启发了后来爱德华·吉本(E. Edward Gibbon)对罗马帝国衰亡史的进一步研究。对此,有学者指出:"这一概念很快成为欧洲历史意识的永久部分。""后来被比昂多的18世纪的后辈爱德华·吉本给予扩展名'罗马帝国衰亡'(The Decline and Fall of the Roman Empire)。"① 因此,《三十年》受到后世的高度尊重,"被认为是关于这个时代最伟大的典范之一。在那个时代它被称颂为不仅是学术的大作,而且是有着'恰当风格'的大作"②。汤普森的评价更高:"这部著作采取的'长远'观点和批判地处理史料的态度抢在吉本前头。甚至到现在为止,夫雷维阿·俾温多还没有得到他应得的评价。他的《罗马帝国衰落以后的历史》一书是近代史学的一个里程碑。"③

《复兴的罗马》和《胜利的罗马》对于后人的影响表现为,"它们却对后来一个多世纪的古代罗马文学和文献保持着规范性的引导","同时,两书产生出比仅仅是参考书更多的作用,尽管这可能是它们的主要目的。它们也是用文艺复兴意义上的语言所写出的历史著作"。④ 而《辉煌的意大利》直接影响了他的后继者,例如里

---

① Eric Cochrane, *Historians and Historiography: In the Italian Renaissance*, University of Chicago Press, 1981, p.36.
② Ibid., p.37.
③ [美]J. W. 汤普森:《历史著作史》上卷第一分册,谢德风译,李活校,商务印书馆1988年版,第706页。
④ Eric Cochrane, *Historians and Historiography: In the Italian Renaissance*, University of Chicago Press, 1981, p.37.

恩多罗·阿尔波提（Leandro Alberti）等人，使得罗马成为描述意大利城市的地方志文献的发祥地。《辉煌的意大利》出版后，在整个16世纪它被翻译成多种文字，一再出版，成为各种历史地理概况的样板，被模仿、扩展。欧洲其他国家的类似作品，典型的有16世纪早期的《辉煌的德国》（Germania Illustrata）和1701年的《辉煌的莱波尼亚》（Laponia Illustrata）。J. A. 怀特（J. A. White）在评价这一著作时认为："《辉煌的意大利》是一部有意义的著作，对于文艺复兴历史学和古物研究兴趣，特别对于古典学术史，的确对于作为一场一般的文化复兴运动的意大利文艺复兴，它还没有受到充分的探讨和重视。"①

从学术传承上说，比昂多是布鲁尼最伟大的继承者。他在著作中把博学和叙事结合到难得的程度。至于他与布鲁尼之间的差异，上文已经涉及，这里不再赘述。

比昂多在学术实践中碰到一个棘手问题，那就是在把他所能看到和所能读到的东西放到一起的时候，换言之把考古遗存和历史档案或者文献结合起来时候，会不可避免地出现冲突。他采取这样的原则：宁愿相信早期罗马作家，而不是后来者的记载，他只接受某些由"古代值得信任的目击者"所建立起来的东西；当文献和实物出现冲突时，他宁愿相信他所搜集的实物。实际上，比昂多不是第一个提出这些原则的人，也不是第一个试图将其应用于实际的人。他的前辈彼特拉克就是这样做的。而比昂多的地位更高，"对于罗马古物进行学术性探讨的真正奠基者是佛拉维奥·比昂多，按照其下个世纪最伟大的后继者的说法，是'所有近代学者中的第一位'"②。

---

① J. A. White, "Introduction", in Biondo Flavio, *Italy Illuminated*, trans. Jeffrey A. White, Harvard University Press, 2005, p. XIV.
② Eric Cochrane, *Historians and Historiography: In the Italian Renaissance*, University of Chicago Press, 1981, p.38.

比昂多的历史写作还有一种独具一格的做法,那就是他在《三十年》《复兴的罗马》《胜利的罗马》《辉煌的意大利》等著作中把历史学设定在世俗的范围内,并赋予它地理学的意义。它的学术意义在于,"直到 16 世纪的圭恰迪尼和希格奥尼奥(Sigonio)为止,他的后继者还没有人能够达到这样的高度"①。

史学史家汤普森在总结比昂多的史学地位时说:"夫雷维阿·俾温多谴责佩脱拉克以大量轻蔑之词强加给中世纪,他强调从 410 年罗马被洗劫到文艺复兴时代欧洲历史的连续性。他是第一位从中世纪撰写的那些编年史中抽出中世纪史的作家,并认为中世纪本身就是一个历史时代。不幸的是,这个观点和教诲竟然无人注意,因而中世纪作为历史研究的一个领域一直未能取得应得的地位,直到吉本和浪漫主义运动才把它从埋没和受蔑视中挽救出来。尽管如此,夫雷维阿·俾温多在这部伟大著作中竟然还把史学批评建立在如此巩固的基础之上,以致后来意大利历史著作的篇章中就从未重复那些荒唐的胡诌,如说佛罗伦萨、威尼斯和米兰起源于特洛伊或其他古代城市等等,与此同时甚至迟至 17 世纪,意大利以外的欧洲的历史写作却仍然充满虚构的故事。"②

无论如何,他是为后人不忘罗马的辉煌而著史的。

---

① Eric Cochrane, *Historians and Historiography: In the Italian Renaissance*, University of Chicago Press, 1981, p.37.
② [美]J. W. 汤普森:《历史著作史》上卷第一分册,谢德风译,李活校,商务印书馆 1988 年版,第 706—707 页。

# 第17论

# 非限于考证手民之误的瓦拉

瓦拉(1407—1457年)曾先后任教于帕维亚大学、罗马大学,作为秘书先后效力于教廷和阿拉贡的阿方索。其代表作有1440年的《君士坦丁赠与的辨伪》(Declamatio on the Donation of Constantine)①、1447年的《〈新约〉注》(Annotations on the New Testament)②、1471年的《论拉丁语的优雅》(De Elegantiarum Latinae Linguae)③、1521年的《菲迪南统治阿拉贡的历史》(Historiarum Ferdinandiregis Aragoniae)④等。

## 一、瓦拉的文献学成就

瓦拉在人文主义史学中独树一帜,在文献学方面取得突出成

---

① 也称《君士坦丁的假信和欺捐》(On the Falsely Believed and Lying Donation of Constantine)。后人整理为《瓦拉论君士坦丁的赠与》(The Treatise of Lorenzo Valla on the Donation of Constantine)。
② 一般认为可能写于1447年大斋期,那时他服务于阿方索宫廷。
③ 具体写作时间不详,但通常认为写于《君士坦丁赠与的辨伪》之前。
④ 1445年底到1446年初,瓦拉受命写阿拉贡人征服史,实际上只完成了一半,写成阿方索父亲菲迪南的传记,也有人翻译为《斐迪南一世时代的历史》。

就,其关于《君士坦丁赠与》的辨伪和关于《新约》的注释就是明证。

### 1. 《君士坦丁赠与》的辨伪

早期关于佛罗伦萨的历史著作有许多手稿是相互抄袭来的,甚至有的官方文献也存在着严重的作伪。① 瓦拉的文献学突出成就之一就是对《君士坦丁赠与》的辨伪。

公元756年,法兰克王国国王"矮子"丕平把取自伦巴德人的意大利中部土地献给教皇,使教皇具有世俗权力,史称"丕平献土"或"丕平赠与"。然而教皇嫌丕平威望不够,于8世纪中期到9世纪中期假造了一份文件——《君士坦丁赠与》,说是4世纪初年由君士坦丁自己所作,他在接受洗礼之后,把帝国的首都东移到拜占廷,将统治帝国西部地区的所有权力割让给教皇。到了12世纪中期,这一文件被吸收到基督教法律中,而且非常重要,因为假如这份文件不是伪造的,它就表明第一位基督教的罗马皇帝明确把统治西欧的权力授予了教皇。它在中世纪被历代教皇奉为至宝,作为立国的根据,也成为教皇国与世俗政权之间理解、界定统治权出现冲突时,有利于教皇国的一项重要依据。

瓦拉以前就有人怀疑过该文件的真伪。早在12—15世纪早期,一些教徒和学者就提出了这一点。例如在1433年,古沙的尼古拉(Nicholas of Cusa)在他为巴塞尔会议所写《论天主教的契约》(*De Concordantia Catholica*)中就揭发了捐赠的虚假,并对教皇尤金四世的地位持有异议。这些学者认为,既然皇帝有权力把西部分出去,那么也有能力收回;为什么在9世纪以前似乎没有提到过这个转让? 他们从政治学和逻辑学角度进行讨论,但是举不出充分的证据。

---

① J. W. Thompson, *A History of Historical Writing*, Vol. 1, Macmillan Company, 1942, pp. 475 – 476.

瓦拉沿着以往的疑问进行讨论,但是采用了另外一种考证方法,那就是他所谓的"语言的历史真实性"。他从文件中找出4世纪初不可能出现的字,证明《君士坦丁赠与》是8世纪某个时候对4世纪的知识和习惯了解的某个人编造的。例如,《君士坦丁赠与》有一处说到,"君士坦丁"称他的转让是由他的权威和他的"总督们"一起做出的。瓦拉指出,在当时的史料中从来没有发现以这种方式做出的法令。再如瓦拉指出,文献中有"君士坦丁堡"这个名字,但在赠与的时候,首都为"拜占廷",还没有以"君士坦丁堡"为新名字。瓦拉的批判就这样采取一段接一段的形式,对文本进行分析。

瓦拉的这一工作揭穿了一件西方世界最著名的造伪,为新教改革势力反对教皇制度提供了有力武器,唤醒了西方史学家的历史怀疑精神,那就是传统上的第一手材料或权威材料并非全是历史的真实。他的这一举动"产生了有如学术上的大地震似的结果。作为内证校勘的范例,瓦拉的成就可以说是开创了下一个世纪整个伟大的文献校勘运动。在德国宗教改革运动中,马格德堡'世纪派'的一整套方法在瓦拉的方法中就已经有了"[1]。

### 2. 通俗本拉丁文《新约》的注释

拉丁文《新约》被认为是由圣杰罗姆翻译的,被教堂使用了千年。他对拉丁文《新约》文本进行了语文学上的细致考察。结果是,瓦拉不相信圣杰罗姆是拉丁文《新约》的翻译者。他在给教皇尼古拉五世的信中主张,他并不是反对圣杰罗姆,也不想重新翻译,"只是去修理,就像一个人去修理漏了的屋顶一样"[2]。

---

[1] J. W. Thompson, *A History of Historical Writing*, Vol. 1, Macmillan Company, 1942, pp. 493–494.

[2] Christopher S. Celenza, *The Lost Italian Renaissance: Humanists, Historians, and Latin's Legacy*, Johns Hopkins University Press, 2004, p. 94.

瓦拉的这一工作引起了轩然大波。波吉奥·布拉乔里尼(Poggio Bracciolini)对瓦拉关于通俗本《新约》的观点进行了批判。① 同时,正是瓦拉的著作促使教皇要求马尼提(Manetti)重新翻译《新约》。至于为什么没有委任瓦拉翻译,有学者做出这样的解释:"瓦拉自己不希望被委托这么一个精细的任务,不仅是因为他那时深深陷入修昔底德的翻译的困难中,并且作为一个宗教上有争议的人物,他有着不幸的声望。"②这一说法还是有道理的。

另外还要提到的是,瓦拉受彼特拉克的影响,做了李维《罗马史》的注释工作。他通过科西莫·德·美第奇(Cosimo de Medici)从彼特拉克那儿继承了更正确和更完全的修订过的李维文本,继续彼特拉克的工作。他在李维的著作中找出了185处记载和传抄错误,并指出优西比乌斯(Eusebius)捏造了事实。

## 二、瓦拉辨《君士坦丁赠与》之伪原因

根据卡伦泽(Celenza)的观点,导致瓦拉辨伪的主要原因是他的正统思想。③ 但是,根据哈伊的意见,似乎瓦拉是为阿方索帮忙,发泄对教皇尤金四世的愤恨。他说:"应当知道瓦拉的名著《康斯坦丁馈赠的真伪》并没有任何今天我们称之为历史考证的东西。瓦拉写这部著作并不是如富埃特尔所说的出于他的勇敢,实际上他只是因为自己的保护者阿尔丰索五世对教皇欧金尼奥四世充满仇恨才写此书。"因为"文艺复兴时期的历史学家表达了强权的君

---

① 关于这个问题,参阅 Paul Botley, *Latin Translation in the Renaissance*, Cambridge University Press, 2004, pp.90 - 94。
② Ibid., p.89.
③ 具体可以参阅 Christopher S. Celenza, *The Lost Italian Renaissance: Humanists, Historians, and Latin's Legacy*, Johns Hopkins University Press, 2004, p.90.

主利益,常常是他们的代言人"。① 应该说,这两种因素都有,只是根据不同情况、不同问题,它们起作用的程度不一样而已。

瓦拉成长的家庭同教廷有着密切关系。他的叔父马尔奇奥·斯里瓦尼(Melchior Scrivani)在教廷里为官。瓦拉年轻时可以陪伴叔父,访问各色人文学士。这样,瓦拉接触到许多顶尖争论,体会他们思考问题的方式,通晓使用古典史料进行的优雅表达。他悉心研究他最喜欢的古代修辞学作家昆体良,并走向研究修辞学家圣保罗,"瓦拉相信在一些重要方面现代的基督教将会从回归使徒根底受益"②。因此,在《论拉丁语的优雅》中,他赞扬罗马帝国灭亡后拉丁语的胜利,"复述了四个帝国的旧主题",维护教皇的传统。③

同时,在一些问题上,政治利益、感情倾向又明显起了主导作用。瓦拉在教廷圣职授予的竞争中输于对手,最后不得不离开教廷而依附阿方索。因此,"在教廷的最初失败多少影响了他对待建立起来的基督教现存政府及其统治资格的态度"④。那不勒斯国王阿方索与教皇尤金四世有矛盾,教皇主张那不勒斯是教皇的领地,瓦拉支持阿拉贡和西西里的国王争夺那不勒斯的王位。在阿方索的保护下,瓦拉于1440年写出《君士坦丁赠与的辨伪》。所以

---

① [英]丹尼斯·哈伊:《意大利文艺复兴的历史背景》,李玉成译,生活·读书·新知三联书店1988年版,第276页。
② Christopher S. Celenza, *The Lost Italian Renaissance: Humanists, Historians, and Latin's Legacy*, Johns Hopkins University Press, 2004, p. 88.
③ [美]唐纳德·R.凯利:《多面的历史:从希罗多德到赫尔德的历史探寻》,陈恒、宋立宏译,生活·读书·新知三联书店2003年版,第265页。
④ Christopher S. Celenza, *The Lost Italian Renaissance: Humanists, Historians, and Latin's Legacy*, Johns Hopkins University Press, 2004, p. 89.

有人说:"他论述的一些激情无疑是由于这一事实,瓦拉写作的时候,他的保护人阿方索正处于与教皇的领土争端形成的麻烦中,阿方索想扩充其统治,而尤金提出另一个要求,要统治王国的一部分。"①"他的聪明和抱怨特征是指向教皇本人的,结果他的历史著作一个世纪都没能出版。"②

尽管如此,在教俗两位领袖之间的纠纷过去以后,瓦拉给教皇写了关于自己著作的辩解,但是在主要观点上并没有做出任何让步。他要求让阿方索王享受他依靠法律和军队赢来的和平,"让教皇声明放弃他的非法和有害的在那不勒斯王国的极端世俗权利要求……让教皇像他声称的那样成为'所有人的神父,是教会之父'"③。这些说明瓦拉总体上还是个学者,没有完全为了政治而牺牲学术,下面在谈其史学观念时还将有所印证。

其实,导致他辨伪的根本原因还是他的史学观念。

## 三、瓦拉的史学观念

瓦拉提出了一系列例如政治与学术关系、史料与解释关系、整体与细节关系、史料的修辞学等历史学中的重大理论问题,并进行探讨。这些在他撰写的《菲迪南统治阿拉贡的历史》中得以表现。

"历史学与颂词不同。"④最初瓦拉接受阿拉贡人征服史的写

---

① Christopher S. Celenza, *The Lost Italian Renaissance: Humanists, Historians, and Latin's Legacy*, Johns Hopkins University Press, 2004, p.90.
② John Cannon, *The Blackwell Dictionary of Historians*, Basil Blackwell Ltd., 1988, p.427.
③ Eric Cochrane, *Historians and Historiography: In the Italian Renaissance*, University of Chicago Press, 1981, p.148.
④ Ibid.

作任务，多少是要为阿拉贡统治者歌功颂德的。但是瓦拉坚持历史学非颂词的原则，并希望阿方索能够接受，却没有成功。他最后不得不放弃原来的写作计划，而仅仅完成《菲迪南统治阿拉贡的历史》。他的做法遭到其同事巴托罗米奥·菲西奥（Bartolomeo Facio）的批评。菲西奥说："历史学的主要目的就是要建立与所叙述的事件内质相对称的文学丰碑。……假如一个国王的某行为似乎与名分不符，那么史学家就应该谨慎地讳其恶而扬其善。"①瓦拉则提出，假如国王行为贪婪或者不公正，那怎么办？他说："我写颂词吗？或者菲迪南的行为不管怎样我都要理解吗？"历史学"每样事情都是带着叙述它发生的目的去写的，并不是要证明什么观点"。② 相对而言，瓦拉在学术与政治之间更倾向于学术。

历史学需要实事求是。菲西奥还谴责瓦拉的历史学首先缺乏庄重感，例如写宫廷弄臣这样琐碎的事情，还记载菲迪南在一次外国使节觐见时睡着了，这些都是国王不庄重的反映。瓦拉的回答是："假如宫廷弄臣在国王的政务委员会和会议厅中有其位置的话，他就有权利在历史学中享有些许地方。就像厨师和马童是王室家务中必需的成员，而在王室历史中就有其低微但是稳固的位置一样。"③在瓦拉看来，所有的真相不仅仅是使作者和保护人都愉快的部分。既然菲迪南事实上在大使们讲话期间小睡了，既然事实上他使用非常手段去激励选举，那么就要毫不犹豫地这样去记载。"因为只有一个带有缺点和优点的真正历史名人，才是可能

---

① Eric Cochrane, *Historians and Historiography: In the Italian Renaissance*, University of Chicago Press, 1981, p.149.
② Paul Avis, *Foundations of Modern Historical Thought*, Croom Helm Ltd., 1986, p.14.
③ Ibid.

被'模仿'的。"①可见,瓦拉的观点更尊重历史事实。

"历史学和修辞也不可分离。"②他从古代史学家那里产生的修辞原则要求,不仅要采纳适合研究型读者的风格,而且要使用明白易懂的词汇。既然历史写作是为现在和将来的人,而不是为过去的人写作,瓦拉就毫不犹豫地使用现代而不是古代地名,从方言中借用更多合适的字去避免古字所暗示的年代错误。这一观点同样遭到了菲西奥的批评,菲西奥反对瓦拉使用新词汇来代替古典的类似物。瓦拉坚持史料中的修辞学方法,也就是坚持对历史上不同时期字词的研究。这一做法是所有学术研究的前提,他的《论拉丁语的优雅》和《君士坦丁赠与的辨伪》就是这方面的典范。这一方法"既可以纠正关于过去的流行错误,也可以在当前传达风格和习惯"③。

历史发展是人作用的结果。瓦拉在《君士坦丁赠与的辨伪》中和后来在《菲迪南统治阿拉贡的历史》中都把历史发展归结为人的作用。例如,他认为"阿拉贡人对那不勒斯的征服不是命运或者是难以捉摸的非凡力量设计的结果,而是聪明人精心计算的结果。因此它是能够作为一个教训而服务于将来任何一个试图在政治上成功的人的:让他被关于过去的真理而不是错误的观念所引导"④。这里不仅突出人的重要性,还提出了关于过去的历史总结对于后人的指导作用。

这样看来,瓦拉不是斤斤计较政治得失的人,也不是仅仅限于考证手民之误的史学家。

---

① Eric Cochrane, *Historians and Historiography: In the Italian Renaissance*, University of Chicago Press, 1981, p.149.
② Ibid.
③ Ibid., p.148.
④ Ibid.

## 四、瓦拉史学的地位和影响

瓦拉对于历史文献的做法影响了许多人。例如,当时那不勒斯的史学家潘多佛·克伦奇奥(Pandolfo Collenuccio)和他的同事们以同样的态度研究历史。① 特别是瓦拉的《圣经》研究对北方学者产生了重大影响,例如他对通俗拉丁文本《新约》的批判就直接影响了布德(Budé)。他对伊拉斯谟(Erasmus)的影响更为显著和重要。伊拉斯谟发现、编辑和首先出版了瓦拉对《新约》的注释,并为之作序。伊拉斯谟所受瓦拉的影响在其《愚蠢的颂扬》、关于教育的论文、关于《新约》的学问中都有所反映。保罗·阿维斯(Paul Avis)在谈到这一问题时说:"瓦拉在意大利和北方人文主义者之间建立了连接。"② 另外,瓦拉"是感兴趣于把古代用于现实的文艺复兴知识分子。这种对过去持续不断的挖掘和对现实的重新想象是许多最伟大的文艺复兴思想家的标志之一"③。因此,瓦拉的当代史写作影响了人们对于当代史的关注。④

他与一般人文主义者不同的是,"对于文艺复兴思想的人文主义和个人主义,瓦拉增加了差异性、相对主义和发展意识诸多方面。在一个强大的以经验为依据的基础上,对于这个世界的特殊人类生活,他建立了一种方法,这种方法认识到不同文化成就的差

---

① Eric Cochrane, *Historians and Historiography: In the Italian Renaissance*, University of Chicago Press, 1981, pp.155–157.
② Paul Avis, *Foundations of Modern Historical Thought*, Croom Helm Ltd., 1986, p.15.
③ Christopher S. Celenza, *The Lost Italian Renaissance: Humanists, Historians, and Latin's Legacy*, Johns Hopkins University Press, 2004, p.82.
④ 具体参阅 Eric Cochrane, *Historians and Historiography: In the Italian Renaissance*, University of Chicago Press, 1981, p.153。

异、历史过程的不可逆转和允许古典史料以自己的语汇解释它们而为它们说话"①。瓦拉的这种思想使人联想到后来的历史主义,加林(Garin)在《意大利人文主义》(Lumanesimo Italiano)中指出:"瓦拉可能会被认为作为研究对象的丰富语文学概念,增长了人文主义者范围内对人类整体的关注和教育,预示了维柯的语文学不得不被引进历史学的观念。"②对瓦拉而言,历史事件的价值在其自身,而不在于它们所显示的道德或者其他普遍真理。这样,他"阐述了一个被马基雅维里和培根所采纳的新的历史学原则:'我没有记载人们应该想什么,而只是他们想了什么。'"③

他确立了一种史料认识方法,即对历史史料的怀疑主义,指出了文献中语言的年代错误。这种方法揭示出一定时期的史料同该时期的文化状况存在必然联系。他是对古典史学中史料考证精神最杰出的继承和发展者,也是文艺复兴时期史料考证方向的开拓者。他创立了博学派,奠定了文献校勘学的对象、任务和方法论基础,启蒙了理性主义史学家的怀疑精神。

---

① Paul Avis, *Foundations of Modern Historical Thought*, Croom Helm Ltd., 1986, p.15.
② From Paul Avis, *Foundations of Modern Historical Thought*, Croom Helm Ltd., 1986, p.15.
③ Ibid., p.14.

# 第18论

# 困厄中坚持作史的马基雅维里

尼科罗·马基雅维里(Niccolò Machiavelli，1469—1527年)留给后人印象最深的是政治学中的马基雅维里主义，而他的其他学问反被淡化了。马基雅维里还是一位杰出的史学家，汤普森就称他为文艺复兴时期"意大利最伟大的历史学家"①。他达时叱咤风云，穷时著书立说，阐释自己的政治理想，为后人留下了宝贵的精神财富。

## 一、困厄中作史的人文主义学者

马基雅维里的史著《论李维》(Discourses on Livy)、《卡斯特拉卡尼传》(Life of Castruccio Castracani)、《佛罗伦萨史》(The History of Florence)完成于美第奇家族复辟而他丧失政治前途的岁月；其政治学著作《君主论》(The Prince)和军事学著作《兵法》(Art of War)，也是在政治人生低谷期完成的。这些著作皆有史性。无论如何，他都坚持公民人文主义者、共和主义者的社会诉求。

马基雅维里受惠于人文主义，其史学具有鲜明的人文主义特

---

① J.W. Thompson, *A History of Historical Writing*, Vol.1, Macmillan Company, 1942, p.495.

征。《论李维》引但丁诗句"人之笃诚,血脉难传,有志向者,始有此德,觅其所踪,惟见彼身"①,说明相比敬畏君主,一人妥善谋划的制度对于共和国的安全更有意义。《君主论》结尾引用彼特拉克诗句"反暴虐的力量,将拿起枪,战斗不会很长,因为古人的勇气,在意大利人的心中至今没有消亡"②,呼吁从蛮族手中解放意大利。

昆廷·斯金那(Quentin Skinner)曾总结人文主义史学的特征是两个基本信条,第一,"历史著作应该向人灌输道德训诫;因此对史料必须精心挑选和组织,以便显示出强有力的道德教诲的力量"③。第二,"为了以最鲜明的方式传达最有益的道德教训,历史学家必须培养一种扣人心弦的修辞风格"④。一条最重要的教训是"历史学家必须把他的注意力集中在我们祖先的最好的成就上,从而鼓舞我们模仿他们的最高贵和最光荣的事迹"⑤。这些马基雅维里基本做到了。

《佛罗伦萨史》中道德教诲的典型表现,是第二卷末尾叙述反面样板雅典公爵 1342 年作为暴君统治佛罗伦萨并在次年内被赶下台,第三卷叙述具有道德启示性的 1378 年革命。《卡斯特拉卡尼传》则在讲究修辞方面表现突出,马基雅维里开始把卡斯特拉卡尼描写为一弃儿,为就命运女神在人类事务中的力量问题发表议论提供了机会。当接受了牧师教育的卡斯特拉卡尼开始埋头钻研兵

---

① [意]尼科洛·马基雅维里:《论李维》,冯克利译,上海人民出版社 2005 年版,第 80 页。
② [意]尼科洛·马基雅维里:《君主论》,潘汉典译,商务印书馆 1985 年版,第 125 页。
③ [英]昆廷·斯金那:《马基雅维里》,王锐生、张阳译,工人出版社 1985 年版,第 150 页。
④ 同上书,第 151 页。
⑤ 同上书,第 154 页。

器的时候,同样给讨论关于文学与军事所具魅力的比较的古典论题以机会。这个悔恨的暴君临终发表演讲,也是符合古代编年史传统的。书的最后编排了许多卡斯特拉卡尼聪明机智的故事,完全是为了取得修辞上的效果。①

至于宣传祖先的功业以鼓励后人,马基雅维里表面上做得不够。他指出,意大利各位君主对内对外所作所为"比不上古人的品德高尚和伟大那样值得景仰","我们还是可以看一看这些君主、武士和各共和国的领导者,为了维护他们从来都不配得到的荣誉,如何利用诡计、欺骗和狡黠手段指导他们的行动"。② 同时,他叙述佛罗伦萨公民间的斗争"把军事效能消蚀殆尽"③。这似乎与宣传祖上的功绩不一致,但不等于他不是人文主义的。因为重笔写世俗人物和事迹恰好说明,"他不是以上帝的意志,而是用人的行动来解释历史的发展变化";批评近人则说明"文艺复兴的嗜古之风在他身上仍旧留有深深的印记";写公民斗争则是"将人分成选民与群氓,分别加以褒贬,正是人文主义者惯用的笔法"。④

马基雅维里史学的这些特征集中表现为推崇和模仿古典史学。克劳佛(Clough)认为:"人文主义者把李维、萨鲁斯特作为他们历史写作的楷模,认为自己回到了真正的史学。"⑤凯利评论道:

---

① 参见 Life of Castruccio Castrani, trans. Andrew Brown, Hesperus Press Ltd., 2003.
② [意]尼科洛·马基雅维里:《佛罗伦萨史》,李活译,商务印书馆1982年版,第233页。
③ 同上书,第121页。
④ 戚国淦:《中译本序言》,载[意]尼科洛·马基雅维里:《佛罗伦萨史》,李活译,商务印书馆1982年版,第7—8页。
⑤ Cecil H. Clough, "Machiavelli, Niccolò", in Kelly Boyd, Encyclopedia of Historians and Historical Writing, Vol. 2, Fitzroy Dearborn Publishers, 1999, p.749.

"在某些方面,马基雅维里以修昔底德的方式写作。"①尽管他们所指有异,然而都关注马氏与古典史学的关系。他这种对古典史学的推崇和模仿可做如下具体区分。

第一,强调历史知识的重要性。他主张君主阅读历史,以历史为借鉴,他说:"为着训练脑筋,君主还应该阅读历史……最重要的是他应当像过去那些伟大人物那样做。"②《君主论》举出许多历史事例,就是要给当代执政者提供一面镜子,"一个明智的人总是应该追踪伟大人物所走过的道路的,并且效法那些已经成为最卓越的人们"③。《论李维》强调:"古人的另一些做法既真实又有益。共和国的君主要是相信了这些事情,他们就会少犯一些错误。"④

第二,征引古典作家的材料或者观点。《君主论》第13章在论述君主的军队问题时引用了塔西佗《编年史》VIII 19中的话:"世界上最弱和最不牢固的东西,莫过于不以自己的力量为基础的权力的声誉了。"⑤第14章论述君主的军事责任则引用了普鲁塔克《传记集》关于亚历山大的记载和色诺芬《远征记》关于居鲁士的叙述;第17章引用了维吉尔的诗句;第26章引用李维《罗马史》第9卷第1、10节中的句子:"对于必须战争的人们,战争是正义的;当除了拿起武器以外就毫无希望的时候,武器是神圣的。"⑥《论李

---

① [美]唐纳德·R.凯利:《多面的历史:从希罗多德到赫尔德的历史探寻》,陈恒、宋立宏译,生活·读书·新知三联书店2003年版,第276页。
② [意]尼科洛·马基雅维里:《君主论》,潘汉典译,商务印书馆1985年版,第71页。
③ 同上书,第2页。
④ [意]尼科洛·马基雅维里:《论李维》,冯克利译,上海人民出版社2005年版,第262页。
⑤ [意]尼科洛·马基雅维里:《君主论》,潘汉典译,商务印书馆1985年版,第68页。
⑥ 同上书,第122页。

维》重申了波里比阿的历史循环说。马氏认为,国家统治类型就是君主制度、贵族制度、民主制度、专制制度这样循环的。① 他引用并赞同萨鲁斯特的话:"良好的开端,乃一切恶例之母。"②在论忘恩负义的时候,他引塔西佗《编年史》中的话:"人们宁肯为伤害而支付补偿,也不愿因受益而给予报答,因为感恩乃是负担,报复则为收益也。"③普鲁塔克《传记集》成为马氏引用频繁的著作。他还引萨鲁斯特《朱古达战争》说明对当地居民赶尽杀绝的战争类型。④ 为了说明仪表威严的人的重要性,他引用了维吉尔的话:"众人若是恰好看到一位稳健的人士,虔诚而品行端正,他们就会闭上嘴巴,驻足倾听。"⑤在第 3 卷第 20 章中,他引用色诺芬关于居鲁士的记载,说明仁爱比残暴更能震撼人的心灵;引用塔西佗关于居鲁士的事迹,说明行骗对于君主成就大业很重要⑥;引用塔西佗的观点:"尖刻的取笑,即使非常符合事实,也会让人刻骨铭心。"⑦在论共和国太平时期的问题时,他引用了修昔底德的论述⑧;引用并赞同塔西佗《编年史》的观点,要求人接受现状,待之以宽容⑨;在论述罗马人捍卫自由的精神时,引用色诺芬《论僭政》(*Of Tyranny*)⑩。

---

① [意]尼科洛·马基雅维里:《论李维》,冯克利译,上海人民出版社 2005 年版,第 50 - 51 页。
② 同上书,第 163 页。
③ 同上书,第 122 页。
④ 同上书,第 228 页。
⑤ 同上书,第 183 页。
⑥ 同上书,第 242 页。
⑦ 同上书,第 287 页。
⑧ 同上书,第 364 页。
⑨ 同上书,第 322 页。
⑩ 同上书,第 213 页。

马基雅维里作品中有大段演说词和大量精辟语句。《佛罗伦萨史》中经常有大段的演说词,这是模仿古典作品的表现之一。例如,其所引梳毛工人起义的话就很特殊,其中说道:"不要上当,以为他们祖先的古老血统会使他们比我们高贵;因为所有人类都出于同一祖先,都是同样古老;而大自然也把所有的人都塑造成一个模样。大家把衣服脱光了,就会看到人人都长得差不多。假如我们穿上他们的衣服,他们穿上我们的,我们就显得高贵,他们就显得卑贱了。由于贫富不同才使我们有贵贱之分。"①模仿古典史学家还表现为作品中有大量精辟语句,这里略举几例。在《君主论》中有:"深深地认识人民的性质的人应该是君主,而深深地认识君主的性质的人应属于人民。"②"所有武装的先知都获得胜利,而非武装的先知都失败了。"③《论李维》中同样有不少精辟句子,例如"时间驯化不了邪恶,奖赏也无以安抚歹徒"④;"行善比作恶更易于博得人们的爱戴"⑤。《佛罗伦萨史》也是警句迭出,例如"暴政不可能使好人高兴;而放肆行为则使有头脑的人们憎恶"⑥;"人类天生更喜欢报仇而不是报恩,仿佛报恩只会给自己带来不便,而报仇则既能称心又能得到好处"⑦。

---

① [意]尼科洛·马基雅维里:《佛罗伦萨史》,李活译,商务印书馆 1982 年版,第 146 页。
② [意]尼科洛·马基雅维里:《君主论》,潘汉典译,商务印书馆 1985 年版,第 2 页。
③ 同上书,第 58 页。
④ [意]尼科洛·马基雅维里:《论李维》,冯克利译,上海人民出版社 2005 年版,第 317 页。
⑤ 同上书,第 321 页。
⑥ [意]尼科洛·马基雅维里:《佛罗伦萨史》,李活译,商务印书馆 1982 年版,第 179 页。
⑦ 同上书,第 190 页。

问题是,马基雅维里与一般人文主义者有什么区别?哈维·曼斯菲尔德(Harvey Claflin Mansfield)说过:"马基雅维里的贡献,是把文艺复兴变成了现代性。"①具体说来,由于马基雅维里家境贫寒,"他之精通拉丁文,更多是依靠自学。这使他发展了独立思考的能力,摆脱了当时流行的刻意仿古、皓首穷经的风气"②。曼氏所言极是,正是这些导致了他在具体观点上批判古典学者。

《论李维》第1卷第33章中有关于紧急状态下的独裁官问题,曼斯菲尔德给我们分析了马基雅维里与古人的不同。马基雅维里的前辈萨鲁塔提、布鲁尼建立的人文主义共和主义是以亚里士多德为思想后盾的,而马基雅维里不同于亚里士多德的是,"在亚里士多德看来,共和国的专制因素,是其完美性流失的表现。可是在马基雅维里看来,专制的作用恰好相反——它使共和国臻于完美"③。关于独裁官,"马基雅维里赞成罗马人在既无法协商亦无退路的情况下授权一人采取行动的做法。他这种态度同古代作家表现出的忧虑形成鲜明对比,后者认为这是削弱罗马共和国的困境(李维);把它比作君主制(西塞罗);指责它是元老院用来对付穷人的骗局(迪奥尼修斯);或干脆对它三缄其口(波里比乌斯)"④。他提出塔西佗的一些观点值得商榷。例如塔西佗认为在统治众人时,惩罚比安抚更为可取,而马氏以为安抚比惩罚更重要。⑤ 马氏

---

① [美]哈维·曼斯菲尔德:《导论》,载[意]尼科洛·马基雅维里:《论李维》,冯克利译,上海人民出版社2005年版,第5页。
② 戚国淦:《中译本序言》,载[意]尼科洛·马基雅维里:《佛罗伦萨史》,李活译,商务印书馆1982年版,第2页。
③ [美]哈维·曼斯菲尔德:《导论》,载[意]尼科洛·马基雅维里:《论李维》,冯克利译,上海人民出版社2005年版,第14页。
④ 同上书,第16页。
⑤ [意]尼科洛·马基雅维里:《论李维》,冯克利译,上海人民出版社2005年版,第373页。

许多时候引用李维记载的事实并赞成他的评论,但是也有同李维意见相左的地方。例如,李维批评民众虚妄和前后不一,马氏说:"依我之见,那些作家责之于民众的缺点,应当针对一切个人、尤其是君主才对。""我的结论是,他们这种恶行,并不比哪个君主更多。"①他还对李维的观点进行补充,李维突出将领的重要性,而马氏强调优秀的士兵也不可忽视,指出将领和士兵互相需要。② 他不同意普鲁塔克和李维在罗马帝国建立问题上强调运气的做法,而是认为对于罗马帝国的建立,德行的作用远大于运气。③

正是这种批判使他同一般人文主义者区别开来。

## 二、马基雅维里历史著作的两重性

马基雅维里的历史写作充满着矛盾性,具体表现如下。

第一,如实直书与曲笔回护互见。马基雅维里在接受《佛罗伦萨史》的写作任务时,是面临着两难选择的。一方面,他曾是一个推翻美第奇家族统治而建立的民主政府的要员,后来在美第奇家族复辟时成为阶下囚,于是接受这一任务成为他复出的绝好机会,但这同时意味着要为其主歌功颂德;另一方面,这个家族的独裁统治并非没有丑行,何况确实存在黑暗与腐败,若一味回护,则违背了史家的良知。这的确是个棘手的问题。他最终接受了任务,采取了一些技巧。

在以美第奇家族几个重要人物事迹为主的篇章中,马基雅维里肯定他们的美德与贡献。例如,他颂扬科西莫"在所有留名后世的人们当中,除军人外,科斯莫就算是最卓越最著名的一位

---

① [意]尼科洛·马基雅维里:《论李维》,冯克利译,上海人民出版社 2005 年版,第 193—194 页。
② 同上书,第 357 页。
③ 同上书,第 208—210 页。

了"、"他的日常生活从未超过相当好的中等适度的水平;他在言谈、对待仆从、行旅、生活方式、交往等等方面,处处都表现出公民的谦逊态度"、"他以十分忠实的态度和巧妙的方式不但克服了家族内和国内人们的野心行动,而且还使许多君主的傲慢态度受挫"。①

同时,他还采取种种办法揭露美第奇家族的丑行。例如,突出同党的贡献以抵消美第奇的正面作用。他先说科西莫精明而有远见,仁慈宽厚,这一派名声大振;然后笔锋一转,说"科斯莫这一派名声大振,与其说是靠科斯莫的名望,毋宁说是靠普乔②的名声起作用"③。这里,通过强调普乔而减弱了科西莫个人的积极作用。又如,批评同党的过错从而间接批评美第奇。科西莫一派掌权后,对政敌进行严厉打击。马基雅维里并没有直接批评科西莫,而是批评他的同党对四个政敌进行"卑鄙的处决"④,使读者从同党的卑鄙中推导出科西莫的卑鄙。再如,借政敌之口批评美第奇。他为了批评这个家族无原则地利用经济实力扩大自己的政治影响,就借科西莫的政敌说出这样的话:"科斯莫企图把自己变成城邦的君主……他贷款不分对象……他依仗和全城人民的利害关系,把他的朋友一个一个地推举到较高的位置上去。"⑤这样巧妙批评了科西莫利用金钱换取政治利益的行径。这些正应着昆廷·斯金那的话:"在马基雅维里对历届美第奇政府的感情奔放的叙述后面,

---

① [意]尼科洛·马基雅维里:《佛罗伦萨史》,李活译,商务印书馆1982年版,第353—355页。
② 普乔·普奇(Puccio Pucci),科西莫同党,足智多谋,非常有远见。
③ [意]尼科洛·马基雅维里:《佛罗伦萨史》,李活译,商务印书馆1982年版,第215页。
④ 同上书,第237页。
⑤ 同上书,第217页。

隐藏着厌恶的心情。"①

第二,倾心共和与鼓吹专制同行。同第一个难题相关联,马基雅维里还面临着一个矛盾,那就是美第奇家族实行独裁统治,马氏内心倾向共和却要因为颂扬美第奇家族而鼓吹专制。

马基雅维里的确说过有利于专制的话。他主张君主应该同时具备狐狸和狮子两种素质;他说过,如果没有那些恶行,就难以挽救自己的国家的话,那么君主也不必因为对这些恶行的责备而感到不安。因此有人说:"马基雅维里是邪恶的人。"②

可是,马基雅维里说了更多有利于共和的话。这突出表现为他的重民思想。《君主论》里说:"如果人民满怀不满,君主是永远得不到安全的,因为人民为数众多。""如果一个人由于人民的赞助而成为君主的话,他应该同人民保持友好关系。"③还说:"你最好不过的堡垒就是不要人民憎恨。因为即使你拥有堡垒,如果人民憎恨你,任何堡垒都保护不了你。"④这使我们想到唐太宗的肺腑之言:"水能载舟亦能覆舟。"类似的话也见于《论李维》,称君主的"上上策,乃是让人民友好地对待他"⑤。由此可以理解,他对罗马共和国推崇有加,但对于罗马十人执政团的做法却颇有微词,认为它"对共和国有害"⑥。当然,马氏并没有无限制地强调平民的作用,

---

① [英]昆廷·斯金那:《马基雅维里》,王锐生、张阳译,工人出版社1985年版,第162页。
② [美]利奥·施特劳斯:《关于马基雅维里的思考》,申彤译,译林出版社2003年版,第2页。
③ [意]尼科洛·马基雅维里:《君主论》,潘汉典译,商务印书馆1985年版,第46—47页。
④ 同上书,第103页。
⑤ [意]尼科洛·马基雅维里:《论李维》,冯克利译,上海人民出版社2005年版,第92页。
⑥ 同上书,第137页。

而是对平民有所批评。他认为,罗马平民取得保民官建制后,"他们立刻在野心的驱使下投身于争斗,希望分享贵族的荣耀和私产,因为这才是人们最看重的。由此导致的弊病,引发了土地法之争,它最后成了共和国覆灭的原因"①。

这样看来,马基雅维里是矛盾的。其实这种矛盾只是表面现象。在他看来,共和与君主制的取舍不可一概而论,而是要把两者结合起来。共和制度"一人关心,众人维护。为使共和国有良好的制度,需要有个专制者来建立它;专制者需要建立共和制度,方可维护自己的国家和名声"②。他主张创业要专制,守成须共和。③ 虽然他在《君主论》中说过:"如果必需的话,他就要懂得怎样走上为非作恶之途。"但是他也说:"如果可能的话,他还是不要背离善良之道。"④可见,他并没有把君主独裁奉为不易之论。因此,他在《佛罗伦萨史》中褒扬了早期的佛罗伦萨:"他们还准备了一口名叫'晨钟'的大钟,在部队出城以前的一个月期间,天天敲打,以便让敌人有时间准备他们的防务。当时人们中间存在着极其高尚的道德,他们的心地是这么宽宏大量。"⑤

马基雅维里是把人们行为的道德层面和功能层面分开看的。他非常重视功效,但是并不意味着他完全肯定为达到这种功效而采取的行动的道德性。即使在《君主论》中他也说过:"屠杀市民,

---

① [意]尼科洛·马基雅维里:《论李维》,冯克利译,上海人民出版社 2005 年版,第 141 页。
② [美]哈维·曼斯菲尔德:《导论》,同上书,第 9 页。
③ 同上书,第 71 页。
④ [意]尼科洛·马基雅维里:《君主论》,潘汉典译,商务印书馆 1985 年版,第 85 页。
⑤ [意]尼科洛·马基雅维里:《佛罗伦萨史》,李活译,商务印书馆 1982 年版,第 60 页。

出卖朋友,缺乏信用,毫无恻隐之心,没有宗教信仰……以这样的方法只是可以赢得统治权,但是不能赢得光荣。"还说这种行为"野蛮残忍和不人道",是"恶劣行为"。① 另外,他主张残暴或者恶劣手段只能"偶尔使用","除非它能为臣民谋利益,其后决不可再使用",而且最好是"毕其功于一役,使自己以后不需要每时每日搞下去"。②

至于如何看待所谓的马基雅维里主义,正如一位史学史家所说:"马氏需要的不是辩护,而是理解。"③这样,就可以领会黑格尔对马基雅维里的理解了。黑格尔说:"(《君主论》)时常被人认为是满纸胡说,徒然替虐政张目,所以厌弃不读;而不知道这位作者实在深刻地意识到了当时有成立一个'国家'的必要,因此才提出在当时环境下面非得这样就不能够成立国家的各种原则。那些割据一方的首领和他们僭有的权力,非完全削平不可,而且我们虽然不可以照我们的自由观念,去赞同马基弗利所认为惟一有效和完全正当的手段——因为它们包含悍然不顾一切的暴行、应有尽有的欺诈、暗杀等等——但是我们仍然必须承认,如果要征服那些封建贵族,除此就更没有别的方法,因为他们已经根深蒂固地抱着一种蔑视良心的态度和一种完全卑鄙龌龊的道德。"④

第三,神意史观与批判教廷并存。关于马基雅维里和宗教之

---

① [意]尼科洛·马基雅维里:《君主论》,潘汉典译,商务印书馆1985年版,第40—41页。
② 同上书,第43页。
③ 张广智:《克丽奥之路——历史长河中的西方史学》,复旦大学出版社1989年版,第78页。
④ [德]黑格尔:《历史哲学》,王造时译,上海书店出版社2001年版,第400页。

间的关系,有人说"马基雅维里的学说是不道德的,也是无视宗教原则的"①。如果说马氏批判基督教会,那是符合历史事实的;若认为他违背一切宗教,这话则过了。

无疑,马基雅维里对基督教廷的批判是毫不留情的。他批评基督教会之间的斗争造成了信仰的混乱。他说:"假如所有基督教徒有统一的一种信仰,混乱必然会少些。但存在于罗马、希腊和拉丁文纳各个教会之间的争斗,再加上异端教派和天主教会之间的抗争,却从许多方面使世界遭到苦难。"人们"因为他们除了由于人世间的动乱而受到种种祸害外,几乎无法求助于上帝,不幸的人们本来是希望求得他的拯救的;由于他们都不知道向哪位神明哭诉;临死时无助无望,很悲惨"②。这里明确指出了教会内部的斗争使得人们无信仰,明显流露出反感的情绪。他把意大利的分裂、混乱归咎于罗马教廷。马氏先在《论李维》中指出:"由于那个教廷的恶劣行径,这个地区的虔诚信仰已经丧失殆尽,故而弊端与骚乱丛生。""教会无论是过去还是现在,总让这个地域保持四分五裂的状态。"③后在《佛罗伦萨史》中认为:"几乎所有由北方蛮族在意大利境内进行的战争,都是教皇们惹起的;在意大利全境泛滥成灾的成群结伙的蛮族,一般也都是由教皇招进来的。这种做法仍然在继续进行,致使意大利软弱无力、动荡不安。"④他还特别批评教皇的

---

① [美]利奥·施特劳斯:《关于马基雅维里的思考》,申彤译,译林出版社2003年版,第4页。
② [意]尼科洛·马基雅维里:《佛罗伦萨史》,李活译,商务印书馆1982年版,第8—9页。
③ [意]尼科洛·马基雅维里:《论李维》,冯克利译,上海人民出版社2005年版,第82页。
④ [意]尼科洛·马基雅维里:《佛罗伦萨史》,李活译,商务印书馆1982年版,第15页。

个人丑行,例如说西克斯图斯四世(Sixtus IV)的罪行"真可谓前无古人"①。

但是,他批判基督教会这一做法并不等于反对神性,正如普拉姆那茨(Plamenatz)所指出的那样,"尽管马基雅维里可能没有宗教信仰,然而他显然不是宗教的敌人,甚至不是教条主义宗教的敌人"②。事实上,马氏并不反对一般意义上的宗教,相反主张敬奉神明。他说:"敬奉神明是共和国成就大业的原因,亵渎神则是它们覆亡的肇端。"③还说:"欲保自身廉洁的君主或共和国,最要紧的事情就是维护宗教礼仪的纯正,对其须臾不失敬畏。国邦危亡的迹象,无过于蔑视祭神。"④他还专门讨论了罗马人如何利用宗教整饬城邦,建功立业,平息骚乱,流露出推崇之意。⑤ 此外,他对历史的记载与解释时而有神秘色彩。马基雅维里坦言:"我虽然不明究竟,然而观览古今之事可知,某城某地每有大的事变发生,不会没有预兆,它或见之于占卜和神启,或来自奇迹和其他严重的征候。不必远离我的家乡,即可证实此点。"⑥例如,他这样记载洛伦佐去世后的自然灾异:"巨大的灾难接踵而至;老天事先就已显示出许多明显的征兆。其中之一就是:圣雷帕拉塔大教堂最高的尖

---

① [意]尼科洛·马基雅维里:《佛罗伦萨史》,李活译,商务印书馆1982年版,第380页。
② John Plamenatz, *Man and Society: Political and Social Theories from Machiavelli to Marx*, Vol.1, *From the Middle Ages to Locke*, Longman Publishing Group, second edition, 1992, p.74.
③ [意]尼科洛·马基雅维里:《论李维》,冯克利译,上海人民出版社2005年版,第79页。
④ 同上书,第81页。
⑤ 同上书,第84—85页。
⑥ 同上书,第189页。

顶被雷击中,大部分坍塌,使人人感到恐惧。"①他这种神秘的做法到了荒唐的地步。布莱塞赫批评道,马基雅维里"在人类行为和必然(人类屈服于无法控制的情形和力道)之间,发现了一个主导性的机械论。……具有才干的领袖最终被比任何个体都要强大的情形和力道所击败和征服"②。

总之,马基雅维里代表共和主义者,在无机会施展自己政治抱负的情况下刻苦著史,以史明志,以俟后世君子。

---

① [意]尼科洛·马基雅维里:《佛罗伦萨史》,李活译,商务印书馆1982年版,第456页。
② Ernst Breisach, *Historiography: Ancient, Medieval and Modern*, University of Chicago Press, second edition, 1994, p.158.

# 第19论

# 公民人文主义者圭恰迪尼

圭恰迪尼(1483—1540年)虽出身于佛罗伦萨显贵家庭,但是他后来的履历和身份与马基雅维里有相似之处,是文艺复兴时期佛罗伦萨著名的政治家,同时也是出色的政治理论家和史学家。[1] 布莱塞赫就这些共同点指出:"马基雅维里效力于共和政治,直到1512年美第奇家族恢复权力而把他的政治参与限制在写作之内。圭恰迪尼为美第奇家族的成员工作并充当顾问,直到他的服务再也没被要求。这两人都用白话文写作,具有获自当代经历的眼光,放弃对绝对公正、公共自由和仁慈的事件秩序的理想主义肯定;除非正式声明,这些观念在16世纪的意大利似乎是严重不合时宜的。而两人都为了教会当代人适当的政治教训而写历史。"[2]当然,他们之间是有区别的。总之,写作文艺复兴史学史,不得不给予圭恰迪尼一定的篇幅。

## 一、圭恰迪尼及其历史著作

圭恰迪尼于1498年在佛罗伦萨大学学习法律,1501年转入

---

[1] 有学者对他们之间的关系做了研究,例如 Felix Gilbert, *Marchiavelli and Guicciardini*, Princeton University Press, 1965。
[2] Ernst Breisach, *Historiography: Ancient, Medieval and Modern*, University of Chicago Press, second edition, 1994, pp. 157 - 158.

费拉大学,1505年在帕多瓦大学获得博士学位。1511年他被佛罗伦萨派往西班牙,作为与阿拉贡的斐迪南交往的大使。他效力美第奇教皇利奥十世和克莱蒙七世,主持莫顿亚、莱杰奥、帕马的城市工作,主管劳马干。1534—1537年为佛罗伦萨统治者亚历山大·德·美第奇(Alessandro de'Medici)的顾问,但是亚历山大的继任者科西莫再没有任用他。1537年,他退休回到姆格罗的菲诺切尔托庄园定居下来,去写他的回忆录,1540年在佛罗伦萨去世。

关于他的著述情况须提到如下几种。

1508年圭恰迪尼开始写《佛罗伦萨史》(Storie Fiorentine),打算从1378年西奥莫皮(Ciompi)反叛至少连续叙述到1509年,第二年就放到一边去了。

从1527年开始,圭恰迪尼不时写作《佛罗伦萨事务》(Cose Florentine)。1529年到拉卡战斗之后,他增加了几个注释,做了修正,并为最终的改写作了12篇演说词。1534年他回到佛罗伦萨后,就把这一杰作抛到脑后。这一著作从佛罗伦萨建立开始,但最后并未完成,后面的章节还处在粗糙的草稿或者零碎的笔记状态。它在1737年被重新发现但是出处不明,直到1930年才被确定下来并编辑出来。[①]

1537年,他退休回到家乡庄园去写他的回忆录,这些回忆录成为《意大利史》(Storia d'Italia),但是生前并没有完成。大约从1543年开始,他的侄子阿格诺罗(Agnolo)以个人名义进行审读,并于1561年在佛罗伦萨出版首批16卷。后4卷经阿格诺罗编辑,在威尼斯首先印出。从1561年最初出版,该书的题目就是《意

---

[①] Eric Cochrane, *Historians and Historiography: In the Italian Renaissance*, University of Chicago Press, 1981, p.297.

大利史》。①

其他著作还有 16 世纪 20 年代早期的《关于佛罗伦萨政府的对话》(Dialogue on the Government of Florence)。他还写了《对马基雅维里〈论李维〉的思考》(Considerations of the Discourses of Niccoló Machiavelli),此书与马基雅维里《论李维》一起收入《强权的甜蜜》(The Sweetness of Power)中。他和马基雅维里之间的 31 封通信收在《马基雅维里和他的朋友:私人通信集》(Machiavelli and His Friends: The Personal Correspondence)中。

## 二、圭恰迪尼的史学成就和观念

### 1.《佛罗伦萨史》

奎恰迪尼从 1378 年教会的分裂写到意大利战争早期 1509 年比萨被围。他和马基雅维里一样都写政治史,因经受政治挫折,去探索形成困境的原因和摆脱困境的方法。但是他比马基雅维里多了些悲观,他在历史写作中意识到"苦难的经验会产生悲观情绪;意识到人类性情的变幻无常和突发事件的作用;领悟到命运的力量控制了凡间的事务"②。另外,圭恰迪尼也回溯了城市的建立者,但是不像马基雅维里,他是赞赏这些品质的。③ 对于这一著作,微拉里(Villari)认为,由于他本来不打算出版,而且写作于美第奇家族被放逐期间,因此他谈论洛伦佐比马基雅维里更为无拘

---

① Kelly Boyd, *Encyclopedia of Historians and Historical Writing*, Vol.2, Fitzroy Dearborn Publishers, 1999, pp.495-496.
② [美]唐纳德·R.凯利:《多面的历史:从希罗多德到赫尔德的历史探寻》,陈恒、宋立宏译,生活·读书·新知三联书店 2003 年版,第 282 页。
③ Eric Cochrane, *Historians and Historiography: In the Italian Renaissance*, University of Chicago Press, 1981, p.296.

无束,也真实得多。①

2.《意大利史》

当他写到 16 世纪 20 年代也就是他被卷入政治最深的时期的回忆录时,他发现如果不回到 1492 年,就不能解释正在发生的事情。1492 年洛伦佐·德·美第奇的去世打破了圭恰迪尼所称的"权力平衡",导致两年后法国对佛罗伦萨的入侵。圭恰迪尼还发现,如果不能不断地涉及半岛其他地方的事务,那么写佛罗伦萨或者教会政权就是不可能的。在这方面他被引导到打破意大利个别城市史的传统而把意大利看作一个整体,讨论欧洲的其他部分,偶尔还超出欧洲,所涉从奥斯曼帝国延及美洲。

这部《意大利史》把 1490—1534 年的意大利历史分成 20 个时期,即 20 卷,从 1494 年查理七世进入意大利开始,叙述了 1490 年前后意大利的和平与繁荣、洛伦佐·德·美第奇的丰功伟绩、意大利的均势和旨在约束威尼斯人的佛罗伦萨、那不勒斯和米兰之间的联盟,然后按照时间顺序写下来。最后,他叙述了教皇在博洛尼亚为查理五世加冕,佛罗伦萨被迫投降和美第奇重新执政,路德信条的传播和皇帝对信条的坚信,克莱蒙教皇的去世和保罗三世的当选。② 这本著作在当时影响巨大,以致"在 16 世纪末以前,其意大利文版已出 10 版,拉丁文版 3 版,法文版 3 版,而且还被译成英、德、荷、西等国文字"③。这部书使他摆脱了地方史写作的局限,成为一个意大利史学家。艾力克·科克兰评论道:"在整个意

---

① J. W. Thompson, *A History of Historical Writing*, Vol. 1, Macmillan Company, 1942, pp.498-499.
② 参阅 Francesco Guicciardini, *The History of Italy*, trans. Sidney Alexander, Macmillan Company, Collior-Macmillan Ltd., 1969。
③ J. W. Thompson, *A History of Historical Writing*, Vol. 1, Macmillan Company, 1942, p.498.

大利市政史学复苏的那些岁月里,至少有一个史学家得出这样的结论:单个的城市,哪怕形式上独立的城市,不再会为历史的写作提供框架。"①"至少,在规模上是潜在的通史。"②

但是局限是存在的,就像有学者所指出的那样:"圭恰迪尼不是没有个人偏见,偶尔在这方面也会成为最著名的。《意大利史》证实他对波吉亚家族的厌恶,那种厌恶确定他的认可是针对教皇亚历山大六世和他的家族的真实的同时代人的污蔑。作品还存在着不公正的自我表扬,过分强调他自己在重大事务中的作用。尽管如此,它仍然不失为意大利文艺复兴晚期写出的最有洞察力的历史。"③同时,"在圭恰尔迪尼的著作《意大利历史》中,豪华者洛伦佐的形象被理想化了"④。

该书具有人文主义风格。他在《意大利史》的绪论中写道:"我们认为,对这些如此巨大、如此变化多端的事情的了解,可以提供许许多多有益的教训。一般说来,对所有人都是如此,对每一特定的个人说来也是一样。"⑤这一史学观念是人文主义史学的普遍突出特征。

圭恰迪尼的写作受到古典作家和当代人文主义者的影响。他在开始写作自己作品的时候重新阅读了李维的书。在《意大利史》中,圭恰迪尼从西塞罗《论演说家》中抄录一段,作为历史写作的原

---

① Eric Cochrane, *Historians and Historiography: In the Italian Renaissance*, University of Chicago Press, 1981, p.295.
② Ibid., p.297.
③ Kelly Boyd, *Encyclopedia of Historians and Historical Writing*, Vol.2, Fitzroy Dearborn Publishers, 1999, pp.495-496.
④ [英]丹尼斯·哈伊:《意大利文艺复兴的历史背景》,李玉成译,生活·读书·新知三联书店 1988 年版,第 171 页。
⑤ From J. W. Thompson, *A History of Historical Writing*, Vol.1, Macmillan Company, 1942, p.306.

则放置在自己文本的前面作为指导。他读过马基雅维里《佛罗伦萨史》,甚至使用了佛鲁萨特(Froisart)的中世纪编年。总之,"他依照已经建立起来的人文主义者的方法,重新阅读佛罗伦萨普通的史学家,特别是乔万尼·维兰尼(Giovanni Villani)、布鲁尼、波吉奥和整个意大利的普通史学家比昂多"①。

其著作也具有古典风格。他的编年叙述方式是对李维和塔西佗的回应。像其他的古代史学家及15世纪意大利的人文主义模仿者例如利奥纳多·布鲁尼一样,圭恰迪尼的文本仅仅偶尔提供日期。许多篇幅被留给了程式化的段落即修辞文字,例如在赞成或者反对一个行动的特别会议上的大约30个演讲等。他像塔西佗那样把历史人物的理想表现为夙愿、贪婪和其他自利形式的伪装。圭恰迪尼对命运或者运气的理解是对希腊悲剧传统手法的怀旧,这或许是从修昔底德那里得到的。圭恰迪尼的作品关注动机和原因到了波里比阿赞同的程度。他在床上临去世的时候要求销毁他的史著。无疑他知道他粗糙的反教权主义论述将被证明为不会被接受的。多伦特会议已经强化了司铎天赋人权说的影响力。可能他销毁作品的请求意义并不重大,而是不折不扣的、也许是对维吉尔看待他的《埃涅阿斯纪》(*Aeneid*)有意识的古典反响。

在探求为现实和将来的行动提供行为规范的过程中,一个人文主义者的史学观会把修辞和伦理捆绑在一起。正是在这里,圭恰迪尼完全离开了传统。他认为个体永远是被自利所驱动的。对圭恰迪尼来说,事物从不以其完整性重复自己,试图模仿罗马人或者"被榜样所支配"是愚蠢的,他批评马基雅维里的简单化,通常表达出对历史复杂性和真相难以发现的意识。关于人事与命运问

---

① Eric Cochrane, *Historians and Historiography: In the Italian Renaissance*, University of Chicago Press, 1981, p.295.

题,他进而认为,因为"幸运"和上帝在人类事务中扮演着重要的角色,超出了人们的预料,所以存在着一种不确定性使人类行为处于无效状态。

同时,《意大利史》在确切细节方面远远超出了人文主义历史学的类型,他以第一手信息为基础,掌握大量证据,并付出了艰苦的努力去核实事实和广泛查询在探索期间发现的原始和二手资料。在其生命的最后4年,《意大利史》有一部分被重写了7次之多。

### 三、圭恰迪尼史学的地位和影响

在史学史上,后人对待圭恰迪尼的态度呈现出钟摆现象。凯利·波伊德(Kelly Boyd)指出:"圭恰迪尼非常细致的1535年以前的意大利史,是这样深刻地影响了佛朗西斯科·德·圣科提斯(Francesco De Sanctis),以致尽管他诟病作者的行为规范,却还是把它评价为所有意大利人所写的作品中最有影响的知识史。圭恰迪尼作为史学家的声誉往往与知识趋势一道波动。在古典复兴期间,波林布罗克爵士(Lord Bolingbroke)'在各方面'喜欢圭恰迪尼的历史学胜过修昔底德。75年后,利奥波德·冯·兰克(Leopold von Ranke)最关注数据的谨慎叙述,优先摧毁了圭恰迪尼的历史学,认为它是二手写作的派生物,不可靠。"①

应该说,圭恰迪尼写《意大利史》是煞费苦心的。为了防止他人责难自己的材料不可信,他提供了关于当时政治、军事、外交的说明,这个说明是当时和后来所能得到的最全面和详细的。至于对事件进行评价,那是最令他头疼的,为了使作品的观点中肯,他

---

① Kelly Boyd, *Encyclopedia of Historians and Historical Writing*, Vol.2, Fitzroy Dearborn Publishers, 1999, pp.495–496.

逐章一遍遍修改，并让朋友帮助审查。在修辞上，他尽可能按照当时人文主义史学的风格使文风清雅，设置悬念，分析因果，安排演讲词等。

这部《意大利史》的副标题叫《战争的历史》（History of Wars），因此该书的主题也就限于讨论军事和政治，而讨论的范围涉及整个意大利，并扩及与意大利有关的整个欧洲，这是第一部系统地介绍整个欧洲政治军事的书。书里大部分都是他所知道的第一手资料，尤其是后面一部分，更有他自己扮演的角色。他搜集资料很勤快，比马基雅维里的更正确、更可靠。他也模仿同时代比他更有名的那些历史学家的做法，让书中的人物按古代人们习惯的说法说话。他坦承，书中人物所说的话并非百分之百真实，特别强调有些是绝对正确的。对于一个争议问题的两面，他都能顾虑到；对于欧洲各国的政策和外交动向，他的分析有其独到之处。

因此，《意大利史》在很长时间里受到后人的高度重视。它"在意大利的各城市一版接一版地印刷，而且被不同编辑注释、说明和摘录，它在欧洲其他地方也被作为经典受到高度评价。1568年它被翻译成法文出版，德文本出版于1574年，英文本1579年，西班牙文1581年，甚至最后有荷兰文版，出版于1599年。它被蒙田和波丹赞扬为近代史学最伟大的作品。它被从16世纪一些法国史学家的攻击中解脱出来，要归功于17世纪贝尔《历史学词典》（*Dictionnaire historique*）的结论"[①]。

可是，他的著作还是受到过后人的强烈批评。这些批评既来自佛罗伦萨人，也来自非佛罗伦萨人。他们批评圭恰迪尼对威尼斯人有偏见，忽视博洛尼亚人的地位和作用，对佛罗伦萨历史的叙

---

[①] Eric Cochrane, *Historians and Historiography: In the Italian Renaissance*, University of Chicago Press, 1981, p.305.

述不公正。还有学者指出了他事实引证中的文本错误。① 特别是兰克在《拉丁与条顿民族史》(Histories of the Latin and Germanic Nations from 1494 to 1514)一书后附的《近代历史学家批判》中批判圭恰迪尼,这一批判还可见于罗杰尔·韦恩斯(Roger Wines)所编的兰克《世界历史奥秘》(The Secret of World History)中的"圭恰迪尼批判"(Critique of Guicciardini)。兰克认为圭恰迪尼《意大利史》大部分不是他亲自经历的,而是依据他人的记述编写出来的。即使圭恰迪尼参与其事,也还是依据他人的记载改变了本质内容。其书中的演说词既不是他亲耳听闻的,也没有其他印证材料,只是根据一些二手材料写成的,其确定性值得怀疑。有论者指出:"通过对奎昔亚迪尼进行批判,兰克基本上将这位研究近代早期历史的史学大家,从神坛打落到了地下,剥去了他那些名不副实的荣誉。"②

其实若按照科学史学的观点来看,无疑圭恰迪尼在史料的真实性和确切性上存在着不足。但是在文艺复兴时期,他能够把历史写作做到那样实属不易,堪称那时史学家中的佼佼者。

---

① 具体情况参阅 Eric Cochrane, *Historians and Historiography: In the Italian Renaissance*, University of Chicago Press, 1981, pp. 302 - 303。
② 易兰:《兰克史学研究》,复旦大学出版社 2006 年版,第 106 页。

# 第20论

# 为艺人作传的艺人瓦萨里

乔尔乔·瓦萨里(Giorgio Vasari,1511—1574年)出生在佛罗伦萨共和国的塔斯坎尼小镇阿雷佐。在其成长期间,法国和西班牙王室之间发生冲突,佛罗伦萨成为西班牙的马前卒,卷入宗教改革的骚乱之中。他去世之时,基督教世界正进行着内部改革,并发生了旨在进攻新教民族的军事行动。美第奇家族长期统治着佛罗伦萨,而欧洲北部的发展却朝气蓬勃,关于当时意大利的文化气氛,"文艺复兴的观念和态度正在被艺术和生活中的异己精神所缓解或者颠覆"①。

## 一、《意大利艺苑名人传》的写作和修订

瓦萨里对历史写作最大的贡献是他的《意大利艺苑名人传》(*Lives of the Most Eminent Painters, Sculptors, and Architects in Italy*,简称《艺术家传记》或者《传记》)及其所创立的艺术史写作模式。

瓦萨里出身于商人家庭,在绘画方面受到堂祖父卢卡·西

---

① George Bull, "Vasari' *Lives*", in Giorgio Vasari, *Lives of the Artists*, trans. George Bull, Penguin Books Australia Ltd., 1965, p.9.

格诺里（Luca Signorelli）的启蒙。其父安东尼奥·瓦萨里（Antonio Vasari）有着良好的社会关系，鼓励瓦萨里发展其绘画天才。1524年，他带着瓦萨里拜访红衣主教西尔佛·帕萨里尼（Cardinal Silvio Passerini）。这时的帕萨里尼代表新选的美第奇教皇克莱蒙七世接管了亚历山德罗（Alessandro）和艾坡里托·德·美第奇（Ippolito de' Medici）少数派统治期间的佛罗伦萨政府，路过阿雷佐时，这位红衣主教让瓦萨里师从佛罗伦萨的米开朗基罗·博罗纳蒂（Michelagnolo Buonarroti）。几乎与此同时，米开朗基罗却被召到了罗马，于是他就让瓦萨里跟从安德里·德·萨托（Andrea del Sarto）学艺，并保持了与瓦萨里的友谊。因而瓦萨里对米开朗基罗极为崇拜，他在《传记》第三部分的前言里说："他无论是活着还是死去都获得莫大的荣誉，超越了其他人并使他们黯然失色。这个人就是天才米开朗基罗。他不仅拥有每种艺术的王者地位，并且把这三种艺术放在一起他仍然君临天下。"①

1540年，瓦萨里到佛罗伦萨做建筑，在繁忙之余从一个城镇漫游到另一个城镇，最远到了那不勒斯，为不同的保护人创作油画或者壁画。在旅途中，他的《传记》写作观念成型，同时他把所见到艺术作品的草图、素描、速写和印刷品搜集起来，为后来的写作奠定了基础。

他的《传记》写作受到当时一些著名人士的影响。那时最著名的史学家和传记作家保罗·乔维奥（Paolo Giovio）获得了艺术实践和艺术评论界的普遍认可，在1546年建议瓦萨里以自己为榜

---

① Giorgio Vasari, "The Author's Preface to the Third Part", in *Lives of the Painters, Sculptors and Architects*, Vol. 1, trans. Gaston du C. de Vere, Everyman's Library, Alfred A. Knopf, 1996, p.621.

样,以系列传记的形式重新撰写艺术史。同时,瓦萨里所景仰的绘画大师米开朗基罗使瓦萨里认识到写作比绘画更适合自己。而具有良好文学风格的安尼鲍·卡罗(Annibale Caro)帮助他完善了写作才干。

1550年,《意大利艺苑名人传》出版。文学家卡罗是那时候最有成就和最受人尊敬的人之一,在读了瓦萨里创作的一部分后,于1547年12月给瓦萨里写信道:"在另一个领域你写出了这样优美和有用的著作。"[1]为了对《传记》做修订和补充,瓦萨里继续游历意大利城镇,检验书中的事实,同时搜集新材料,并与朋友进行协商。1568年,修订后的《传记》问世,这时他已经是"罗马和塔斯坎尼艺术界的元老了"[2]。

两版《传记》差异不小。在内容方面,两种版本的第一部分序言都是从讨论古代艺术的杰出和受到尊重开始的,然后考察了它的衰落、遗存,进而是关于走向当前完美的艺术再生的论述。总体结构和理论性的文字没有什么变化。但它们之间的区别又是明显的,主要表现如下。

第二、三部分的序言在文风上有所变化。新版有20多篇完整的新传记,许多新增传主当时尚健在。新版中的一些片段更细致了,包含了更多的信息,更富有历史意识。例如对于君士坦丁拱门的讨论变得更加充分;再如杜勒(Dürer)对安德里·德·萨托和彭特茂(Pontormo)的影响是旧版中所没有的;特别是在新版中印刷史的分量增加了,瓦萨里在旧版中提到印刷品大约6次;另外,1568年的版本增加了马坎托尼奥·雷蒙第(Marcantonio Raimondi)

---

[1] From Patricia Lee Rubin, *Giorgio Vasari: Art and History*, Yale University Press, 1995, p.148.
[2] George Bull, "Vasari' *Lives*", in Giorgio Vasari, *Lives of the Artists*, trans. George Bull, Penguin Books Australia Ltd., 1965, p.11.

传。扩充的结果是结构多少有点变化,就像有学者已经指出的那样:"1550 年版中达·芬奇居于王者之位,米开朗基罗仅仅是个活着的艺术家,但是在 1568 年版中,最后的艺术家却是瓦萨里本人。"①

在形式上,借用前贤的话说:"在瓦萨里 1550 年的第一个版本中仅有段落,大部分传记是由单独的、不间断的段落组成的,差不多就是意识流的。出于改变主题的需要,一个新的艺术家的名字会被大写,作为一种文字上的界碑,而不是使用段落。在 1568 年的修订版中,马坎托尼奥传记的出现使段落被断开而碎化,那些大写的强调完全消失了。"②

## 二、《意大利艺苑名人传》内容结构和存在的问题

第一,今天所见《传记》的全本除了上述三部分序言外,还有全书的序言。它把近代艺术分为三阶段:以乔托(Giotto)为代表的童年时期,是对中世纪的反叛;以马萨乔(Masaccio)为代表的青年时期,是辉煌的复兴;以列奥纳多·达·芬奇和米开朗基罗为代表的成熟期,是巨人的时代。时间顺序上大体与 14、15、16 世纪相吻合。

不过,传记写作的主要线索还是风格。这一点在第一部分序言中说得非常明了:"在传记中我将尽量、尽我所能遵守其风格的

---

① David Ekserdjian, "Introduction", in Giorgio Vasari, *Lives of the Painters, Sculptors and Architects*, Vol.1, trans. Gaston du C. de Vere, Everyman's Library, Alfred A. Knopf, 1996, p.XVIII.

② Robert H. Getscher, *An Annotated and Illustrated Version of Giorgio Vasari's History of Italian and Northern Prints from His Lives of the Artists (1550 & 1568)*, Edwin Mellen Press, 2003, p.5.

顺序而不是年代顺序。"①于是,就有了风格顺序与时间顺序的冲突。就出现的看似混乱的现象来说,西格诺里和卡帕奇奥(Carpaccio)活跃于 1550 年之后,却被放入第二部分;而达·芬奇和布拉门特(Bramante)活跃于 15 世纪 70、80 年代,却被纳入第三部分。由于按照时间顺序的做法在处理 16 世纪艺术家时彻底碰到障碍,瓦萨里偶尔采用其他顺序,例如地理顺序和公共机构顺序,甚至不遵循任何顺序——于是米开朗基罗的学生丹尼尔·达·沃尔特拉(Daniele da Volterra)就跑到他的老师前面去了。

第二,具体对于传主的写作,瓦萨里通常的做法是:一篇传记包含一个传主。先叙述艺术家孩提和早年所受的训练,接着按照年代顺序写其生平,然后描述其作品、技法,最后记述其死亡和适当的纪念仪式。然而,变例是存在的,合传就很典型。他采取合传的方式来处理一组艺术家,即使用第一个也是最重要的艺术家来给传记命名,而实际上写艺术家群体。当然还有其他形式的变例。《马坎托尼奥·雷蒙第传》就很独特,既没有采用通常的方式,也不同于合传,而是首先深入关注斯昆奥尔(Schongauer)、杜勒、卢卡斯·万·雷顿(Lucas van Leyden),然后才着力叙述比卢卡斯年长大约 15 岁的马坎托尼奥。

对于变例出现的动机,艾力克·科克兰指出,瓦萨里意识到"一些学生天赋比较差,却继续或者发扬光大了大师的作品,这一般说来也是值得考虑的,因而在大师本人传记的结尾强调了这种关联。甚至他发现大师们通常受到触动而认识到潜在的势力,而这种潜在的势力得自他们的发扬者、评论者和竞争者群体的

---

① Giorgio Vasari, "The Author's Preface to the First Part", in *Lives of the Painters, Sculptors and Architects*, Vol. 1, trans. Gaston du C. de Vere, Everyman's Library, Alfred A. Knopf, 1996, p.47.

帮助"①。这不失为一种合理的解释。

第三,新版《传记》包含大量印刷史内容。实际上,《马坎托尼奥·波罗格尼斯传》(Lives of Marcantonio Bolognese and of Other Engravers of Prints)就相当于一部印刷史。在这一传记中,瓦萨里关注了六个印刷品制造者,他们是斯昆奥尔、杜勒、卢卡斯·万·雷顿、马坎托尼奥·雷蒙第、艾尼·维柯(Enea Vico)、海罗里姆斯·库科(Hieronymus Cock)。对此,盖茨切尔(Getscher)曾指出:"作为那个时代最有学问的专家之一,瓦萨里奉献了一部北方和意大利印刷品创作的第一个百年历史,这种历史成为其鸿篇巨制艺术史的一部分。"②

第四,他在历史的进步与连续中发现了古代艺术的再生,积淀出"风格""构图""尺寸""比例"等艺术史概念。其历史进步的观念从他三个阶段的划分中表现出来,上文已涉及,这里不再赘述。

关于艺术的再生问题,毫无疑问,瓦萨里非常推崇古典艺术和当前艺术。这两者之间有着怎样的关联呢?显然,他把当前艺术的繁荣看成古典艺术的再生。他在书中使用了"艺术再生"(Rinascità of arts)的概念③,使人文主义者关于意大利艺术复兴的

---

① Eric Cochrane, *Historians and Historiography: In the Italian Renaissance*, University of Chicago Press, 1981, p. 402.
② Robert H. Getscher, "Indroduction", in *An Annotated and Illustrated Version of Giorgio Vasari's History of Italian and Northern Prints from His Lives of the Artists (1550 & 1568)*, Edwin Mellen Press, 2003. p. XIII.
③ 参见王挺之:《乔尔乔·瓦萨里的〈意大利艺苑名人传〉》,《世界历史》2002年第3期。文章指出,瓦萨里并不是第一个使用"再生"这个具有隐喻性概念的人。在瓦萨里出版《意大利艺苑名人传》的4年之前,即1546年,他的朋友保罗·乔维奥在《著名文人颂》(*Notable Men and Women of Our Time*)中就采用了再生的概念,乔维奥在谈到薄伽丘时说:"他生在一个拉丁文学再生的幸福时代里。"但乔维奥的书只是一本收集(转下页)

传统思想得以概括,明确了当前艺术与古代艺术之间的区别,以及当前艺术与拜占廷艺术、哥特艺术之间的对照。这一概念经过众多学者的梳理和解释,最终在19世纪中期形成"文艺复兴"(Renaissance)这一历史概念。① 这一概念突出了艺术史中的再生而不是复兴。其特殊意义在于隐含着历史写作中对特殊因素的强调理念。

风格是瓦萨里《传记》中的一个核心概念,而支撑起风格需要一些因素。构图非常重要,而构图就是给予作品形状、姿势等方面的预想;柱式可分为陶立克式、爱奥尼亚式、科林斯式、塔斯坎尼式,把建筑物的不同风格区分开来。还有三个技术因素需要考虑,制图术是雕塑或者绘画在所有形象方面对自然中最美丽部分的模仿;尺寸就是为了建造建筑物而进行的相关测量,所有作品应该依据尺寸进行制作;比例对于建筑、雕塑和绘画都是普遍需要的,保证作品各部分的正确、真实与和谐。

对于这样的艺术史写作理念,汉斯·贝尔廷总结道,在瓦萨里那儿,"艺术就变成了一连串拒绝古典理想衰退、不断再生的过程。对再生的夸大必然会减弱复兴的历史意义:它很难掩饰这种历史进程的基本不变的特征。因而,瓦萨利的《大艺术家传记》与其说提供了一种艺术史写作的模型,毋宁说是提供了一整套美学的规范"②。

---

(接上页)了当时若干著名文人的肖像,加上简短生平事迹介绍的小册子,其内容根本无法与瓦萨里的著作相比。最重要的是,乔维奥并没有能够像瓦萨里那样将"再生"的概念作为一个主题思想贯穿于全书,通过整部著作的内容来体现和诠释这一思想。
① 参见[瑞士]雅各布·布克哈特:《意大利文艺复兴时期的文化》,何新译,商务印书馆1979年版。
② [德]汉斯·贝尔廷:《瓦萨利和他的遗产——艺术史是一个发展的进程吗?》,载《艺术史的终结?》,常宁生编译,中国人民大学出版社2004年版,第83页。

如果按照实证史学或者科学史学的眼光来看的话,《传记》存在着种种问题。塞林尼(Cellini)首先起来攻击瓦萨里。他滥用瓦萨里自传中的材料,指责瓦萨里为"时代的奴仆、骗子和懦夫,当然还是个有偏见的怪物"①。塞林尼的批评在纯粹写作背后是否还有社会原因不得而知,可以确定的是,后来学术界集中讨论《传记》中哪些是事实,哪些是虚构,哪些是历史,哪些是传奇;还讨论《传记》不同部分的原作者是谁,《传记》中历史事实的准确性如何等问题。以下举出几种情况以见《传记》中的不足。

第一,对于一些事情的记载具有不可靠性。瓦萨里关于方尼斯红衣主教(Cardinal Farnese)家里的著名晚会的记载是否可靠?洛伦佐·德·美第奇事实上是否为年轻艺术家建立过一个学院?奇莫布尔(Cimabue)观察年轻的乔托在石头上乱涂,乔托画"○";布伦艾雷奇(Brunelleschi)向佛罗伦萨人展示如何使鸡蛋站起来,这些带有传奇色彩的叙述也成为质疑的对象。

第二,艺术家身份错误。瓦萨里关于艺术家和出版者的出错率不到10%,然而他给雕刻者命名的错误率高达20%。②

第三,瓦萨里对艺术家首字母的征引有误。例如马丁·斯肯嘉乌尔(Martin Schongauer)是德国人,而不是弗雷芒人,但是瓦萨里把斯肯嘉乌尔的首字母"MS"同安特卫普生活在1527—1581年的马丁·万·克利夫(Martin van Cleve)所使用的"MC"混淆了。③

第四,瓦萨里对印刷品日期的使用不太严谨。他提到130多

---

① 参见 George Bull, "Vasari' *Lives*", in Giorgio Vasari, *Lives of the Artists*, trans. George Bull, Penguin Books Australia Ltd., 1965, p.12。
② Robert H. Getscher, *An Annotated and Illustrated Version of Giorgio Vasari's History of Italian and Northern Prints from His Lives of the Artists (1550 & 1568)*, Edwin Mellen Press, 2003, p.11.
③ Ibid., p.10.

件印刷品,但是注明日期者不到 20 次,而且这少有的日期还有错误的。① 瓦萨里不是印刷方面的行家。他对印刷技术很熟悉,但是不够精湛。因此当他提到吉乌里奥·卡姆普努拉(Giulio Campagnola)的《躺着的维纳斯》(Venus Reclining in a Landscape)时,忽视了创作者严整的点刻技术。

### 三、《意大利艺苑名人传》的特征、价值与影响

#### 1. 《意大利艺苑名人传》的人文主义特征

第一,该书深受古典史学影响。瓦萨里曾阅读普林尼的《自然史》(Natural History),《传记》中古代艺术的许多材料就是来自普林尼的。《传记》中使用的史料还有出于其他古代学者的,例如狄奥多乌斯(Diodorus)、毕克多·卡斯乌斯(Cassius)、琉善(Lucian)等。瓦萨里还按照普鲁塔克《希腊罗马名人传》的模式来写他的《传记》。不过前者以记载政治家和军事家为主,后者记载的则是艺术家。在传记的结构上,瓦萨里也效仿普鲁塔克在开篇先写上一段有关艺术理论或生活道德的议论,然后开展事实的叙述。在具体的历史观点上,例如关于古代艺术的衰落原因,他基本上照搬了古代罗马学者关于罗马衰落原因的观点,这也是文艺复兴时期学者们的普遍做法,认为基督教和蛮人入侵造成了古代世界的衰落。他的这一倾向在第一部分的序言中明显地表现出来。②

第二,他具有关怀社会的思想和艺术再生的观念。瓦萨里强

---

① Robert H. Getscher, *An Annotated and Illustrated Version of Giorgio Vasari's History of Italian and Northern Prints from His Lives of the Artists (1550 & 1568)*, Edwin Mellen Press, 2003, p.13.

② Giorgio Vasari, "The Author's Preface to the First Part", in *Lives of the Painters, Sculptors and Architects*, Vol. 1, trans. Gaston du C. de Vere, Everyman's Library, Alfred A. Knopf, 1996, pp.37-38.

调历史著作对现实的关怀。他明确写《传记》是"为了建筑、雕刻和绘画这三部分艺术的后继者从中受益,然后尊崇这些已经去世的人们"①。他承认:"当我开始写作这些传记的时候,我没打算做一个艺术家的名录,或者说是他们作品的清单。"他认识到"历史真正的灵魂是教诲人们去生活,是使他们变得聪明"②。这种主张和表现恰好是人文主义史学的显著特征。持有再生或者复兴观念的知识分子在文艺复兴时期非常普遍,正如乔治·布尔(George Bull)所言:"承认人类事物中的兴衰和美好的艺术在塔斯坎尼的再生或者复兴在瓦萨里时代的知识界都很流行。"③瓦萨里正是这样的知识分子,他的再生观念是那个时期的代表之一,具体的不再展开。

2. 《意大利艺苑名人传》的学术价值

后世一些学者给予《传记》的学术价值以充分肯定。乔治·布尔认为,瓦萨里的著作"多少世纪以来都保持着广泛和普遍的感染力和巨大的历史价值"④。这种评价是对事实的一种陈述。它的学术价值可以概括如下。

第一,难得的史料价值。对此过去就有学者指出,"他的《传记》对于文艺复兴艺术史的研究是基本史料"⑤,"他的著作毕竟为

---

① Giorgio Vasari, "The Author's Preface to the Whole Works", in *Lives of the Painters, Sculptors and Architects*, Vol.1, trans. Gaston du C. de Vere, Everyman's Library, Alfred A. Knopf, 1996, p.14.
② Giorgio Vasari, "The Author's Preface to the Second Part", in *Lives of the Painters, Sculptors and Architects*, Vol.1, trans. Gaston du C. de Vere, Everyman's Library, Alfred A. Knopf, 1996, p.245.
③ George Bull, "Vasari' *Lives*", in Giorgio Vasari, *Lives of the Artists*, trans. George Bull, Penguin Books Australia Ltd., 1965, p.15.
④ Ibid., p.9.
⑤ Patricia Lee Rubin, "Preface", in *Giorgio Vasari: Art and History*, Yale University Press, 1995, p.Ⅶ.

我们提供了那个时代有关艺术家的最大量的'史实'"①,"吉尔吉奥·瓦萨里的《艺术家传记》给我们保存了关于文艺复兴艺术唯一的最重要的记录和论述"②。

不过,书中史料的真实性问题也需要加以说明。应该承认,书中有不少趣闻轶事,也有许多明显的错误,从实证的角度说,这些是研究文艺复兴历史需要加以批判的。同时应该明确,不能因为其真实性的瑕疵而看低了《传记》的学术意义。瓦萨里并非故意弄出这些错误来,他于1550年在写给科西莫·德·美第奇的献词中说:"我努力去做了,带着追求精确的态度,秉持着保持所写历史和事件的真实这一基本的美好信仰。"③

问题在于他的《传记》不是写给研究文艺复兴艺术史的专家看的,也就是说,瓦萨里的书有着界定完好的目的和严格的读者,这在上文中已经说明。因而书中出现想象和虚构的成分非常自然。于是有人批评道:"瓦萨里是个狡猾的叙述者,他在精巧制作其作品时,将事实和虚构巧妙地交织在一起,却鼓励读者相信他的历史。"④如果我们把他的著作当成文艺复兴艺术史的词典,那么不确切等一系列问题就出现了;而一旦把它看作一个被精心设计和

---

① [澳]保罗·杜罗、迈克尔·格林哈尔希:《西方艺术史学——历史与现状》,载[德]汉斯·贝尔廷等:《艺术史的终结?》,常宁生编译,中国人民大学出版社2004年版,第30页。

② Robert H. Getscher, *An Annotated and Illustrated Version of Giorgio Vasari's History of Italian and Northern Prints from His Lives of the Artists (1550 & 1568)*, Edwin Mellen Press, 2003. p.1.

③ Giorgio Vasari, "Dedication of 1550", in *Lives of the Painters, Sculptors and Architects*, Vol. 1, trans. Gaston du C. de Vere, Everyman's Library, Alfred A. Knopf, 1996, p.4.

④ Anne B. Barrriault, Andrew Ladis, Norman E. Land, et al., *Reading Vasari*, Philip Wilson Publisher Ltd., 2005, p.16.

卓越制作的时代产物,那么"它有了与那个时代其他所有伟大文化现象同样的正当性。它仍然具有愉悦和指导意义"①。

至于《传记》中的不真实问题,这句话说得非常之好:"瓦萨里不是学究,而就是一个人。他希望享有他所能记忆的一切,而不是他能证明的一切。"②或许下面一句话更精彩:"瓦萨里的荣耀无须辩护。""历史学是一种解释的实践,一个时代的评价和标准必然被加到另一个时代上去。瓦萨里是一个伟大和很有创造性的解释者。"③既然如此,那么就不应该抓住他著作的细枝末节不放。

第二,《传记》是艺术史的开创性之作。普林尼在《自然史》中对艺术有所涉猎,但是艺术家是作为配角出现的,甚至到了菲利普·维兰尼(Filippo Villani)或者乔万尼·维兰尼所著的《伟人们》(Le Vite D'Uomini Illustri Fiorentini),对于享有荣耀的艺术家的作品特殊性也几乎没有涉及。可是,瓦萨里的《传记》则不同,把艺术家推到主角的位置,并从细微处考察了艺术史。他的写作之所以能够顺利实施,一方面跟上文提到的一些人的引导和帮助分不开,另一方面得益于他的艺术家身份。瓦萨里作为建筑师的作品,如佛罗伦萨市政殿、米开朗基罗的坟墓、美第奇百年史大型壁画等,充分反映了他的杰出才能。这就呈现出一个事实:专家写史。许多专业性很强的领域,一般史家是无从置喙的,

---

① Patricia Lee Rubin, *Giorgio Vasari: Art and History*, Yale University Press, 1995, p.403.
② Robert H. Getscher, *An Annotated and Illustrated Version of Giorgio Vasari's History of Italian and Northern prints from His Lives of the Artists (1550 & 1568)*, Edwin Mellen Press, 2003, p.25.
③ Patricia Lee Rubin, "Introduction", in *Giorgio Vasari: Art and History*, Yale University Press, 1995, p.7.

而瓦萨里则不同,"他是个卓越的画家和建筑师,尽管不是天才,这就说明为什么他的写作具有技术权威,而且具有很大的、不是专业文人的优势"①。他本来就是个画家和建筑师,而建筑的实施又离不开绘画、雕塑和雕刻,这种特殊身份使他能够平静地对待绘画与雕塑在历史上的高下之争,从而提出"雕塑和绘画事实上是一父所生的姐妹,来自一个构想,是共生的"②。另外,由于他是位艺术界的专家,因此经他最后认可的全书和三个部分的序言堪称《传记》的灵魂。难怪有人说"乔尔乔·瓦萨里的《意大利艺苑名人传》是意大利文艺复兴的《圣经》——尽管不是全部的——然而是艺术史的"③。

### 3.《意大利艺苑名人传》的历史影响

查尔斯·霍普(Charles Hope)曾说过,《传记》"是一部前所未有的鸿篇巨制,在以后的三个世纪中,凡涉及这一领域的作者均以其为范本"④。这段话道出了瓦萨里《传记》对后世的影响程度。甚至有论者认为:"瓦萨利艺术史模式的成功和影响是巨大的,直到今天许多艺术史家仍然把文艺复兴摆在整个艺术研究领域的中心就是一个有力的证明。进步的理念、历史地评价艺术作品和艺术家的观点、影响的观点——根据这点,一个艺术家或流派的风格特性可以追溯到连续几代人的影响关系,所有这些都是瓦萨利艺

---

① David Ekserdjian, "Introduction", in Giorgio Vasari, *Lives of the Painters, Sculptors and Architects*, Vol.1, trans. Gaston du C. de Vere, Everyman's Library, Alfred A. Knopf, 1996, p.XV.
② Giorgio Vasari, "The Author's Preface to the Whole Works", in ibid., p.22.
③ David Ekserdjian, "Introduction", in ibid., p.XV.
④ Charles Hope, "Can You Trust Vasari", *New York Review of Books*, 5 Oct., 1995.

术史方法论特点保持到今天的标志。"①

事实上,在《传记》第二版问世后八年,菲利普·巴尔第努斯(Filippo Baldinucci)的《铜刻艺术的起源与发展》(*The Origin and Progress of the Art of Incising in Copper*)就以瓦萨里为榜样,并从瓦萨里的艺术家传记中引用了大量材料。因此,"对印刷和印刷品制造者的最早研究被直接追溯到 16 世纪伟大的编纂者瓦萨里"②。后来,卡罗·恺萨·马尔维奇亚(Carlo Cesare Malvasia)的《波伦亚艺术家传记集》(*Collection of Lives of Bolognese Artists*)"受到艺术家传中的前辈瓦萨里的引导。马尔维奇亚的传记集中有许多直接取自瓦萨里的艺术家传","他长长的叙述性目录也是依照瓦萨里而定的"。③ 其他如比利时卡尔·范·孟德尔(Karel Van Mander)和德国约阿希姆·冯·桑德拉特(Joachim von Sandrart)在撰写他们的世界艺术史时,有关文艺复兴艺术的内容也出自瓦萨里的《传记》。再如法国费利比安·德·阿沃·安德烈(Félibien des Avaux André)《历代名画家传》(*Entretiens sur les vies et sur les ouvrages des plus excellens peintres anciens et modernes*)涉及意大利艺术复兴时的观点和资料同样完全来自瓦萨里。④

---

① [澳]保罗·杜罗、迈克尔·格林哈尔希:《西方艺术史学——历史与现状》,载[德]汉斯·贝尔廷等:《艺术史的终结?》,常宁生译,中国人民大学出版社 2004 年版,第 28 页。
② Edward J. Olszewski, "Preface", in Robert H. Getscher, *An Annotated and Illustrated Version of Giorgio Vasari's History of Italian and Northern Prints from His Lives of the Artists (1550 & 1568)*, Edwin Mellen Press, 2003, pp. XV - XVI.
③ Ibid., p. XV.
④ Wallace K. Ferguson, *The Renaissance in Historical Thought*, Houghton Mifflin Co., 1948, p. 66.

还是用下面这段话作为这一论题的结束语吧。"瓦萨里或好或坏地对后来几个世纪产生了明显的影响,后代对于填补他所留下的历史记录的空白普遍无能为力,这突出表明他对于我们关于这个时期的阶段感所做出的贡献是多么重要啊!同时,瓦萨里的艺术整体进步的概念对于后来的批判造成了颠覆性的影响,这也是真确的。然而,说没有艺术家能够克服瓦萨里的疏忽和漠视,那却是不真实的。"[1]

---

[1] David Ekserdjian, "Introduction", in Giorgio Vasari, *Lives of the Painters, Sculptors and Architects*, Vol.1, trans. Gaston du C. de Vere, Everyman's Library, Alfred A. Knopf, 1996, p.XVII.

# 第 21 论

# 伏尔泰史学渊源和著史模式

伏尔泰(1694—1778 年),原名弗朗索瓦-马利·阿鲁埃(François-Marie d'Arouet),笔名伏尔泰,法国杰出诗人和剧作家,同时还是卓有成就的史学家。他之于史学的地位,正如有论者所指出的:"无论伏尔泰是否像其推崇者所说的那样,为近代史学之父,他都是启蒙运动最为典型的史学家,这一点当毋庸置疑。"①

## 一、伏尔泰史学的学术渊源

伏尔泰受皮埃尔·贝尔的影响,贝尔是法国启蒙思想的真正首倡者,著有《历史与批判词典》。伏尔泰为写《亨利亚特》阅读了 17 世纪人文主义史学家例如米什莱、早期编年史家例如德图和贝尔的著作。伏尔泰读过贝尔全集,尤其是《历史与批判词典》,其反抗精神就是贝尔先进思想影响所致,而且"通过贝尔,伏尔泰首先同历史问题发生了关联"②。伏尔泰在描写自由主义基本主题的时候,由于热爱自由主义而走向了批评不宽容的基督教徒例如圣

---

① J. H. Brumfitt, *Voltaire: Historian*, Oxford University Press, 1958, p.1.
② Ibid., p.6.

伯纳德,为非基督教徒穆罕默德辩护,"伏尔泰借用了其新教徒同胞皮埃尔·贝尔的东西"①。伏尔泰深受历史皮浪主义影响,正是贝尔《历史与批判词典》中的《大卫》一文首先把《圣经》中的内容严格区分为历史的和教条的,主张历史学家享有对于前人的批判权利,"伏尔泰在《历史哲学》中重复了同样的事情,于在物理学不可能的背景下批判奇迹方面则走得更远"②。伏尔泰批评以往史学家不能将真相和传说加以区分,这一现象贝尔已经指出过,但是"没有一个人能像伏尔泰那样有如此之大的勇气致力于此"③。

波林布罗克对于伏尔泰的文学创作、政治素质培养、宗教观念的形成起到了重要作用,伏尔泰的传记作者艾尔德里捷(Aldridge)有比较详细的说明。④ 波林布罗克是英国政治家、哲学家和艺术爱好者,他有句格言:"历史学是通过事例进行教育的哲学。"伏尔泰作为学生进行了回应。有学者对两人进行过比较,认为"两人都同样轻视古物收藏家的'无用学问';都认为历史方面的学问(的确是各种学问)自身不是目标,而是通向目的的途径;都主张历史被恰当理解为训练美德和公民品行的学校"。⑤

孟德斯鸠也影响了伏尔泰。孟德斯鸠具有自然主义观点,他在解释社会发展时找出多种因素,尤其是物理与道德两大因素决

---

① A. Owen Aldridge, *Voltaire and the Century of Light*, Princeton University Press, 1975, p.51.
② J. H. Brumfitt, *Voltaire: Historian*, Oxford University Press, 1958, p.33.
③ J.B. Black, *The Art of History: A Study of Four Great Historians of the Eighteenth Century*, Methuen & Co. Ltd., 1926, p.51.
④ A. Owen Aldridge, *Voltaire and the Century of Light*, Princeton University Press, 1975, pp.42–45.
⑤ J.B. Black, *The Art of History: A Study of Four Great Historians of the Eighteenth Century*, Methuen & Co. Ltd., 1926, p.31.

定社会发展。他面临个人在历史中的作用问题,最后走向社会。孟德斯鸠在这些问题上的观点都影响了伏尔泰。① 此外,他还同前辈丰德奈尔、费龙(Fénelon)、波伦菲利尔斯(Boulainvilliers)有着渊源。②

参与百科全书的编纂活动成就了伏尔泰的史学观念。伏尔泰应狄德罗之邀,参加百科全书派的学术活动,成为这一学派的灵魂。狄德罗曾经称伏尔泰为"亲爱的导师",达兰贝尔称伏尔泰为"敬爱的领导文学的导师"。③ 卢梭也向伏尔泰表示:"为了成为一个不愧对您观点的人我已经努力了 15 年。"④伏尔泰为《百科全书》写了"理性""历史"和其他一些条目。正是在"历史"中,"在把思想史作为'只不过是人类的一大堆谬误'一脚踢开,并把教会史耻笑为'一度叫上帝高兴得拿来指导犹太民族的一连串神奇奥妙的把戏'之后,伏尔泰进而说明应该如何写历史"⑤。换言之,"历史"集中而系统地表达了伏尔泰关于历史学的观点,而他的其他历史著作只是这些观点的具体表现而已。

17 世纪的大部分史学家延续了文艺复兴人文主义传统,试图追随西塞罗的戒律,以李维和萨鲁斯特为楷模,其目的在于实现道德教诲和艺术杰作。特别是 17 世纪的史学"常常导致对传统确定性的毁坏,而不仅仅是异乎寻常的新成就。年代学家的发现使得

---

① J. H. Brumfitt, *Voltaire: Historian*, Oxford University Press, 1958, pp.111–119.
② Ibid., pp.35–45.
③ [苏]阿尔塔莫诺夫:《伏尔泰传》,张锦霞、苏楠译,商务印书馆 1987 年版,第 20 页。
④ 同上。
⑤ J.W. Thompson, *A History of Historical Writing*, Vol.2, Macmillan Company, 1942, p.67.

逐字解释《旧约》成为不可能，人们从而开始怀疑它是一种所谓有历史确定性的文献。类似的不确定性在希腊和罗马史学中也被发现了。它们如此大量地出现在关于16世纪宗教战争的书写中，以至于贝尔声言他读这一时期的历史学家不是为了发现发生了什么（无望的企图），而仅仅是为了发现关于发生的东西每一边都说了些什么"①。

最为重要的是，"许多尝试演化为关于历史学家目的的新理念，演化为关于那种应该构成客观历史事物的材料的新理念。贝尔和丰德奈尔都鼓励历史学家去研究'人类精神史'，费龙则要求对于社会制度发展和社会形式进行更为透彻的研究"②。

伏尔泰对其前辈进行了批判。伏尔泰最早在法国宣传牛顿和洛克，他接过培根依靠经验的号召，尖锐批判了笛卡尔、莱布尼茨、斯宾诺莎和马勒伯朗士（Malebranche）。他是怀疑主义的拥护者，怀疑封建主义的合理性，怀疑教会信条。他批判人文主义史学家，特别是17世纪到18世纪早期最著名的史学家米什莱和丹尼尔：

> 他攻诘他们的可信度和考证意识的缺乏，他们的民族偏见，他们的毫无意义和作用的细节，他们对于战斗和世系的优先考虑，他们的篡改和中伤。他同样也贬损其演讲、描写和其他老式的修辞工作。③

他批评波舒埃（Bossuet），因为在他看来，波舒埃的著作"完全基于对《圣经》的文献解读和希腊罗马史学家所提供的东西；而关

---

① J. H. Brumfitt, *Voltaire: Historian*, Oxford University Press, 1958, p.3.
② Ibid., p.4.
③ Ibid., p.26.

于其余的古代世界,则什么也没说"①。这样,"以启蒙运动观点从整体上解释历史的任务,便降临到伏尔泰身上了"②。

## 二、伏尔泰的著史模式

### 1. 从人文主义走向理性主义

伏尔泰从《查理十二世史》到《风俗论》实现了这样一个历程:"从一个纯粹的政治人物传记,外加浪漫的模式,他走向对一个时代的分析,并且从此又走向对人类整体的病理研究——一项记录,通向广阔的眼界、深刻的洞悉和广泛的领会。"③要言之,他从人文主义走向了理性主义。

他对史学价值的期望仍然是人文主义的。这方面他的言论包括:"(历史学的任务是)从史实中总结出行为准则来。"④或者说是"叙述值得各个时代注意,能描绘人类天才和风尚,能起教育作用,能劝人热爱道德,文化技艺和祖国的事件"⑤,其目的是从"剧烈变革中获得教益"⑥。

讲求艺术性也是人文主义史学的习惯。伏尔泰欣赏带有艺术性的历史写作,他在谈到史诗时说:"为什么我厚爱此类诗体的描绘,而史家对战役的叙述却往往令人烦腻? 我觉得,真正的原因在于史家不如诗人刻画得好。一些著作时常叙述有的团队在前进、

---

① J. H. Brumfitt, *Voltaire: Historian*, Oxford University Press, 1958, p.31.
② Ibid., p.4.
③ J. B. Black, *The Art of History: A Study of Four Great Historians of the Eighteenth Century*, Methuen & Co. Ltd., 1926, p.71.
④ [法]伏尔泰:《哲学辞典》下册,王燕生译,商务印书馆1991年版,第510页。
⑤ [法]伏尔泰:《路易十四时代》,吴模信译,商务印书馆1982年版,第10页。
⑥ [法]伏尔泰:《风俗论》中册,梁守锵译,商务印书馆1997年版,第339页。

有的后备队在待命、有的哨所被占领、有的沟壑被逾越,而这一切几乎经常是一团乱麻。但在历史著作中,确切已属少见,更欠缺的是生动、热情、惊恐和情趣。"①这种对艺术的追求甚至在《风俗论》中也有明显的体现,那就是随处可见的精辟格言,这里举几例:"在这世界上,实力决定一切。"②"有不同的利益就有不同的打算。"③"从来宗教都比帝国存在的时间更为长久。"④"迷信产生了可笑的习俗,而浪漫精神则编造出荒谬的理由。"⑤"风俗习惯从来都是按照每个人的选择而建立起来的。"⑥"凡是真正的伟人无不具有卓越的思想。"⑦当然,他抛弃了人文主义史学安排大段演说词和进行描绘的做法。这一倾向使他与前辈人文主义史学家区别开来。

同时,他把理性主义注入史学,重视社会文化史写作。关于历史写作的内容,他说,风俗和精神是其关注的两大中心内容。⑧ 莱蒙·那芙为《哲学通信》所写的序中说:"这里有一种新史学原则,对于有益的事物、经久的作品、文明,要比战役、朝代争论和宫廷事变更重视,这就是《路易十四的时代》,特别是《风俗论》的公式。"⑨是的,伏尔泰把社会史和文化史看得比政治史重要。《哲学

---

① [法]伏尔泰:《亨利亚特及其他》,丁世忠译,载丁世忠编选:《伏尔泰精选集》,北京燕山出版社 2005 年版,第 639—640 页。
② [法]伏尔泰:《风俗论》上册,梁守锵译,商务印书馆 1994 年版,第 490 页。
③ 同上书,第 379—380 页。
④ [法]伏尔泰:《风俗论》中册,梁守锵译,商务印书馆 1997 年版,第 1 页。
⑤ [法]伏尔泰:《风俗论》上册,梁守锵译,商务印书馆 1994 年版,第 61 页。
⑥ 同上书,第 531 页。
⑦ 同上书,第 452 页。
⑧ 同上书,第 2 页。
⑨ [法]莱蒙·那芙:《原出版者序》,载[法]伏尔泰:《哲学通信》,高达观等译,上海人民出版社 2005 年版,第 7 页。

通信》收了他 25 封信,除了《谈政府》和《谈议会》两篇外,其余 23 篇都是关于宗教、科学、艺术和哲学的。这种倾向不仅表现在他作品的数量上,而且表现在对知识文化成果的赞赏上。《风俗论》中他更多写了各主要民族的精神、风尚、习俗、法律、艺术,以及一些为说明这一切而必须了解的事实。

再者,伏尔泰用哲学来写历史。他说,"想从哲学家的角度阅读历史","寻求有用的真理"。① 他以为哲学可以纠正偏见,"各民族的历史都曾为传说所歪曲,直到最终由哲学来启迪人们的思想为止……它发现某些仪式、某些事实和某些纪念性建筑都是为了证实谎言而建立的"②。至于具体研究中对哲学的运用,下文相关部分将有所涉及。

### 2. 宽广的史学胸襟

伏尔泰的史学胸襟非常宽广,但并非没有欧洲中心论的影子。他的作品突破欧洲地域,不以欧洲为圭臬。他认为,"各国的风俗、习惯、法律、变革虽然有相同的根源和目的,但却是千差万别的,它们构成了描绘世界的画卷"③。他不主张以西方的标准衡量东方,"世界的画卷是如何的五彩缤纷,我们应当特别注意,勿用我们的习惯来衡量一切"④。

他能够看到各民族的一致与差异。例如他认为各民族道德观念一致,而仪式有区别:"我们看得清楚,所有文明的民族,其道德观念均相同,而一个民族最通行的习俗,在别的民族看来,不是怪诞,便是可憎。制订出来的教仪今天使人类陷于分裂;而道德观念

---

① [法]伏尔泰:《风俗论》上册,梁守锵译,商务印书馆 1994 年版,第 15 页。
② [法]伏尔泰:《风俗论》下册,谢戊申等译,商务印书馆 1997 年版,第 523 页。
③ 同上书,第 502 页。
④ [法]伏尔泰:《风俗论》上册,梁守锵译,商务印书馆 1994 年版,第 296 页。

则把大家联合在一起。"①在其他方面,他指出:"我们和东方人最大的差别在于对待妇女的态度。在东方,从来没有一个女人执政……另一个差别来源于对待妇女的习俗,即把去势的男子安排在妇女身边。……他们和我们,一切都不同,宗教、法律、政体、风俗、饮食、衣着以及书写、表达和思想的方法都大相径庭。"②东西方的共同点是"都是通过法律,或通过风俗习惯对弄权专断加以制约。……宗教无例外地向各民族传播同样的道德观念"③。

他总结说:"一切与人性紧密相连的事物在世界各地都是相似的;而一切可能取决于习俗的事物则各不相同,如果相似,那是某种巧合。习俗的影响要比人性的影响更广泛,它涉及一切风尚,一切习惯,它使世界舞台呈现出多样性;而人性则在世界舞台上表现出一致性,它到处建立了为数不多的不变的基本原则:土地到处都一样,但是种植出来的果实不同。"④

### 3. 气度恢宏的文化比较

伏尔泰认为:"尽管阿拉伯人是伊斯兰教徒,我们必须给他们以公正评价。同时,必须承认,我们西方民族虽然对某些重要事物的真理有所领悟,但在艺术、科学和国家管理方面却很缺乏知识。"⑤他还推崇印度:"印度的古代宗教和中国士大夫的古代宗教,是唯一没有使人沦为野蛮人的宗教。"⑥

特别是他景仰中国,发表了许多相关言论。例如他说:"如果

---

① [法]伏尔泰:《风俗论》上册,梁守锵译,商务印书馆1994年版,第83页。
② [法]伏尔泰:《风俗论》下册,谢戊申等译,商务印书馆1997年版,第529页。
③ 同上书,第531页。
④ 同上书,第532页。
⑤ [法]伏尔泰:《风俗论》上册,梁守锵译,商务印书馆1994年版,第3页。
⑥ 同上书,第80页。

说有些历史具有确实可靠性,那就是中国人的历史。……其他民族虚构寓意神话,而中国人则手中拿着毛笔和测天仪撰写他们的历史,其朴实无华,在亚洲其他地方尚无先例。"①"由于它是世界上最古老的民族,它在伦理道德和治国理政方面,堪称首屈一指。"②"中国人在道德和政治经济学、农业、生活必需的技艺等方面已臻于完美境地,其余方面的知识,倒是我们传授给了他们的;但是在道德、政治经济、农业、技艺这方面,我们却应该做他们的学生了。"③"中国的儒教是令人钦佩的。毫无迷信,毫无荒诞不经的传说,更没有那种蔑视理性和自然的教条。"④"似乎所有民族都有迷信,只有中国的文人学士例外。"⑤需要指出的是,他看到了中国科技的落后,"中国人因为两千年来故步自封、停滞不前,所以在科学方面碌碌无为"⑥。

还要指出的是,他对中国的认识存在误区。例如《风俗论》第158章说:"波斯与中国、土耳其始终相同的地方就是不存在贵族。在这几个疆土辽阔的国度里,只有尊贵的官职,此外没有其他的贵族身份。什么官职也没有的人不能从他们的父辈担任过的官职中得到好处。"⑦这一认识显然不符合中国历史实际。

---

① [法]伏尔泰:《风俗论》上册,梁守锵译,商务印书馆1994年版,第85页。
② [法]伏尔泰:《路易十四时代》,吴模信译,商务印书馆1982年版,第594页。
③ [法]伏尔泰:《哲学辞典》上册,王燕生译,商务印书馆1991年版,第323页。
④ 同上书,第331页。
⑤ [法]伏尔泰:《风俗论》上册,梁守锵译,商务印书馆1994年版,第36页。
⑥ [法]伏尔泰:《路易十四时代》,吴模信译,商务印书馆1982年版,第594页。
⑦ [法]伏尔泰:《风俗论》下册,谢戊申等译,商务印书馆1997年版,第117页。

他的观点仍有欧洲中心论的影子。他在《路易十四时代》的导言里说:"不为后代叙述某个个人的行动功业,而向他们描绘有史以来最开明的时代的人们的精神面貌。"①"对只愿记忆事实的人说来,所有历史都彼此相似,大体相同。但是勤于思考和善于鉴别的人(这更加罕有)却认为世界历史上只有四个时代值得重视。这四个兴盛昌隆的时代是文化技艺臻于完美的时代;是作为人类精神的崇高伟大的划时代而成为后世典范的时代。"②而且,他认为路易十四时代可能"是四个时代中最接近尽善尽美之境的时代。其他三个时代的发现使这个时代得以充实丰富,因此它在某些方面的成就比其他三个时代的总和还多……这种有益的影响甚至还不局限于法国的范围之内。它扩展到英国,激起这个才智横溢、大胆无畏的国家当时正需要的竞争热情。它把高雅的趣味传入德国;把科学传入俄国。它甚至使萎靡不振的意大利重新活跃起来。欧洲的文明礼貌和社交精神的产生都应归功于路易十四的宫廷"③。

后来在《风俗论》中,他又说到这四个繁荣时期:"如果要研究艺术史,那么在世界史上,只有四个时代是值得称道的,那就是亚历山大时代、奥古斯都时代、美第奇家族时代和路易十四时代。"④如果说仅仅限于欧洲,那还可以说得过去;如果放到整个世界,那么此说显然就有忽视其他民族的意味了。

### 4. 丰富而复杂的历史观

伏尔泰历史观的内涵很丰富,可以概括如下。

第一,温和历史进步观。他相信历史的变化,"一切都在变化。

---

① [法]伏尔泰:《路易十四时代》,吴模信译,商务印书馆1982年版,第5页。
② 同上。
③ 同上书,第7页。
④ [法]伏尔泰:《风俗论》上册,梁守锵译,商务印书馆1994年版,第286页。

在许多国家,尤其是法国,风俗、法律、特权的历史,都只不过是一幅活动的图画而已"①。他相信人类会趋于完善,"人是可以臻于完善的"②。

但是,伏尔泰的历史进步观念中有复杂的因素,用有的学者的话说就是:"他不会过分夸大进步理念的。他信仰的是一种温和的进步,只要理性没有实现完全的统治,这种进步就会为周期性的倒退所打断,并屈从于偶然性。这种清醒的理解把伏尔泰与孔多塞及其狂热的期待区别开来;但它还使伏尔泰与基督教对最后完成的希望划清了界线。"③

这表现在他对于古今问题的处理上,主张古人与今人各有千秋,他说埃及的金字塔和中国的长城代表了当时的建筑水平,但是到了现代,"无论是中国人也好,埃及人也好,都不会塑成一件现今我们的雕塑家所塑造的人像"④。在文学体裁方面,"现代作家远远高出古代作家,而在为数极微的文学体裁方面,我们却不如古人"⑤。他的结论是:"凡是摆脱一切成见,体会到古人和今人的才德,鉴赏他们的美,认识到他们的缺点,并能加以原谅的人都是幸福的。"⑥

第二,总体否定中世纪。伏尔泰认为:"总的说来,整个这段时间的历史就是罪行累累、荒唐蠢事和连绵灾祸的历史,虽然其中宛

---

① [法]伏尔泰:《风俗论》中册,梁守锵译,商务印书馆1997年版,第273页。
② [法]伏尔泰:《风俗论》上册,梁守锵译,商务印书馆1994年版,第39页。
③ [德]卡尔·洛维特:《世界历史与救赎历史》,李秋零、田薇译,生活·读书·新知三联书店2002年版,第130页。
④ [法]伏尔泰:《哲学辞典》上册,王燕生译,商务印书馆1991年版,第100页。
⑤ 同上书,第107页。
⑥ 同上书,第118页。

如在荒凉的沙漠里有时能发现一些零星的居民一样,我们也能看到某些美德和某些可喜的时期。"①他还说:"整个这部分历史只是几个蛮族将领同一些主教争夺对愚昧农奴的统治。人类还缺少避免发生累累暴行的必不可少的两个东西:理性与勇气。"②或者是:"世界大事的历史简直就是各种罪行的历史,世俗者和教士们的野心使得没有一个世纪不充满着可怕的罪行。"③或者是:"在一片荒漠中,虎狼和狐狸吞噬着一头失群离散而胆战心惊的牲畜,这便是欧洲漫漫数世纪的写照。"④

他否定十字军东征。"十字军东征是不幸的,是疯狂的行为。"⑤他批评教皇:"上帝的这些人间代理人不是暗杀别人,就是被别人暗害;不是放毒,就是被人毒死,如此轮流不息;他们使自己的私生子发了横财,却颁布法令禁止私通;他们禁止骑士比武,却经常发动战争;他们对国王处以绝罚,把国王赶下王座,却向民众出售赎罪券;他们是基督教欧洲的神,同时又是基督教欧洲的最可耻和最丑恶的人。"⑥还说:"罗马皇帝们的暴行只不过使意大利流血 4 年;而教皇狂犬病则使欧洲流血整整 200 年。"⑦

但是,他没有否定中世纪的一切。他说:"也不应认为一切都是野蛮的。在所有国家,在王位上,在修院内,在骑士、教士之间,

---

① [法]伏尔泰:《风俗论》下册,谢戊申等译,商务印书馆 1997 年版,第 526 页。
② [法]伏尔泰:《风俗论》上册,梁守锵译,商务印书馆 1994 年版,第 442 页。
③ 同上书,第 427 页。
④ 同上书,第 393 页。
⑤ [法]伏尔泰:《风俗论》下册,谢戊申等译,商务印书馆 1997 年版,第 523 页。
⑥ 同上书,第 525 页。
⑦ [法]伏尔泰:《风俗论》上册,梁守锵译,商务印书馆 1994 年版,第 600 页。

都有伟大的善行。"①他肯定骑士精神,"弥补了当时普遍盛行的凶残的风尚"②。他对教皇亚历山大三世还是推崇的,说"他在12世纪的一次主教会议上竭尽全力地废除了奴隶制。是这位教皇在威尼斯用他的智慧战胜了德皇红胡子弗里德里希一世的暴力,是他迫使英国国王亨利二世为杀害托马斯·贝克尔向上帝和众人公开请罪。他恢复了民众的权利,惩治了国王们的罪行"③。他对利奥四世也称颂不已。④

第三,复杂的历史原因论。伏尔泰是自然神论者,相信自然法则在历史中起作用,但又不是地道的历史决定论者,因为他注意到偶然因素不可忽视。他把历史事件区分为有起源的和没有起源的。人们之所以把历史上的一切都看成神决定的,跟以往的历史编年有关,许多自然现象、神奇现象被记录下来,在形式上同人事发生关联,从时间顺序上看似乎有着因果关系。他在论述人的自由问题时,看到消极和积极两种倾向,结果把伟人推到了台前。他从环境、政府和宗教三个方面对历史进行解释。他不否认环境的重要性,更看重政府的作用,但是他最为重视的还是宗教。⑤

具体到伏尔泰用以解释历史的因素,"有三样东西不断影响着人们的思想,那就是:气候、政治和宗教。这个世界的奥秘,只能这样去解释"⑥。伏尔泰在谈到气候影响社会时认为不可一概而论。

---

① [法]伏尔泰:《风俗论》中册,梁守锵译,商务印书馆1997年版,第255页。
② 同上书,第204页。
③ [法]伏尔泰:《风俗论》下册,谢戊申等译,商务印书馆1997年版,第526页。
④ [法]伏尔泰:《风俗论》上册,梁守锵译,商务印书馆1994年版,第464—465页。
⑤ J.B. Black, *The Art of History: A Study of Four Great Historians of the Eighteenth Century*, Methuen & Co. Ltd., 1926, pp.38-49.
⑥ [法]伏尔泰:《风俗论》下册,谢戊申等译,商务印书馆1997年版,第528页。

他认为气候影响了印度,而风俗影响了土耳其,宗教则影响了波斯。① 他分别从波斯、巴黎、埃及、雅典、罗马等地举出一些反例,证明气候左右一切的观点是错误的。他认为:"气候是有些威力的,然而政府的治理却比气候影响大百倍;宗教加上政府的治理,力量就更大了。"②他承认气候对礼俗和宗教都有影响,但是又说:"戒律大部分牵涉到气候;而信仰却根本不在于气候如何。"③特别是关于信仰的变迁,他说"气候根本没起什么作用,政府的治理决定了一切",而"在有些民族那里,地方的气候和国家的治理都没能促进宗教的形成"。④

他有时还强调天性的重要性,"因为天性和习惯几乎总是胜过法律,特别是当人民还没有普遍了解这一法律的时候"⑤。

他还看到命运对于人的重要性。他讥讽说医生能起死回生的人是傻子,说认为谨慎者能创造自己命运的人是笨货。他认为:"小心翼翼的人远不能创造他的命运,却反被命运整倒了;倒是命运创造了小心翼翼的人。"⑥不过,命运在伏尔泰那里就是自然规律。他意识到,如果命运创造了一切,那么必然的推论之一是相信宿命,而相信宿命的结果是人们必然什么都不做了。他的观点是:"丝毫不必担心,反正我们总归有欲望和成见。因为我们命定地要受成见和欲望的支配。"⑦他相信命运:"国家的兴亡受命运的主

---

① [法]伏尔泰:《风俗论》下册,谢戊申等译,商务印书馆1997年版,第494—504页。
② [法]伏尔泰:《哲学辞典》下册,王燕生译,商务印书馆1991年版,第374页。
③ 同上书,第375页。
④ 同上书,第377页。
⑤ [法]伏尔泰:《风俗论》上册,梁守锵译,商务印书馆1994年版,第29页。
⑥ [法]伏尔泰:《哲学辞典》下册,王燕生译,商务印书馆1991年版,第422页。
⑦ 同上书,第423页。

宰。"①这样，在伏尔泰那里，命运和欲望似乎决定了人和事的发展。

第四，有所保留的英雄史观。他特别赞扬英雄们的业绩，说他有英雄史观当不为过。他认为，"人类要是没有这些出类拔萃的人物，那就可能一直都如野兽一般了"②。他对法王亨利四世称赞道："亨利四世是历代国王的模范，他给民众带来慰藉，关于这方面，最好是读一读另外的一些著作，如梅泽雷的历史巨著、佩雷菲斯克的著作，以及絮利的《回忆录》中所叙述的这位贤明君主的统治情况。"③还说："路易十四的时代无疑比他的时代伟大。但是亨利四世这个人却被认为比路易十四伟大得多。他的荣誉与日俱增，法国人对他的感情终于达到了热爱的程度。"④他推崇撒拉丁（Saladin），认为他讲信用，赈济贫苦人，对伊斯兰教徒、犹太教徒和基督教徒一视同仁。伏尔泰说："我们的基督教王公贵族很少有人如此慷慨，而充斥欧洲的历史学家则很少有人会为他讲公道话。"⑤

但是，在叙述中他似乎又走向了英雄史观的反面。例如在《路易十四时代》里，他为了突出路易十四淡化了其他人，甚至淡化了为法国文艺复兴做出重要贡献的人，这与其英雄史观相矛盾。

需要指出的是，他对历史人物的评价并不是随意的，而是有原则的。这些原则是：其一，同情大多数。他在叙述 14 世纪末那不

---

① ［法］伏尔泰：《风俗论》上册，梁守锵译，商务印书馆 1994 年版，第 219 页。
② 同上书，第 453 页。
③ ［法］伏尔泰：《风俗论》下册，谢戊申等译，商务印书馆 1997 年版，第 244 页。
④ 同上书，第 272 页。
⑤ ［法］伏尔泰：《风俗论》中册，梁守锵等译，商务印书馆 1997 年版，第 32 页。

勒斯内乱时说:"我们应当同情的是人民,他们成为这种内乱的牺牲品。"①其二,从总体上看待国王。他说:"这些个人的末节不应掺杂到总的世界画幅中。只要在这位君主的治下国泰民安就够了,我们应当从总的方面来观察和评价国君。"②其三,从利益角度看待历史人物。对于君士坦丁这样一个历史人物,他认为:"这一派认为罪大恶极,而另一派则称他德高望重,究竟应当怎样辨识呢?如果我们考虑到他的一切所作所为都服务于与他的利益攸关之事,那他们的判断就不会错了。"③

第五,怀疑精神与考证原则。伏尔泰的怀疑精神非常突出,在批判前人的过程中凝练出一些原则。其一,批评偏见,反对轻信。伏尔泰明确指出:"人的道德风尚,派别偏见,在写历史的态度中,也体现出来。"④"同代人物的秘密回忆录有偏袒不公之嫌。"⑤"每个民族都会出于自尊心而编造自己的故事。"⑥他揭示出目击者具有复杂性,认为"'目击者'的复杂性制造出分歧,甚至12 000个证词也只能说明一种可能"⑦。他还怀疑实物作伪,说"大多数的纪念性建筑物如果是在事件发生后很久才建立的,就只能用来证明

---

① [法]伏尔泰:《风俗论》中册,梁守锵译,商务印书馆1997年版,第145页。
② [法]伏尔泰:《风俗论》下册,谢戊申等译,商务印书馆1997年版,第514页。
③ [法]伏尔泰:《风俗论》上册,梁守锵译,商务印书馆1994年版,第341页。
④ [法]伏尔泰:《风俗论》下册,谢戊申等译,商务印书馆1997年版,第206页。
⑤ [法]伏尔泰:《路易十四时代》,吴模信译,商务印书馆1982年版,第335页。
⑥ [法]伏尔泰:《风俗论》下册,谢戊申等译,商务印书馆1997年版,第168页。
⑦ J.B. Black, *The Art of History: A Study of Four Great Historians of the Eighteenth Century*, Methuen & Co. Ltd., 1926, p.52.

经世人认可的谬误。甚至在事件发生的当时铸造的勋章,有时也是靠不住的"①。

其二,批评人们长期轻信关于亨利四世被刺的荒谬记载。他说:"亨利四世被刺,只是由于长期以来蒙蔽人们的思想、使世界生灵涂炭的偏见作用的结果。有人居然把这个罪行加到奥地利家族头上,加到国王的妻子玛丽·德·美地奇、国王的情妇巴尔扎克·德·昂特拉格和埃佩农公爵头上;而梅泽雷和另一些作者则不作任何调查,把这种种相互矛盾、人们嗤之以鼻的无端推测搜集于他们的历史著作之中,这只能令人看到狡猾恶毒的人们是何等轻信。"②他在《贞德》中说:"我们的大多数史学家们都是互相抄袭的,因而都以为这位童女说过一些预言并且这些预言都实现了。他们认为她曾经说过她会把英国人逐出法兰西王国,而英国人在她死后五年却依然待在那里;他们又说她给英国国王写过一封长长的信,而她却实实在在既不会读也不会写。"③

其三,鄙视以往的历史写作。他批评犹太史学家约瑟夫斯(Josephus)给《圣经》增添许多荒唐内容,关于亚历山大和犹太人历史的叙述多不实之词。④ 他批评基督教史学说:"尤西比乌对罗马人竭尽诬蔑之能事,因为他是亚洲人。……在这个宗教信仰的改变而使罗马帝国面目一新的时代,人们就是这样撰写历史的。图尔的格里戈里丝毫没有背离这种方法,而且我们可以说,直至圭

---

① [法]伏尔泰:《风俗论》下册,谢戊申等译,商务印书馆1997年版,第524页。
② 同上书,第271页。
③ [法]伏尔泰:《哲学辞典》下册,王燕生译,商务印书馆1991年版,第584页。
④ [法]伏尔泰:《风俗论》上册,梁守锵译,商务印书馆1994年版,第191—211页。

契阿迪尼和马基雅维里之前,我们还没有一部写得好的历史。但即使这些著作是粗制滥造的,也仍然可以使我们看出写作这些著作当时的时代精神;即使是一些传说,也可以使我们对各民族的风尚有所了解。"①

他批评欧洲的历史写作,说:"欧洲的历史成了有关婚约、家谱、有争议的头衔的连篇累牍的记载,处处令人感到模糊不清,枯燥乏味,埋没了重大的事件,阻碍了对法律和风俗的了解,而这些法律和风俗才是更值得注意的对象。"②还说:"西方人所写的关于几个世纪的东方民族的事情,在我们看来,几乎全都不像是真的;我们知道,在历史方面,凡是不像真事的东西,就几乎总不是真的。"③

其四,怀疑古史记载。例如他认为"土耳其并不像历史学家向我们介绍的那样,是绝对的君主政体"④。他在批判基督教史学中的《圣徒传记》和《殉道者真传》后指出:"1700 年以来,我们的历史中有多少骗人的东西、错误的记载和令人作呕的蠢话。"⑤"必须承认,只是在大约 16 世纪末叶,历史学跟物理学一样,才开始廓清,理性才刚刚诞生。"⑥"历史正是由那么一些虔敬有余而见识不足的人写出来的。"⑦他几乎把东罗马史学说得一无是处:"直至穆罕默德二世占领该城之前,史家辈出,这些写历史的人或者是皇帝,

---

① [法]伏尔泰:《风俗论》上册,梁守锵译,商务印书馆 1994 年版,第 340 页。
② [法]伏尔泰:《风俗论》中册,梁守锵译,商务印书馆 1997 年版,第 180 页。
③ [法]伏尔泰:《风俗论》上册,梁守锵译,商务印书馆 1994 年版,第 3 页。
④ [法]伏尔泰:《风俗论》下册,谢戊申等译,商务印书馆 1997 年版,第 476 页。
⑤ [法]伏尔泰:《风俗论》上册,梁守锵译,商务印书馆 1994 年版,第 337 页。
⑥ 同上书,第 322 页。
⑦ 同上书,第 323 页。

或者是王公贵族,或者是政治家。他们写得并不好,只谈宗教信仰。他们粉饰一切事实,只追求无聊的舞文弄墨。他们从古希腊学到的只是摇唇鼓舌,争论的则是宫廷琐事。"①

他批评现有的世界史:"我们的所谓世界史却以这个犹太小民族作为描述的对象和立论的根据。在这些世界史著作中,有那么一类作者彼此互相抄袭,而把世界上四分之三的地方置诸脑后。"②例如波舒埃《世界史叙说》(*Discours sur l'histoire universelle*)"把古代东方民族完全抛诸脑后"③。

其五,判断不可信的方法。伏尔泰从来没有在任何地方细致阐释过历史考证原则,但是通过其具体历史叙述和观点的选择,可以看到他的相关看法。

细节是虚构的,不可信。他说居鲁士的故事"内容非常真实,但细节则是虚构的。任何故事都是如此"④。

描写未见过的事物不可信。他认为,"要描绘一个未曾一道生活过的人物,那简直是十足的江湖骗术"⑤。

妄谈是骗术,不可信。他说:"江湖骗术式的妄谈,根本不配称历史。我们不能把穿凿附会跟确凿之事搅在一起,把想入非非与真实可靠混为一谈。"⑥例如,有人说红胡子弗里德里希的儿子施瓦本公爵之所以死掉,是因为他不近女色。伏尔泰说:"说这种话的人既是大胆的吹牛家,又是对自然科学的一窍不通者。"⑦

---

① [法]伏尔泰:《风俗论》中册,梁守锵译,商务印书馆1997年版,第34页。
② [法]伏尔泰:《风俗论》上册,梁守锵译,商务印书馆1994年版,第73页。
③ 同上书,第231页。
④ 同上书,第55页。
⑤ 同上书,第9页。
⑥ 同上书,第17页。
⑦ [法]伏尔泰:《风俗论》中册,梁守锵译,商务印书馆1997年版,第30页。

不合常理者不可信。希罗多德在《历史》第一卷中说所有巴比伦女人按照法律规定,一生中必须在米利塔庙或者维纳斯庙跟外地人苟合一次。伏尔泰"怀疑该书的希腊文本已被篡改。最不开化的人也不会在众目睽睽之下做此等事。即使当着自己最不尊重的人的面,人们从来也不会想到去抚摸自己的妻子或情妇的"①。因此,他认为这是无稽之谈。他提出:"读任何史书,都要提防无稽之谈。"②有人责备英王威廉一世毁坏15法里的村庄以营造森林,供他狩猎享用。伏尔泰驳斥道:"这样的行动过于荒唐,不可能是真实的。史学家们没有注意到,一大片新的树苗至少需要20年方能成长为可供狩猎的森林。人们说他在1080年种植了这片森林,那时他63岁。一个有理性的人,这样的年纪,还把村庄毁坏掉,种上方圆15法里的树木,指望有朝一日能够在这里打猎,这是可能的吗?"③

传说的东西不可信。法王路易九世攻打埃及被俘,根据与他一道被俘的儒安维尔(Joinville)的叙述,穆斯林要选他为埃及苏丹。伏尔泰指出,作为一个被俘者不可能知道邻近兵营中的事;穆斯林不了解路易的语言,厌恶其宗教,把他视为强盗,怎么会选他为国王呢?他认为,儒安维尔只是记载了听说的一些事情而已,值得怀疑。④

夸大其词者不可信。历史学家说1200年摩洛哥国王"米拉玛莫林"(Miramamolin)穆罕默德·纳西尔(Muhammad al-Nasir)率领10万士兵渡海攻打西班牙。伏尔泰说:"这些历史学家几乎全都喜欢夸大其词:对他们的兵力、死伤人数、耗费钱财、奇迹异闻,

---

① [法]伏尔泰:《风俗论》上册,梁守锵译,商务印书馆1994年版,第144页。
② 同上书,第59页。
③ 同上书,第544—545页。
④ [法]伏尔泰:《风俗论》中册,梁守锵译,商务印书馆1997年版,第50页。

都应大打折扣才行。"①

自相矛盾者不可信。伏尔泰在《风俗论》的导论中指出,《创世记》在叙述了他拉之死后,说他拉的儿子亚伯拉罕离开亚兰时已 75 岁,而亚伯拉罕是在父亲去世之后才离开家园的。《创世记》又说他拉 70 岁生亚伯拉罕,一直活到 205 岁,而亚伯拉罕在迦勒底时应为 135 岁。伏尔泰认为,亚伯拉罕在这个年龄离开膏腴之地而到贫瘠地区,实在奇怪。其实他还暗示着《创世记》说法不一,同时活那么大年龄也不可信。所以他的结论是《摩西五经》"难以自圆其说"②。

其六,取信、存疑原则。伏尔泰不是绝对怀疑主义者。有些皮浪主义者怀疑摩西及其事迹的存在,伏尔泰就认为:"我们根本不会接受这种轻率的意见,否则就要把犹太民族古代史的一切根据都推翻了。"③在伏尔泰那里,存在着取信原则。

已证明为可信者是可信的。他主张:"我们只接受业已证明的东西;而在历史学中,则只接受人们所承认的、可能性最大之事。"④

疑信相见时,怀疑细节,取信大事。在《风俗论》中,他写道,1307 年瑞士乌里的总督格里斯勒(Geisler)把他的软帽用竹竿挂在广场上,命令人们致礼,否则处死。一个名纪尧姆·退尔(Guillaume Tell)的谋反者不愿这样做,总督要吊死他,除非他射中儿子头上的苹果。结果父亲射中了苹果,还准备了第二支用来对付总督。对此,伏尔泰说:"必须承认,苹果的故事是很可疑的。似乎人们认为应当用一个神话来装饰瑞士自由的摇篮。退尔还是被抓了起来,后来他一箭射死了总督,这是造反者的信号,于是人

---

① [法]伏尔泰:《风俗论》中册,梁守锵译,商务印书馆 1997 年版,第 104—105 页。
② [法]伏尔泰:《风俗论》上册,梁守锵译,商务印书馆 1994 年版,第 75 页。
③ 同上书,第 168 页。
④ 同上书,第 237 页。

民起来捣毁了堡垒,此事我认为是确实的。"①

说法不一,则存疑或者兼收并蓄。伏尔泰指出,罗马历史中,史学家们例如李维和波里比阿就说法不一:"我们相信谁？……至少我们可以存疑。"②在写到穆罕默德四世的下场时,伏尔泰采取不同说法并存的办法:"我们的大多数历史学家说,穆罕默德四世是被禁卫军勒死的,但是土耳其编年史却认为他被幽禁在宫廷中活了5年。"③

秘密问题没有目击者则存疑。关于土耳其国王易卜拉欣被杀,他说:"我们的历史学家们告诉我们说易卜拉欣最后被4名哑巴勒死,他们有一个错误的假设,认为哑巴是被派来执行宫廷的血腥命令的,但这些人只是小丑和庸人,不能用他们来干重要的事。这个君主被4名哑巴勒死的传说只能看作小说。土耳其的编年史没有提到他是怎么死的,这是土耳其宫廷的一个秘密。所有有关与我们如此邻近的土耳其人的政府的谬说,都只能使我们加倍地怀疑古史。……一切都向我们表明,我们应当注意各民族历史的公开事件,有些秘密的细节,如果不是可靠的目击者提供的,要深入探讨,那是浪费时间。"④对于法国国王秃头查理被一名犹太医生毒死之说,伏尔泰认为:"从来没有一个人说明这个医生为什么要犯这一罪行。他毒死主人能得到什么？他可以从谁那里得到更优越的地位？没有一个作者谈到这个医生所受的刑罚。因此,毒杀一说,应当存疑。"⑤

---

① [法]伏尔泰:《风俗论》中册,梁守锵译,商务印书馆1997年版,第129页。
② [法]伏尔泰:《风俗论》上册,梁守锵译,商务印书馆1994年版,第223页。
③ [法]伏尔泰:《风俗论》下册,谢戊申等译,商务印书馆1997年版,第493页。
④ 同上书,第480页。
⑤ [法]伏尔泰:《风俗论》上册,梁守锵译,商务印书馆1994年版,第440—441页。

# 第22论

# 伏尔泰史学影响、地位、张力和局限

上一论涉及伏尔泰史学的渊源和模式,是就伏尔泰史著的社会成因和文本自身的挖掘,然而他对后世产生怎样的影响,在西方史学史上处于怎样的地位,其史学的张力和局限是什么,这些也是论伏尔泰史学不容忽视的问题,正是本论涉及的内容。

## 一、伏尔泰史学的影响和地位

伏尔泰在西方知识界有着巨大影响力,"欧洲、美洲知识分子都阅读、模仿、颂扬、憎恨、谈论他的著作,从民主主义者如杰弗逊到专制君主如腓特烈大帝都是这样"①。其史学在西方史学史上占有重要地位,同时也必须认识到,它是有张力和局限的。

具体说来,伏尔泰在一些具体问题上颇有见解。这里只能略举几例。关于罗马衰落的原因,伏尔泰总结为:"历朝皇帝软弱无能,大臣官宦党同伐异,旧宗教对新宗教的仇恨,基督教的血腥内讧,神学论争取代了军事操练,颓唐怠惰取代了勇猛精

---

① J. W. Thompson, *A History of Historical Writing*, Vol. 2, Macmillan Company, 1942, p.66.

神,成群僧侣代替了农夫和兵士;所有这一切,招致了蛮族入侵。这些蛮族无法战胜久经征战的共和国,却制服了残暴、懦弱而虔诚敬神的皇帝统治下萎靡不振的罗马。"①这里他除了像一般学者强调宗教和蛮族两大原因外,还从罗马政治上找原因,观点比较中肯。

他对十字军的活动分析入理。他批评十字军给斯拉夫人和欧洲带来的灾难:"10万十字军破坏了他们的家园,杀死了很多人,但没能使任何人改皈。我们可以在160万人伤亡的数字上再加上这10万人,这便是当时的宗教狂热使欧洲付出的代价。"②他对十字军军事弱点的分析也十分在理,例如他认为:"在十字军的军事训练中有一个根本的缺点,这个缺点必然地使他们的英勇气概无所作为:那就是封建政体在欧洲树立起来的各自为政的思想。一些没有经验又没有本领的头目带领着一群没有纪律的乌合之众,来到一些人地生疏的地方。"③

他有反殖民主张:"所谓美洲野人是他们土地的主人。他们接见我们殖民地的使者,这些殖民地是我们出于贪婪而轻率地建立在他们领土附近的。他们知道什么是荣誉,而我们欧洲的野人则从来没有听说过。"④

他具有女性眼光,说:"如果像许多作者那样说'法国王冠高贵无比,不能容许由女人来戴',这是极其幼稚的说法。如果像梅泽雷那样,说'女性是低能的,不能进行统治',这是双倍的不公平。"⑤

---

① [法]伏尔泰:《风俗论》上册,梁守锵译,商务印书馆1994年版,第217页。
② [法]伏尔泰:《风俗论》中册,梁守锵译,商务印书馆1997年版,第29页。
③ 同上书,第24页。
④ [法]伏尔泰:《风俗论》上册,梁守锵译,商务印书馆1994年版,第37页。
⑤ [法]伏尔泰:《风俗论》中册,梁守锵译,商务印书馆1997年版,第186页。

伏尔泰还创立了史学新范式。他创造了新型社会史,并采取多种解释体系以取代基督教神学观。伏尔泰及其影响下的史学家钟情于法律和制度、经济进步、艺术与科学等,"致力于把历史从想象中区分开来,使过去像当前那样是合理的。他们并不在意把自己限定在民族传统,或者欧洲基督教传统中,而是在意真正普遍的东西,显示所有民族是如何对于人类进步做出贡献的"①。在解释过程中,他有时把历史看成伟人的作品,有时视为多变的不可避免的命运的产物,有时当作气候、宗教和政府带有深层的决定性影响的结果。尽管他的观点是非持久的,然而就具体问题而言却是深刻的,意义在于它取代了基督教神学观点。不能否认,"通过把事物发展方向从神秘晦涩的造物主那里转移到人类自己肩上,伏尔泰更为勇敢和科学地探讨人类进步法则开辟了道路。他所揭橥和施用的自然原因理论是近代历史研究的基础"②。

他把哲学引进历史学。他创造"历史哲学"这一术语,在史学实践中对历史的理解和解读都有浓郁的哲学意味,这在上文的论述中都可以看到。因此普希金说:"伏尔泰是第一个沿着新的道路前进的人,因而给模糊不清的历史档案带来了哲学明灯。"③

他突显整体历史观念。对此汤普森道:"首先,他是一位把历史作为一个整体进行观察的学者,把全世界各大文化中心的大事联系起来,而且包括人类生活的各个重要方面。其次,他把历史理解为人类一切活动表现诸如艺术、学术、科学、风俗、习惯、食物、技

---

① J. H. Brumfitt, *Voltaire: Historian*, Oxford University Press, 1958, p.1.
② J.B. Black, *The Art of History: A Study of Four Great Historians of the Eighteenth Century*, Methuen & Co. Ltd., 1926, pp.44-45.
③ [苏]阿尔塔莫诺夫:《伏尔泰传》,张锦霞、苏楠译,商务印书馆1987年版,第61—62页。

术、娱乐和日常生活等方面的记录。"①显然,伏尔泰的整体历史观念有两重含义:第一是他把宗教发展与社会、政治和经济的发展联系起来,"在试图体会历史发展实际中把历史当作一个整体"②。第二,正是在伏尔泰的著作里,第一次清晰呈现了世界全史观念。之前欧洲史学家的世界史写作是被《圣经》的文献解释所支配的,而且仅仅局限于中东和欧洲。而伏尔泰则"把世界描绘成伟大的古代,其中社会最终存在并腐败,他强调非欧洲文明例如印度和中国文明的重要性。正是他比其他人更多地带来了历史学上的哥白尼革命,把基督教欧洲从宇宙中心的舒适位置上拉了下来"③。

伏尔泰在近代史学上有重要影响。他与其影响下同时代的休谟、威廉·罗伯逊(William Robertson)、吉本等人形成了伏尔泰学派,也称为"文学哲学派"。他们"相信其著作的道德属性。他们自认为了人类而拥有真理,不仅令人信服地刻画出过去发生了什么,而且在当前的天平上衡量它,评价其价值,在文化意义上区分什么才是值得记忆的。在履行这一信仰期间,他们毫无拘束地用其标准和尺度衡量一切时代、一切人物和一切事情,产生了对读者有感染力的历史学,因为实际上它像小说或者戏剧一样,是活生生的当前的一部分"④。他的一些思想具有承前启后的作用,例如"关于经济原因,他似乎有助于连接马基雅维里现实主义和19世纪经济决定论。他对英雄的推崇也许预示了卡莱尔的观点。他始终重申

---

① J. W. Thompson, *A History of Historical Writing*, Vol. 2, Macmillan Company, 1942, p. 66.
② J. H. Brumfitt, *Voltaire: Historian*, Oxford University Press, 1958, p. 108.
③ Ibid., p. 165.
④ J. B. Black, *The Art of History: A Study of Four Great Historians of the Eighteenth Century*, Methuen & Co. Ltd., 1926, p. 3.

怀疑主义,倾向于阻止孟德斯鸠、杜尔哥或者马布利的读者不加批判就接受并不总是植根于事实的理论"①。

他在向科学史学转变中起到重要作用。19世纪,历史学被看成等同于自然科学,它不仅关注大人物或者杰出人物的个体作为,而且试图描述过去人类经历的总体,社会和所有不同方面文明的历史。这一转变"不是哪一个人的著作促成的,但是伏尔泰在其中发挥重要作用。他不仅是'人类精神历史'最杰出的提倡者之一,而且在著作中给予社会、经济和文化发展比其大多数先辈所分派的远为重要的地位"②。

## 二、伏尔泰史学的张力和局限

伏尔泰史学难免存在张力与局限。伏尔泰史学有张力,表现为反对历史写作的奇迹说法,但不反对神明;他既是具有世界眼光的人,又是欧洲中心论者。其他矛盾之处还有其所有著作中都具备"那种解释愿望,与挥之不去的关于历史阐释可能性的怀疑主义相对抗;那种探索的热切努力,与对严格的历史学者进行狡猾蔑视相冲突;这位法国的世界历史学家有时屈服于法国世界性的捍卫者"③。

至于其局限,前人已做过精辟归纳。克罗齐认为,伏尔泰对以往历史学的否定有消极影响,那就是"整个过去丧失了价值,或者说,只保存了恶的消极价值"④。布伦斐特(Brumfitt)指出:"伏尔

---

① J. H. Brumfitt, *Voltaire: Historian*, Oxford University Press, 1958, p. 167.
② Ibid., p. 166.
③ Karen O'Brien, *Narratives of Enlightenment: Cosmopolitan History from Voltaire to Gibbon*, Cambridge University Press, 1997, p. 22.
④ [意]贝奈戴托·克罗齐:《历史学的理论和实际》,傅任敢译,商务印书馆1982年版,第206页。

泰的宇宙是稳定的,没有进化或者发展。就像其自然史观被反对进化观念所歪曲一样,他关于人类历史的观点也被他探索不变的理性和行为原则所歪曲。"①

汤普森的归纳更为系统,他说:"尽管他把自己吹嘘成一位哲学家,但缺乏深度。他那些解释既缺少哲学方面的也缺少社会学方面的真知灼见。凡是他不能以明确的理由解释的问题他都说成偶然的;他叙事没有联系的环节。说不出错综复杂的事物的起因时,他就退而求助于气候和'有利环境'。第二个弱点就是,他认为撰写历史只是达到某种目的的手段,是政治家的一所学校。……于是乎历史就变成道德家为说教而选择事实的东西了;凡是不合乎这个要求的东西就都不要了。他没有历史连贯性这个概念,对中世纪史怀有深刻仇恨。最后不可避免的是,伏尔泰满肚子偏见;作为一位人道主义者,他痛恨战争;作为一位理性的信徒,他厌恶教士。他轻视整个'黑暗'的过去,理由是当时的人们只是狂热盲从的奴隶。在他看来,宗教改革时期只不过是天主教徒闹的一个恶心人的大笑话……柏拉图只是一位'糟糕的形而上学家',但丁是一位阴郁的悲观主义者,彼特拉克是一位单调的伤感主义者,斯宾诺莎是一个枯燥无味的学究。"②

---

① J. H. Brumfitt, *Voltaire: Historian*, Oxford University Press, 1958, p.103.
② J. W. Thompson, *A History of Historical Writing*, Vol.2, Macmillan Company, 1942, pp.67–68.

第 23 论

# 休谟史学的观念和特点

休谟(1711—1776 年)通常是作为哲学家和经济学家而闻名于世的,至今在人们心目中仍然占据着重要地位。其实,他还是一位曾经颇有影响的史学家①,不过由于其哲学、经济学名重,其史学家的印象隐退到人们记忆的后台了。正如唐纳德·凯利所言:"休谟在他那个时代作为历史学家受到欢迎,同时也是受人怀疑的哲学家,他在两方面都经受和享受了一种转变。"②

## 一、学术生涯与著作

休谟出身于苏格兰爱丁堡的一个贵族家庭。1723—1725 年,他在爱丁堡大学学习希腊语、逻辑、形而上学和历史,后自学法律、

---

① 据门罗(Munro)在《电话史上的英雄们》(*Heroes of the Telegraph*)第九章"爱迪生"中所说,10 岁前爱迪生就读过休谟《英国史》、杜宾(d'Aubigné)《改革的历史》(*History of the Reformation*)、吉本《罗马帝国衰亡史》和塞义尔(Sear)《世界历史》(*History of the World*)。参见 http://www.wordwideschool.org/library/books/tech/engineering/HeroesoftheTelegraph/chap10.html。
② [美]唐纳德·R.凯利:《多面的历史:从希罗多德到赫尔德的历史探寻》,陈恒、宋立宏译,生活·读书·新知三联书店 2003 年版,第 441 页。

古典文学,包括西塞罗和维吉尔的著作,还阅读贝尔《历史与批判词典》、洛克《人类理智论》(An Essay Concerning Human Understanding)、贝克莱《人类知识原理》(A Treatise Concerning the Principles of Human Knowledge)、伏尔泰《哲学通信》、孟德斯鸠《论法的精神》以及笛卡尔等人的著作。与孟德斯鸠、爱尔维修、霍尔巴赫(d'Holbach)、达兰贝尔、亚当·斯密、伏尔泰、卢梭、狄德罗、罗伯逊等人关系密切。他曾参加赴加拿大与法国作战的远征团,作为随员出使维也纳和都灵,还担任过驻法公使秘书、副国务大臣。1737年,休谟完成《人性论》,1739年出版第一卷《论知识》(Of the Understanding)、第二卷《论情感》(Of the Passion),1740年出版第三卷《论道德》(Of Morals);1741年出版《伦理和政治论文集》(Essays, Moral and Political),1742年出版《伦理和政治论文集》第二卷;1745年将《人性论》第一卷《论知识》改写为《人类理解研究》(Theory of Knowledge, an Enquiry Concerning Human Understanding),1748年出版,1751年完成《人性论》第三卷的修订工作,出版为《道德原理研究》(Inquiry Concerning the Principles of Morals);1757年《宗教的自然史》(The Natural History of Religion)出版;1752年《政治论集》(Political Discourses)出版;1776年撰写《自传》(My Own Life);1778年即死后两年出版《自然宗教对话录》(Dialogues Concerning Natural Religion)。

至于历史写作,休谟大学期间曾写作《历史论文:论骑士制和现代荣誉》(An Historical Essay on Chivalry and Modern Honour)。1752年,休谟当选为苏格兰律师协会图书馆管理者,利用馆藏资料开始撰写《英国史:自恺撒入侵至1688年革命》(The History of England: From the Invasion of Julius Caesar to the Revolution in 1688),简称《英国史》。其中,1754年出版从詹姆斯一世至查理一世时期,1756年出版从查理一世之死至1688年革命,1759年出版都铎王朝,1761年出版恺撒入侵至亨利七世即位期间的内容。1762年,《英国史》六卷修订本出版,后一再修订刊出。

## 二、休谟的史学观念

休谟充分肯定历史学的价值。他认为学习历史有三大益处:愉悦想象力,增进理解力,加强美德。关于愉悦想象力,他说:"实际上,还有什么比神游世界的远古时代,考察人类社会从幼年时期到最初的些微尝试进到艺术与科学;知道政治制度、交往礼仪的一步步改进,一切装饰人类生活的东西趋于完善的前进发展,更能使我们心旷神怡的呢?还有什么比弄明白那些最繁荣的帝国兴起、发展、衰微和最后灭亡;比弄明白那些造成它们伟大的美德,使它们腐败灭亡的恶行,更能使我们获益的呢?……有什么能够想象出来的情景,比历史告诉我们的更宏伟,更多样,更有趣?有什么使理智和想象力感到赏心悦目的事,能同它相比?难道那些占去我们大量时间的轻薄、无聊、消遣,更能使我们满足,更值得吸引我们的注意力,因而比学习历史更可取?那种能使我们在寻求愉快时做出如此错误选择的趣味,岂不是十分颠倒错乱的吗?"①关于增进理解力,他说:"我们通常称之为学识造诣的很大一部分,而且给予很高评价的,正是指熟悉历史事实。""历史不仅仅是知识中很有价值的一部分,还在于它是通往许多其他知识部门的门径,能给大多数科学提供知识的原料。……假如人类没有发明写作历史,把我们的经验范围扩充到过去的一切时代和最辽远的国度,用这些经验来大大增进我们的智慧,好像它们实际上就处于我们的观

---

① 瑜青主编:《休谟经典文存》,上海大学出版社2002年版,第210—211页。

察之下，那我们在理智上就永远会处于儿童状态。一个熟悉历史的人，从某种意义上可以说他是从世界一开始就生活着的人，在每个世纪里他不断添加着他的知识储藏。"①关于加强美德，他说："诗人可以用最动人的色调来描写美德，可是由于他们完全专注于感情，就时常变成恶行的倡导者。甚至哲学家在微妙的思辨中也常常左右为难，我们看到他们有些人走得太远，以致否定了所有道德品质的实在性。"而"历史学家几乎没有例外地都是美德的朋友，并且永远是以它的本来面目表现它的，无论他们在对某些特殊的人物下判断时会发生怎样的差错"。他举马基雅维里为例，"当他以一个政治家的身份来说话和进行一般推理时，他把下毒手、暗杀和弥天大谎等等看作夺取和保持权力的正当艺术；但当他以一个历史学家的身份进行具体叙述时，在许多地方，他对罪恶表现出那样强烈的愤怒，对美德的嘉许显得那样热情"。②

休谟是怀疑论者，但是并不赞同绝对怀疑。在《人类理解研究》中，休谟针对宗教神迹提出的怀疑态度和方法对于历史学是有适用性的。他认为，人类的有些证据在一些情节中是有权威性的，但是并不等于说人类的所有证据都可靠。例如他提出，恺撒党和庞培党都认为自己在战事中胜利了，而且各自的历史学家都按照自己的情感记载本党的胜利，那么我们应该怎么办？他的答案是"存疑"。但仅仅存疑是不够的，休谟认为，判断真伪的办法是首先找出证据论证报告人希望满足怎样的感情，然后找出矛盾的证据。他还举例道，假如一切历史学家都记载1600年1月1日伊丽莎白女王死了，前后的事情都被医生和廷臣所见证，其继承人也被国会承认并正式宣布了，可是她死后一个月复活并复位统治英国三年，

---

① 瑜青主编：《休谟经典文存》，上海大学出版社2002年版，第211—212页。
② 同上书，第212页。

那么如何对待这一历史记载？休谟说,令他惊异的是这些细节是怎样被记载者放在一起的,他肯定女王死了这件事情是假的,很可能是集体制造的用于愚弄常人的假象。①

休谟指出了证据演变中出现的问题。"联系任何原始事实和作为信念的基础的现前印象的那些环节虽然是无数的,可是它们都是种类相同,都依靠于印刷者和抄写者的忠实的。一版之后继之以第二版,跟着又印了第三版,这样一直下去,直到我们现在所阅读的这一册。在各个步骤之间并没有变化。我们知道了一个步骤,就知道了一切步骤。我们经历了一个步骤,对其余的步骤就不再怀疑。单是这一个条件就保存了历史的证据,而会把现代的记忆传到最后一代。将过去任何事件与任何一册历史联系起来的一长串的因果系列,如果由各个不同的部分组成,而且这些部分各自都需要心灵加以分别想象,那末我们便不可能将任何信念和证据保存到底。但是所有这些证明大部分既然完全类似,所以心灵便很容易地往来其间,并由一个部分迅速地跳至另一部分,而对于各个环节只形成一个混杂的、一般的概念。"②

休谟阐述了因果分析可能产生的误导。"在几乎所有的原因中,都有复杂的条件,其中有些是本质的,有些是多余的;有些对于产生结果是绝对必要的,有些只是偶然结合起来的。这里我们可以说,这些多余的条件如果数目极大,而且很显著,并常常与必需要的条件结合起来,那么它们在想象上就有那样一种影响,以致即使在必需的条件不存在的时候,它们也促使我们想到那个通常的结果,而给那种想象以一种强力和活泼性,因而使那种想象比想象

---

① ［英］休谟:《人类理解研究》,关文运译,商务印书馆1957年版,第110—114页。
② ［英］休谟:《人性论》,关文运译,商务印书馆1980年版,第168—169页。

的单纯虚构较占优势。我们可以借反省那些条件的本性来改正这种偏向;但这点仍然是确定的,即习惯是先发动的,并给予想象以一种偏见。"①

他看到历史事实在口述中被破坏。"当一个历史的事实,从亲历者和同代人那里经由口述传统传下来时,在每一次前后相继的叙事中都会得到修饰,最后也许只保留了与它由之而来的原初真相很少——如果说还有的话——的相似之处。"②

他看到人性"轻信"的弱点。"人性中没有任何弱点比我们通常所谓的轻信(即对别人的证据过分轻易地信任)更为普遍、更为显著的了。"③

他强调一种观念对于历史认识兴趣的重要性。"我们并不是对每一个事实都有一种求知的好奇心,我们想知道的也不专限于知道以后对我们有利益的那些事实。一个观念只要以充分的力量刺激我们,并使我们对它极为关心,以致使我们对于它的不稳定性和易变性感到不快,那就足以刺激起好奇心来。一个初到任何城市中的人可以完全漠不关心居民的历史和经历,但是当他同他们进一步熟识了,并在他们中间住久了,他就和本地人一样有了好奇心。当我们在阅读一个民族的历史时,我们就极想澄清它的历史中所发生的任何疑难;但是这些事件的观念如果大部分都消失了,则我们对于那一类研究便不再关心了。"④

悲剧作者认为:"真实并不是在任何情况下都被神圣不可侵犯地遵守的;而是为了使他们所描述的不寻常事件比较容易被想象

---

① [英]休谟:《人性论》,关文运译,商务印书馆1980年版,第170—171页。
② [英]休谟:《宗教的自然史》,徐晓宏译,上海人民出版社2003年版,第8页。
③ [英]休谟:《人性论》,关文运译,商务印书馆1980年版,第132—133页。
④ 同上书,第492页。

接受。"诗人"从历史上借取他们人物的名称和他们诗中的主要事件,乃是为了使全部故事容易被人接受,而使它在想象和感情上造成一个较为深刻的印象"。① "依据我们自己所记忆的任何事实所建立的论证,随着那个事实的远或近,而会有或大或小的说服力量。"②"我们对于古代史上任何一点所以能够相信,显然只是通过了几百万个原因和结果,并通过了长到几乎不可度量的一串论证。有关事实的知识必然是经过多少人的口传才能达到第一个历史家;而当它被写到书上以后,每本新书又都是一个新的对象,它与先前对象的联系也只有借经验和观察才能被认识。因此,根据前面的推理也许可以得出这样的结论:全部古代史的证据现在必然消失了,或者至少随着原因的连锁的增加和达到更长的程度而逐渐消失。但是学术界和印刷术只要仍和现在一样,那末我们如果认为我们的后代在千万年以后竟然会怀疑有过尤利斯·凯撒那样一个人,那似乎是违反常识的;这可以认为是对于我现在这个体系所提出的一种反驳。如果信念只是成立于由原始印象传来的某种活泼性,那末它在经过漫长的推移过程以后就会衰退,最后必然会完全消灭;反过来说,如果信念在某种场合下并不能这样消灭,那末它必然是与活泼性不同的另外一种东西。"③

休谟主张"一位历史学家首要的品质是公正",在评价自己的史学时说"人们可能指责我疏忽,但肯定不会说我不公正"。④ 历史学家"能把现世的权力、利益和权威,以及一般成见的呼声,都弃

---

① [英]休谟:《人性论》,关文运译,商务印书馆1980年版,第142页。
② 同上书,第166页。
③ 同上书,第167—168页。
④ From J. W. Thompson, *A History of Historical Writing*, Vol. 2, Macmillan Company, 1942, p.71, note 43.

而不顾的,只有我一个人"①。可是尽管如此,他还是依据托利党人的观念对历史材料进行了取舍,为此遭到了辉格派史学家麦考莱的强烈批评。麦考莱指出:"休谟是一个有才能的辩护士,他的积极论述并未超出过他能证明的东西,他把支持他论点的一些情况进行突出记述,略过不利于自己论点的东西;赞扬并称颂自己的证据,驳斥似乎可成问题的语句,把使自己论点陷入的矛盾的东西都解释掉了,提供关于自己论点的证据的明白而有系统的摘要。对对方所提供的一切均加以极严厉的批判,把一切可疑的情况均作为辩护和诽谤的基础。凡不能否认的东西均加以弱化,或一带而过;有时甚至也做些让步,但这种阴险的公正只是加强了大量诡辩的效果。"②

他也有与孟德斯鸠类似的观点。例如,他认识到地理环境对于居民贫富的重要影响,但又认为地理环境只是造成贫富差异的一种可能原因。③ 他看到人们有厚古薄今的习惯,"谴责现在,推崇远古的美德,几乎是根植于人类天性中的一种癖好"④。他看待历史问题具有辩证观点,例如关于艺术和科学的兴起与进步中的偶然与普遍问题,他一方面说"我们应当避免讲些根本就不存在的原因,或者把纯属偶然的东西说成是稳固可靠的普遍原则"⑤,另一方面又说"不能把这个问题全部归为机遇"⑥。

---

① [英]休谟:《休谟自传》,载《人类理解研究》,关文运译,商务印书馆1972年版,第4页。
② From J. W. Thompson, *A History of Historical Writing*, Vol. 2, Macmillan Company, 1942, p.71, note 44.
③ 瑜青主编:《休谟经典文存》,上海大学出版社2002年版,第69—70页。
④ 同上书,第31页。
⑤ 同上书,第135页。
⑥ 同上书,第136页。

他有着辩证的思想。"一切的优点也都伴随着缺点。"具体来说就是"善与恶、幸福与不幸、智慧与愚昧、德性与邪恶都是普遍交织和混杂在一起的"。"极端活跃的才智接近于疯狂;极乐的迸发产生至深的哀愁;最为销魂的快乐伴随着最为无情的倦怠和厌恶;最诱人的希望埋下了最严酷的失望。"①他看到宗教信条变化中的辩证现象,指出"宗教的信条在人类心灵中有一种往复的流变,人们有着一种自然倾向,要从偶像崇拜上升到一神教,又从一神教重新堕回到偶像崇拜"②。

### 三、休谟史学特点

18 世纪后期,"哲学家们不管写过历史没有,几乎全都不厌其烦地告诉我们为什么应该,以及应该怎样写历史。而且就我所知,他们没有例外地告诉我们说,历史学是与道德相联系着的,是所有的学科中最为重要和最值得研究的一门"③。

休谟史学具有理性主义史学的一般特征。④ 从内容上看,《英国史》主要是一部政治史,但是此书的附录和一些章节却包含着对各历史时期生活方式、道德风尚和精神文化的分门别类的记述。他同其他理性主义史学家一样,把历史研究的范围扩大到社会和文明。即使在叙述政治的过程中,他的重点也是政治宗教经验的特性和人类性格的特性,认为议会传统和古代宪政是人们的虚构。

---

① [英]休谟:《宗教的自然史》,徐晓宏译,上海人民出版社 2003 年版,第 118 页。
② 同上书,第 58 页。
③ [美]卡尔·贝克尔:《18 世纪哲学家的天城》,何兆武译,生活·读书·新知三联书店 2001 年版,第 90 页。
④ Spencer K. Wertz, *Between Hume's Philosophy and History, Historical Theory and Practice*, University Press of America, 2000, p.115.

然而与同时期的其他理性主义史学家相比,休谟史学还有着自己的特点。从史学与哲学的关系来看,有论者认为:"休谟自始至终在其著作中给予历史以哲学的关注。从《人性论》和《伦理和政治论文集》,到《人类理解研究》《道德原理研究》和《英国史》中,都表现出这一点。休谟既在理论上又在实践中思考了历史学。"例如休谟的《英国史》,"初读之下,它似乎只不过是对历史事件的一部沉闷的、毫无绚烂色彩的编年史;而且人们会感到奇怪,为什么期待着自己的历史学家们能用一种对 Les moeurs(风尚)的描述来取代对事件的描述的那一代人,竟然如此之热心地阅读它。进一步再仔细地阅读,它那风行的原因就显然可见了。休谟设法以审慎的技巧在叙事的行文中织入了对恰好是 18 世纪所要加以谴责的那些事物的谴责——暴政、迷信、不宽容。书中的故事是对历史事件的叙述,然而那毕竟讲述得很好,而且尤其是那是 en philosophe(哲学)在讲述的:也就是说,不是以它们的起源和效果来追踪事件的演变或者是解释它们,而是为了要把'公正和不公正的观念'运用到事件上面来,为了要把理性时代的现成判断应用到事件上面来。不能从这样一部书里领会到对 18 世纪最有用的教训的人,就确乎是一个冥顽不灵的读者了——那也就是说,若非王侯们和政客们的野心、教士们的世俗利益和阴谋诡计、狂热分子的激情过度和对迷信的而又堕落的群氓们的恐惧,若非这些被公认的而且是可以纠正的罪恶,英国的历史就会成为任何其他民族的历史所应该成为的那种样子"。①

比较休谟史学与伏尔泰的异同是有必要的。汤普森曾就休谟《英国史》和伏尔泰《路易十四时代》进行过比较,认为"这两部著

---

① [美]卡尔·贝克尔:《18 世纪哲学家的天城》,何兆武译,生活·读书·新知三联书店 2001 年版,第 103—104 页。

作有许多相似之处,两者都是实用主义的、理性的、反形而上学的。但休谟这位职业哲学家比那位热情奔放的法国人更超然、更多疑。休谟喜欢刨根问底,把他的哲学运用到历史上,从结果追溯原因"①。

他与卢梭也值得对比。凯利在谈到这个问题时指出:"在研究人性的过程中,休谟逐渐从自然领域转至道德领域,并因此逐渐从沉思转至研究。他的文章中充斥着对人类特性和民族特性的反思,对政治的兴衰和种种艺术、科学的反思。不错,休谟相信人性本质上的一致性,并和他受人尊敬的朋友孟德斯鸠一样,寻找潜在的原则。但他否决了气候这类自然原因系决定力量的观念,而紧紧抓住种种意外事件或'道德原因'。他还相信,与沉思性的见解(意即哲学学说)不同,道德原则'处在不断变动和革新之中';他把它们置于习俗和见解的不确定的领域中,对这位哲学家和历史学家来说,这些习俗和见解提供了人类举止的真正尺度。"②休谟的一些观点很像卢梭,例如推崇自然。他认为,自然不仅创造了人,"甚至在那些通常被称为技艺性工作的生产中,那最高贵的品种也要铭感自然的恩惠,因为它们主要的美来自大自然的力量和快乐的熏陶"③。他看到下层人的重要性,"社会下层是我们的得人心的政府的支持者"④。他不同于卢梭的是充分肯定知识技术对于人类的重要作用。关于艺术,他说:"人们除了从知识和文艺那里获得提高外,还必定能从共同交谈的习惯和彼此给予的亲切、愉快

---

① J.W. Thompson, *A History of Historical Writing*, Vol. 2, Macmillan Company, 1942, p.70.
② [美]唐纳德·R.凯利:《多面的历史:从希罗多德到赫尔德的历史探寻》,陈恒、宋立宏译,生活·读书·新知三联书店 2003 年版,第 442 页。
③ 瑜青主编:《休谟经典文存》,上海大学出版社 2002 年版,第 1 页。
④ 同上书,第 31 页。

中增进人性。"①关于知识,他说:"生产得益于知识很多,这些知识是同技术上的长期发展与改进不可分的;另一方面,知识还能够使社会从它的民众的生产中得到最大的益处。"②至于技术的作用,他以英国为例说明"自技术进步以来,自由决不是衰落下来,而是得到了前所未有的繁荣"③。

---

① 瑜青主编:《休谟经典文存》,上海大学出版社2002年版,第26页。
② 同上书,第27页。
③ 同上书,第30页。

# 第24论

# 休谟史学的张力、影响和地位

正如上文论及伏尔泰史学一样,休谟史学对他人乃至后世产生了怎样影响,如何认识他在西方史学史上的地位,其历史著作中存在怎样的张力,这些是论休谟史学无法回避的问题,本论就此展开讨论。

## 一、休谟史学的张力

休谟的思想中是有张力的,具体表现如下。

第一,他本着自己的怀疑论精神和他所最崇拜的修昔底德求真精神,在《英国史》开篇就反对令远古历史得以保存的记忆和口述传统。在其他地方他也提倡怀疑精神,但是他对于史料的处理是不用心的。汤普森在《历史著作史》中有一段论述:"他的主要缺点是忽视资料并厌恶艰苦工作。虽然他以不偏不倚自命,但他选择的那些事实却是只说明他某一特定见解的东西。'历史就是许许多多层出不穷无尽无休的事实;要想使它们可以理解,就必须把它们做某些删节。'究竟哪些地方应予删除,显然,只有作者才能最后裁决,而且休谟弃置一旁的恰巧是他深恶痛绝的对辉格党和宗教有利的全部事实。他除了怀有偏见之外,还很懒惰,从而使他无法进行严格的研究或核对事实。"①

第二,他不满罗马人撤退和诺曼人来临期间英国人的宗教狂热和迷信,但是又充分肯定这种狂热和迷信对于启蒙时期商业发展和政治进步所起的积极作用。凯利就说:"休谟分享了启蒙时期的史学对商业和政治进步的无可辩驳的事实所抱有的典型的乐观态度,但其怀疑论把他引向对它的原因的更有批判性的结论。他尤其指出狂热而迷信的清教徒在获取自由的过程中所起的作用,这点颇有悖论意味。"②

第三,一方面,他的社会历史观以人性论为基础,把对财富、享乐和权力的追求看作人的本性,认为无论何时何地人性都是一致的和不变的;历史的作用就在于发现有关人性的普遍原理,提供经验教训。另一方面,他又"否认认识世界的可能性,或者至少是否认彻底认识世界的可能性"③。原因在于培根未能用他的理性解决唯心主义和实在论的矛盾,人们从这一点得出结论说理性根本不能解决这个矛盾;唯心主义则干脆被丢到一边,经验开始被看作唯一的救星。英国哲学从一开始就光是在这种倾向的范围内兜圈子。最后,在一切解决矛盾的尝试失败以后,英国哲学宣称矛盾是不可解决的,理性是不足以胜任的,于是它不是求救于宗教信仰就是求救于经验。休谟的怀疑论针对当时英国一切非宗教的哲学思想形式。"这种世界观的代表者说,我们无法知道究竟有没有什么神存在;即使有的话,他也根本不可能和我们发生任何联系,因此,

---

① J. W. Thompson, *A History of Historical Writing*, Vol. 2, Macmillan Company, 1942, p.71.
② [美]唐纳德·R. 凯利:《多面的历史:从希罗多德到赫尔德的历史探寻》,陈恒、宋立宏译,生活·读书·新知三联书店2003年版,第443页。
③ [德]恩格斯:《路德维希·费尔巴哈和德国古典哲学的终结》,载《马克思恩格斯选集》第4卷,第221页。

我们在安排自己的实践活动时就应该假定什么神也没有。我们无法知道,究竟灵魂和肉体有没有区别,究竟灵魂是不是不死的;因此,我们在生活中就假定此生是我们仅有的一生,用不着为那些我们所不能理解的事物忧虑。"①

第四,休谟一方面被认为是政治上的保守人物,是托利党的代言人,反对英国资产阶级革命,同情查理一世。在《英国史》中,他严厉抨击长期议会和克伦威尔,歌颂"光荣革命",说它开辟了英国宪法的新纪元,使英国人得以享受人类前所未有的最完备的自由制度。另一方面,"他的论著是对当时繁荣起来的工商业作了进步的和乐观的赞扬,换句话说,也就是对当时英国迅速发展的资本主义社会作了进步的和乐观的赞扬,因而他的论著自然要博得资本主义社会的'赞许'"②。他在政治观念上倾向于王党。《自传》中说:"不过我虽然凭经验知道,民权党有权力在政治和文学方面赏赐一切位置,可是我仍然不愿意屈服于他们那种无意义的喧嚷,所以我在前两个斯屠渥特朝代方面,虽然因为继续研读和沉思的结果,使我改动了百余处,可是我所改动的地方总是偏向着王党一方面的。真的,要认为那时以前的英国宪法是一个拥护自由的正式方案,那是很可笑的。"③"休谟在他那个时代作为历史学家受到欢迎,同时也是受人怀疑的哲学家,他在两方面都经受和享受了一种转变。无论你是否采取康德式的策略来规避他对因果关系和意识的批判,他腐蚀性的怀疑论在哲学思维中创造了一个分水岭;诚如弗雷德里希·迈纳克所论辩的那样,它至少对历史思想有间接的

---

① [德]恩格斯:《英国状况十八世纪》,载《马克思恩格斯全集》第1卷,第659—660页。
② [德]恩格斯:《反杜林论》,载《马克思恩格斯选集》第3卷,第281页。
③ [英]休谟:《休谟自传》,载《人类理解研究》,关文运译,商务印书馆1957年版,第5—6页。

重要意义。"①休谟生活在英国资产阶级"光荣革命"结束到产业革命开始的社会变革的时代,此时的英国资产阶级已经成为统治阶级的一部分,它维持同贵族的联盟以加强对劳动人民的统治,与此同时,迅速成长壮大起来的工商业资产阶级要求对这个联盟内部的关系做有利于本阶级的调整,并继续反对封建复辟势力。这时,资产阶级的进步性和保守性交织在一起。休谟同情查理一世及其宠臣斯特洛甫(Strafford),赞扬1688年"光荣革命"。"他的历史观与辉格党人对英国历史的解释迥然不同,休谟这种观点反映了托利党人保守的政治立场。这也是休谟哲学上所持调和、中庸的态度在史学上的一种折射。"②

第五,他一方面主张通则,另一方面强调偶然。他认为通则构成影响历史认识的因素。"因果判断来自习惯和经验;当我们已经习惯于看到一个对象与其他对象结合的时候,我们的想象就凭借一种自然推移作用由第一个对象转到第二个对象,这种推移过程发生于反省之前,并且不能被反省所阻止住的。"类比推断的结果是,"我们是把我们在过去例子中所有的经验转移到那些与我们所经验过的对象类似而并不恰恰相同的对象上面。……习惯虽然是我们一切判断的基础,可是有时候它却对想象起一种违反判断的作用"。③ 因此在他看来,历史学要研究这种通则:"人类在一切时间和地方都是十分相仿的,所以历史在这个特殊的方面并不能告诉我们以什么新奇的事情。历史的主要功用只在于给我们发现出人性中恒常的普遍的原则来,它指示出人类在各种环境和情节下

---

① [美]唐纳德·R.凯利:《多面的历史:从希罗多德到赫尔德的历史探寻》,陈恒、宋立宏译,生活·读书·新知三联书店2003年版,第441页。
② 张广智:《西方史学史》,复旦大学出版社2000年版,第157页。
③ [英]休谟:《人性论》,关文运译,商务印书馆1980年版,第170页。

是什么样的,并且供给我们以材料,使我们从事观察,并且使我们熟悉人类动作和行为的有规则的动机。"①例如在心灵的发展问题上,他主张由低级向高级发展,用他的话说就是"心灵是由低级向高级逐步上升的"②。与此同时,他又强调偶发因素对于宗教的作用。休谟说:"一切人类生活,尤其是在秩序和良好政府建立之前的人类生活,都受到偶然事件的支配;所以,迷信很自然就会盛行于野蛮时代的每一个角落,并促使人们极其热切地去探究那些安排他们祸福的不可见的力量。"③

## 二、休谟史学的影响和地位

休谟建立了苏格兰史学派,罗伯逊和亚当·弗格森(Adam Ferguson)就是他的追随者。而且"休谟在他事业的中途就放弃了哲学思辨,转而从事其他题目,如历史学和伦理学,这些题目都可以诚实地加以对待而不至于冒犯别人",成为18世纪"怀疑主义之王"。④ 因此,休谟史学以其理论与实际产生了重要影响,也享有崇高地位。

休谟《英国史》产生了广泛而重大的影响。1754年第一卷出版后,按照休谟《自传》的说法,"人们都攻击我,向我发出责斥、非难甚至厌恶的呼声来。英格兰人、苏格兰人、爱尔兰人、民权党、王党、教会中人、各派中人、自由思想者、宗教家、爱国者、宫廷中人,都一致愤怒我这个人,因为我擅敢对查利一世和斯特洛浦伯爵的命运,洒一掬同情之泪。当他们的怒潮的狂澜过去以后,更令人丧

---

① [英]休谟:《人类理解研究》,关文运译,商务印书馆1957年版,第76页。
② [英]休谟:《宗教的自然史》,徐晓宏译,上海人民出版社2003年版,第5页。
③ 同上书,第19页。
④ [美]卡尔·贝克尔:《18世纪哲学家的天城》,何兆武译,生活·读书·新知三联书店2001年版,第41—42页。

气的,乃是那部书似乎已被世人置之度外了"①。但是到了1756年第二卷出版的时候,该书产生了积极影响。休谟说:"(第二卷)没有引起民权党人那样的不快来,而且也比前一册较受人欢迎。它不仅把它自己的地位提高,而且间接地使它的不幸的兄弟也抬起头来。"②到1759年出版都铎王朝历史时,"人们对这一部书所吐露的喧声,也差不多等于对前两个斯屠渥特的历史所表示的"③。

1761年《英国史》最后一部分出版后,《年鉴》(Annual Register)不无豪迈地宣称:"我国作家在历史学方面的成就微不足道,而意大利人,甚至法国人,长久以来被公认为超过我们的……英国人的天赋在其他种类的写作中已经得到很好的展示,并赢得足够的尊敬,但在历史学方面却无甚作为。休谟先生大作的刊行使我国摆脱了这种羞辱。"④事实上,《英国史》在休谟生前就被奉为经典著作,有7个版本在流传,他去世后直到20世纪早期,又出了175个版本。伏尔泰认为:"(《英国史》)恐怕是所有语言写成的著作中最好的。"⑤其后学麦考莱称休谟为"最有能力和最受欢迎"的历史学家。⑥ 法王路易十六把自己当成休谟《英国史》的亲密学

---

① [英]休谟:《休谟自传》,载《人类理解研究》,关文运译,商务印书馆1957年版,第5页。
② 同上。
③ 同上书,第6页。
④ Victor G. Wexler, *David Hume and the History of England*, American Philosophical Society, 1979, p.90.
⑤ Nicholas Capaldi and Donald W. Livingston, eds., "Preface", in *Liberty in Hume's History of England*, Kluwer Academic Publishers, 1990, p. VII.
⑥ From J. W. Thompson, *A History of Historical Writing*, Vol. 2, Macmillan Company, 1942, p.69, note 37.

生,其贴身侍卫记载这位国王在不久的生命中曾要求阅读有关审判和处死查理一世的部分。而托马斯·杰斐逊则从中看到了托利主义可能对美国宪政自由所带来的威胁,而在美国禁绝此书。温斯顿·丘吉尔学习英国历史所使用的读本也是根据休谟《英国史》改成的。①

休谟不仅自己从事史学活动,还对后学进行鼓励和帮助。罗伯逊在《苏格兰史》(The History of Scotland)完成后,请休谟给予指教。1758 年 11 月 18 日,休谟写信提出修改意见。在该书的结尾,罗伯逊作专文说明玛丽写给伯茨韦尔(Bothwell)的信的可靠性。他认为玛丽虽然违背了《珀斯条约》,但在巴宾顿(Babington)反对伊丽莎白的阴谋中是无辜的。在这两个问题上,休谟都提出了相反的观点。此外,休谟还指出了附录中由于罗伯逊没有读过坎贝尔(Campbell)博士手稿而导致的事实错误。后来罗伯逊在出版著作时大体上采纳了休谟的意见。② 1759 年夏,休谟还写信给罗伯逊,鼓励他写作历史人物传记。"简单说来,你可以这种方式采集所有近代史上的花朵:显赫的教皇、瑞典的国王、新世界的发现者和征服者,甚至大量文人也供你采用。独特著作的迅速完成会鼓励你开始写新的一部。假如有一本成功了,你就会在空闲的时候写另一本,并且领域不会枯竭。有这么些人,你可以在历史的角落邂逅他们,也就是说,他们是出乎意料的娱乐对象。他们同你的生命相始终,你会以这种方式给予或者接受乐趣。甚至假如你的儿子有写史的天赋,也可以这样做,他的儿子同样可以

---

① Nicholas Capaldi and Donald W. Livingston, eds., "Preface", in *Liberty in Hume's History of England*, Kluwer Academic Publishers, 1990, p. Ⅶ.

② J. Y. T. Greig, ed., *The Letters of David Hume*, Vol. 1, Clarendon Press, 1932, pp. 288 – 290.

这样继续下去。我不再坚持这一观点,因为假如它使你喜欢上了,你就会感到所有的长处,当然也会感到所有的困难。"①休谟还帮助罗伯逊扩大影响。1759年3月12日,他给罗伯逊写信推荐法国人翻译他的《苏格兰史》②;1763年写信介绍自己在巴黎认识的一位律师遗孀,就是她把都铎王朝史翻译成法文的,她也希望翻译罗伯逊《查理五世在位时期的历史》(*The History of the Reign of the Emperor Charles V*)③。

休谟还指导、鼓励和赞赏爱德华·吉本的历史写作。吉本把自己的《瑞士革命史》(*The History of Swiss Revolution*)手稿通过乔治·德·叶文顿(George de Yvendun)转给休谟,请求指正。1764年10月24日,休谟在给吉本的信中说:"我带着极大的愉快和满足仔细阅读了它。我只有一个异议,那是从你写作所使用的语言上推演出来的。为什么你用法语写作,给骏马配了副劣鞍,就像贺拉斯说的罗马人用希腊语写作一样呢?"④他指出吉本用法文写作的不利影响:"使用法语语调还把你导向更为诗意和具有比喻、象征性的风格了,更具有色彩了,而我们的语言似乎在历史著作内容上更有包容性:因为这样是法国人特别是近来法国人写作的实际,他们说明其图画而不是习惯允许我们这样的。在我看来,你的著作总体上是用信组成的,颇有见解;我非常诚恳地劝你继续做下去。"⑤在吉本写作和出版《罗马帝国衰亡史》后,1776年3月

---

① J. Y. T. Greig, ed., *The Letters of David Hume*, Vol. 1, Clarendon Press, 1932, p. 316.
② Ibid., pp. 301 – 302.
③ Ibid., pp. 415 – 416.
④ J. Y. T. Greig, ed., *The Letters of David Hume*, Vol. 2, Clarendon Press, 1932, p. 170.
⑤ Ibid., p. 171.

18日,休谟又给吉本写信:"我必须把这部著作看成同样值得尊重的对象。"①"我晓得这将使你愉快(就像它让我愉快一样),发现这里所有文人学者都一致钦佩你的著作,并且急切希望你继续写下去。"②"你接下来的著作要比之前更精美,但是我相信你的审慎能够令你摆脱困境;在所有事情上,你都要以藐视来摆脱信条盲从者们的叫嚣。"③

关于休谟《英国史》的地位,汤普森评价说:"(他的这部书)是近代史学上的一个里程碑。历史不仅仅被变成一部战争年代记和帝王世系,而且是有更丰富内容的东西,做这种尝试的第一位历史学家就是他。在理解各种社会关系的重要性,理解道德、文学和艺术的价值方面,他走在伏尔泰前面。但作为一位历史学家的休谟的最大功绩却在于下述事实:在所有历史作者当中,是他首先看到了'起因'在历史上的性质和意义,历史上的一切变化都是以这个起因为依据的。"④

---

① J. Y. T. Greig, ed., *The Letters of David Hume*, Vol. 2, Clarendon Press, 1932, p. 309.
② Ibid., p. 310.
③ Ibid., p. 311.
④ J. W. Thompson, *A History of Historical Writing*, Vol. 2, Macmillan Company, 1942, p. 72.

# 第 25 论

# 世俗精神与宗教情怀：罗伯逊史学的两重性

威廉·罗伯逊(1721—1793年)与大卫·休谟、亚当·斯密同为苏格兰启蒙运动领袖。他既是苏格兰长老会温和派领袖，又任爱丁堡大学校长，还是皇家史官，这就决定其身份具有宗教和世俗两重性。有西方学者称："18世纪不列颠历史学界的三驾马车——吉本、休谟和罗伯逊，其中只有罗伯逊写出不止一部历史著作。"[①]是的，休谟著《英国史》，吉本写《罗马帝国衰亡史》，而罗伯逊则有《苏格兰史》《查理五世在位时期的历史》《美洲史》(*The History of America*)和《论古人的印度史知识》(*The Historical Disquisition Concerning the Knowledge which the Ancients Had of India*)。罗伯逊作为宗教领袖，布道中有世俗精神；作为启蒙领袖和皇家史官，论述世俗事务又有宗教情怀。这两重属性并蓄于其史著之中。

## 一、宗教活动嵌入世俗事务

关心现实宗教问题、关心历史上的宗教事实，是教士责任所

---

① D. J. Wormersley, "The Historical Writing of William Robertson", *Journal of the History of Ideas*, Vol.47, No.3, 1986.

在。罗伯逊作为宗教领袖,谈论或者从事宗教活动不乏世俗精神。他布道之时,不忘世俗之事。这里举三例以见其情。

  1755年罗伯逊布道《基督献身时的世界情形》,他说:"没有一种事业比沉思神掌控世界的智慧更惬意了。人类的公民历史,为这一虔诚的练习打开宽广的领域。以理性之光悉心观察,就神意而言,或许常常形成关于可能性的推测,能够发现一只巧妙之手引导着人类事务的革命,通过最有效和令人惊奇的手段达到最好的终点。但是,《圣经》中的历史,把覆盖在万能之主劝告上的面纱扯至一旁,设置神对于其创造物观念的开放式设计。在那儿,我们能够追寻那些阶段,以更为确实和愉快地完成它们。激起作者写作的那些事实的教益,不亚于它们所教导的道理。后者告诉我们神是强大、聪明和美好的,而前者通过真实和激动人心的例子,揭示这些被完美地带进实际行动和注重思辨性的观点。"①该布道把上帝的神性和人的理性结合起来,在赞美神的同时,又申明研究公民社会发展的意义。在这个布道中,他概述耶稣诞生时世界的政治、道德、宗教和家庭社会情况,这是典型的在宗教事务中体现世俗精神。

  特别是1778年2月26日斋戒日,罗伯逊进行关于1778年美洲革命的布道,他谴责北美战争,表示自己无法理解,并祈求上帝保佑英国获得胜利,呼吁宗教虔诚和美德,提倡爱国之心,对未来做和平的设想,下一论将有详述,此处不赘。这也是在宗教活动中谈世俗问题的典型,尽管他站在宗主国立场上来看待这场战争的观点值得商榷,然而他能够在布道中结合现实社会问题,是其宗教活动嵌入世俗事务的又一案例。

---

① Wilianm Robertson, *The Situation of the World at the Time of Christ's Appearance*, Routledge/Thoemmes, 1996, pp. 5-6.

1788年"光荣革命"100周年之际,罗伯逊布道:"100年前,我们的国家从国内和宗教压迫中解脱出来,给王室特权设置了高尚的界限,人们的自由和权利获得解放,国教巩固了其所有的宗教特权。"①"在履行职责的过程中,我或许使它成为我谈话的对象,指出这1688年发生的革命在政府中的必要性,解释和评价政府所基于的政治原则;我也许会转移你们的注意力到这一伟大事件的有利结果上,描述其对在不列颠统治下的人们的国家和情感的有益作用。"②"我要提到,作为这一我们正在纪念的伟大转变的第一个幸福结果,是自由原则,人类自然权利的知识和公民政府真正结束的知识,得以更为普遍的传播和更为完美的理解。"③"我们正在庆祝的伟大转变的另一个结果,是就人类的宗教权利而言更为公正的观点得以建立。"④这里,罗伯逊在布道中歌颂"光荣革命"给社会带来的改善,给人们带来的希望,这还是宗教活动中嵌入世俗的问题。

布莱塞赫论罗伯逊时指出:"作为一位虔诚的长老会信徒,他能轻松地像启蒙哲学家那样按照一般性术语说话。他依然宣称历史的神性计划。当覆盖在全能上帝会的面纱被扯到一边时,'神圣'的历史就直接处置这一计划,使公民的历史得到自由,可以探索'人类事务的革命'。在这些事务上,上帝不直接起作用,通常使用战争、愚蠢、残忍和其他令人惊奇的手段对人类的终结发生作用。"⑤布

---

① William Robertson, *Miscellaneous Works and Commentaries*, ed. Jeffrey Smitten, Routledge/Thoemmes, 1996, p.175.
② Ibid., p.175.
③ Ibid., p.177.
④ Ibid., p.180.
⑤ Ernst Breisach, *Historiography: Ancient, Medieval, and Modern*, second edition, University of Chicago Press, 1994, p.216.

莱塞赫赞赏罗伯逊在宣誓神性之时却发布如其他启蒙学者的思想言论,此段论说精辟。

## 二、从世俗角度解读宗教史

关于罗伯逊从世俗角度解读宗教史,已有学者指出:"这一世俗主义者的兴趣,实际就是从诺克斯传递到罗伯逊的苏格兰史学。"①罗伯逊高度赞赏宗教改革,他说:"宗教改革是人类历史上最伟大的事件之一,无论我们以怎样的着眼点看待它,都是有教育意义和有益处的。"②他评价历史人物的功过是非,与宗教改革联系起来。在《苏格兰史》中,罗伯逊评价历史人物,看他是否有利于宗教改革。他颂扬亨利八世"对于罗马天主教的倒台做出贡献。他在这个民族建立宗教自由,其忿恨引导他废除教会权力。其贪婪导致他剥夺教会财产"③。他对亨利八世继承人爱德华六世在位期间英国的宗教改革,以及包括苏格兰在内的欧洲宗教改革所取得的成就颇为欣赏,"获得和传播知识的手段的革新精神变得更为普及了,特别是那一时期变得更为勇敢和普遍了"④。他批评反对宗教改革的吉斯的玛丽促成的苏格兰跟法国的联合:"不列颠民族双方都失去了权力,也失去了声望,因为这不愉快的争执。这对双方都是竞争和仇恨的战争,而不是利益,并且在民族仇恨之下上演着。"⑤

---

① Mary Fearnley-Sander, "Philosophical History and the Scottish Reformation: William Robertson and the Knoxian Tradition", *The Historical Journal*, Vol. 33, No. 2, 1990.
② William Robertson, *The History of Scotland*, Vol. 1, Routledge/Thoemmes Press, 1996, p.146.
③ Ibid., pp.121-122.
④ Ibid., p.138.
⑤ Ibid., pp.133-134.

他从世俗历史角度讨论宗教改革取得进步的原因。《查理五世在位时期的历史》第二卷中就有关于宗教改革的论述,该书秉持世俗眼光。罗伯逊从世俗的视角看待马丁·路德宗教改革,他说:"马丁·路德开始提出免罪功效问题,声明反对邪恶生活及其努力传播者的错误教义,就在这个时候,其同胞的心灵正需要聆听他的讲话。……他在非凡的学习中获得的进步增进了其学问,提高了其尊严。"①他论马丁·路德遭到天主教神学家围攻时说:"他们所采取的争论方式对其事业无甚益处。路德试图依据建立于理性之上或者源自《圣经》的讨论去反对免罪。除了经院哲学家的意见、教会法规和教皇敕令外,他们没有产生什么支持性的东西。"②

罗伯逊分析了路德宗教改革取得进展的原因,颇具世俗性。他把原因归结为:第一,在路德之前,罗马教廷的腐败就受到过谴责,这些谴责尽管夭折了,但是到路德那时,"危机与成熟相结合,各种情形在推动他采取每一步走向成功时,共同发挥了作用"③。第二,"14世纪后半期和15世纪之初,长期和诽谤性的分裂把教会分割开来,摧毁了世界已经习惯把教廷看成高贵的那种崇敬"④。第三,在路德之前半个世纪,印刷术的发明加速了人们对其著作的阅读。⑤ 第四,学术复兴促进了宗教改革。他说:"15、16世纪学术的复兴把世界从多年昏睡中唤醒,人类心灵感到自己的力量,打破长期坚守的固定的权威,努力把研究对象推向更大的领

---

① William Robertson, *The History of the Reign of the Emperor Charles V*, Vol.2, Routledge/Thoemmes Press, 1996, pp.109 - 110.
② Ibid., pp.113 - 114.
③ Ibid., p.135.
④ Ibid.
⑤ Ibid., p.153.

域,以巨大的勇气和成功的惊喜推向所有对象。"①例如,伊拉斯谟对《圣经》的研究揭露教会的丑行,"对于路德的成功具有显著贡献"②。他总结道:"可以证明,宗教改革的成功是许多有力原因自然作用的结果,这些原因是独特的天意预定好的。这些原因愉快地协力促成那个结局。"③他有一段话很耐人寻味,自己表明与基督教史学家的迥异,可是又未能摆脱其教士的潜意识:"在长长的情形胪列中,这些情形在助力路德主张进步或弱化其对手的反抗中结合在一起。我拒绝任何关于天主教教义的神学原理的讨论,不想表明它们跟基督教精神多么不一致,多么缺乏理性、上帝之声或者早期教会实际的基础。把这些话题全部留给教士史学家,这些完全属于他们的领域。"④

就罗伯逊这种宗教史写作中的世俗精神,巴恩斯说过:"他花部分生命做新教牧师,相信宗教改革最初是由神性的上帝引起的。当不是一个狂热的基督徒时,其理性主义主要体现在关于基督教会史的论述中。"⑤巴恩斯所说罗伯逊的理性主义,其实就是与宗教相对立的世俗精神之一种。

### 三、世俗事务上的宗教情怀

罗伯逊无论是写苏格兰历史,还是写欧洲乃至美洲和印度的

---

① William Robertson, *The History of Scotland*, Vol. 1, Routledge/Thoemmes Press, 1996, p.146.
② William Robertson, *The History of the Reign of the Emperor Charles V*, Vol.2, Routledge/Thoemmes Press, 1996, p.157.
③ Ibid., p.160.
④ Ibid., p.159.
⑤ Harry Elmer Barnes, *A History of Historical Writing*, Dove Publication, Inc., 1963, p.156.

历史,都体现了其悲天悯人的宗教情怀。在《苏格兰史》中,罗伯逊赋予世俗事务以宗教情怀。例如,他同情女王玛丽一世的不幸,特别是描写1587年2月7日,玛丽得到死刑通知和临行前表现出的镇定、大方和凄美:"她和周围的仆人跪下,感谢上苍她的困难到头了,祈祷她能体面而坚忍地忍受依然存在的苦难。她花晚上大部分时间去处理世界性事务。她亲自写遗嘱,她的钱、宝石和衣服依照位次或者功绩分发给侍从。她给法王写封短信,另一封写给吉斯公爵,充满温情和大度,把灵魂托付给祈祷者、受折磨的仆人和卫士。她像平时一样十分适度、温和地吃饭,轻松、愉快地谈话,同每一个仆人喝一杯,请求他们,假如没有尽到责任,则予以宽恕。到惯常之时,她到床上平静地躺了几个小时,早早地退到密室,花不少时间祈祷。八点钟郡长和他的办公室人员进入女王的房间,发现她正跪在圣坛上。她立刻起身,神采庄严,面无惧色,甚至流露出愉快,走向行刑之所。"①

对玛丽一世的这一悲惨结局,罗伯逊感叹道:"苏格兰玛丽女王活了44岁零两个月,度过19年的监禁生活,其死亡是如此之悲惨。"②关于罗伯逊的这一倾向,斯图尔特(Stewart)认为:"玛丽的形象被重新描绘,其不幸的故事被重新讲述,并且这一表述和同情力度非同一般,那是历史学家对其错误方面更为深入的探讨和对其平凡给予的更多褒扬。但是,在罗伯逊博士所写的历史里,每个人依然首先阅读玛丽王位的传承。罗伯逊衬托得那样具有技巧性,以至于在不可抗拒的叙述魅力的伴随下,他所讲述的、美丽而不幸的女王故事,总体说来,与所有罗马教会同情热忱或者苏格兰

① William Robertson, *The History of Scotland*, Vol. 2, Routledge/Thoemmes Press, 1996, pp.175 - 176.
② Ibid., p.180.

骑士团忠诚所激起的、把她宣称为圣徒的尝试所产生的关于她的回忆录相比,引发了对于其运气更为深刻的兴趣和对于其命运更为生动的同情。"①此论确实精当。

罗伯逊在《美洲史》第九、十编中流露的社会倾向也包含明显的宗教情怀。他既对殖民者的艰辛报以同情,又对其屠杀印第安人加以揭露。英国人最初到达美洲时生存的艰辛是可想而知的,《美洲史》第九、十编中多次讲到他们遭受饥饿、疾病的困厄和当地土著的骚扰,导致人口寥落,他对此报以关切和同情之心,具体不赘述。倒是英国人屠杀印第安人以及罗伯逊的态度,须稍加论述。

谈及定居弗吉尼亚的英国人和土著人发生冲突,罗伯逊在感情上没有明显倾向,他说:"英国人定居后不久,卷入一场同土著人的战争,部分因为他们自己不检点,部分因为野蛮人的疑心和凶恶。尽管印第安人以独立部族散布于毗邻詹姆斯河的村野,然而它们是如此之微弱,以至于其中任何部族几乎都不能聚集起超过200人的战士。印第安人以其不断的不友善骚扰最初的殖民地。"②从这段话可以看出,他对英国人和土著人各有褒贬,一方面说英国人不检点,另一方面说土著人起疑心和凶恶,没有明显的倾向性。

然而,随着英国势力在北美的扩张,罗伯逊针对他们先后的不同做法,其态度由赞同走向批评。1612年英国颁布新的特许状,托马斯·代尔(Thomas Dale)与当地最强大而好战的部族签订条约,救过约翰·斯密(John Smith)性命的土著人、酋长之女波卡琼塔斯(Pocachuntas)嫁给殖民者拉尔夫(Ralfe),实现英国定居者与

---

① Dugald Stewart, *Account of the Life and Writings of William Robertson*, Thoemmes Press, 1997, pp.35 – 36.
② Ibid., p.69.

土著人的联姻,波卡琼塔斯在英国受到国王夫妇的礼遇。代尔把过去的公共土地分配给各位成员,社会得以稳定和繁荣,罗伯逊给予高度赞赏。可是,对于英国人烟草种植业的飞速发展,罗伯逊却批评道,他们"向印第安人提出新要求","导致结怨"。① 特别是土著领袖,也就是波卡琼塔斯的父亲去世后,印第安人势力膨胀,不满英国人对其土地和劳动力的占有,开始杀戮英国人。1619年,英国人对印第安人开战。关于这场战争,罗伯逊写道:"(英国人)每个人都拿起武器,一心要消灭那整个种族,无论老少统统消灭。西班牙人在南美的行为被公开提倡为最值得模仿的榜样。"②罗伯逊还写道:"他们卖掉印第安人的庄园,屠杀每一个他们能够控制的人,把剩下的赶进森林,在那里许多印第安人因饥饿而灭亡,一些离英国人最近的部落完全消亡了。这种杀戮行为是犯罪,却努力表现为一种必要的报复。"③显然,罗伯逊对于双方联姻是赞同的,但是对英国人的贪婪持批评态度,尤其对英国人大开杀戒表示强烈指责。

至于英国殖民者在新英格兰与土著人的关系,罗伯逊也从赞同变为强烈批评。他对于英国人早期在新英格兰的周密和策略性行为持赞赏态度,书中说道:"马萨诸塞角周围的印第安部落软弱、不喜战事。出于公正,也是出于精明,第一批登陆者做事周详细致,在冒险占领土著人的土地之前,已与他们达成一致,相处和谐。尽管这一举措中给予土著人的跟所获土地的价值相比常常很不够,但足以让那些地方的土著首领满意。"④

---

① Dugald Stewart, *Account of the Life and Writings of William Robertson*, Thoemmes Press, 1997, p.98.
② Ibid., pp.110-111.
③ Ibid., p.112.
④ Ibid., pp.228-229.

然而,定居在普罗维登和康涅狄格的殖民者很快发现他们被比较强大和好战的民族包围着,其中最显著者是那拉甘塞特人(Naragansets)和皮郭特人(Peguods)。特别是后者,他们认识到印第安人的地狱一定是英国人在美洲大陆扩散造成的,假如不采取措施加以阻止,灾难将不可避免。皮郭特人欲与那拉甘塞特人结盟共同对抗英国人,那拉甘塞特人鉴于过去两个民族之间的隔阂,不仅没有答应皮郭特人,相反同英国人结成联盟。皮郭特人激于义愤,使用固有方式骚扰英国人定居地。于是,新英格兰不同地方的殖民者联合起来,共同对敌。在罗伯逊看来,皮郭特人非常质朴,"尽管知道英国人在集结,然而还是带有未开化人的不谨慎,其安全防护是简陋的。他们既没有观察英国人的进展,也没有保卫处于惊奇中的自己"①。颇有反衬效果的是,罗伯逊这样描写英国人的报复:"一些英国人通过栅栏空隙不断用火骚扰他们,其他人则奋力突入皮郭特人塞满树枝的要塞,在芦苇顶的小屋里纵火。在一派混乱和惊恐中,许多妇女幼童葬身火舌,努力出逃的勇士或被英国人杀戮,或陷入在要塞之外张网以待的英国人联盟者之手,遭受更为残酷的命运。……不到三个月,皮郭特部落绝迹。"②

让罗伯逊尤感义愤的是,殖民者在讨论这一历史事件时却是丑化皮郭特人的。他说:"最初的文章里所呈现的,是新英格兰殖民者军队貌似训练有素和胆识过人的管理者的杰作。他们展示士兵的勇敢和坚韧,却玷污了用于庆祝其凯旋的桂冠。他们没有把皮郭特人当作独立的人看待,而皮郭特人则在保卫民族财产、权利和自由中英勇顽强地抵抗。"③他强烈谴责新英格兰殖民者:"他们

---

① Dugald Stewart, *Account of the Life and Writings of William Robertson*, Thoemmes Press, 1997, p.233.
② Ibid., pp.233 - 234.
③ Ibid., pp.234 - 235.

报复美洲战争中的所有野蛮人,一些人被他们冷酷地杀戮,一些人虽然没有被他们杀戮,但是遭受其同盟者的蹂躏,被大批卖到百慕大作奴隶,余下则成为其奴役的对象。"①引文中罗伯逊所说的殖民者"最初的文章"所指为何不得而知,按照其一贯严谨的作风,不会无中生有,而他所表露的对英国殖民者的凶残和虚妄的厌恶更是最清楚不过的。

他既以启蒙学者的伦理观念批评英国对北美殖民地的压制,又对殖民地武力对抗英国表示谴责。苏格兰与英格兰合并后,英格兰的海外市场对苏格兰开放,就北美殖民地而言,苏格兰与英格兰的利益是一致的。罗伯逊作为长老会领袖,曾任苏格兰皇家史官,因此一旦北美爆发独立战争,他的态度明显倾向于宗主国。1778年2月26日为斋戒日,罗伯逊发表布道词,对北美和宗主国之间的战争明确表态。他说:"对一个商业国家的战争,是最为恶劣的罪恶。……这场战争发生在我们同自己首先殖民的人们之间。既然他们曾经珍惜我们的垦殖,就应该与我们牵手以支持整个帝国的权力。"②可见,他既对北美战争表示无法理解,又谴责北美殖民地反叛宗主国。同时,他祈求上帝保佑英国获得胜利,呼吁宗教虔诚和美德,提倡爱国之心。③ 他对未来做和平性设想:"让我们记住他们是有着同样信仰和血统的民族,让我们虔诚地祈祷他们会迷途知返——手和脚永远不能高得与头脑抗衡,和平会再次朝我们微笑,刀枪终要归鞘。"④这几段话是对于罗伯逊长老会

---

① Dugald Stewart, *Account of the Life and Writings of William Robertson*, Thoemmes Press, 1997, p.235.
② William Robertson, *Miscellaneous Works and Commentaries*, ed. Jeffrey Smitten, Routledge/Thoemmes, 1996, p.139.
③ Ibid., pp.140 – 141.
④ Ibid., p.142.

领袖、苏格兰皇家史官角色的最好注解。

问题是,罗伯逊于1778年2月26日斋戒日发表布道词后,又两次重新拾起《美洲史》第九、十编的撰写工作,而现存两编著作包含着他对于宗主国压制殖民地的批评态度。1606年,詹姆斯一世颁发特许状,赋予英国移民在弗吉尼亚建立殖民地的一些特权,罗伯逊却指出:"(它)把立法和行政权力给予王朝统治下的委员会,而这个委员会受王权引导,这样每一个定居在美洲的人都被剥夺了作为自由民的最高贵的特惠。"①他还说:"作为对神圣不可剥夺的自由权利的粗暴侵害,英国人在美洲的殖民地建立了。"②罗伯逊这样批评英国最早的北美殖民地:"也许还没有一种统治遥远殖民地的模式,它更多地是独占詹姆斯授予弗吉尼亚探险公司的所有权利,而不是友好地对待其自由。有几年殖民者只是奴仆。"③类似的表述还有:"公司的强权赞成殖民地的繁荣而不是其自由。"④这是以一般启蒙者的人权观批评特许状对殖民者自由权利的剥夺。特别是王室特许没有平等对待执行者,他说:"委员会的首次作为就不公正,(殖民地)政府是设定好的,(执行者)从英国带来的盖有公司印章的委托书,要到他们登陆后的第二天才能打开。"⑤显然,罗伯逊又从一般启蒙者的平等观念出发,批评委员会对殖民者人格的蔑视。一言以蔽之,罗伯逊以天赋人权说、分权学说来评判英国王室对移居北美者权利的侵害。

因此,罗伯逊对于新英格兰的独立倾向报以同情。1643年5

---

① William Robertson, *The History of America*, Books IX and X, Routledge/Thoemmes, 1996, p.63.
② Ibid., p.64.
③ Ibid., pp.121–122.
④ Ibid., p.122.
⑤ Ibid., p.68.

月19日，新英格兰四个殖民地马萨诸塞、普利茅斯、康涅狄格和纽黑文结成新英格兰联邦，表达出独立倾向。1652年殖民者获得制币权，克伦威尔对殖民地提供保护，提议运送殖民者到牙买加，遭到殖民地拒绝。也许是罗伯逊联系到北美的独立，他颇有感触地说："这一独立现在让所有敌对的派别不寒而栗，独占不列颠各项事务之鳌头。长期习惯于赞赏的新英格兰政府设计出了可以接受的原则，而这些原则是从最完美的公民和宗教的政治榜样中汲取的。"①

就罗伯逊在其英属美洲史中所表现出的社会倾向来说，其启蒙者身份决定了他在一般意义上维护人权，其苏格兰皇室史官身份决定了他维护宗主国的根本利益，其长老会领袖身份决定他反对杀戮、反对宗教极端行为。前两者是世俗需要，后者是宗教要求。这两重属性在《美洲史》中充分体现出来。

总之，罗伯逊的历史写作，在人文情怀上，他既有作为宗教领袖的严肃和正统，又有对历史人物像玛丽一世、马丁·路德和美洲土著的同情，散发出浓郁的世俗气息。他成功地把宗教领袖和启蒙学者这两重属性统一到其历史著作中，可谓宗教领袖写作世俗历史的范例，成为英国史学史上的一座丰碑。

---

① William Robertson, *The History of America*, Books IX and X, Routledge/Thoemmes, 1996, pp. 246–247.

# 第26论

# 影响焦虑和社会倾向：罗伯逊的美洲史写作

罗伯逊《美洲史》共计十编，第一编为哥伦布航行至美洲之前人类的探险、商业和航海史纲，第二至八编主要是西班牙在美洲的探险、征服和殖民史，最后两编为英国的北美殖民地弗吉尼亚和新英格兰史。这部《美洲史》出版后，特别是在20世纪，引起不少学者的关注。以往学界集中讨论罗伯逊的南美史撰写情况，包括其人类学意义、对地理环境问题的论述、不偏不倚的学术态度；偶涉北美史撰写方面者，则关注《美洲史》对于北美文学的影响。这些问题虽然是罗伯逊《美洲史》中的重要方面，受到学者关注实乃情理之中的事情。然而，罗伯逊未完成英属美洲史写作这一最起码的历史现象背后，其动机是什么尚未见合理解释；书中所含罗伯逊不可忽视的社会倾向性亦未受到学界足够关注。

## 一、罗伯逊中辍英属北美史著作之动机

早在1756年，罗伯逊就在《爱丁堡评论》上臧否威廉·道格拉斯（William Douglas）的《英国人定居北美的历史与政治纲要》（*A Summary, Historical and Political, of the First Plantings, Progressive Improvements, and Present State of the British*

*Settlements in North-America*)。文中说:"不列颠帝国在美洲的活动是重大而有趣的历史课题。早些时候,关于美洲的记载非常不确切,而这些记载被随后的作者加以毫无出入的抄袭。"① 他还说:"真实和理性地论述不列颠殖民地,是历史学中非常迫切的课题。"② 一方面,他认为这一主题很重要、很有趣,也很迫切;另一方面,他对当时现有的相关著作颇为不满。不过,他还是认为威廉·道格拉斯具有写作英属殖民地历史的优势,罗伯逊说:"我们的作者长居美洲,知识博洽,具有公正的观察力和忠诚的思想倾向,这些对于撰写真实和理性的英属殖民地史非常有用。"③ 这尽管是就威廉·道格拉斯而言的,然而却表达出罗伯逊关于北美史写作的基本主张,那就是史学家写好北美史所必备的主观条件是"长居美洲""知识博洽""公正""忠诚"。同时,这段话还表明,至少在18世纪50年代中期,罗伯逊就相当关注北美史的撰写了。

问题是罗伯逊并未长居美洲,甚至没有去过美洲,因此为了撰写北美史,搜集并利用旅居北美者所写的见闻或者游记就成为当务之急。事实上,他确实是这样做的。例如,约翰·斯密曾在北美内地进行航行、占领、贸易和战斗,并加以记录,是为《游记》(*Travels*)。该书作为写作北美历史的原始材料之一种,被罗伯逊在书中大量征引,并有所评价:"他带回大量自己关于美洲大陆避风港的记载(弗吉尼亚和马里兰现已闻名遐迩),这些记载如此充分和确实,以至于一个半世纪的探险和知识进步之后,其地图对这两处乡村的展示仍不无确切。这些记载是原始材料,所有后来者

---

① William Robertson, *Miscellaneous Works and Commentaries*, ed. Jeffrey Smitten, Routledge/Thoemmes, 1996, p.82.
② Ibid., p.83.
③ Ibid.

的叙述和描写都以它为根据。"①再如理查德·哈奎特（Richard Hakluyt）编写的相关材料，也属类似文献，罗伯逊多次使用。其《美洲史》道："（哈奎特）早年潜心于地理和航海，寻求让更多的人感受这些有趣科学的乐趣，并将它定为生命中的重要目标。为刺激同胞矢志海军和满足虚荣心，他于1589年出版颇有价值的英国人旅行和发现文集。为了给他们提供最为成功的外国航海家的信息，他以英文笔调翻译了一些最优秀的记载，记载西班牙人、葡萄牙人在东印度和西印度的旅行，受到伊丽莎白在位后期许多试图发现和殖民者的尊敬。"②

毋庸讳言，罗伯逊还参考同时代作家的同题材著作。例如，上述威廉·道格拉斯《英国人定居北美的历史与政治纲要》就是罗伯逊重要的参考资料，它的史学价值已由罗伯逊对威廉·道格拉斯的评价道明。再如早期北美史学家威廉·斯提斯（William Stith）1747年出版的《弗吉尼亚史》（*History of Virginia*），为罗伯逊写北美史第九编弗吉尼亚史时频繁引用，他认为威廉·斯提斯是"最有智慧和学问的弗吉尼亚史学家，记述了公司的解散这一殖民地最具灾难性的事件"③。还如英国史学家丹尼尔·尼尔（Daniel Neal）1720年出版的《新英格兰史》（*History of New England*）、1732—1738年出版的《清教的历史》（*History of the Puritans*），马萨诸塞殖民时期史学家托马斯·哈金森（Thomas Hutchinson）出版的《马萨诸塞史》（*The History of Massachusetts*），这三部史著都是罗伯逊写作北美史第十编新英格兰史的必备材料。特别是

---

① William Robertson, *The History of America*, Books IX and X, Routledge/Thoemmes, 1996, p.77.
② Ibid., pp.57-58.
③ Ibid., p.112.

尼尔,罗伯逊评价道:"尼尔先生是一位勤奋且相当博洽的作家。"① 当然,当代作家还是无法完全满足罗伯逊的信息需要。例如关于 1620 年詹姆斯一世签发给普利茅斯委员会的特许状,罗伯逊就说:"到底出于怎样的公共利益考虑,国王才把实施特许的任务交给完全不靠谱的人,或者哪方面的个人利益促使他们从事这一事业,当代作家提供的信息还是不能让我做出定论。"② 无论如何,罗伯逊为写北美史,一如他写其他历史著作,在资料方面做了大量准备工作,这是毫无疑问的。

罗伯逊《美洲史》始作于 1769 年。1777 年 5 月 28 日,西班牙美洲史由威廉·斯特拉罕(William Strahan)等人出版,即今日所见《美洲史》前八编。至于后两编,其子威廉·罗伯逊·斯坎德(William Robertson Secundus)在序中说:"在令人沉闷的病中,他早预见到命运的终结,罗伯逊博士在不同时候销毁了许多自己的文章。他去世后,我发现不列颠美洲史那部分,那是他多年前写的……全部是手写的,像其所有著作一样,像我见过的其手稿任何一部分一样被悉心修改过,他认为这值得保存,它逃脱了其他许多文章所遭受的火爨。"③ 斯坎德把这部分展示给父亲生前的好友,得到他们的肯定后才整理出来,于 1796 年 12 月出版,是为今日所见《美洲史》第九、十编。

据研究威廉·罗伯逊的专家杰夫雷·斯密顿(Jeffrey Smitten)所编《罗伯逊学术年谱》(William Robertson's Life and Works),罗伯逊作英属美洲史的大致过程是:大约 1775 年 9 月 28

---

① William Robertson, The History of America, Books IX and X, Routledge/Thoemmes, 1996, p.197.
② Ibid., p.191.
③ William Robertson Secundus, "Advertisement", in ibid., pp.VI-VII.

日起写作英属美洲史,1777年7月8日停下来;1778年2月26日发表关于美洲革命的斋戒日布道;1780年8月15日到11月2日又拾起这一工作;1781年4月10日到16日则是最后一次写作英属美洲史。① 可见,罗伯逊写作英属美洲史是写写停停的,而且并未完成。罗伯逊写作英属美洲史的结果并非如其初衷。《美洲史》序言这样叙述其最初的打算:

> 就《美洲史》而言,在履行我对公众的约定过程中,我打算在全部写出来之前,任何一部分都不予出版。不列颠殖民地的近况促使我改变了这一决心。它们忙于同大不列颠的内战,研究和思索其一去不复返的政策法规古代形式不可能是有趣的了。现在,人类的注意力和期望转向其未来的情形。无论如何,这种拼杀或许会结束,北美的新秩序必将出现,其事务将呈现另一种面貌。我以良好公民的焦虑翘首以待,直到躁动平息、正式的政府得以重建,那个时候我将转向已经有所进展的我的著作的这一部分。它将与葡萄牙美洲史、几个欧洲国家定居西印度群岛历史一起,完成我的计划。②

可见,他原本的计划是西班牙美洲史、葡萄牙美洲史和英属美洲史都要写出来,并在全部书稿完成之后予以出版;而之所以出版西班牙美洲史,是因为英属北美殖民地与英国发生战争,这场战争

---

① Jeffrey Smitten, "William Robertson's Life and Works", in William Robertson, *The History of Scotland*, Vol. 1, Routledge/Thoemmes, 1996, pp. XVII - XXV.
② William Robertson, "Preface", in *The History of America*, Book I, Routledge/Thoemmes, 1996, pp. V - VI.

让他看到整个美洲史写作的完成变得遥遥无期。在完整出版美洲史无望的情况下,罗伯逊只有改变计划,首先将西班牙美洲史付梓。

问题是,罗伯逊英属美洲史写作断断续续且未完成背后存在什么样的动机呢?这一问题很有趣味,值得探讨。关于这个问题,上述引文业已透露部分信息:战争时期,人们关心未来,对英属美洲古已有之的政治、法规不感兴趣,他想等到战争过后再去写它。罗伯逊颇在意读者的兴趣,可以看作他未完成英属美洲史的动机。需要进一步追问的是:为什么读者不感兴趣,他就一定要放弃呢?他反思美洲史写作时写过一段话,提供了部分答案:

> 我考虑历史编纂的本质越长,就越感到审慎的准确是必要的。史学家记录自己时代的事务,公众关注史学家提供信息的意义和诚信,如果史学家与公众所持有的意见相称,那么他就是可信的。可是,历史学家描述远古时期的事务,则没有这种资格去表明被认同,除非他展示能够证明自己主张的证据。没有证据,他也许写出消遣性的传闻,但是不可能被认为写出信史。①

这里罗伯逊表达出的意思是,他非常在意历史著作的真实性,或者说非常在意公众对其著作的认可。罗伯逊强调历史资料的可信度,可是关于北美的古代史,他没有足够的证据让读者信服其作品的可靠性。何况公众所理解的历史信息的现实意义未必与他相一致,特别是史学家对当代史的理解难以与公众意见吻合,这势必导致公众对他的质疑。

---

① William Robertson, "Preface", in *The History of America*, Book I, Routledge/Thoemmes, 1996, pp.XVI–XVII.

另外,1776 年 4 月 8 日,罗伯逊致信斯密谈及他的《美洲史》说:"同英国殖民地以及导致这些殖民地前途未定的原因有关的部分,我还在犹犹豫豫地写着。"①这表明一方面他必须写出英属北美殖民地的历史,另一方面又因殖民地前途未卜还在犹豫。特别是两年后的 1778 年 7 月,他写信给罗伯特·瓦迪拉夫(Robert Waddilove),信中再次流露他被迫放弃了北美历史,直到"伟大的平静时代,那时相对于现在,比较适合写作,公众可以较为不偏不倚地阅读,以获得更多信息"②。从所引文字来看,他担心现实中的人们出于义愤或者各种特别考虑难以不偏不倚地看问题,若贸然完成北美史写作,就一定会与公众意见相左,其史学家的声望势必受损。这与他在《美洲史》序言里的说法是一致的,以同样的道理解释了两年前"犹犹豫豫"的原因。

其实,看重公众对于其著作意见的做法并非罗伯逊仅有,例如苏格兰史学派的开创者休谟也有类似行为。1754 年休谟从詹姆斯一世至查理一世时期的《英国史》出版后,他就迫切地想知道外界的反响,并于当年 12 月 17 日致信亚当·斯密说:"请您告诉我,请坦率地告诉我,我的《英国史》在与您一起的一些行家眼中评价如何?……总之,我期望收集各方指教的意见。"③1759 年出版都铎王朝《英国史》时,休谟又在当年 7 月 28 日致信斯密,提及辉格党人攻击该书,而自己同书商签约,准备写从开始到亨利七世时期的英国史,表示"当于闲暇时从容为之……我写这部书,主要是作

---

① [英]欧内斯特·莫斯纳、伊恩·辛普森·罗斯编:《亚当·斯密通信集》,林国夫、吴良健、王翼龙等译,商务印书馆 2000 年版,第 261 页。
② Dugald Stewart, *Account of the Life and Writings of William Robertson*, Thoemmes Press, 1997, p.125.
③ [英]欧内斯特·莫斯纳、伊恩·辛普森·罗斯编:《亚当·斯密通信集》,林国夫、吴良健、王翼龙等译,商务印书馆 2000 年版,第 42 页。

为消磨空闲无聊的办法"①。可是1766年1月末,休谟再次致信斯密道:"有些人竭力劝我把《英国史》继续写下去,米勒愿为我的书出任何代价。一切关于马尔巴勒公爵的资料都提供给我。我相信没有人敢拒绝给我资料。但是我贪图的是什么呢?为什么我应放弃懒散、安适和社交的乐趣,再次让自己遭受愚蠢的、有门户之见的公众的叫嚷指责呢?我还没厌倦安闲的生活,也没有变得非常豁达置外界于不顾。"②这样看来,罗伯逊重视公众意见,与休谟多么相似啊!

不仅如此,休谟还关心苏格兰史学派中弗格森《文明社会史论》(*Essay on the History of Civil Society*)的社会影响。1766年2月11日,休谟在给休·布莱尔(Hugh Blair)的信中谈及他对弗格森书稿的感受:"我认为,无论是从风格、形式,还是从理性、内容看,它们都不宜公之于众。……假如它成功了,证明我是错误的,我将感到惬意地失望。"③这段话当然表明休谟对弗格森《文明社会史论》书稿的失望,但同时说明他对该书寄予怎样的厚望,所谓爱之深责之切。在《文明社会史论》获得成功后,1767年4月10日休谟兴奋地向弗格森表示祝贺:"带着诚挚的喜悦,我告诉你,你的大著取得全面成功,我差一点说成普遍的成功。可以说,这本书可望在两周之内在政治家和党派活动中传播开来。或许我有把握

---

① [英]欧内斯特·莫斯纳、伊恩·辛普森·罗斯编:《亚当·斯密通信集》,林国夫、吴良健、王翼龙等译,商务印书馆2000年版,第76—77页。
② 同上书,第157页。
③ J. Y. T. Greig, ed., *The Letters of David Hume*, Vol. 2, Oxford University Press, 1932, p.11.1766年2月24日,布莱尔在回信中说,他认为休谟对弗格森的书批评过于严格,但对此现在无论如何都不能再做什么了。由于他和罗伯逊都给予作者以赞成的意见,不可能收回,因此他还说:"你太了解作者的个性了,不会过于屈从。"

说,我还没有碰到哪个人在阅读之后不赞美它的。"[1]苏格兰史学派成员特别在意比苏格兰发达的英格兰公众对其著作的反响,他们的故乡是欠发达地区,强烈的自尊使得他们不愿在发达地区人面前露怯,追求著作的良好声誉成为其共同倾向。

要之,罗伯逊的心态很矛盾。作为初衷,他准备写出完整的英属美洲史,可是写远古的历史没有足够的证据,读者鉴于当前的形势也不感兴趣,而写当代历史又害怕忤了民意,无论哪种情况都会导致个人名誉受损,其实就是他心中涌起关于自己著作的"影响焦虑"。换言之,在他看来,撰写英属殖民地历史实属吃力不讨好,这就是罗伯逊断续写作北美历史且未完成的动机。

## 二、从英属美洲史著作所见罗伯逊之社会倾向

罗伯逊既为启蒙学者,又为苏格兰长老会领袖、苏格兰皇室史官,他写作英属殖民地弗吉尼亚、新英格兰史,就不能不体现出他的社会倾向性。事实上,在清教的自由精神与反宽容倾向、殖民者与印第安部落的冲突、殖民地对宗主国的依附与反叛这些问题上,他都明确表达出自己的社会倾向性。

他既赞成清教徒追求自由的努力,又批评其在北美的不宽容。罗伯逊《美洲史》第十编记述新英格兰史,绕不开清教徒在北美的拓殖。英国清教徒确实在北美殖民史上起到开拓作用,特别是对于新英格兰建立自由民主社会起到精神引领和实际示范作用。罗伯逊在新英格兰史中开篇叙述英国的宗教改革,其中说到清教徒对宗教仪式的理解导致他们遭到教会迫害,具有极端倾向的布朗主义者避难荷兰,后部分移居新英格兰。他还用一定篇幅谈到英

---

[1] J. Y. T. Greig, ed., *The Letters of David Hume*, Vol. 2, Oxford University Press, 1932, pp. 125 – 126.

国本土清教徒分批迁居新英格兰。这样看来,清教徒在北美的殖民是罗伯逊新英格兰史中的重要话题。书中至少有三个典型例子可以表明罗伯逊对待北美清教徒的态度。

1620年,120名布朗主义者来到马萨诸塞,定居新普利茅斯。他们依自身意愿建立教会,政府的建立也基于人的自然权利:人人都是教会成员,均享有法定主体的最高权利,政府官员由选举产生,财产公有。他们"模仿原始基督教"①,就像一个家庭,为公共利益而一起劳动。罗伯逊掌管英国新教中的稳健派苏格兰长老会,感情上明显倾向于长老会,对极端主义者是有说辞的。他说:"比较冷静和明智的清教徒倾向于长老会这个形式。长老会具有更彻底的改革精神,其成员更具有精神导师的素质。"②他还从殖民地事业发展的角度,把早期清教徒极端分子在北美的做法看作"阻碍了其殖民地的进展","其宗教原则是非社会的"。③ 这里罗伯逊的潜台词是说布朗主义者不冷静、不明智,认为他们在北美的行为对于英国的殖民事业特别是市场拓展、商业增长没有积极意义。

1629年,300名清教徒为了摆脱宗教迫害和政府压制,从英格兰出发来到新英格兰。罗伯逊赞赏他们享受宗教自由的初衷道:"他们是最为热心的清教徒。促使其放弃故土的主要原因,是希望在一个远离政府和教会法庭的地方享受宗教自由。"④可是,他们到达新英格兰后建立了严格的清教教会,宣称不满于其信仰和圣法者不得加入教会,写到这儿,罗伯逊则批评其偏颇道:"就在他们

---

① William Robertson, *The History of America*, Books IX and X, Routledge/Thoemmes, 1996, p.188.
② Ibid., p.179.
③ Ibid., p.189.
④ Ibid., p.198.

开始享受基督教自由的那一刻,他们忘却了其他人同样有权利享受它。"①罗伯逊赞成清教追求自由的精神,这与他的启蒙思想、长老会主张相一致;他指出这些清教徒的极端做法是违背其最初的追求自由的精神的,也是违背基督教平等精神的,其实是在批评清教的不宽容。这也是其启蒙思想和长老会主张所带来的。

1635年,陪同丈夫在马萨诸塞殖民的哈金森太太(Mrs. Hutchinson)遭受清教迫害又是一例。移居北美的清教徒有个习惯,每周定期举行集会,温习布道词,讨论教会事务,商议一些教徒集会的仪式,参加者都是教会中受到尊重的男士。而哈金森太太在家中组织女性集会,同样温习布道词,以此寻求救赎。开始,她仅仅对布道词加以解释说明,后渐有己见,提出生活神圣化并不能成为替自己辩护的理由,也不代表忠诚于上帝,讲道只不过是约定俗成的工作而已。她认为上帝的精神存在于每一个好人那里,人们通过内心的启示和感想就能发现最完全的神意。她的这些观点获得广泛赞赏,引起许多人改宗。其实,哈金森太太的主张只是基督教中的唯信仰论,不过是加以热切的色彩而已,但却被视为违背当时清教的规矩,被教会扫地出门,她的几个学生也被撤去所在地的教职。这是一起典型的清教打压异端的案例,非常类似于天主教打压新教。对此,罗伯逊说:"在殖民地内外,一个女人引起兴趣,其奇思妙想产生影响,就像现在所出现的那样,都是琐屑之事,但是作为殖民地历史上的事变,那是必须提到的。"②他以哈金森太太为例说明清教徒在北美的重要性和极其不宽容。

在论述殖民者与印第安部落的冲突时,他既对殖民者的艰辛

---

① William Robertson, *The History of America*, Books IX and X, Routledge/Thoemmes, 1996, p.201.
② Ibid., p.217.

报以同情,又对其屠杀印第安人加以揭露;在探讨殖民地对宗主国的依附与反叛问题时,他既以启蒙学者的伦理观念批评英国对北美殖民地的压制,又对殖民地武力对抗英国表示谴责。第25论已有详例,此处不赘。

就罗伯逊在其英属美洲史中所表现出的社会倾向来说,其启蒙者身份决定了他在一般意义上维护人权,其苏格兰皇室史官身份决定了他维护宗主国的根本利益,其长老会领袖身份决定他反对杀戮、反对宗教极端行为,他的多重身份自然使得《美洲史》中的社会倾向带有两重性。

总之,罗伯逊既感到写作英属北美史的必要性,又担心自己名誉受损;既赞成清教徒追求自由的努力,又批评其在北美的不宽容;既对殖民者的艰辛报以同情,又对其屠杀印第安人加以揭露;既以启蒙学者的伦理观念批评英国对北美殖民地的压制,又对殖民地武力反叛宗主国表示谴责。这些是罗伯逊英属美洲史写作的两重性。他的这些见解至今仍是有价值的。假如他当初把这些特性带进完整的英属北美史著,那么在那个时代,其英属美洲史写作必将独树一帜。事实上他并未完成该著作,这在学术史上不能不说是一大憾事。尽管如此,在书写欧美史学史时,其英属北美史的学术价值仍值得关注。

# 第27论

# 以社会学解史的弗格森

亚当·弗格森(1723—1816年),英国思想家和史学家。他曾在圣安德烈学院学习神学,被任命为英国参加奥地利帝位战争的随军牧师。1757年,他接替休谟担任律师协会秘书和图书馆长,1759年在爱丁堡大学担任道德哲学教授。1767年,弗格森出版《文明社会史论》,1769年出版《道德哲学原理》(Institutes of Moral Philosophy),1783年出版《罗马共和国发展和衰亡史》(A History of the Progress and Termination of the Roman Republic),1792年出版《道德与政治科学原理》(Principles of Moral and Political Science)。

## 一、弗格森史学的学术渊源

弗格森史学主要受到两大学术影响,除了受益于古代学者外,还得到启蒙思想的熏陶。

第一,古代学者的影响。弗格森接受了良好的古典教育。他少年之时即擅长希腊文和拉丁文,曾先后在圣安德烈学院和爱丁堡大学求学,谙熟古希腊和古罗马的历史。根据简·法格(Jane B. Fagg)的研究,弗格森的私人藏书和从爱丁堡大学所借图书中,出自古代学者的就有普鲁塔克《传记集》、小普林尼《自然史》、西塞罗《论共和》和《致友人书》、阿庇安《罗马史》(Roman History)、狄奥尼修斯《罗马史》(Roman Antiquities)、李维《自建城以来的罗马史》(Books of History from the Foundation of Rome Forward)第一卷、琉善《内战》(The Civil War)、波里比阿《历史》(History)、第欧根尼《哲学家传记》(Lives of the Philosophers)、阿里安(Arrianus)《亚历山大远征史》(History of Alexander's Expeditions)。① 他在《文明社会史论》第一章论述人的争斗和分歧的时候,引用苏格拉底的话:"另外一种情形迫使他们走向争斗和分歧。那些情形包括:他们对于同样事物的仰慕和渴望;他们针锋相对的主张;以及他们在竞争时的互相挑衅。"② 他在论述国家的幸福时,引用普鲁塔克关于斯巴达立法的记述,在其他地方还引用普鲁塔克的记载来说明"我们有时会派遣旅行者到国外考察人类风尚。他无须借助历史,而是从希腊的国情和战争方式中归纳希腊人的品格"③。

弗格森在《罗马共和国发展和衰亡史》中征引了许多古代史学家的著作。这些被征引的古代史学家按照出现顺序有狄奥尼修斯、李维、塔西佗、普鲁塔克、西塞罗、波里比阿、亚里士多德、普林尼、奥罗修斯、阿庇安、费边、老加图、萨鲁斯特、柏拉图、恺撒等。具体引文不再详述。

在对历史的解读中,柏拉图的政治哲学对他的影响很大。柏

---

① Jane B. Fagg, "Ferguson's Use of the Edinburgh University Library: 1764 – 1806", in eds. Eugene Heath and Vincenzo Merolle, *Adam Ferguson: History, Progress and Human Nature*, Pickering & Chatto, 2008, pp.39 – 64.
② [英]弗格森:《文明社会史论》,林本椿、王绍祥译,辽宁教育出版社 1999 年版,第 21 页。
③ 同上书,第 214 页。

拉图在怀疑雅典民主的同时,推崇斯巴达式的政治制度。在弗格森那里,无时无处不会发现他对斯巴达的赞美之辞。正如有学者指出的那样:"弗格森倾向于古代斯巴达的'德性之治'。在德性之治下,人民以公益为重,国家由'精力充沛、富于公益精神、坚韧不拔的人组成',因而国家是最强大的,足以捍卫自由的。"①

第二,启蒙学者的熏陶。法格还给人们提供了弗格森所藏和所借的启蒙学者的著作。其中有吉本《罗马帝国衰亡史》、亚当·斯密《国富论》(The Wealth of Nations)、贝克莱《人类知识原理》、洛克《人类理智论》、贝尔《历史与批判词典》。② 可见他非常关注启蒙学者的著作。

他受到来自欧洲大陆和英国本土的启蒙学者的双重熏陶。这里举几例加以说明。

一来他接受伏尔泰的影响。弗格森先是在日内瓦附近的法属小镇费尔奈(Ferney)拜访了伏尔泰。《文明社会史论》注重整体,例如弗格森说:"我们应从群体中去看人类,因为他们总是生活在群体中。个人的历史只不过是作为人类所思所感的一个细枝末节而已。"③因此,该书成为莫斯科大学教科书后,伏尔泰祝贺他"在俄国人中传播了文明"④。至于《罗马共和国发展和衰亡史》,弗格森

---

① 周保巍:《"自由主义"的自由与"共和主义"的自由——苏格兰启蒙运动中的观念冲突》,《华东师范大学学报(哲学社会科学版)》2006 年第 1 期。
② Jane B. Fagg, "Ferguson's Use of the Edinburgh University Library: 1764 – 1806", in eds. Eugene Heath and Vincenzo Merolle, *Adam Ferguson: History, Progress and Human Nature*, Pickering & Chatto, 2008, pp. 39 – 64.
③ [英]弗格森:《文明社会史论》,林本椿、王绍祥译,辽宁教育出版社 1999 年版,第 4 页。
④ Fanla Oz-Salzberger, "Introduction", in Adam Ferguson, *An Essay on the History of Civil Society*, Cambridge University Press, 1995, p. XVII.

在1793年给国王的进书表中说:"罗马人的历史是从古代作家遗留下的著作中积累起来的,通常被用欧洲的不同语言写作。但是,与这一主题相关的是简单的、毫无新意的装饰,包含部分有用的细节,整体上仅仅是人们的军事行为和政治经历塑造的,在我看来是有缺陷的。我通过探讨共和时代后期的历史,去真诚而尽力地弥补这些缺陷。"①仅就第一卷而言,他写到早期罗马的地理环境、种族分布、宗教、歌谣、不同阶层的联姻、货币铸造、风俗、物产等问题,这些显然超越了政治和军事史的限定,而走向文化史和社会史。从这个意义上说,他具有伏尔泰史学重视社会和文化史的特征。

二来他受到孟德斯鸠的熏陶。弗格森在《文明社会史论》中说:"当我回想起孟德斯鸠院长所写过的文章时,我一时无法说明我为什么要研究人类事务。"②他在第一章论述人的联盟的天性时引用孟德斯鸠"人生于社会,存在于社会"③作为自己论述的理论前提。弗格森还在书中多次引用孟德斯鸠关于政体的论述。在论述政治自由时,弗格森表现出强烈的制衡思想,体现出孟德斯鸠对他的影响。在重视环境这方面,他也与孟德斯鸠相似。不过,弗格森并没有完全接受孟德斯鸠的思想,至少像有论者所说的那样,"弗格森并未完全接受孟德斯鸠的'进步'的政治自由观念,尽管他没有完全否定现代文明的体制,但在很大程度上,他是立足于古代,来批判现代文明社会公民美德的流失,亦即公益精神的缺失的"④。

---

① Adam Ferguson, "To the King", in *The History of the Progress and Termination of the Roman Republic*, Bell & Bradfute, 1799.
② [英]弗格森:《文明社会史论》,林本椿、王绍祥译,辽宁教育出版社1999年版,第70页。
③ 同上书,第18页。
④ 刘华:《文明的批判——亚当·弗格森及其〈文明社会史论〉》,《历史教学问题》2004年第5期。

## 二、历史观和著史理念

弗格森的史学思想可从历史观和历史写作理念两方面得到认识。

第一,关于历史观。弗格森承认人类的普遍特征。例如,他认为人类有自我保存的天性,有人类联盟的天性,有争斗和分歧的天性。弗格森甚至承认普遍规律的存在,他说:"这些普遍规律应该适用于表面上毫无相关之处的各种情况,而且能揭示出普通人容易混淆的事物间的重要区别。"① 同时,他看到普遍规律下历史的差异,所谓"人性本身在不同的气候下,不同的年代里会有很大的不同。这种多样性值得我们注意,并且这股巨流分成的每道细流都值得我们去溯源"②。然而,他又说各民族虽有差异,但还是有共同性:"各民族因掌握的艺术不同以及政治体制的协调性不同而有所区别,但他们都是从一个虚弱的原始状态中产生出来的。而且它们的历史中依然保存有这一缓慢、循序渐进的进程的迹象。这就造成了各民族之间的区别。每一个民族的古代文献记载,虽然形式迥异,很难分辨,但是关于这一点都记载了同样的信息。"③

弗格森相信进步,他指出:"对于人类而言,公认的缺点在任何情况下都会令人讨厌。无知和愚昧为他人所鄙视,富有洞察力,品行端正则使人出类拔萃,受到尊重。人类对于这一切的感知和理解到底会将他引向何方呢?毫无疑问是进步。"④ 在《罗马共和国发展和衰亡史》第一卷中,他多次论述进步问题,其中包括国王统

---

① [英]弗格森:《文明社会史论》,林本椿、王绍祥译,辽宁教育出版社 1999 年版,第 29 页。
② 同上书,第 11 页。
③ 同上书,第 81 页。
④ 同上书,第 10 页。

治下的国家进步、阿尔卑斯境内罗马人的进步等,并勾勒出历史进步的路线是起源、毁坏和再生。弗格森的思想非常敏锐,提出进步并不代表高明。他说:"每一个时代的历史,在这个时代逝去时,就给后人增加了知识。罗马人比希腊人知识渊博。从这种意义上说,现代欧洲的每一个学者都比过去曾获得同样美誉的最有成就的人要博学得多。但能不能单凭这一点就说他比他们要高明呢?"①而且在他看来,进步的链条中每个因素没有优劣之分,"通向尽善尽美的阶梯是很多的,我们茫然不知该将最高赞誉加在谁的头上。无论是第一个还是最后一个,都在人类进步过程中起到了一定作用"②。

在历史发展动力和历史人物评价方面,他认为"维持生计是人类行为的主要原动力。对于维持生计的考虑导致了手工艺术的发明和应用"③。而评价历史人物时他则以为:"我们估量一个人,靠的不是他的学识,而是他的能力;是他使各种物质能适应生活中的各种目的的技巧;是他在追求政策要达到的目标,寻求战争和国防的权宜之计时表现出的精力和品行。"④

第二,关于著史理念。弗格森特别推崇古代史学。这段话很有代表性:"正是从希腊和罗马历史学家那里,我们获得了不仅是真实的,最有意义的,甚至于是最吸引人的关于我们祖先的部落的描述。那些品德高尚、才华出众的作家们熟谙人性,善于捕捉它方方面面的特征,再现它各种各样的性格。而他们的接班人,现代欧洲早期的历史学家却并不能胜任这一重担。一般来讲,他们是被

---

① [英]弗格森:《文明社会史论》,林本椿、王绍祥译,辽宁教育出版社 1999 年版,第 32 页。
② 同上书,第 189 页。
③ 同上书,第 34 页。
④ 同上书,第 32 页。

培养成职业僧侣的,而且局限于寺院生活,他们把注意力集中在记录他们喜欢表明的事实,而埋没了天才的作品,从而,无论是他们所选择的素材还是他们的文章的风格都无法再现人类在任何一种环境中的活的精神。对于他们而言,记事是历史的组成部分,虽然历史并没有表达对人类的了解。历史本身应该是完整的,虽然我们在按时间顺序记载的事件和历代君主中徒劳地寻找人的理解力和感情的特征。单单是人类的每一次交往中所体现的这些特征就足以使历史引人入胜或大有裨益。"①特别是修昔底德能够"不顾自己的国家对于'未开化的人'这一称呼的偏见,明白只有在未开化民族的习俗中他才能研究希腊人更早期的风尚"②。

甚至对于古代神话,他也非常赞赏:"它们总能激发人们的想象力,产生感动人心的效果。这些传统神话被作为诗歌素材时,经过热情洋溢、出类拔萃的人们以高超的技巧和生动流畅的文笔润饰一番后,不仅给人以教益,而且会令人心潮澎湃。只有当它们被当成纯粹的古董或历史规律扯去了它们的矫饰的外衣时,它们才不适于激发想象力,或变得一无是处。""这样一来,虚构作品可以用来颂扬民族天才,而可信的历史则什么也提供不了。于是,表达作者个性的希腊神话可以使人了解某些没有其他历史记载的年代。"③

弗格森提出对于历史学方法的思考。他重视证据:"拿不出这样的证据,我们既没有把握接受,也不敢提供有关这一问题的信息。"④他重视史料的搜集,说:"然而,在其他任何情况下,自然历史学家认为他的责任在于收集事实,而不是提出种种猜想。他在

---

① [英]弗格森:《文明社会史论》,林本椿、王绍祥译,辽宁教育出版社1999年版,第86页。
② 同上书,第88页。
③ 同上书,第84页。
④ 同上书,第83页。

论述任何一种特定的动物时,都认为它们目前的性情和本能与最初的时候毫无二致,并且它们目前的生活方式也是最初的生活的延续。他承认,他对于世界物质系统能知道多少取决于事实的收集,或者说,充其量不过取决于基于特别的观察和实验总结出来的总的原则。只有在涉及自身或涉及最为重要也最容易明了的事情时,自然历史学家才会以假说代替现实,才会混淆想象与理智、诗歌与科学之间的界限。"①他提醒人们要慎重对待历史文献:"我们在接受每一个国家内部古代文献时,应当慎重才是。它们大部分只不过是后世假想或虚构的东西而已。而且,即使当初它们还近似事实,但它们仍会随传播者的想象力而异,而且,在每个年代,它们的形式各异。它们注定要打上它们以传统形式所经历的时代的印记,而不会打上它们伪饰的描述所涉及的年代的印记。"②

弗格森认为还要有解释体系:"在收集史料的过程中,我们往往不愿意任凭我们所讨论的问题仅仅停留在我们所发现的那样。我们不想让历史细节的多样化和明显的前后矛盾令我们感到尴尬。从理论说,我们承认要探求普遍天性。为了使我们探究的问题不超出我们理解的范围,我们乐于采纳任何一种体系。"③

他的学术准则是从经验出发,上升到普遍规则:"从观察和经验中去发现考察事物的普遍观点以及对他们具体行为行之有效的规则。他们并非总是把天赋运用于不同的问题。他们似乎主要是靠言谈所表现的理解力和丰富多彩或者是他们各自归结特殊情况的不同意向使他们得以出人头地的。"④"科学的目的在于将五花

---

① [英]弗格森:《文明社会史论》,林本椿、王绍祥译,辽宁教育出版社1999年版,第2—3页。
② 同上书,第83页。
③ 同上书,第17页。
④ 同上书,第29页。

八门的特殊情况归结为一般人可以接受的原则并且使形形色色的运作都参照它们共同的准则。"①

### 三、弗格森史学的影响与地位

弗格森的史学成就突出表现为《文明社会史论》和《罗马共和国发展与衰亡史》的撰写。前者给予国家、帝国的兴起和衰落原因以哲学评说,后者通过经典鼓舞人心地叙述罗马的兴起、进步和衰亡。弗格森试图回答一系列问题,它们与欧洲国家和政府所面临的未来展望息息相关。"为了洞悉自己时代的道德和政治问题,在其著作中,亚当·弗格森从历史中寻求源头。"②

弗格森的著作出版后在当时产生了广泛而重大的反响。《文明社会史论》一出版即在爱丁堡和伦敦引起了强烈的反响。在弗格森的有生之年,这本书再版了七次,出版地包括都柏林、波士顿和莫斯科,德文版于 1768 年出现在了莱比锡,五年后,巴黎出版了法文版。③《文明社会史论》出版后一个多世纪,在欧洲大陆特别是在德国,他的著作比在英国有着更为持续的影响力。有西方学者指出该书对德国学者的影响:"德国学者严格和创造性地使用弗格森的观念:席勒被他的伦理还可能是被其游戏概念所吸引;黑格尔为他的历史叙述所激励;马克思相信他对劳动分工的预测。"④

---

① [英]弗格森:《文明社会史论》,林本椿、王绍祥译,辽宁教育出版社 1999 年版,第 29 页。
② Iain McDaniel, "Ferguson, Roman History and the Threat of Military Government in Modern Europe", in eds. Eugene Heath and Vincenzo Merolle, *Adam Ferguson: History, Progress and Human Nature*, Pickering & Chatto, 2008, p.115.
③ Fanla Oz-Salzberger, "Introduction", in Adam Ferguson, *An Essay on the History of Civil Society*, Cambridge University Press, 1995, p.XVII.
④ Ibid., p.XXV.

在英国,《罗马共和国发展与衰亡史》的影响则更为显著。"它有几个版本重印多次,获得像爱德华·吉本和约翰·斯图亚特·穆勒(John Stuart Mill)的尊敬。美国人对这本书重视鼎盛的罗马共和国评价颇高。"①其历史观点曾对著名的苏格兰启蒙运动时期史学家罗伯逊产生过重要的影响。此外,一旦把《罗马共和国发展与衰亡史》与吉本的成就联系起来,该书的价值就体现出来了。1776年3月19日弗格森给吉本的信中说:"我接受你的指示,以你为榜样,从另一个地方,联手执行你的计划。"②到了4月1日,吉本就给弗格森回信道:"很高兴从你的信中得知你在从事一著作的写作。我确信它处于同我的拙著相称的地位,因为罗马共和国,比罗马衰亡的时间早点,将会被认为早该写作了。"③4月18日,弗格森回信解释因为"要搜集写作消遣历史的材料,而不得不中断罗马共和国史的写作,把它结束于奥古斯都及其直接继承者的统治"④。他们都在探讨罗马的衰落问题,只不过弗格森选择的是共和国,而吉本选择的是帝国的衰落,或者说一个选择头颈而另一个选择尾巴。

弗格森不仅从事历史著作,而且从理论上思考历史写作问题。然而,与那些说英语的著名启蒙史学家大卫·休谟、威廉·罗伯逊和爱德华·吉本相比,弗格森很少被看作史学家。可见,在史学方

---

① Fanla Oz-Salzberger, "Introduction", in Adam Ferguson, *An Essay on the History of Civil Society*, Cambridge University Press, 1995, p. XXIV.
② Adam Ferguson, "To Edward Gibbon on March 19th, 1776", in ed. Vincenzo Merolle, *The Correspondence of Adam Ferguson*, William Pickerling, 1995, p. 136.
③ Adam Ferguson, "From Edward Gibbon on April 1th, 1776", in ibid., p. 138.
④ Adam Ferguson, "To Edward Gibbon on April 18th, 1776", in ibid., p. 141.

面弗格森被边缘化了。有学者解释其中的原因道:"在道德哲学博学的历史叙述和自然史科学之间摇摆,弗格森的历史著述不容易分类。作为最初的考虑,一个人可能会把他的著作定性为史学史或者科学史。然而,一方面,史学史并不接受弗格森所倡导的自然性研究的约束;另一方面,自然历史不重视他所提供的出于方法论考虑的历史博学的形式。"史学史上的德国传统和盎格鲁-美利坚的科学史传统观点不同:"第一种历史的界限是从浪漫主义和唯心主义中产生的,而第二种是后来从经验主义和实证主义那里生发的。正是这些传统的这一分界不允许真实和充分理解弗格森的历史观念。"①

今天,我们应该重新认识弗格森在西方史学史上的地位。弗格森的史学地位可以从他与启蒙学者的关系中得到认识。它具有理性主义特征,这在上文中已经说明过,但是又与同时代本国同事有差异,呈现出与理性主义主流不同的特征。这里以他与休谟之间的关系为例加以说明。弗格森与休谟是多年的朋友,经常有书信往来。他使用休谟的理论认识社会,例如在《文明社会史论》中引用休谟的话论述人口和财富问题。② 然而,弗格森对新兴的商业文明进行了颇有先见的批判,这使得他与休谟对近代商业文明的乐观主义相区别开来,"意味着弗格森的社会思想与苏格兰启蒙运动学术主流相左"③。弗格森承认社会财富进步的事实,但是他

---

① Annette Meyer, "Ferguson's 'Appropriate Stile' in Combining History and Science: The History of Historiography", in eds. Eugene Heath and Vincenzo Merolle, *Adam Ferguson: History, Progress and Human Nature*, Pickering & Chatto, 2008, pp.131-132.
② [英]弗格森:《文明社会史论》,林本椿、王绍祥译,辽宁教育出版社1999年版,第156页。
③ 刘华:《文明的批判——亚当·弗格森及其〈文明社会史论〉》,《历史教学问题》2004年第5期。

以为无论以财富来衡量个人还是文明的发展都是不全面的，且现代所取得的物质成就也只是前代发展的结果而已。与休谟不同，弗格森坚持维护苏格兰的主体性，对他的民族将要遭受的商业冲击的前景表现得忧心忡忡。而这一点恰好是休谟所不具备的。弗格森从柏拉图政治哲学立场出发，奉行经验主义原则，走上与休谟和斯密不同的方向。平心而论，弗格森思想有辩证特征，他"看到物质进步和道德进步中的张力；他不像其他启蒙思想家那样，还看到'高度发展的社会'无疑处于'倒退到野蛮的专制主义危险'的边缘"①。

弗格森的历史写作成为年鉴派的先声。《文明社会史论》探讨人类和社会的发展，结果"最清晰地超越文明目的论而指向'总体史'，指向了总括和宽阔，更为近代的戒律从事者相信他们的探讨。在他强调的'环境和情势影响'之中，弗格森更早地建立了一个模范，差不多预示了费尔南·布罗代尔的'长时段'；在其社会学的历史的精致和多层中，他奉献了非常丰富的感受：变化的得与失，进步自身的暂时性"②。

---

① Murray G. H. Pittock, "Historiography", in Alexander Broadie, *The Scottish Enlightenment*, Cambridge University Press, 2003.
② Ibid.

# 第 28 论

# 吉本治史的学术倾向

爱德华·吉本(1737—1794 年),英国历史学家。其著作主要有:《罗马帝国衰亡史》(A History of the Decline and Fall of the Roman Empire)、《吉本自传》(Gibbon's Memoirs of My Life and Writings)、《吉本未发稿》(Miscellaneous Works)、《吉本书信》(Private Letters)、《英语论文集》(The English Essays)等。

## 一、历史研究主题的选择

在吉本的历史写作生涯中,以什么为对象,他开始并不确定,有一个摸索和选择的过程。

### 1. 预想英国人物传记的写作

吉本喜欢传记,尤其是自传,以为"在他们的著作中,这类王者肖像是最有趣的,有时还只有这一部分著作才是有趣的"①。因此,他长期都有着写艺术、军事、宗教、政治等领域的人物传记的想法。②

---

① Edward Gibbon, *Autobiography of Edward Gibbon*, ed. Oliphant Smeaton, J. M. Dent & Sons Ltd., E. P. Dutton & Co., 1923, p.5.
② Edward Gibbon, "To Lord Sheffield, Jan. 6, 1793", in *Private Letters of Edward Gibbon (1753 - 1794)*, Vol. 2, John Murray, Albemarle Street, 1971, p.359.

他最初打算撰写英国从亨利八世在位到他生活时代的艺术、军事、宗教和政治等领域最杰出人物的传记。1761年4月,在伯里顿旅行期间,他选取法王查理八世远征意大利为题,可是到了8月,他打消了这种念头,因为他认为那段历史跟时代相隔太远,同时远征本身并不是要事。接着他又先后选取并放弃了查理一世的十字军、反对约翰和亨利三世的贵族战争、"黑王子"爱德华的历史、亨利五世与罗马皇帝泰塔斯、菲利普·西德尼爵士的生平、蒙特罗斯侯爵的生平等题目。最后,他决定以沃尔特·罗利爵士(Walter Raleigh)作为主人公。沃尔特·罗利既是军人又是海员,既是朝廷大官又是历史学家,身兼多种身份,所以显得变化多端;同时吉本还可以依照自己的需要从罗利的史作中获得大量原始资料。但是通过阅读他人的著作,吉本感到不能有所突破、有所创新,而且他担心陷入党派之争;而在国外,替罗利作传的作家必将遇到一种远比申斥或责备更为难受的冷淡态度。因此,他必须另找一个较为稳当、范围较广的题目。①

## 2. 尝试瑞士革命史和佛罗伦萨史的写作

他曾经选过"瑞士人民自由史",想写一个勇敢的民族摆脱了奥地利王室的统治,防御了法国王储的侵夺,最后打败并杀死了勃艮第公爵查理,由此奠定了独立地位的历史。可是他很难得到这样一部历史的资料,因为那些资料紧紧封闭在一种古老而粗野的日耳曼语言的死角里,而他对这种语言全然不懂。加之受到过多的批评,自己也不满意,而最终放弃了。

他还打算写美第奇家族统治下的佛罗伦萨共和国的历史,这一段历史起自佛罗伦萨民主政体的残局,迄于科西莫·美第奇在

---

① Edward Gibbon, *Autobiography of Edward Gibbon*, ed. Oliphant Smeaton, J.M. Dent & Sons Ltd., E.P. Dutton & Co., 1923, pp.108–110.

托斯坎尼大公国建立称号和统治。他说:"我最有可能选定这一辉煌的题目;可是什么时候、在什么地方或者怎样着手写作呢? 我看到的是一片暗淡和捉摸不定的前景。"①最后他又不得不放弃了。

吉本最终决定研究罗马帝国衰亡史。自停止无果的瑞士革命史写作后,他立即开始撰写罗马史,逐步从发愿到希望、从希望到计划、从计划到执行。吉本回忆道:"那是在罗马,1764 年 10 月 15 日,当我坐在遗址上默想的时候,朱庇特神庙里赤脚的修道士们正在歌唱晚祷曲,撰写这个城市衰落和败亡的念头,开始在我心中萌发了。"②1770 年后他定居伦敦,全力撰写《罗马帝国衰亡史》。1776 年《罗马帝国衰亡史》第一卷出版,1781 年出版了第二、三卷,1788 年 5 月 8 日最后三卷同时出版。

## 二、吉本史学的古典因素

吉本的罗马史写作中,包含着丰富的古典因素。

第一,对古典著作的阅读成就了他良好的知识基础。由于他身体羸弱,幼年丧母,因而无法受到正规的启蒙教育。然而在姨母凯塞琳・波顿(Catherine Porten)的照料下,他读了许多古希腊罗马的人物传记。这一经历对吉本造成了两种重要影响:一是激发了他对古典时期历史的兴趣;二是为他打下了良好的希腊文和拉丁文的基础。

他的家庭教师约翰・柯克比(John Kirkby)在一年半时间里为他的拉丁文学习打下了基础。9 岁时,吉本在金斯顿学校读古罗马菲德洛斯的寓言、科尼利尔斯・尼波斯(Cornelius Nepos)的

---

① Edward Gibbon, *Autobiography of Edward Gibbon*, ed. Oliphant Smeaton, J. M. Dent & Sons Ltd., E. P. Dutton & Co., 1923, pp. 111-112.

② Ibid., p. 124.

《传记集》(De viris illustribus),而且对后者非常推崇。他说:"(尼波斯的《传记集》)是按语言最纯正时期的那种笔法写作的:单纯之中有典雅,简洁之中有丰满。他展示了一系列人物和风俗。凭着这种任何学究式文士都无法提供的形象描写,这位经典的传记作家或许在希腊和罗马历史领域引导了一个青年学生。"[1]1748年进入威斯敏斯特公学后两年多时间,吉本陆陆续续接受拉丁文和希腊文方面的教育。在就读牛津大学之前,对于英国读者所能读到的希腊、罗马历史学家的作品,"从利特尔伯里有缺陷的《希罗多德》和斯佩尔曼有价值的《色诺芬》,到戈登的卷帙堂皇的《塔西佗》,只要能够找到的书籍,我都极其贪婪地阅读了"[2]。

1751年夏,吉本跟随父亲拜访威尔特郡的霍尔(Hoare)。他在主人的书房里发现了一部《埃查德罗马史续编》(Continuation of Echard's Roman History),被深深地吸引。他完全沉溺到君士坦丁大帝以后的几个朝代多瑙河流域哥特族人的记述中了。一经回到巴思,他立即弄到豪厄尔(Howel)所著《世界历史》(History of the World)第二、三卷来读,因为这里详尽地描绘了拜占廷时代。他说:"我的注意力随即集中于穆罕默德和他的撒拉逊人;同时又有某种批判本能指引我去寻找纯粹的原始史料。西蒙·奥克莱的著作从任何意义上来说都有独创性,最先打开我的眼界,引导我从一本书转到另一本,涉猎到了东方史的整个范围。在我16岁之前,我读遍了可以读到的关于阿拉伯人和波斯人、鞑靼人和土耳其人的英文著作。我在这股热情的鼓舞下,又用推测词义的方法读了埃贝洛的法文著作,又一字一句地寻释了波科克

---

[1] Edward Gibbon, *Autobiography of Edward Gibbon*, ed. Oliphant Smeaton, J.M. Dent & Sons Ltd., E.P. Dutton & Co., 1923, pp.26–27.
[2] Ibid., p.34.

用粗俗的拉丁文所写的《阿布尔法拉吉全史》。"①

可是,这些阅读对他来说是缺乏条理的,有囫囵吞枣之感。为了克服这一困难,他结合了塞拉琉斯(Cellarius)和威尔斯(Wells)绘制的地图,以及海尔维克斯(Helvicus)和安德森(Anderson)的大事年表、厄谢尔(Usher)和普里多(Prideaux)的编年史进行阅读,依照斯特兰朱斯(Stranchius)的作风学会了编写年表的要点。这样,他头脑里就有了比较清晰的地域和时间概念。

1752年,吉本进入牛津大学莫德林学院,根据他在自传里的回忆,其最大收获是希腊文和拉丁文的阅读能力得到了进一步的培养。1753—1758年,他留学洛桑,在帕维亚尔(Pavilliard)的指导下进行系统的阅读。他皈依新教,阅读孟德斯鸠、洛克等人的著作,接受法国启蒙思想家的自然神论观点,从而掌握了《罗马帝国衰亡史》中对基督教传统教义、信条进行批判的武器。同时,他攻读希腊文、拉丁文著作,为研究古典时代的历史进一步奠定了基础。定居洛桑后,他以新的乐趣阅读了《伊利亚特》和《奥德赛》,希罗多德、修昔底德和色诺芬的历史著作,古代雅典剧场里上演的悲剧和喜剧的很大一部分,以及苏格拉底学派许多有趣的对话。此外,普罗克比阿和阿加提阿斯(Agathias)的史书原本载有查士丁尼当政时期的大事,还有许多重要人物的事迹,他也读了。他还研读了《查士丁尼民法大全》(*Corpus Juris Civilis*)以及后人对这些法律的诠释。在洛桑留居的最后三年,他练习把法文和拉丁文互译,使用了西塞罗的一封书信和法国历史学家韦尔托(Vertot)《罗马共和国变革史》(*Révolutions romains*)的部分内容。他还读了米德尔顿(Middleton)的《西塞罗传》(*Life of Cicero*)与西塞罗文

---

① Edward Gibbon, *Autobiography of Edward Gibbon*, ed. Oliphant Smeaton, J. M. Dent & Sons Ltd., E. P. Dutton & Co., 1923, pp. 35 – 36.

集。吉本写道:"在读毕这位集辩才与理智于一身的伟大作家的作品之后,我制订了更为广泛的重新学习拉丁文古典著作的计划,分为四大项目:(1)历史家,(2)诗人,(3)演说家,(4)哲学家,以年代先后为序,上起普拉图斯和萨鲁斯特的时代,下迄罗马语言和帝国的衰落。我在留居洛桑的最后 27 个月(1756 年 1 月至 1758 年 4 月)中,差不多将这个计划执行完成了。我耽迷于第二遍,甚至第三遍细读德伦斯、维吉尔、贺拉斯、塔西佗等人的著作。"①

为了越过阿尔卑斯山南游,他订立并实行了一项阅读计划:读古罗马地志、古代意大利地理,以及关于勋章、奖章的书籍。他在阅读的书中就有克鲁维琉斯(Cluverius)《古代意大利》(*Italia Antiqua*),斯特拉波(Strabo)、普林尼、庞波尼阿斯·梅拉(Pomponius Mela)描述意大利风物的文章,以及贝尔吉埃(Bergier)《罗马帝国大道历史》(*Histoire des grands Chemins de l'Empire Romain*)。他在阅读的同时还随时摘录。这样,对于古罗马广场,"每一个值得纪念的地点,当年罗慕路站立过的,或者塔利演说过的,或者恺撒倒下的地方,都立刻呈现在我的眼前"②。这为他完成《罗马帝国衰亡史》打下了良好的基础。

第二,吉本引用古典作家的观点以佐证。D. M. 洛(D. M. Low)在谈及古典作家对吉本的影响时说:"(吉本)曾把他的大部分青少年时期用于热心钻研古代文献,特别是一些拉丁作家的作品,因而他的观点曾深受这些作家的影响。"③是的,他按照写作需要,征引过而且明确提到姓名的古典作家就有:塞涅卡(Seneca)、

---

① Edward Gibbon, *Autobiography of Edward Gibbon*, ed. Oliphant Smeaton, J. M. Dent & Sons Ltd., E. P. Dutton & Co., 1923, pp. 68 – 69.
② Ibid., p. 122.
③ [英]爱德华·吉本:《罗马帝国衰亡史》上册,黄宜思、黄雨石译,商务印书馆 2002 年版,引言第 7 页。

郎吉努斯(Longinus)、塔西佗、奥利金(Origen)、优西比乌斯、佐西穆斯(Zosimus)、阿米阿努斯(Ammianus)、普罗克比阿、奥罗修斯、伊西多尔(Isidorus)、奥古斯丁、西多尼乌斯(Sidonius)等。吉本自己承认:"由于先人的留传或我自己的购买,我得到西塞罗、昆体良、李维、塔西佗、奥维德等人著作的最善版本,这给了我一个美好的前景,我对此相当重视。我坚持写摘要和笔记的有益方法。"①

吉本的许多具体历史观点受到了古代史学著作的影响。《罗马帝国衰亡史》第38章有关于罗马共和和专制问题的分析。他认为共和国人民讲荣誉和美德,青年意气风发;有贵族和平民,自由意志和行政统一,形成了坚定对等的平衡。这样公民为国家出力,不知道恐惧,不甘心安逸。但是帝国时期,罗马军团压制共和国的自由,冒犯皇帝的威严,军事活力丧失,最后被野蛮人的洪流所淹没。其中的基本观点是受之于波里比阿的。在谈到罗马元老院的情况和尼禄对基督教徒的迫害时,吉本则引用了塔西佗的记载。

第三,吉本对塔西佗非常推崇,把他奉为自己的精神导师。吉本说塔西佗是"大历史学家"②"具有哲学头脑的历史学家"③。他还说,塔西佗为他所生存的时代"增添无限光彩,提高了人的尊严",他的杰出的理解力"清除了一般人的迷信的成见"。④

从他们的著作来看,至少在三个方面吉本遵循了塔西佗的做法。首先是歌颂有作为的皇帝,对一些在罗马历史发展中做出贡献的人物不吝笔墨予以表彰。他赞扬马约里安"热爱他的人民,同

---

① Edward Gibbon, *Autobiography of Edward Gibbon*, ed. Oliphant Smeaton, J.M. Dent & Sons Ltd., E.P. Dutton & Co., 1923, p.91.
② Edward Gibbon, *The History of the Decline and Fall of the Roman Empire*, Vol.1, Routledge/Thoemmes Press, 1997, p.608.
③ Ibid., p.636.
④ Ibid., pp.616-617.

情他们的疾苦,曾研究过帝国衰败缘由,并有能力应用(在这种改革尚属可行的情况下)合理的、有效的办法以改变混乱的情况"①;颂扬了戴克里先,称他"从不缺乏足够的勇气",具有"强健的头脑","精于处世","体现了慷慨和节俭、温和和严厉的明智结合","在坦率的掩盖下隐藏着极深的心计",又"异乎寻常地温和",总之,"是一位出色的政治家"。② 这点跟塔西佗歌颂有作为而且品德高尚的涅瓦尔是一致的。

鞭挞暴君也成为其历史著作中的突出特点,这一点跟塔西佗把历史著作当成"惩罚暴君的鞭子"的精神一致。他认为提比略愚昧残暴,卡利古拉狂暴,克劳狄乌斯软弱无能,尼禄荒淫残暴,维特利乌如禽兽一般,图密善胆小如鼠,不齿于人类。他说:"罗马一直在极其残酷的暴政之下呻吟,这暴政彻底消灭掉了奉行共和制的古老家族,在那一不幸时代出现的一切美德和才能都受到了致命的摧毁。"③

他说康茂德"头脑简单、生性怯懦,使他很容易成了伺候他的人的奴隶,他们也便极力使他日趋腐败。他原来因听命于人而形成的残暴,逐渐变成了习惯,最后更成为他的主要性格特征了"④。还说:"他的时间全花在一个养着来自各个地方、各种身份的300个美女和300个男孩的后宫中,其中任何一个人如果诱奸无效,这位残暴的淫棍便立即武力解决。关于这种超出人性或人格所许可的范围、不顾一切任意乱交的情景,古代历史学家曾有许多详细记载,但是我们实在难以将那些如实的描写翻译成可以入目的现代

---

① Edward Gibbon, *The History of the Decline and Fall of the Roman Empire*, Vol. 3, Routledge/Thoemmes Press, 1997, p.455.
② Edward Gibbon, *The History of the Decline and Fall of the Roman Empire*, Vol. 1, Routledge/Thoemmes Press, 1997, pp.424 - 425.
③ Ibid., p.87.
④ Ibid., p.105.

语言。在发泄情欲之外的空闲时间,他则进行一些最下流的娱乐活动。"①他揭露康茂德的凶残成性和荒淫无耻,说康茂德"头脑中一切善良和人道的情绪都已经消灭尽净了"②,"在犯罪和无耻行径方面已达到了登峰造极的地步"③。康茂德最后因灌下他的情妇马西娅预置的毒酒而死。他还无情地揭露卡拉卡拉谋杀同胞兄弟格塔,株连2万多人的罪行。他说:"卡拉卡拉却可说是人类的共同敌人。"④"他一直在帝国的几个省份,特别是东北部几省中度过他的岁月,而所有那些省份一个接着一个都变成了他掠夺和施展暴行的据点。"⑤"他的一生是整个人类的耻辱。"⑥吉本批评卡拉卡拉的儿子埃拉伽巴卢斯皇帝"全部身心只投诸吃喝玩乐一类最无聊的事情上"⑦,"发疯一般毫无节制地沉溺在最低级的淫乐之中……成堆的各色女人、各种各样的酒和佳肴、精心设计的各种姿态和春药全被用来挑拨他已经衰败的情欲。这是这位君主唯一关心并加以扶植的一门学问,这方面出现的新名词和新发现构成他统治时期的唯一特色,并使他在后人中留下万代骂名"⑧。

  吉本还跟塔西佗一样善于概括历史认识,写出许多精辟的富有哲理的句子,这里列举一些以见其情状:"希望,这是我们处于不幸中时的最好安慰。"⑨"传播罪恶的自由交往自然也同时会推进社会生活的

---

① Edward Gibbon, *The History of the Decline and Fall of the Roman Empire*, Vol.1, Routledge/Thoemmes Press, 1997, p.113.
② Ibid.
③ Ibid., p.117.
④ Ibid., p.166.
⑤ Ibid.
⑥ Ibid., p.169.
⑦ Ibid., p.176.
⑧ Ibid., pp.178–179.
⑨ Ibid., p.49.

进步。"①"多疑的君主常会从人类的最低层中物色心腹。"②"人数太少,团结得再好也不顶用,人多而指挥不灵,什么事也办不成。"③"诽谤的言论也总会巧妙地专找对方薄弱的部位进行揭露和攻击。"④"即使是最公正的战争也包含着对人性和正义的永久的摧残。"⑤

唐纳德·R.凯利引用约翰·惠特克(John Whitaker)的话说:"'我们在真实性中的所失就是我们在添枝加叶中的所得;叙事的权威在环绕它的哲学的光泽中消失和沉沦。'这以前是塔西佗的缺点,现在是吉本的缺点。"⑥其中的价值判断可以商榷,但是说吉本像塔西佗一样富有哲学意味是完全恰当的。

需要指出的是,吉本并未盲目肯定塔西佗。他认为,由于塔西佗生活在哈德良时代,接受时代理解,把邪恶教派的罪行和灾难归于基督教徒,同时省略了许多中间环节和事实,因而对于迫害基督教徒的原因并没有做具体交代。⑦他还认为,在写基督教的人数时,塔西佗关于基督教徒数量之多的说法"过分夸大"了。⑧

---

① Edward Gibbon, *The History of the Decline and Fall of the Roman Empire*, Vol.1, Routledge/Thoemmes Press, 1997, p.63.
② Ibid., p.110.
③ Ibid., p.127.
④ Ibid., p.424.
⑤ Edward Gibbon, *The History of the Decline and Fall of the Roman Empire*, Vol.3, Routledge/Thoemmes Press, 1997, p.341.
⑥ [美]唐纳德·R.凯利:《多面的历史:从希罗多德到赫尔德的历史探寻》,陈恒、宋立宏译,生活·读书·新知三联书店2003年版,第438页。
⑦ Edward Gibbon, *The History of the Decline and Fall of the Roman Empire*, Vol.1, Routledge/Thoemmes Press, 1997, pp.639–640.
⑧ Ibid., pp.607–608.

### 三、吉本史学的理性主义特征

吉本史学理性主义的学术特征，从其整体历史的思想、广泛的社会文化史内容、历史学和哲学的结合、怀疑和批判的精神、冷静的历史分析等方面体现出来。

第一，整体历史的思想。虽然罗马帝国事实上有东西之分，但是在吉本的脑海里是一个整体，所以他的论述不仅到 1453 年，甚至描写了西罗马帝国灭亡后的中世纪罗马城直到 16 世纪。对此，D.M. 洛在《罗马帝国衰亡史》引言中说："他始终毫不含糊地视罗马帝国为一单一整体，而其后之作者却无一人有此思想。即使在罗马领土已被东、西两政府分割为二时，罗马仍为一帝国而并不存在两帝国一说。""因此，当 1453 年征服者穆罕默德二世直捣君士坦丁堡的时候，当时倒下的并不仅仅是这一城市；可以称为建于公元前 27 年的罗马帝国亦随之彻底瓦解了。然而，吉本的叙述却并未结束。"①

第二，广泛的社会文化史内容。一般认为，吉本把政治军事史看成历史的主要内容，这一看法大体上是对的，但是这并不意味着他对其他领域漠然视之。相反，吉本写作的内容涉及：(1) 罗马把拉丁语推行到非洲、西班牙、高卢、不列颠和潘诺尼亚等地，希腊语则东扩到从亚德里亚海到幼发拉底河的广大地区，使当地拉丁语衰落。(2) 文学、艺术和科学在罗马各地普及。希腊学识复兴，高雅格调和艺术衰落。戴克里先引进波斯的宫廷礼仪。亚历山大图书馆遭遇劫难。查士丁尼统治时期发生彗星、鼠疫和地震。(3) 罗马皇帝、各地总督等对建筑表示热爱与关心。雅典的一位公民希罗

---

① [英]爱德华·吉本：《罗马帝国衰亡史》，黄宜思、黄雨石译，商务印书馆 2002 年版，引言。

多斯修建雅典的运动场,修复了伯利克里设计的大剧场,并修建大的海神庙、科林斯剧场、德尔斐运动场、色摩匹雷的浴场、意大利坎努希厄姆的水渠。图拉真讲坛和各个城市之间修起公共大道。索菲亚教堂雄伟与富丽。书的最后分析了罗马物质文明被毁坏的四个原因①,还描述了提图斯大剧场的外貌和内部结构及用途,概述了教皇马丁五世和他的后继者对罗马城的修复。(4)80多种葡萄培育成功,在高卢纳博讷省和塞文山脉以北普遍种植。橄榄被种植在意大利、非洲、西班牙和高卢腹地,亚麻从埃及传到高卢,苜蓿被普遍种植。(5)帝国境内开展贸易,与阿拉伯和印度之间的贸易给罗马带来繁荣。帝国的制造业发展,从中国进口丝绸。就奢侈品而言,书中就罗列了西徐亚的毛皮,巴尔干海边的琥珀,巴比伦的地毯,东方的丝、宝石、珍珠、香料等。

他还对蛮人的历史倾注了大量心血。他讨论波斯的强大、日耳曼人积蓄的力量,以及可能对罗马构成的威胁。他叙述了法兰克人、斯威弗人、哥特人、波斯人对罗马的进犯,哥特人在阿拉里克的率领下入侵意大利,三次围攻和洗劫罗马;汪达尔入侵阿非利加,围困希波城,掳掠迦太基;阿提拉率领下的匈奴人蹂躏君士坦丁堡,入侵高卢和意大利。他还写了诺曼人对西部的入侵、对意大利的征服、与东部的冲突。吉本花大量篇幅写阿拉伯的概况、阿拉伯人的特性和宗教,以及穆罕默德的兴起和戒律,包括他从麦加逃往麦地那,对不信其教者的宣战,以及他的为人和私生活。吉本讲述了塞尔柱突厥罗姆王国对拜占廷的威胁和对耶路撒冷的征服,论述了奥斯曼土耳其穆拉特二世对君士坦丁堡的包围、攻陷和劫掠。

宗教史成为《罗马帝国衰亡史》中的重要部分。吉本描述了安

---

① 吉本概括为时间和大自然的损害、野蛮人和基督教徒们的进攻、对材料的滥用、罗马人内部的纷争。

东尼时代宗教的自由和宽容,对教士的利益和人民的迷信足够尊重;分析了基督教成长的五大原因,对基督教发展的有利的条件,原始基督教的人数和处境;描述了首批基督教徒遭受迫害的原因、程度、持续的时间和一些重要的情节,包括罗马皇帝、政府对待基督教徒的态度和行为,随时变换的迫害政策,西普里安殉教始末;叙述了阿里乌斯教派、尼西亚会议、阿塔纳西乌斯的为人和坎坷经历、阿尔勒会议、米兰会议、基督教各派的情况;叙述了尤利安对基督教徒的压迫,以及与阿塔纳西乌斯的关系;展示了约维安统治下的基督教徒情况;展现了米兰大主教安布罗斯的形象;揭示了基督教的殉教者崇拜;论述了僧侣的出现,僧侣制度的发展,圣西门柱头修士、野蛮人对基督教的皈依;记载了东哥特人提奥多里克对异端的宽容,对正统派波伊提乌斯的处决;谈及查士丁尼统治时期,娱乐场所的不同派别同宗教结合起来;刻画了伟大的格里高利教皇;论述了长达250年的宗教战争,综述东部各派在神学和政治上的分歧,研究原始基督教教会的各种学说,介绍了它们之间的喧嚣和血腥的斗争;叙述了偶像崇拜、偶像破坏及其在东部的复兴,丕平和查理大帝与教皇的关系,教皇与东部帝国的最后分离;描写了希腊和拉丁世界在宗教上的分歧和斗争;书的最后还写了罗马教皇的权威、选举教皇的方法、教皇们向阿维尼翁的迁移、五十年节的创立、教皇返回罗马、基督教会政权、西部教会的分裂,等等。

D. M. 洛这样说:"纽曼主教曾不无伤感地说过,吉本实为我们所有之唯一教会史学家。时间和勤奋已让这一情况有所改变。不管怎么说,一些最有价值的教会史学家都和吉本异口同声地斥责不加深究的轻信、无稽的迷信以及有意的欺骗,并同声哀叹,在一切宗教史中几乎都出现了一种脱离原始理想而趋向世俗野心的现象。吉本乃是使宗教史成为世俗研究课题的第一人。他的一切继承人绝大部分也只是在方法和程度上和他略有所不同而已。"①可见吉本的基督教史写作在学术上的重要性。

针对这种广泛的社会文化史写作,有学者肯定道:"他展示了宏富的取材:从塔西佗到狄勒蒙,从奥古斯丁到他最喜爱的法国启蒙思想家孟德斯鸠男爵。吉本注意到种种制度的重要性,在书中包括了一篇对现代学说成果烂熟于心的出色的关于罗马法的论文,这就为帝国专题研究的一个分支提供了一篇补充性考察,包括了对近东(甚至远东)历史的讨论。他还通过旁及社会史和文化史来为他的叙述和精心构撰的脚注添加光彩,并提示一些值得探索的小路。"②这一说法是恰当的。

第三,历史学和哲学的结合。他在回顾第一本著作《论文学研究》(*Essai sur l'Edude de la Littérature*)时说:"一种哲学精神的若干曙光启发了我对研究历史与人类的一般看法。"③他读了洛克《政府论》《人类理解研究》、贝尔《历史与批判词典》,并深受影响。他还喜欢读孟德斯鸠的文章并进行模仿。他的许多句子都是非常富有哲理的,在上文谈及吉本跟塔西佗的关联时已经举了不少例子,兹不赘述。他在写作的时候摒弃了圣经编年法,而倾向于使用古典的,甚至卢克莱修式的人类发展观念,从与卢克莱修所描绘的野蛮状态类似的"原始而普遍的"野蛮状态出发,赋予历史一种进化观念,历经了游牧、农业、商业交换和市民社会等阶段。

唐纳德·R.凯利指出,他的"这种书写既是文学的,又是哲学

---

① [英]爱德华·吉本:《罗马帝国衰亡史》上册,黄宜思、黄雨石译,商务印书馆2002年版,引言第5页。
② [美]唐纳德·R.凯利:《多面的历史:从希罗多德到赫尔德的历史探寻》,陈恒、宋立宏译,生活·读书·新知三联书店2003年版,第432页。
③ Edward Gibbon, *Autobiography of Edward Gibbon*, ed. Oliphant Smeaton, J.M. Dent & Sons Ltd., E.P. Dutton & Co., 1923, p.98.

的。他的目标是'击中枯燥的编年史和带修辞色彩的雄辩之间的中调'"①。具体说来,"在洛桑时期,他还给他的古典学问添加了启蒙哲学"②。

第四,怀疑和批判的精神。吉本在谈到回忆录写作时认为,回忆录唯一可以推许的特点是必须真实,如同严肃的史书所应具有的首要品质一样。吉本对自己的著作要求严格,第1章起稿三次,第2、3章起稿两次,第15、16章经过连续三次修改从很大一卷削减到两章的分量。对于君士坦丁时期的各种具体事件,他很不满意第一次所写文稿,因此将50多页稿纸投入火中。

他在阅读塔西佗、小普林尼等古典作家的著作时,就同其他一系列希腊文和拉丁文记录相互比勘,并以各种勋章、纪念章和地理上及编年史上所见的铭文作为辅助材料,加以印证。在此基础上,他对过去的记载提出许多疑问。例如,关于奥勒良统治时期造币工人的反叛,奥勒良在一封私人信件中称,他所任命的管理炉前工作的奴隶费利奇西穆斯怂恿铸币厂工人造反,最后被镇压下去。后来一些作家补充说这件事情发生在奥勒良祝捷庆典之后,决定性战役发生在西连山,还说铸币厂在钱币中掺假,皇帝发放好币,并通知人民拿手中的坏钱到国库里兑换。对于这件事情,吉本提出疑问,人民是受铸造假币伤害的,而改进货币质量是受欢迎的,因此人民受少数人组织而造反,于理难以理解。这只是一次偶然的不满,不像难以承受的沉重赋税,很难支撑起一场内战。而且,没有掌权、掌财和掌兵者的参与,根本组织不起一支军队跟一个好战皇帝领导下的久经沙场的军团相对抗。事实上,人民对元老院、

---

① [美]唐纳德·R.凯利:《多面的历史:从希罗多德到赫尔德的历史探寻》,陈恒、宋立宏译,生活·读书·新知三联书店2003年版,第435页。
② 同上书,第430页。

骑士阶层和禁卫军不满,而皇帝出身平民,对人民的处境是深为同情的。最后,首都最有声望的人家都涉嫌犯罪,不少最有名望的元老被杀,奥勒良最终以军事命令的方式施行一切职权。他推断,改进货币质量说只能是拥有极大权力而又心怀不满的人反对奥勒良的借口。

《罗马帝国衰亡史》第32章叙述了阿尔卡狄乌斯去世后,幼子小提奥多西的即位问题。吉本先是引用历史学家普罗克比阿的记述,后者认为阿尔卡狄乌斯留下遗嘱,把儿子托付给波斯国王耶兹德格尔德;后又引述历史学家阿加提阿斯指责阿尔卡狄乌斯愚蠢的话。他批评阿加提阿斯未对记述提出异议。他说:"一位审慎的历史学家,在没有弄清阿尔卡狄乌斯的遗嘱是否真实之前,便不会去研究它是否恰当。由于这是世界历史上绝无仅有的一个例子,我们有理由要求,必须得到当代人对它积极、一致的证实才能作准。这段使我们感到可疑的新奇事件必然也曾引起他们的注意,而他们的普遍沉默实际上已经彻底否定了后代虚构的传说。"[1]在第33章论述汪达尔人对非洲的入侵时,他也对一些观点提出怀疑。当时迦太基主教卡普奥吕在一封信中表明自己不能参加以弗所会议,而他的同事波西底乌斯(Possidius)的《圣奥古斯丁传》(*Life of St. Augustine*)和60年后维克多·维藤西斯(Victoris Vitensis)的《非洲迫害史》(*Historia persecutions Africanae provinciae*)都描绘了汪达尔人对非洲的摧毁性破坏。吉本说:"我却始终难以相信,汪达尔人所到之处会把他们打算在那里定居的地方的橄榄和其他果树全都连根拔掉;我也不相信,他们会通常作为一种策略,在他们所围困的城池之下大量屠杀俘虏,以污染空

---

[1] Edward Gibbon, *The History of the Decline and Fall of the Roman Empire*, Vol.3, Routledge/Thoemmes Press, 1997, p.312.

气,造成瘟疫,因为真要是那样,他们自己必将成为第一批牺牲品。"①"历史学家的责任应是如实记录过去的史实以供后世借鉴,如果它曲意为暴君的行为开脱或者为迫害活动寻找借口,那它其实是自取其辱。"②他批评优西比乌斯"重述了一切能为基督教增光的记载,却略去了所有可能使基督教丢脸的东西","公开违背了历史学的基本法则"。③ 还说:"对于古代那些出于轻信写下的可疑的、极不完备的重要作品,我们又能相信到什么程度呢?对于一个在君士坦丁的保护之下、独享记述仁德的皇帝征服对手或完全失势的前任迫害基督教徒情况的、宫廷里的主教和狂热的演说家,我们又如何能完全相信呢?"④

唐纳德·R.凯利还指出:"其运思巧妙的脚注充斥了对一些前辈学人的精确批判,包括伏尔泰关于希腊人的'偏见',以及孟德斯鸠的错误。"⑤吉本曾经发表《我的辩白》(A Vindication)回答《罗马帝国衰亡史》的批评者。其中有这么一段话:"(历史学家的任务)就是参考原始材料,我就是经常这样办的,还要把我参考的原著里那些段落的文字、结构、精神、上下文和位置等细心研究。而且在我把它拿来使用以前,还要使我自己的下列声明站得住脚:'为说明我撰写的题目而引用的所有原始材料,我都已仔细审查了。'……在我未能得到机会参阅原始材料的少数情况下,

---

① Edward Gibbon, *The History of the Decline and Fall of the Roman Empire*, Vol.3, Routledge/Thoemmes Press, 1997, pp.341-342.
② Edward Gibbon, *The History of the Decline and Fall of the Roman Empire*, Vol.1, Routledge/Thoemmes Press, 1997, p.633.
③ Ibid., p.699.
④ Ibid., p.704.
⑤ [美]唐纳德·R.凯利:《多面的历史:从希罗多德到赫尔德的历史探寻》,陈恒、宋立宏译,生活·读书·新知三联书店2003年版,第435页。

我便采用我信得过的近代先行者提供的证据。但在这些情况下,我并不把提厄蒙或拉德纳那些光彩夺目的美羽搬来装饰自己的门面,而是非常谨慎而准确地标出我所参阅的范围和材料来源。"①

第五,冷静的历史分析。他在评价君士坦丁大帝时道出了自己关于历史人物评价的原则:"只有真正不怀偏见地把他最热忱的崇拜者也不加否认的那些缺点和他不共戴天的仇敌也不得不承认的那些优点综合起来,我们也许才能希望对这位非同一般的历史人物勾画出一个公正的、历史的真实和热忱者能毫无愧色地接受的形象来。"②他肯定了君士坦丁大帝一直保持着强有力的体魄,喜欢彼此随意的社交活动,能正确估量知识的重要性,勤奋处理公务,具有博大的胸怀、完美的指挥才能,赢得人民的好感。他也批评晚年的君士坦丁挥霍国家财物,压榨人民,贪污腐败横行,不够宽宏大量,堕落为一位残暴而放荡的暴君。③

在《罗马帝国衰亡史》第2章中,在歌颂了罗马黄金时期经济政治各方面的繁荣之后,吉本指出:"长时期的和平和单一的罗马人统治慢慢向帝国的活力中注入了隐蔽的毒素。人的头脑渐渐都降到了同一水平,天才的火花渐次熄灭,甚至连尚武精神也烟消云散了。"④他还这样评价这一时期:"如果我们把无与伦比的琉善除外,整个这一个懒散时代并不曾产生过一个具有独创性天才的作

---

① From J. W. Thompson, *A History of Historical Writing*, Vol. 2, Macmillan Company, 1942, p.82.
② Edward Gibbon, *The History of the Decline and Fall of the Roman Empire*, Vol.2, Routledge/Thoemmes Press, 1997, p.74.
③ Ibid., pp.75-78.
④ Edward Gibbon, *The History of the Decline and Fall of the Roman Empire*, Vol.1, Routledge/Thoemmes Press, 1997, p.69.

家,也没有一个人在高雅的写作技巧方面有任何突出成就。"①第3章赞扬马尔库斯·奥雷利乌斯·安东尼:"他对自己严厉,但对别人的缺点却十分宽厚,对全人类公正而仁慈。"②但是他同时批评了安东尼在对待兄弟、妻儿问题上的过分宽容:"而他们的罪恶的榜样和后果却使公众大受其害。"③例如,吉本不满安东尼的妻子福斯丁娜:"一位严肃、纯朴的哲学家根本无法对付她的淫荡轻佻,也无法改变她那无穷无尽的、总希望换换胃口的情欲,这种情欲常会使她在最下流的男人身上找到某些特别可取之处。古代的爱神一般说来是个非常淫荡的神灵。一位皇后的爱,由于她总要求男人公然跟她调情,是很少有什么感情上的顾虑的。在整个帝国中,似乎只有马尔库斯不知道或不曾注意到福斯丁娜的反常行为。那类行为根据历代以来的偏见都被认为是对受伤害的男人的一种侮辱。她的好几个奸夫都被委以高位或肥缺,而且在他们一起生活的30年中,他始终表现得对她无比关怀和信任,直到她死后还对她十分尊敬。……唯命是从的元老院在他的恳切要求下正式尊她为女神……而且明文规定,每到他们结婚的那一天,所有男女青年都一定要到他们这位忠贞不贰的保护神的圣坛前宣誓。"④

除此以外,吉本还在第6章中指出了塞维鲁·亚历山大的母亲摄政马梅亚"出于嫉妒的残酷行径和一些贪污行为",同时肯定"她的治理措施总的来讲是既有利于她的儿子也有利于帝国的"。⑤ 第

---

① Edward Gibbon, *The History of the Decline and Fall of the Roman Empire*, Vol.1, Routledge/Thoemmes Press, 1997, p.70.
② Ibid., p.95.
③ Ibid., p.102.
④ Ibid., pp.102-103.
⑤ Ibid., p.184.

7章则鞭挞马克西米努斯"生性下流,忘恩负义"①。在元老院另立戈狄安父子以后,"从马克西米努斯的谨慎行动来判断,我们也许可以认为一些带有偏见的人过分夸大了他性格中的野蛮特点。他的狂热情绪尽管使他急躁不安,但究竟还没有超出理性的控制;同时这个野蛮人实具有苏拉的慷慨精神,在制服罗马的敌人以前不能允许自己图报私仇"②。

### 四、比较、反衬、突出悲情的手法

吉本的史著多采用比较、反衬和突出悲情的手法。

第一,他突出个性的比较。他在比较蒙古帝国和罗马帝国时说:"成吉思汗和他的莫卧儿族王公们把他们的残酷蹂躏从中国沿海一直推向埃及和日耳曼地区,并在那里建立了为时不久的帝国。但罗马极具威力的牢固结构却是依靠几代人的智慧建立和保存下来的。"③突出了蒙古和罗马的不同。他还比较亚洲与罗马的专制制度:"我们看到,那些亚洲国家在中央是独裁统治,而对边陲地区却鞭长莫及。对税款的征集或司法权力的推行都得依靠驻军的力量。敌对的野蛮人在国家的中心地区建立自己的势力范围,世袭的地方霸权篡夺了各省的统治权,许多臣民虽然不可能得到自由,却随时都想发动叛乱。而罗马世界人民的顺从却是一致、自愿和始终如一的。被征服的民族完全和伟大的人民融合在一起,彻底放弃了重新获得独立的希望。不,甚至连那种愿望也不存在了,他们几乎已不再感觉到罗马的存在与他们自身的存在有什么区别。"④

---

① Edward Gibbon, *The History of the Decline and Fall of the Roman Empire*, Vol.1, Routledge/Thoemmes Press, 1997, p.210.
② Ibid., p.223.
③ Ibid., p.34.
④ Ibid., p.52.

在《罗马帝国衰亡史》第 3 章中,吉本把波斯的专制和罗马的专制相比较。波斯的臣民发自内心地认为自己的一切都是主子赐予的,主子也可以剥夺自己的一切,所以在东方人的心目中,除了专制主义根本不存在另一种统治形式。而罗马人则从希腊的哲学中吸收了有关人性尊严和文明社会何以形成的、最公正开明的思想。可惜事实上,无论法官还是护法官都成为暴君的帮凶,给专制统治披上合法的外衣,但他们内心深处又很不情愿,以至于暴君对整个元老院报以由衷和公开的仇恨。他还比较罗马的暴政与现代的暴政。在现代欧洲,被暴君加害的人可以逃出国,找到安身之处,可以发泄不满甚至组织报复。但是在罗马,整个世界都是暴君囚禁仇家的万无一失的监狱,不论到哪里,都处在征服者的淫威之下。①

在第 10 章中,吉本将法兰克联盟与海尔维第联合体进行比较。两者的相似之处是"参加的每一个行政区都保留着独立自主权,遇到和大家有关的问题,彼此在一起进行商议,但不承认任何领导权威或代表会议的决议"。"这两个联盟的原则又是极不相同的。瑞士明智和诚恳的政策为它赢得了 200 年的和平。一种摇摆不定的精神、无止境掠夺的贪欲,以及任意撕毁最严重的国际条约等已成为法兰克人可耻的性格特点"。②

在第 13 章叙述戴克里先退位时,吉本则将他和英王查理五世进行比较:

> 他们的政治才能都远在军事才能之上,他们未可尽信的高尚品德绝大部分出于伪装,而非天性使然。查理

---

① Edward Gibbon, *The History of the Decline and Fall of the Roman Empire*, Vol. 1, Routledge/Thoemmes Press, 1997, pp. 98 - 101.
② Ibid., pp. 309 - 311.

的退位看来颇受时运变迁的影响,他得意的计谋给他带来的失望促使他放弃了他发现已不足以满足自身野心的权力。但戴克里先却在接连取得胜利、一帆风顺,而且似乎还不是在他击败了所有的敌人、完成了一切计划的时候,开始严肃地思考退位问题。不论查理还是戴克里先,都并没有达到衰迈的年龄,因为他们一个才不过55岁,另一个也不过59岁。但是这两位皇帝繁忙的生活、他们经历的战争和旅行、对国事的忧虑以及日理万机的实际操劳已损害了他们的体质,使他们疾病缠身、未老先衰。①

第二,吉本的叙事许多地方是动人心魄的。《罗马帝国衰亡史》最惊心动魄或者说最震撼人心之处是君士坦丁堡君民抵御土耳其人攻掠的保卫战。这里既有穆罕默德二世的雄才大略,又有东罗马皇帝帕里奥洛格斯的英勇和穷途末路的悲壮;既有攻城将士的前仆后继,又有守城军民的顽强无畏;既有胜利者令人发指的劫掠,又有亡国者不堪入目的流离。这一部分的感人之处除了历史本身的无穷魅力之外,吉本的写作技巧也是少不了的。他描绘了强者对弱者的绝对支配,平增几分悲怆。帕里奥洛格斯的兄弟德米特里乌斯退到意大利,可是面临着内战的煎熬和外敌的威胁。穆罕默德二世对他说:"你的力量太弱小,无法控制这个多事的省份。我准备把你的女儿带到我的床上去,你也可以在安全和荣誉中度过你的余年了。"德米特里乌斯无可奈何地应允了,他献出自己的女儿和城堡。② 无情的弱肉强食被揭露得淋漓尽致。

---

① Edward Gibbon, *The History of the Decline and Fall of the Roman Empire*, Vol.1, Routledge/Thoemmes Press, 1997, p.466.
② Edward Gibbon, *The History of the Decline and Fall of the Roman Empire*, Vol.6, Routledge/Thoemmes Press, 1997, p.512.

吉本恰到好处地运用对比的手法,在土耳其人和希腊人围绕君士坦丁堡的攻守展开较量之前写道:"一群伊斯兰托钵僧拜访了军营,向士兵灌输人人要争当烈士的思想。而且保证他们可在天堂的河流和花园中拥抱那些黑眼的童女,度过永远不死的青春时光。穆罕默德更看重世俗的、看得见的赏赐。他许诺给获胜的部队双倍的饷金。'这座城市和它的建筑,'穆罕默德说,'都是我的。但我一定将俘虏和缴获物、金银财宝和美女全都拿来作为你们英勇的奖赏。愿你们人人富有、幸福。许多地方将成为我的帝国的省份:那首先登上君士坦丁堡城墙的勇士将被奖以掌管最美好、最富有的省份,我的感激之情将加之于他的荣誉和财富,这些都会超出他自己的希望。'诸如此类的强烈刺激在土耳其人心中形成一股高涨的、置生死于度外的、跃跃欲试的热情:整个穆斯林军营中回响着'上帝就是上帝,仅只有一个上帝'和'穆罕默德就是上帝的使徒'的吼叫声;从海上到陆地,从加拉塔到那七座塔楼,到处都闪烁着他们的篝火。而在基督徒的一边,情况可就全然不同了。他们大声而无力地抱怨着,哀叹自己所犯的罪行或即将受到的惩罚。圣母天神般的圣像早已在庄严的游行队伍中展示过,但这位恩神却对他们的乞求充耳不闻;他们责怪皇帝过于固执,不肯及时投降;只忧虑自己的前途不堪设想;羡慕土耳其人的奴役可能带来的休息和安全感。最高贵的希腊人和最勇敢的盟军战士全被召往皇宫……帕里奥洛格斯的最后一次讲话实际上就是埋葬罗马帝国的悼词:他保证,他召唤,并徒劳地企图鼓起那在他自己的头脑中已经破灭的希望。在这个世界上,一切都是冷漠无情、阴森可怕的。对那些为他们的国家战死的英雄,不论福音书还是教会,都不曾提出任何明显的补偿。"①

---

① Edward Gibbon, *The History of the Decline and Fall of the Roman Empire*, Vol. 6, Routledge/Thoemmes Press, 1997, chapter LXVIII, part III.

这段文字已经充分为东罗马帝国的灭亡渲染了悲凉的气氛。悲凉、悲怆、悲壮,是一切帝国由盛而衰直至灭亡的悲剧中的要素,正是通过这些要素,吉本达到了以自己感怀人生盛衰无常而触动读者的目的。吉本是写作高手,他善于利用一些典型事件来突出民族的特性。他在描写撒拉逊人对意大利的征服时也讲述了两个凄惨动人的故事。一是撒拉逊人围困萨莱诺期间,一位穆斯林酋长把他的床支在圣餐桌旁,并在这个圣坛上每晚破坏一名基督教圣女的童贞。在他与一位拒不相从的姑娘扭斗的时候,房顶上的一根横梁无端落在或巧妙地砸在他的头上。① 这位酋长死于修女所唤醒的基督的愤怒。这件事情一方面突出了弱者的无奈,另一方面揭露了入侵者的凶残,表达了一种多行不义必自毙的感怀。二是撒拉逊人包围贝内文图姆和卡普亚的时候,一个勇敢的伦巴第人市民被派出向东罗马皇帝求援。他完成使命回来时被俘,阿拉伯人希望他对城里的人散布失败的言论,他却对他的同胞喊道:"朋友们,弟兄们,不可胆怯,要有耐心;守住城市,你们的君王已经知道了你们的艰难处境,救援你们的人马就要到了。我知道我马上将死去,我把我的妻子和孩子们都交托给你们啦。"于是阿拉伯人的上百根长矛刺穿了他的身体。② 同样,吉本以这样一个故事刻画了保卫者的坚强和入侵者的残暴。

### 五、吉本史学的影响、地位和局限

吉本在西方史学史上享有崇高的地位,可以从以下反映出来。

---

① Edward Gibbon, *The History of the Decline and Fall of the Roman Empire*, Vol.5, Routledge/Thoemmes Press, 1997, chapter LVI, part I.
② Ibid.

第一,他提出了罗马史研究的一些经典性结论。关于这个问题,汤普森就指出:"体会到公元529年查士丁尼封闭雅典学校,研究希腊科学的人们逃往波斯(在下一世纪波斯被阿拉伯人征服),从而促成中世纪阿拉伯科学发展等事情的重大意义的第一位历史家就是吉本。"①吉本的一些结论成为学术界的经典观点。例如关于十字军东征的结果,他认为:"君士坦丁与意大利之间的书信来往传播了有关拉丁语的知识,一些先贤或古典派的作品终于有幸被译成希腊文。但是迫害政策却更燃起了东方的民族和宗教偏见,而拉丁人的统治进一步肯定了两个教会的分离。"还说:"拉丁人定然从一连串使他们大开眼界、看到世界前景并使他们与更开化的东部地区长久保持频繁交往的事件中最早获得了最大的利益。"②又说:"在颠覆那座哥特人大厦的诸多原因中,必须认为十字军东征占有显要位置。在这些花费巨大、十分危险的远征中,贵族们的产业散尽,整个家族也常趋于毁灭。贫穷迫使他们放下架子,交出打开锁链的自由文书,使农民确保占有农田,工匠占有作坊,进而逐步使社会中人数最多和最有用的部分在物资和精神上得到恢复。"③

第二,《罗马帝国衰亡史》获得巨大反响。《罗马帝国衰亡史》第1卷出版后,在几天之内售罄,第二、三版也满足不了读者的需求,以至于都柏林的盗印者两次盗版印刷。吉本在自传中称:"我的书出现在每一张桌子上,而且几乎出现在每一具梳妆台上。作者被人们按照当时的爱好或时风加上了最高的称誉,任何喜欢咒骂的

---

① Edward Gibbon, *The History of the Decline and Fall of the Roman Empire*, Vol.6, Routledge/Thoemmes Press, 1997, p.89.
② Ibid., pp.202-208.
③ Edward Gibbon, *The History of the Decline and Fall of the Roman Empire*, Vol.11, Routledge/Thoemmes Press, 1997, pp.210-211.

批评家都无法用他的吼叫干扰赞扬之声。"①许多学术界人士向吉本表示祝贺或者赞扬。当时的英国古典学家、剑桥大学希腊文教授波森(Porson)盛词褒奖他的文笔、气魄、专心、勤奋与准确。②哲学家亚当·弗格森给他写信说:"你给英国经典之作增添了伟大的内容,你给我们的正是修昔底德打算留给他的国人的一笔'永世财富'。"③1776年4月1日,休谟写给亚当·斯密一封信,祝贺他的《国富论》问世,其中说道:"我想你是认识吉本先生的。我极其喜欢他的成就。我冒昧地告诉你,其实我并不熟悉他,我从未想到从一个英国人的笔下能写出这么优秀的著作。"④第6卷出版时,亚当·斯密写信祝贺:"这件事使你夺得当前全欧学术魁首。"⑤

宗教界却是另外一种态度,对他大加挞伐。牛津大学的戴维斯(Davies)公然向吉本的宗教史观点发起了攻击。意大利天主教徒指责吉本对罗马皇帝背教者尤利安的德性与罪孽的评述,特拉维斯(Travis)批评吉本判定三份天国政词是伪造文书一节。纽顿(Newton)主教读了吉本的《罗马帝国衰亡史》,感到失望,认为此书啰嗦、沉闷、内容乏味,笔法矫揉造作,所举例证不可信。英国化

---

① Edward Gibbon, *Autobiography of Edward Gibbon*, ed. Oliphant Smeaton, J. M. Dent & Sons Ltd., E. P. Dutton & Co., 1923, p.145.
② Ibid., p.174.
③ Adam Ferguson, "To Edward Gibbon on March 19, 1776", in ed. Vincenzo Merolle, *The Correspondence of Adam Ferguson*, William Pickerling, 1995, pp.135 – 136.
④ David Hume, "To Adam Smith, 1 April 1776", in ed. J. Y. T. Greig, *The Letters of David Hume*, Vol. 2, Clarendon Press, 1932, p.312.
⑤ From J. W. Thompson, *A History of Historical Writing*, Vol. 2, Macmillan Company, 1942, p.86.

学家、哲学家普里斯特利(Priestley)在其《基督教徒堕落史》(*A History of the Corruptions of Christianity*)里也向吉本提出挑战。一直到19世纪中期,还有人对吉本的基督教史记述持否定态度:"在19世纪中期,伦敦圣保罗大教堂主教米尔曼在为其所注释的《罗马帝国衰亡史》作序言时,依然对该书加以批判,用意在于防止读者阅读本书后'产生错误印象'。……认为吉本对于'宗教的神圣起源'这一主要问题,采取了巧妙的回避或假意承认的手法。另外还指责吉本对于基督教故意贬损。"①

对于宗教界的指责,吉本感到意外,他认为一个光明自由的时代必将欢迎对基督教的发展与建立研究其人情上的原因,而不会招致诽谤物议。然而事实并非如此。出于无奈,他发表《我的辩白》应战。后来,鉴于对手的无知与浅薄,他选择保持沉默,并借助他人之口道出真情:"爱德华兹博士在对剑桥大学师生所作的一篇布道词中称赞我这书是一部'只有在其所用语言灭亡时方才消灭'的著作,同时尊称我为一个不可小觑的敌人。"他"由于敌手的软弱而变得骄傲和得意,不再屑于提笔展开争论了"。②

一直到1976年,吉本逝世200年之际,美国艺术与科学院刊物还出版了纪念专辑《错综复杂中的吉本和〈罗马帝国衰亡史〉》(*Edward Gibbon and the Decline and Fall of the Roman Empire in Daedalus*)。1977年哈佛大学出版社予以重印,足见吉本在史学界影响之大。

第三,吉本史学拥有极高的历史地位。汤普森是这样评价吉本的:"(他)不仅是18世纪而且是一切说英语的国家最伟大的历

---

① [英]爱德华·吉本:《罗马帝国衰亡史》上册,黄宜思、黄雨石译,商务印书馆2002年版,中译本序。
② Edward Gibbon, *Autobiography of Edward Gibbon*, ed. Oliphant Smeaton, J. M. Dent & Sons Ltd., E. P. Dutton & Co., 1923, pp. 152 – 153.

史学家。""兰克的《16、17世纪诸教皇的宗教政治历史》是近代唯一和上一部近似的历史典范之作,即使可以这样说,也必须为这两部著作在规模上的巨大差距留出余地。兰克记述的时期只以200年为限,而吉本的范围则包括14个世纪。""从休谟和孟德斯鸠开始的新史学,在吉本身上登峰造极。"①吉尔德哈斯(Gilderhus)也说:"恐怕启蒙时代最伟大的史著,是吉本所著的《罗马帝国衰亡史》。"②

19世纪后期至20世纪初期,英国著名历史学家伯里(Bury)在其所作的《罗马帝国衰亡史》序言中指出:"吉本在许多细节和若干知识部门中已经落后于时代,这一点只意味着我们的父辈和我们自身不是生活在一个完全无所作为的世界里。但是在主要的问题上,他仍然是我们的超越时代的老师。对于那些使他摆脱历史家的共同命运的明显特点,诸如伴随时代前进的大胆而准确的尺度,正确的眼光,周密的布局,审慎的判断与适时的怀疑,为自己始终如一的态度做出的堪称不朽的掩饰等,是毋庸细述的。"③19世纪著名历史学家弗里曼也指出:"吉本始终不失为当代研究所不曾抛弃也不拟抛弃的18世纪历史家。"④D. M. 洛称赞吉本对于罗马帝国及其衰亡过程"描述之完美,任何书籍亦无法与吉本此作相比。无人不知,此书乃无与伦比之博学多识与无可匹敌之文学技巧的巧妙结合","他对于终使君士坦丁堡走向灭亡的各种事件安排的周密,仍为后人所不及"。⑤ 唐纳德·R. 凯利说:"吉本的使命

---

① J. W. Thompson, *A History of Historical Writing*, Vol. 2, Macmillan Company, 1942, p. 70.
② Mark T. Gilderhus, *History and Historians*, Prentice Hall, 1996, p. 39.
③ [英]爱德华·吉本:《罗马帝国衰亡史》上册,黄宜思、黄雨石译,商务印书馆2002年版,中译本序。
④ 同上。
⑤ 同上书,引言第2页。

是要糅合博学和文学,要解决不求甚解和好古癖的卖弄学问之间的两难处境。"①学术史上有这么多学者给予吉本如此评价,足以说明其地位之高了。

第四,吉本史著的碧玉瑕疵之处也须提及。吉本在有些时候缺少原始材料,是根据二手乃至三手材料进行写作的。他承认:"我获得了几本有用的书,如《耶路撒冷的刑事审判》《罗马城市的建立》等,摘取了一些补充材料,添入适当的章节。"②汪荣祖批评为"吉本则常以史料为我用,胜于史料的考证"③,可谓一语中的。

吉本的假古论道也被后人批评过,说他"断不同时间之章,假古道今,不免有违历史的特殊性格,而'时间错乱'乃史家的大忌"④。汪荣祖还批评吉本:"几乎完全忽略了罗马帝国衰亡的经济因素,对人群心理描述也无学理基础,社会与思想未及探讨,仅止于肤浅的政治与道德层面考量。"⑤说经济内容少是对的,但是说几乎完全忽略就有点言重了。吉本所及经济内容上文略有涉猎,至于他的心理描述无学理基础的问题,汪氏的要求过于苛刻,那时的心理学并不像 19 世纪末 20 世纪初那样蔚然发达。关于这一条批评,汤普森的话说得非常清楚:"责怪吉本说他看不到只有到 19、20 两个世纪才发现的某些历史价值,这是极不公平的。他

---

① [美]唐纳德·R.凯利:《多面的历史:从希罗多德到赫尔德的历史探寻》,陈恒、宋立宏译,生活·读书·新知三联书店 2003 年版,第 431 页。
② Edward Gibbon, *Autobiography of Edward Gibbon*, ed. Oliphant Smeaton, J.M. Dent & Sons Ltd., E.P. Dutton & Co., 1923, p.170.
③ 汪荣祖:《吉本及其不朽的〈罗马帝国衰亡史〉》,载《史学九章》,生活·读书·新知三联书店 2006 年版,第 9 页。
④ 同上。
⑤ 同上书,第 14 页。

未能估计经济条件和社会力量的影响,未能领会文学和艺术在历史上的重要性;他的世界观是他那个时代的世界观。要打开通向古代历史拱顶室的新门路只有经过法国大革命、浪漫主义运动、康德哲学和工业革命,然后才办得到。吉本是一位天才,但他并不是一位先知。在他和他同时代的人们心目中,'战争和行政公事才是历史的主要题材'。"①

有人说,吉本关于罗马帝国衰落的原因总结显然有点简单了:"罗马帝国的衰亡,在吉本心目中,虽不能仅仅以蛮族与基督教概括,仍然是导致衰亡的两大主力。就现代学术而言,如此解释帝国的衰亡,不仅未必正确,而且过于简化。"②这种说法不完全正确。其实,吉本从罗马国内政治腐败造成社会动荡,基督教分裂导致信仰混乱,日耳曼和土耳其人入侵等方面分析罗马帝国的衰落,大体抓住了问题的关键。

吉本史著的个别地方存在史实错误。当时的考古学家达尔林普尔(Dalrymple)指出《罗马帝国衰亡史》中的一些细节错误,吉本虽然不悦地说:"他在批评我的罗马史最后两章的每一段落时,用的却是擅长诡辩的律师所用的那种挑剔细节的手段。"但是承认"由于他自始至终吹毛求疵,有时可能果然找出了毛病。从他所著的那本《苏格兰编年史》看来,他是个勤于搜集材料的人和观察准确的批评家"。③ 例如第40章有一段讲述波斯僧人受拜占廷皇帝查士丁尼之嘱从中国偷运蚕子,就是个离奇的故事,齐思和教授已

---

① [美]J.W.汤普森:《历史著作史》下卷第三分册,孙秉莹、谢德风译,李活校,商务印书馆1996年版,第122页。
② 汪荣祖:《吉本及其不朽的〈罗马帝国衰亡史〉》,载《史学九章》,生活·读书·新知三联书店,2006年版,第12页。
③ Edward Gibbon, *Autobiography of Edward Gibbon*, ed. Oliphant Smeaton, J.M. Dent & Sons Ltd., E.P. Dutton & Co., 1923, p.152.

经做了具体订正。① 关于东罗马问题,D. M. 洛说:"(对于后半部分)吉本的叙述便不可避免地需要匆匆带过或简略概括,因此处处暴露出他对拜占廷历史所知有限,评论亦多欠当。"②汤普森也指出:"他为写这几章进行的研究中许多工作必然使他厌倦,特别是因为他的拜占廷希腊文知识并不多,不能满足这项工作的要求。近代拜占廷学者业已说明的那些重大问题,吉本当时一个都未能预见。"③他没能发现野蛮人入侵对于欧洲的积极意义,把"两安东尼时代看成黄金时代,因而罗马衰落是自然之事。以元老或者罗马人自居,把日耳曼人入侵看成是一重重毁灭的巨浪,而没有进行更加深入全面的认识,例如他们并不是全部为了破坏,他们的确随身带进了许多希腊罗马世界未曾发现而有助于增进欧洲人生活的东西"④。他还淡化了十字军的历史,"把长期而重要的历次十字军的历史紧缩到一百页多一点,而他本来应当用一整卷的篇幅记述这些事情"⑤。这些批评大体是恰当的。

---

① 齐思和:《中国和拜占廷帝国的关系》,《北京大学学报(哲学社会科学版)》1955 年第 1 期。
② [英]爱德华·吉本:《罗马帝国衰亡史》上册,黄宜思、黄雨石译,商务印书馆 2002 年版,引言第 2 页。
③ J. W. Thompson, *A History of Historical Writing*, Vol. 2, Macmillan Company, 1942, p.88.
④ [英]爱德华·吉本:《罗马帝国衰亡史》上册,黄宜思、黄雨石译,商务印书馆 2002 年版,引言第 7—8 页。
⑤ J. W. Thompson, *A History of Historical Writing*, Vol. 2, Macmillan Company, 1942, p.89.

# 第29论

# 吉本史著中的社会偏向

历史著作始终无法脱离史学家的政治理想,吉本也不例外。其社会见解和主张影响他对历史现象的判断。这里就其史著中重要的社会倾向性加以讨论。

## 一、理性主义的政治理想

吉本史学的理性主义政治特征可以从他与其他理性主义者交往、崇尚民主反对专制、主张信仰自由和抨击宗教迫害等方面得到说明。

### 1. 与理性主义学者交往密切

吉本在法国游历,结识了狄德罗、达兰贝尔、爱尔维修等法国启蒙思想家。他还同伏尔泰、休谟等人有深厚友谊。他对伏尔泰非常推崇。在洛桑,吉本看过伏尔泰朗诵诗歌、表演戏剧,他说,伏尔泰的才智和学问"降低了我对莎士比亚伟大天才的盲目崇拜","在一个显而易见的程度上改善了洛桑的风气;而我虽然沉溺于书本,却也领受到了一份社会活动的乐趣"。[①] 后来伏尔泰离开洛

---

① Edward Gibbon, *Autobiography of Edward Gibbon*, ed. Oliphant Smeaton, J.M. Dent & Sons Ltd., E.P. Dutton & Co., 1923, p.78.

桑,隐居费尔内,吉本再次拜访。吉本在《罗马帝国衰亡史》第 68 章叙述穆罕默德二世的为人时就赞同了伏尔泰的说法。①

吉本所崇拜的大师还有休谟,而且两人的关系非同寻常。休谟对吉本的帮助和指导在上文论述休谟史学时已涉及,这里不再赘述。吉本肯定休谟对于英国史学的贡献,他说:"旧日有一句责难的话,说英国的祭坛从来不曾供奉过历史女神,这在最近已由罗伯逊和休谟以他们最早的著作,即苏格兰和斯图亚特王朝的历史加以否定了。"赞扬休谟的著作有着"冷静的哲学,超脱的、不可模仿的妙处"。②

在《罗马帝国衰亡史》第 69 章论述教皇的权威时,吉本引用了休谟《英国史》第 1 卷中的话:"尽管罗马教廷的声名和权威在对它一无所知、对它的性格和行为全无了解的欧洲偏僻地区是那么令人恐惧,教皇在当地几乎无人尊敬,以致他的宿敌包围着罗马的城门,甚至还控制着该城的他的政府,但那些从欧洲最边远地区派来向当代最大的权势人物表示最恭顺的,甚至是奴颜婢膝的服从的使节们却发现身不由己,很难于走近他,俯伏在他的脚下。"这一条引文下的注释还说:"这位作家还根据菲茨·斯蒂芬的说法,向我们讲述了亨利二世的父亲若弗勒对教士们犯下的一件离奇的暴行。'在他仍是诺曼底首领的时候,塞斯的牧师团公然在未经他同意的情况下径自进行主教选举:就因为这件事,他下令将所有的

---

① 有一种说法认为,穆罕默德二世邀请威尼斯画家贝利诺作画,为了让画家看清肌肉活动的情况,便特意将一个奴隶砍头。吉本赞同伏尔泰的观点,认为这种说法"是非常可笑的"。参见 Edward Gibbon, *The History of the Decline and Fall of the Roman Empire*, Vol. 4, Routledge/Thoemmes Press, 1997, p.466。
② Edward Gibbon, *Autobiography of Edward Gibbon*, ed. Oliphant Smeaton, J. M. Dent & Sons Ltd., E. P. Dutton & Co., 1923, p.92.

人,包括当选的主教,都给阉割了,并要求将所有人的睾丸装在一只盘子里送给他看。'对于他们所受的疼痛和遭受的危险,他们自然有理由抱怨,不过,既然他们都曾发誓不近女色,他也只不过是夺去了他们一件多余的好东西而已。"①

### 2. 崇尚民主政治,反对专制统治

吉本以三权分立思想分析罗马皇帝、禁卫军和元老院之间的关系对于自由的影响。他认为,从图密善去世到康茂德即位的那段时间,罗马帝国按照仁政和明智的原则完全处于专制权力的统治之下,但是马上又说:"只要有一个放纵的青年,或某一个猜忌心重的暴君,滥用那现在被他们用以造福人民的专制权力,直至毁灭它,那整个局势也许就会立即大变样了。元老院和法律所能发挥的最理想的控制作用,也许有助于显示皇帝的品德,但却从来无力纠正他的恶行。军事力量永远只是一种盲目的无人能抗拒的压迫工具。罗马人处世道德的衰败必将经常造出一些随时准备为他们主子的恐惧和贪婪、淫乱和残暴叫好的谄佞之徒和一些甘心为之效劳的大臣。"②他描述了奥古斯都对军队和元老院的控制,然后感叹:"一旦立法机构由行政官来任命,自由立宪的原则便从此不可挽回地消失了。"③他抨击了塞维鲁对禁卫军的纵容:"在皇帝和军队之间保持一个不论多么有名无实的缓冲力量是大有好处的。"④

---

① Edward Gibbon, *The History of the Decline and Fall of the Roman Empire*, Vol.6, Routledge/Thoemmes Press, 1997, p.525.
② Edward Gibbon, *The History of the Decline and Fall of the Roman Empire*, Vol.3, Routledge/Thoemmes Press, 1997, p.96.
③ Edward Gibbon, *The History of the Decline and Fall of the Roman Empire*, Vol.1, Routledge/Thoemmes Press, 1997, p.74.
④ Ibid., p.153.

吉本在自述他和阿拉芒(Allamand)讨论哲学时说:"我们的通信主要是讨论洛克的形而上学。他攻击洛克的学说,而我则是回护洛克的。我们讨论观念的起源、证据的原则以及自由原理。"①吉本强调国家事务中自由的重要性,他说:"要问什么是君主政体,似乎显然便是指在一个国家中,法律的实施、财政的管理和军队的指挥权全部集中在不管加之以什么样的尊称的一个人手中的体制。但是如果没有一种坚强的、随时警惕着的力量来保卫人民的自由,那一个拥有如此巨大权力的行政官必然很快便会堕落成一种专制政府。在迷信盛行的年代,教士们的影响力可以被用来伸张人民的权利,但由于皇座和圣坛的关系是如此密切,教会的旗帜竖立在人民一边的情况从来都极为少见。必须有勇武的贵族和意志坚决的平民,他们自己拥有武装并占有一定的财产,由他们来组成一个立宪议会,才有可能形成一种均衡的力量,以防止具有野心的君主的无理作为,而维护自由的宪法。"②

他肯定了自由对于罗马人的意义。吉本认为失去自由的罗马人是"微型化"的,"是一些侏儒","一直等到北部可怕的巨人破门而入,这矮小人种才有所改变。他们恢复了具有人的气概的自由精神,而且在经过十个世纪的革命之后,自由终于变成了文学趣味和科学幸福的母亲"。③

他一针见血地指出了专制对于国家安全的危害,这种一味屈从的态度"削弱和损伤人的聪明才智",这样的臣民"也必然不能抗拒野蛮人的进攻,以保卫自己的生命财产,也无法保护自己的理智

---

① Edward Gibbon, *Autobiography of Edward Gibbon*, ed. Oliphant Smeaton, J.M. Dent & Sons Ltd., E.P. Dutton & Co., 1923, p.76.
② Edward Gibbon, *The History of the Decline and Fall of the Roman Empire*, Vol.1, Routledge/Thoemmes Press, 1997, p.72.
③ Ibid., p.71.

不为迷信思想所吓倒"。①

### 3. 主张信仰自由,抨击宗教压迫

吉本显然是以欣赏的笔调叙述了罗马宗教的自由和宽容,赞赏"帝王和元老院在宗教问题上的政策始终照顾到子民中开明人士的思想,也照顾到迷信较深的子民们的习惯"②。而且,"人民的迷信既不会因为掺杂进一些神学思想上的矛盾而彼此难容,也不曾受到任何思想体系枷锁的约束。热忱的多神论者虽然自己热衷于本民族的宗教信仰,却同样以其极简单的信念承认全世界各种不同的宗教"③。

吉本痛心宗教迫害所产生的严重后果。首先是基督教徒互相迫害:"基督教徒在他们长时期的内部斗争中彼此之间造成的伤害远远超过异教徒的狂热使他们遭受的迫害。"④他借别人之口道:"(阿米努斯相信)基督徒之间的仇恨更胜于野兽对人的仇恨。"纳西昂的格里高利(Gregory of Nazianzus)哀叹:"彼此不和已使天国变得一片混乱,变成了黑夜的风暴,变成了地狱。"⑤

因此吉本认为,不能绝对地把阿塔纳西乌斯派和阿里乌斯派归为正统派或者异端派:"他们原本同在一个宗教和政治社会环境中接受教育。他们对现时以及未来的希望和恐惧的比例是基本相同的。他们中任何一方的错误都可能是无辜的,信仰都可能是真

---

① Edward Gibbon, *The History of the Decline and Fall of the Roman Empire*, Vol.3, Routledge/Thoemmes Press, 1997, p.283.
② Edward Gibbon, *The History of the Decline and Fall of the Roman Empire*, Vol.1, Routledge/Thoemmes Press, 1997, p.34.
③ Ibid., p.35.
④ Ibid., p.7033.
⑤ Edward Gibbon, *The History of the Decline and Fall of the Roman Empire*, Vol.2, Routledge/Thoemmes Press, 1997, p.304.

诚的,行动都可能是值得称道或用心不良的。激起他们奋斗热情的目标是相同的,而且他们有可能交替滥用朝廷或人民对他们的恩宠。阿塔纳西乌斯派和阿里乌斯派的形而上学意见并不会真正影响他们的道德品质,而且他们的行动都同样受到从福音书中一些纯真的格言体会到的忍让思想的驱使。"①

## 二、托利党人的社会倾向

吉本祖父的叔父约翰·吉本及其许多家属都是极端的托利派。他的祖父爱德华·吉本在1710—1714年的托利党政府中任海关长。其父小爱德华·吉本担任过议员,也是一位热情的反辉格党人士。他的家族和托利党人的特殊关系影响了吉本的政治倾向。他赞同君主世袭制。围绕自由的限度,他以为"最完美的平等的自由必须有一个上级长官加以领导才行"②,而关于这个上级领导,特别是君主,"在一个庞大的社会中,若要大家来选举君主,那是永无可能选出最明智的人物的,也根本不可能使选出的人合乎最大多数人的心意"③。他提出,实行君主世袭制的合理性在于"这种无可争议的出身特权,在得到时间和舆论的认可之后,可说已成为人世间最简单明了、最不致挑起争端的一种特权了。这种得到普遍承认的权利可以消除许多无端制造纷争的希望,同时一种明确的安全感也使在位的君王免去了许多残暴行径。我们正是得益于这一观念的确立,才使得欧洲许多温和的君主政府得以一代一代和平过渡。至于它所产生的缺点,我们不能不说,那就是亚

---

① Edward Gibbon, *The History of the Decline and Fall of the Roman Empire*, Vol.2, Routledge/Thoemmes Press, 1997, p.304.
② Edward Gibbon, *The History of the Decline and Fall of the Roman Empire*, Vol.1, Routledge/Thoemmes Press, 1997, p.584.
③ Ibid., p.205.

洲的专制君主,由于常常需要杀出一条血路才能爬上他父亲的皇座,他往往不得不发动内战。然而即使在东方,这竞争的范围通常也只限制在皇室诸子之间,一旦那个最幸运的竞争者用明枪或是暗箭清除掉他的弟兄们之后,他便再不用担心一般臣民怀有觊觎皇位之心了"①。

基于这样一种政治倾向,吉本为在法国大革命中被处决的路易十六鸣冤。他认为,路易十六"就是一个无辜的、心地善良的国王,为他的历代先人所造的罪孽,为路易十四的野心,为路易十五的挥霍,承担了惩罚"。"如果他们能够满足于把我们的制度无所拘束地移植过去,如果他们能够尊重国王的君权和贵族的特权,他们就可能在唯一真实的基础上,即一个伟大国家天然地由最优等人物掌权的制度上,建立起一个坚实的政治机构。现在看到的前景却大异其趣啊!"②他抨击法国革命,认为"法国革命最初害苦了、分裂了洛桑社会","一想到法国,任何诉苦之声全部应当沉默下来。同他们的悲惨命运相比,我们的一切苦难相对来说都还是快乐呢"。③ 他希望"英国这个人类唯一抵御专制主义和平民政治两个对立祸害的伟大避难所能够稳定和幸福"④。

马布利(Mably)在《历史撰写方法》(*De l'étude de l'histoire*)中说:"吉本根据自己的经验,懂得群众执政的弊端,并不完全赞同

---

① Edward Gibbon, *The History of the Decline and Fall of the Roman Empire*, Vol.1, Routledge/Thoemmes Press, 1997, p.205.
② Edward Gibbon, "To Lord Sheffield, Decebmer 15, 1789", in *Private Letters of Edward Gibbon (1753 - 1794)*, Vol. 2, John Murray, Albemarle Street, 1971, p.209.
③ Edward Gibbon, "To Lady Sheffield, November 10, 1792", in ibid., p.337.
④ Edward Gibbon, "To Lord Sheffield, January 1, 1793", in ibid., p.356.

他的看法,而且不遗余力地捍卫君主政体。"①

### 三、吉本论帝国衰亡原因和基督教

学术界研究吉本的史学,普遍关注他对于帝国衰亡原因的思考和对待基督教的态度,这里再提出讨论。

第一,关于论衰亡的原因。通常人们读吉本《罗马帝国衰亡史》,都认为吉本把罗马帝国衰亡的原因归于基督教的腐化和野蛮人的进攻,还说吉本的总结过于简单了。其实,那是对吉本的误读。戚国淦在中文本序言中把书中关于罗马衰亡的原因进行了忠于原作的概括,这一概括为:

> 禁卫军的暴乱是罗马帝国衰落的最初信号和原因,尤其是来自蛮族的军士积功上升为军官,把持朝政,甚或取得帝位,构成帝国长期战乱和衰亡的重要因素。
>
> 皇帝与元老院的权力之争削弱了帝国的统治力量。特别是塞维鲁皇室从其统治中形成了新的准则:皇帝不受元老院和法律的限制,以自己独断专行的意志支配帝国与臣民。
>
> 蛮族人的胜利。3世纪,帝国面貌依旧,但雄风已消,军纪松弛,边防削弱;而蛮族人口增殖迅速,有战士百万,并从罗马学到作战艺术,因此构成对帝国边境的威胁。蛮族人员不习惯务农,不愿受约束,往往流窜,成为暴乱之源。而当民族大迁徙的波涛涌起时,内外呼应,西罗马帝国遂被淹没。东罗马帝国的边患主要来自东

---

① From Edward Gibbon, *Autobiography of Edward Gibbon*, ed. Oliphant Smeaton, J. M. Dent & Sons Ltd., E. P. Dutton & Co., 1923, p. 149.

方。阿拉伯人的扩张吞食掉其东部领土,土耳其人的崛起摧毁了这个古老帝国。①

但是研究吉本对罗马帝国衰亡原因的看法,到这里并不能结束,必须考察的是在多种因素中是否有主次之分、内外之别。可以肯定,在吉本心中这种区别是存在的。

吉本的确认为基督教内部有着关于三位一体说、化身说的论争,"对教会的名誉有损、对国家的兴盛有害"②。但是这不等于说基督教对于罗马帝国衰落所起的作用要比蛮人的进攻乃至罗马的政治危机更大。其实,在吉本看来罗马内部的政治危机所起的作用是最为关键的。他除了说过罗马禁卫军失控的疯狂行为是罗马帝国衰败的最初征兆和动力、塞维鲁是导致帝国衰落的罪魁祸首之外,还认为罗马因提奥多西的继承人而发生分裂,而且双方的分裂因长期的语言、习惯、利益、宗教等方面的差异加剧。这种分裂使得在面临蛮人进攻的时候,相互的援助不够及时和充分——这也是罗马衰亡的重要原因。③ 所以,在《罗马帝国衰亡史》第35章历数西罗马帝国衰败的征象时,他的这段话耐人寻味:"即便所有的蛮族征服者有可能同时被毁灭,他们的彻底毁灭也不可能使西部帝国得到恢复;如果罗马仍然存在,她也绝不可能再具有原来的自由、品德和荣誉了。"④显然在吉本看来,自由、品德和荣誉的丧

---

① [英]爱德华·吉本:《罗马帝国衰亡史》上册,黄宜思、黄雨石译,商务印书馆2002年版,中译本序。
② Edward Gibbon, *The History of the Decline and Fall of the Roman Empire*, Vol. 4, Routledge/Thoemmes Press, 1997, p. 532.
③ Edward Gibbon, *The History of the Decline and Fall of the Roman Empire*, Vol. 3, Routledge/Thoemmes Press, 1997, p. 632.
④ Ibid., p. 434.

失既不是蛮人造成的,也不是基督教传播的结果,而是罗马帝国自身腐化的后果。

这一内部腐化就是军人干政——这是罗马衰亡的重要标志和原因。康茂德沉浸在无辜者的血泊和尽情享乐中,把政务交给有野心而奴颜婢膝的佩伦尼斯掌管,不列颠军团组织了150人的请愿团,迫使他处死佩伦尼斯,吉本说:"一支边远驻军的狂妄行为以及由此显示出的政府的虚弱,无疑已形成了可怕大动乱的前兆。"①而"罗马禁卫军失控的疯狂行为是罗马帝国衰败的最初征兆和动力"②,"禁卫军残暴地杀害佩提那克斯的事实际已彻底粉碎了皇帝宝座的尊严;他们接下去的行为则更进一步使得它威风扫地"③。后来塞维鲁放松对士兵的纪律约束,他们"渐渐一个个养尊处优、自高自大并由于享有危险的特权而显得比一般人民位高一等,很快已完全无力进行艰苦的军事行动,只会欺压人民,也完全不能接受任何正当的管束了"④。结果,从边区军团抽调禁卫军造成"意大利的青年都不再习武了"⑤。"在皇帝和军队之间保持一个不论多么有名无实的缓冲力量是大有好处的"⑥,塞普提米乌斯·塞维鲁因此被"看作招致罗马衰亡的罪魁祸首"⑦。

第二,关于批判基督教。上文已经谈到,吉本的著作中有大量基督教历史的内容和宗教自由的主张。这里再简单说一下他的基

---

① Edward Gibbon, *The History of the Decline and Fall of the Roman Empire*, Vol.1, Routledge/Thoemmes Press, 1997, p.109.
② Ibid., p.128.
③ Ibid., p.130.
④ Ibid., p.151.
⑤ Ibid., p.152.
⑥ Ibid., p.153.
⑦ Ibid., p.154.

督教史研究兴趣。

吉本对基督教史感兴趣是跟他的信教经历和阅读的书籍有关系的。众所周知,他有个从信仰新教到皈依天主教的历程,而且从小就喜欢宗教辩论,在后来的阅读中接触了不少关于基督教的著作。这些著作包括英国宗教评论家米德尔顿(Middleton)的《自由探索》(A Free Inquiry),该书批判了基督教远古时代的奇迹,引起其他人特别是新教人士撰写文章为其辩护。吉本看了他们的文章,但仍然相信古代的奇迹,相信教会的正统与纯洁。后来他又读了法国传教士波舒埃的著作,才最后于1753年6月8日改信天主教。奇林沃思(Chillingworth)是当时牛津大学三一学院的研究员,著有《一名新教徒的信仰》(Religion of a Protestant),他通过进一步研究"三位一体",否定了三位一体说和人堕落必然受到惩罚的学说,被看作维护宗教改革最有说服力的书。奇林沃思从迷信思想转到怀疑主义对吉本带来了震动。在洛桑加尔文教牧师帕维亚尔家中,吉本还摘录过勒絮尔(Le Sueur)《罗马教会与罗马帝国历史》(Histoire de l'Eglise et de l'Empire)的要点。他阅读博索布尔(Beausobre)《摩尼教历史考证》(Historie Critique du Manicheisme),这部书讨论了非基督教与基督教神学上许多深奥的问题,对他也有启发。此外,帕斯卡(Pascal)《致外省人书》(Provincial Letters)、布里特里修道院长(Abbe de la Bleterie)《尤利安传记》(The Life of Julian)、彼得罗·吉阿诺阿(Pietro Giannone)《那不勒斯世俗史》(Civil History of Naples)等也对吉本造成了影响。这些足以说明吉本在《罗马帝国衰亡史》中给予基督教历史那么多的篇幅以及他写作特点的原因。

可是,吉本并没有一般地或者笼统地反对基督教。他对"福音的简单、纯洁的观念"和基督教的道德观念没有批判,相反,他对基督教真诚和勇敢追求理想的态度始终怀着崇敬的心情。如何解释？洛在《罗马帝国衰亡史》的引言中说："在这里，借口吉本对宗教生活怀着无限同情那是没有用的。……'对宇宙的神秘以及对此类奥秘进行解释的一切说法，他们都同样抱着冷若冰霜的态度'。……在18世纪那'鼾睡'的教会很有可能会忽然醒来对亵渎上帝的行为进行迫害的时代，采取旁敲侧击的手法是一种必不可少的预防措施。"①具体点说，就是吉本对正统派尤其是个人品德比较高尚的教会人士还是持肯定态度的。例如，约翰·克里索斯托姆（John Chrysostom）在阿尔卡狄乌斯统治东罗马时是君士坦丁堡的主教，"他始终坚持体现自己作为修道士的美德"，"迫使人的情欲为高尚的品德服务"，"揭露罪恶行径的愚蠢和卑鄙"。② 吉本叙述了他对世俗和教会罪恶的揭露与指责，在反对势力迫害他时的坚忍和勇敢，以及死后人民对他的景仰。③ 他评价正统派基督教神学者和政治家波伊提乌斯"克尽公私生活中的社会职责；他的慷慨使穷苦人的苦难得到了宽解"，他的"辩才始终毫无例外地被用于维护正义和人道的事业"④，他的天才"在他的身后散发出知识之光，照亮了拉丁世界最黑暗的时代"⑤。

吉本批判基督教的神迹。他要"揭示出一些平庸的福音导师和信徒们不足征信的说法"，揭示出基督教"不可避免必将沾染上

---

① D. M. 洛：《引言》，载［英］爱德华·吉本：《罗马帝国衰亡史》上册，黄宜思、黄雨石译，商务印书馆2002年版，第5—6页。
② Edward Gibbon, *The History of the Decline and Fall of the Roman Empire*, Vol. 3, Routledge/Thoemmes Press, 1997, pp. 302 - 303.
③ Ibid., pp. 303 - 310.
④ Edward Gibbon, *The History of the Decline and Fall of the Roman Empire*, Vol. 4, Routledge/Thoemmes Press, 1997, p. 35.
⑤ Ibid., p. 39.

的错误和腐化现象"。① 基督教信徒相信存在能道出神意、眼见神灵显圣和预言凶吉的天赋,并有降伏魔鬼、医治疾病和使死者复生的能力,吉本则提出质疑:经常有神传授伊里纳乌斯通晓外语的能力,但是他在高卢土著人中传教时被野蛮民族的语言弄得很狼狈;有人对安条克主教提奥菲卢斯提出,如果能让他看到主教让死人复活他就信奉基督教,结果提奥菲卢斯拒绝了这一挑战。② 吉本认为,"要让我们相信一件神奇的事情,便必须有充分的证据才行"③。例如,他解构了基督教历史上一个迷信的说法。优西比乌斯在《教会史》(*Church History*)中记述:君士坦丁在行军中亲眼看见中午太阳上方立了个闪光的十字架,上刻"以此克敌"。晚上他做梦神指示他将代表上帝的神圣符号刻在士兵的盾牌上。所以君士坦丁皈依基督教,战无不胜。吉本说,优西比乌斯没有对时间和地点进行查证,没有收集和记录目击者的证词,而只说明是君士坦丁的口述并信誓旦旦地说自己的经历是真实的,然而无论西方还是东方的教会却都采纳了这个神奇的故事,并且在迷信的传统中一直占据着十分光彩的地位。④

戚国淦在《罗马帝国衰亡史》中文本序言中的话说得非常中肯:"此时的吉本理性主义世界观业已形成,对基督教的传统说教采取了批判的态度。他在第十五章开头的地方写道:'神学家可以……随心把宗教描绘成为降自于天,披着原有的纯洁。史学家则……必须发现宗教在久居地上之时,已在一个软弱和堕落的人

---

① Edward Gibbon, *The History of the Decline and Fall of the Roman Empire*, Vol.1, Routledge/Thoemmes Press, 1997, p.536.
② Ibid., pp.567–569.
③ Ibid., p.569.
④ Edward Gibbon, *The History of the Decline and Fall of the Roman Empire*, Vol.2, Routledge/Thoemmes Press, 1997, p.200.

类中受到了不可避免的错误和腐化相混杂的污染。'他揭去神学家所加于基督教的纯洁外衣,冷静而客观地对基督教久居地上所沾染的尘俗现象作了深入的理性的考察。他的笔法是曲折、含蓄的,有时是借用他人的酒杯来浇自己的块垒的。他介绍诺斯替派的教义时说,这个教派'对以色列上帝作了不敬的描写,把他说成一个易于冲动和犯错误的神,爱憎无常……不能在这样的性格中看到全知、全能的宇宙之父的特征'。这样的转述虽然冠以'不敬'字样,实际却在张扬异端,贬抑'降自于天'的基督教。书中对基督教大肆宣扬的神迹,例如驱除魔鬼,起死回生,舌割而后能言,耶稣受难后天地冥晦等一一加以否定。尽管这些神迹有教会文献可征,并经神学家、主教、教皇等先后作出见证,然而他却指出即使其中'最有力的见证'也不能'祛除不信者私下的、不可救药的怀疑',这种怀疑之所以'不可救药'是因为它来源于理性的验证。从这里人们清楚地看到吉本的历史批判精神。"[①]

---

[①] [英]爱德华·吉本:《罗马帝国衰亡史》,黄宜思、黄雨石译,商务印书馆2002年版,中译本序。

# 第30论

# 梯叶里浪漫主义史学的渊源

梯叶里（Augustin Thierry，1795—1856年），法国历史学家，曾就读于巴黎高师，执教于瓦兹省的贡比涅中学，担任过圣西门的秘书，加入过《欧洲审查者》(Le Censeur Européen)和《法国通讯》(Le Courrier Francais)的工作。他积极参与七月革命，反对封建专制政体，要求建立共和制，从而实现资产阶级的民主自由。其主要史著有《法国史信札》(Letters sur l'historie de France)、《诺曼人征服英国史》(Historie de la conquête de l'Angleterre par les normands)、《历史研究的十年》(Dix ans d'études historiques)、《墨洛温王朝纪事》(Récits des temps mérouwingiens)、《第三等级的形成和发展》(Essai sur l'historie de la formation et des progries du tiers etat)。

学术界对于梯叶里史学的研究涉及其人生经历与史学贡献，关注其思想来源、阶级属性等，此外还探讨他重构法国民族记忆的努力和影响。事实上，中国学界关于梯叶里史学的论说主要受普列汉诺夫、古奇和汤普森的影响。然而，普列汉诺夫将梯叶里的阶级斗争观点归结于圣西门的影响，现在看来因证据的时间错位而遭到学界质疑；古奇、汤普森则征引梯叶里的言论以拱卫己说，多未说明语出何处，且汤普森的意见似乎也与普列汉诺夫互有轩轾。

鉴于这些问题，本论拟对古奇《十九世纪历史学与历史学家》、汤普森《历史著作史》论说梯叶里浪漫主义史学的渊源进行注疏，从而完善其意见，同时明示相关问题研究的新走向。

## 一、受夏多勃里昂的影响而研究中世纪法国史

梯叶里受夏多勃里昂的影响，确有事实依据。夏多勃里昂是法国伟大的浪漫主义作家，研究 19 世纪西方史学的古奇评论他对读者的影响道："夏多勃里昂的写作，打开了情感的源泉，扩大了想象的天地，激发了历史感。"① 从思想脉络上说，夏多勃里昂继承了卢梭及其信徒圣皮埃尔（Saint Pierrs）的思想传统，反对激进的法国革命，赞美中世纪的基督教。他著有《论革命》(Essai sur les revolutions)、《基督教真髓》(Le génie du Christianisme)、《殉道者》(Les Martyrs)等。梯叶里在《墨洛温王朝纪事》的序言里这样评价夏多勃里昂："没有人不该对他说，就像但丁说维吉尔那样：'你是魁首，你是尊长，你是大师。'"② 1913 年，古奇出版《十九世纪历史学与历史学家》，其中第九章"法国史学的文艺复兴"就用了这段文字来说明梯叶里对夏多勃里昂的崇敬，不过他仅仅指出梯叶里这番话是 1840 年说的，并未交代文字的出处。③

至于夏多勃里昂对自己的具体影响，梯叶里回忆 15 岁时的情形说："1810 年，我即将结束在布鲁瓦学院的学业，一本《殉道者》

---

① G. P. Gooch, *History and Historians in the Nineteenth Century*, Longmans, Green And Co., 1935, p.161. 本段译文参考了耿淡如译《十九世纪历史学与历史学家》上册（商务印书馆 1989 年版）中的相关部分。

② M. Agustin Thierry, *The Historical Essays, and Narrative of Merovingian Era*, Carey and Hart, 1845, p.112.

③ G. P. Gooch, *History and Historians in the Nineteenth Century*, Longmans, Green, And Co., 1913, p.161.

在学院里被传阅开来。在我们这些热爱美好与荣誉的人当中,这可是一件大事。我们为此书争执,于是大家约定轮流阅读。等轮到我的时候,正好赶上一个外出徒步的假日。那天我假装脚受了伤,得以独自待在家中,在拱状的房间里,坐在桌子前,我读着它,确切地说贪婪地读着它……随着野蛮的战士同文明的士兵的戏剧性对战一点点展开,我越来越受到震撼。法兰克人的战歌使得我像触电一样。我离开座位,在房间里大踏步走来走去,连脚步都在地板上作响,大声重复着:'法拉蒙德,法拉蒙德,我们已经在拔剑作战了。'……这个激动人心的时刻对我未来人生的选择或许是有决定意义的。那时我没有意识到自己发生了什么,也没有在意,甚至几年之中都忘记此事了。但是经过职业选择上不可避免的忧郁之后,我决定专攻历史,我想起生命中那独特而确切的偶然和细节。甚至到现在,那令我震撼的一页,假如有人向我大声读起的话,我还是能够体会到30年前的那种感受。我得益于那位揭开并支配着本世纪的天才作家的情况,就是这个样子。"[①]

古奇在《十九世纪历史学与历史学家》中引了这段话,表明夏多勃里昂对于梯叶里走向史学之路的影响,问题是古奇依然没有指出梯叶里言论之出处。经查证,这段话也出自《墨洛温王朝纪事》的序言。对于夏多勃里昂影响梯叶里选择史学为职业,汤普森在未加引证的情况下得出相同结论,仅仅指出:"夏多勃里昂的《殉道者》引起他对历史的兴趣。"[②]想来汤普森的依据与古奇当为同一条材料。

上引梯叶里所云文字描述夏多勃里昂《殉道者》刻画法兰克战

---

① M. Agustin Thierry, *The Historical Essays, and Narrative of Merovingian Era*, Carey and Hart, 1845, p.112.
② J.W. Thompson, *A History of Historical Writing*, Vol.2, Macmillan Company, 1942, p.230.

士和罗马士兵激战的情景,以及自己阅读《殉道者》时的激动情形。文中的"法拉蒙德"(Faramund/Pharamond)是法兰克人早期首领,其玄孙就是墨洛温王朝的开国君主克洛维一世。总之,梯叶里就是受夏多勃里昂的影响从而写出关于中世纪的历史著作的,其中包括《墨洛温王朝纪事》。

## 二、受司各特和休谟的影响而研究诺曼人征服英国史

梯叶里受到司各特(Scott)的影响同样有确凿的事实为依据。古奇《十九世纪历史学与历史学家》的有关论述是这样的:"假若夏多勃里昂激发了少年梯叶里的想象力,那么正是司各特对其思想发生了最为深刻的影响。"①接着引征梯叶里的话:"我极为景仰这位伟大的作家。当我把他对于过去的惊人理解同最受欢迎的狭隘而枯燥的博学作家加以对照之时,这种景仰之情就随之增长起来。我对杰作《艾凡赫》的出版报以热情的欢迎。"②汤普森《历史著作史》也有两段文字涉及这个问题。第一段是汤普森提到梯叶里《法国史信札》,其中指出:"许多人读沃尔特·司各特的小说,就把思想转入中世纪,不久前他们还腻味中世纪呢。在我们的时代,假若有一次历史阅读和写作的革命的话,那么他的这些作品虽然表面琐屑轻薄,但是将以独特的方式做出贡献。"③第二段是汤普森提到

---

① G. P. Gooch, *History and Historians in the Nineteenth Century*, Longmans, Green, And Co., 1913, p.170.
② Ibid.
③ J. W. Thompson, *A History of Historical Writing*, Vol.2, Macmillan Company, 1942, p.229. 汤普森的这段原话是这样的:"The reading of the romances of Walter Scott has turned many thoughts towards the Middle Ages from which not long ago one turned away with disdain."孙秉莹、谢德风译为:"许多人读了沃尔特·斯各脱的小说,就把思想转到中世(转下页)

梯叶里《诺曼人征服英国史》时说:"无可否认他是受了沃尔特·司各特的影响。"并引用梯叶里的一句话:"我对这位伟大作家敬仰深厚。"①

经查证,这两位研究史学史的英、美学者都征引过的梯叶里敬仰司各特的话,原文来自梯叶里为《历史研究的十年》所写的序言,也就是《历史研究的十年》和《墨洛温王朝纪事》合订本的自传性序言。② 汤普森坦言,他引用的另一段话出自《法国史信札》,具体来说出自后人编辑的《梯叶里全集》第 3 卷中的《法国史信札》第 6 札"法兰克人、勃艮第人和西哥特人的特性",不过《法国史信札》初版未收此札。

古奇、汤普森两人都提到的司各特是英国著名历史小说家,欧洲历史小说创始人,其代表作有《威弗利》(*Waverly*)、《盖伊·曼纳令》(*Guy Mannering*)、《古董家》(*The Antiquary*)、《罗布·罗伊》(*Rob Roy*)、《米德罗西恩监狱》(*The Heart of Midlothian*)和《艾凡赫》(*Ivanhoe*)等。有西方学者这样评价司各特的历史小说:"在司各特遗留给世人的作品中,交织着其前贤的历史思虑。"③《艾凡赫》是司各特历史小说中的杰作。主人公艾凡赫是被诺曼人

---

(接上页)纪,不久以前,他们又腻了,不再理睬中世纪了。"(《历史著作史》下卷第三分册,商务印书馆 1996 年版,第 310 页)据孙、谢之译文,似乎是人们读了司各特的书而厌恶中世纪,但实际上汤普森所引梯叶里的话是想说人们在没读司各特之前是腻味中世纪的,意思正好弄反了。

① J. W. Thompson, *A History of Historical Writing*, Vol. 2, Macmillan Company, 1942, p. 231.
② Augustin Thierry, "Autobiographical Preface", in *The Historical Essays, and Narrative of Merovingian Era*, Carey and Hart, 1845, p. xi; "Préface", *Dix ans d'études historiques*, 1835, p. 294.
③ Fiona Price, *Reinventing Liberty*, Edinburgh University Press, 2016, p. 20.

征服的撒克逊人,因违背父意与异族统治者交往,并参加了"狮心王"理查一世率领的十字军,被逐出家门。后来他借助绿林好汉罗宾汉的帮助,挫败了理查一世弟弟发动的政变。理查一世重登王位,成全了艾凡赫与贵族小姐罗文娜的婚姻。小说生动再现了12世纪英国的民族矛盾、民族风尚和各阶层的生活,同情被征服的撒克逊人,贬斥傲慢凶残的诺曼贵族。在西方,它曾被誉为"具有一种魔力——从历史中引出故事;具有一种品质——激发热切的高贵冒险;具有一种优点——杰作的风格"①。梯叶里就是在司各特《艾凡赫》的引导下写出《诺曼人征服英国史》的,关注中世纪英国的民族矛盾、阶级矛盾,描写人民大众的社会生活。

当然,古奇还提到休谟对于梯叶里的启发,他说:"梯叶里从休谟那里理解到,英国的体制所包含的贵族精神多于自由精神。"并引梯叶里的话:"有种观念震撼了我,休谟所言的情况是从一次征服开始的。"②关于这一情况,汤普森也引了梯叶里所言:"我专注地读完休谟著作的一些章节,却被一种观念震撼了,这种观念对我来说就是一束光,在合上书的那一刻,我惊呼道:'这一切出自征服,征服是一切的底蕴。'"③

休谟是苏格兰启蒙运动领袖,著有《英国史》,反响颇为广泛,深受读者赞赏。④ 梯叶里读休谟《英国史》,发现英国阶级代表着

---

① William D. Lewis, "Scott's Ivanhoe", *The Journal of Education*, Vol. 84, No. 24, 1916.
② G. P. Gooch, *History and Historians in the Nineteenth Century*, Longmans, Green, And Co., 1913, p.171.
③ J. W. Thompson, *A History of Historical Writing*, Vol. 2, Macmillan Company, 1942, p.230.
④ 详见李勇主著:《启蒙时期苏格兰历史学派》第二章,上海三联书店2017年版。

种族,征服者保持其特权阶级地位,越往前追溯,这种情况就越明显。梯叶里在为《历史研究的十年》和《墨洛温王朝纪事》合订本所写的自传性序言中回忆道:"因为憎恨军事专制主义,对反威权政府的一般精神做出反应,结果是我陷入对革命暴政的反感,没有偏爱任何一种政府的形式,我感到了对英国制度的厌恶,而那时我们只是对其进行令人作呕且荒谬的模仿。有一天,为了确立这种想法,我就去历史中加以检验。我专注地读完休谟著作的一些章节,却被一种观念震撼了,这种观念对我来说就是一束光,在合上书的那一刻,我惊呼道:'这一切出自征服,征服是一切的底蕴。'我立即设想重写英国革命史的计划。"① 这就是上述古奇、汤普森所引的出处。梯叶里原本就有从征服角度写中世纪史的打算,是休谟的著作加剧了他的构想和实施。

### 三、受到基佐的影响转向第三等级历史的研究

古奇还说过:"这个历史学家在晚年受到基佐所创学派的影响。"② 引文中的基佐(Guizot)是法国复辟时期的政治家和历史学家,曾参加第一次波旁王朝复辟,著有《英国革命史》(*Histoire de la révolution d'Angleterre*)、《近代史教程》(*Cours d'histoire modern*),后者又分为《欧洲文明通史》(*Histoire général de la civilisation en Europe*)、《法国文明史》(*Histoire de la civilisation en France*)和《欧洲代议制起源史》(*Histoire des originesd du gouvernment répresentatif en Europe*)。此外,基佐

---

① Augustin Thierry, "Autobiographical Preface", in *The Historical Essays, and Narrative of Merovingian Era*, Carey and Hart, 1845, p. VII; "Préface", *Dix ans d'études historiques*, 1834, pp. II - III.
② G. P. Gooch, *History and Historians in the Nineteenth Century*, Longmans, Green, And Co., 1913, p.173.

还著有《华盛顿的生平、书信和著作》(Vie, correspondance et les écrits de Washington)。他创办了法国史学会,组织人力编纂原始资料。1836年,梯叶里受邀参与其中,编写城市公社发展的文献,完成之后写了篇导论,这就是今日所见《第三等级的形成和发展》,标志着他从中世纪史研究走向城市宪章史研究。

早年的梯叶里受到晚辈基佐的推崇,晚年却加入基佐组织的学术活动,两人有着类似的社会倾向,他们之间的学术关系是个颇不简单的问题。无论如何,马克思对《第三等级的形成和发展》中关于资产阶级的论述评价甚高:"我认为,任何著作也没有把这个阶级在它成为统治阶级以前的这一系列演变作过这样好的描述,至少就材料的丰富而言如此。"①

梯叶里研究第三等级的历史,机缘是受到基佐邀请而编纂史料,因此,认为他受到基佐的影响行得通。他在书中谈到日耳曼人征服高卢对高卢-罗马贵族的影响:"高卢-罗马贵族模仿日耳曼人的风俗,把他们的许多家奴从城市转到乡村,从家庭服务者变成田地里的劳工。这样,按照8、9世纪的法律,定下他们的身份,同时把他们的情况变成日耳曼的利达(lidus)和罗马的卡罗奴(colonus)的同义语,而实际上却低于这两类人。"他接着同情这些家奴道:"家奴使人变成动产,仅仅是一项可以移动的财富。奴隶定居在土地上,从那时起就成为实际财富的一个分支。……用农奴名之,恰如其分。"②他的这一观点与之前纯粹从征服的角度看待历史截然不同,具体说来与之前简单地把征服者等同于剥削者、把被征服者等同于被剥削者不同。这个时候他发现征服者和被征

---

① [德]马克思:《1854年7月27日致恩格斯》,载《马克思恩格斯全集》第28卷,第383页。
② Augustin Thierry, *The Formation and Progress of the Tiers Etat in France*, Vol.1, Henry G. Bohn, 1859, p.22.

服者都存在社会分化现象,不是简单地使用征服和被征服就能说清楚的,这促使他从阶级的角度去思考历史问题。正像普列汉诺夫指出的那样:"可以毫不夸大地说,正是奥古斯丹·梯叶里处心积虑地通过自己的历史研究推翻了他本人对征服在历史上的作用的观点。"①尽管如此,《第三等级的形成和发展》还是可以被视为浪漫主义史学著作,因为他符合浪漫主义史学同情人民的特征。古奇评论《第三等级的形成和发展》道:"他的主要成绩在于导出一个新的形象,即人民,并把这个新的形象放置在它应当占据的画面前景的地位。"②不管怎样,古奇说基佐影响了梯叶里的浪漫主义史学实在合乎情理。

## 四、从圣西门那里接受社会思想

梯叶里的史著尤其是《第三等级的形成和发展》充斥着阶级斗争的意识,加之梯叶里又做过圣西门的助手,很容易让学界联想到这与圣西门之间的相关性。

圣西门是法国空想社会主义者,著有《论文学、哲学和实业》(*Opinions littéraires, philosophigues et industrielles*)、《实业家问答》(*Catéchisme politique des industriels*)等。毋庸置疑,梯叶里受到圣西门的影响。尽管古奇对此未置一词,但汤普森却在《历史著作史》中说:"他是圣西门的学生,其历史著作充满强烈的社会正义的感情。……他在历史过程中看到弱者和强者之间的斗争,不应该把他的这个看法与马克思主义者的'阶级斗争'的概念相

---

① [俄]普列汉诺夫:《论一元论历史观的发展问题》,王荫庭译,商务印书馆2017年版,第29页。
② G. P. Gooch, *History and Historians in the Nineteenth Century*, Longmans, Green, And Co., 1913, p.173.

混淆。"①从汤普森上下文的脉络来看,他所谓的社会正义感在梯叶里那里就表现为对弱者的同情。事实的确如此。梯叶里在征服者和被征服者之间选择同情被征服者,例如他描写被诺曼人征服后的英国人说:"从最伟大者到最渺小者,每一个被征服的人,其地位都比之前变低了:长官失去权力,富人失去财富,自由人失去独立。糟糕的惯例使得他们生而为别人的家奴,成为陌生人的农奴,再也不享有或多或少的照顾,以往一起生活的习惯和语言共同体使他们站在从前主人的一边。"②这段文字流露出对被征服的英国人的同情。至于在剥削者、压迫者和被剥削者、被压迫者之间,他选择同情被压迫和被剥削者,这类例子上文已及,不再赘述。

以凿凿之言说梯叶里的阶级斗争观点受之于圣西门者,当以普列汉诺夫为典型。早在19世纪末,普列汉诺夫就认为梯叶里史著中的阶级斗争观点来自圣西门。1895年11月,他在法文杂志《社会变化》发表《奥古斯丹·梯叶里和唯物史观》,文中指出:"奥古斯丹·梯叶里应当把自己的全部历史观念归功于圣西门。"③1898年,普列汉诺夫发表《阶级斗争学说的最初阶段——〈共产党宣言〉俄文第二版序言》,说:"圣西门的历史观点差不多全部被他的'义子'奥古斯丹·梯叶里承继过来了。"④1901年,他又在《唯物主义历史》中道:"圣西门的历史观点,对法国最卓越的历史学家之

---

① J. W. Thompson, *A History of Historical Writing*, Vol. 2, Macmillan Company, 1942, p. 231.
② Augustin Thierry, *History of the Conquest of England by the Normans*, Vol. 1, trans. William Hazlit, Savill and Edwards, 1825, p. 317.
③ [俄]普列汉诺夫:《论一元论历史观的发展问题》,王荫庭译,商务印书馆2017年版,第366页。
④ [俄]普列汉诺夫:《普列汉诺夫哲学著作选》第二卷,生活·读书·新知三联书店1961年版,第517页。

一——奥古斯丹·梯叶里发生了决定性的影响。"①普列汉诺夫早期宣传马克思主义唯物史观,意欲建立阶级斗争学说的谱系,故把法国大革命复辟时期史学家的阶级斗争观点归于圣西门。普列汉诺夫的这一观点被叶·阿·科斯敏斯基在《中世纪史学史》中接受并细化。后者认为:"梯叶里基本上在重复圣·西门的观点。"②像圣西门一样,"梯叶里在他的历史学说中也是从两个阶级的思想出发,斗争的一方是享有特权的贵族阶级,另一方是广义的第三等级"③。科斯敏斯基说,梯叶里所隶属的法国历史学家"全部主要思想是圣·西门已奠定了的"④。他还认为,圣西门肯定天主教对于文化保护的重要作用,天主教教士不仅保护了教育机构和文物古迹,并且保护了中世纪的教育;圣西门肯定基督教还减轻了剥削,在基督教的影响之下,奴隶制为较缓和的剥削方式即农奴制所代替。⑤ 这些社会思想倾向在梯叶里那里都表现突出。按照科斯敏斯基的说法,圣西门相信十字军远征以来,历史的主要内容就是阶级斗争,斗争的一方是封建地主,另一方是他所称的企业家⑥,事实上,圣西门称之为企业家的那些人就属于第三等级。科斯敏斯基对普列汉诺夫的观点做出了细化,例如他曾经指出:"十九岁时,年轻的梯叶里便追随圣·西门,成了他最亲密的合作者和共同著作人。在这一时期,梯叶里的著作主要是政治性质。梯叶里先

---

① [俄]普列汉诺夫:《普列汉诺夫哲学著作选》第二卷,生活·读书·新知三联书店 1961 年版,第 735 页。
② [俄]叶·阿·科斯敏斯基:《中世纪史学史》,郭守田等译,商务印书馆 2017 年版,第 585 页。
③ 同上。
④ 同上书,第 598 页。
⑤ 同上书,第 580 页。
⑥ 同上书,第 581 页。

是在报纸上发表文章为捍卫圣·西门的思想而斗争,后来他决心致力于为他从圣·西门那里因袭而来的政治理想寻找证据。"①他颇为聪明之处是提出梯叶里以历史著作来体现圣西门的社会思想。可以说,在圣西门是否影响梯叶里的阶级斗争学说这一问题上,科斯敏斯基继承和发展了普列汉诺夫的学说。

普列汉诺夫的观点在中国影响巨大,在改革开放前就被中国大陆学者普遍接受。不过,也有不同的声音。刘平撰文称,普列汉诺夫误解了马克思、恩格斯的相关论述,错误推出圣西门的历史观点影响了梯叶里这一结论。他逐条分析马克思主义经典作家相关论述的语境,考察梯叶里与圣西门的关系演变,又从年代学角度梳理了圣西门相关著作的文字,得出这样的结论:"在1814年圣西门与梯叶里合作之前(波旁王朝复辟之前),圣西门并没有关于法国中世纪以来阶级斗争的历史发展的论述,而后来关于这方面的论述,又恰恰与梯叶里的影响有联系。"②他还具体指出,与梯叶里合作之前,圣西门主要做思想史、科学史研究,并且是以整个人类社会为对象的;而合作之后,圣西门后期的一些具体历史观点也有受梯叶里影响的痕迹,例如"把资产者、商人和工人阶级统称为实业阶级,即所谓的'第三等级',这显然是接受了梯叶里等资产阶级思想家的影响"③。无疑,刘平与普列汉诺夫或者说与他发文之前的中国大陆学者唱了一个大大的反调,可是他的观点没有得到足够的关注,1983年以后直到20世纪末中国大陆学者的西方史学史

---

① [俄]叶·阿·科斯敏斯基:《中世纪史学史》,郭守田等译,商务印书馆2017年版,第584页。
② 刘平:《从最初的阶级斗争学说渊源于圣西门辨析看圣西门思想发展中的一个转折》,《赤峰学院学报(汉文哲学社会科学版)》1983年第1期;《科学社会主义》1984年第5期。
③ 同上。

著作大多还在遵循普列汉诺夫的说法。需要指出的是,刘平没有直接证据证实一定是梯叶里影响了圣西门,而不是相反。无论如何,普列汉诺夫、科斯敏斯基的说法还须继续商榷。

现在回到汤普森那里,可以发现他在这个问题上很慎重,只说梯叶里受到圣西门社会正义观点的影响,而没有说圣西门影响了梯叶里的阶级斗争观点。然而,普列汉诺夫还说过:"复辟时代法国历史学家鼓吹的阶级斗争不同于社会主义者宣扬的阶级斗争的地方……他们捍卫的仍然是民族中间小部分人的利益,即资产阶级的利益。"①而汤普森则提出:"不应该把他的这个看法与马克思主义者的'阶级斗争'的概念相混淆。"可见他们在这个问题上意见完全一致。

## 五、余论

通常说来,影响一位史学家成长者当不止一两名学者;同样,影响梯叶里史学的西方作家、学者也是一群人。

古奇《十九世纪历史学与历史学家》、汤普森《历史著作史》为梯叶里的浪漫主义史学首先溯源到夏多勃里昂、司各特。后面两位作家的历史题材作品写得激情澎湃,打动了梯叶里,并引导他对中世纪史情有独钟,以类似夏多勃里昂、司各特的风格写出《墨洛温王朝纪事》和《诺曼人征服英国史》。古奇和汤普森以梯叶里《墨洛温王朝纪事》序言、《历史研究的十年》序言、《法兰克人、勃艮第人和西哥特人的特性》中的言论为证据,他们在这个问题上的具体说法至今仍是经典之论。他们还把史学家对于梯叶里的影响追溯到休谟,认为休谟加剧了梯叶里对专制政府的厌恶,启发他从征服

---

① [俄]普列汉诺夫:《论一元论历史观的发展问题》,王荫庭译,商务印书馆2017年版,第357—358页。

的角度解读历史,这一说法确有梯叶里为《历史研究的十年》和《墨洛温王朝纪事》合订本写的自传性序言为证。然而,有研究成果提出,梯叶里这一解史角度是受了布兰维利耶(Boulainvilliers)和蒙洛西耶(Montlosier)的影响。① 不同说法如何实现圆融,是有待深究的问题。古奇还指出基佐影响了梯叶里史学的转型。正如上文所言,梯叶里和基佐之间的学术关系颇为复杂,非三言两语所能了事。总体上,古奇、汤普森关于史学家影响梯叶里的论说还未能坐实。至于思想家对于梯叶里的影响,汤普森找出圣西门,且与普列汉诺夫强调的重点不同,可是并没有展开充分的论证。好在当今有学者指出,梯叶里接受了圣西门关于劳动与实业推动社会发展的论断。② 汤普森与普列汉诺夫之间意见差异较大,引发了学界在这个问题上的分歧,因此圣西门和梯叶里的学术交谊也是有待继续讨论的非常有趣味的话题。

上述古奇、汤普森论说梯叶里浪漫主义史学渊源的一些说法或为不刊之论,或有原始缺陷。解决原始缺陷及其所引发的问题当是学界责任,若能得到圆满克服,亦为学界之幸。

---

① 乐启良:《介入史学的意义与局限——奥古斯丁·梯叶里对法兰西民族史的重构》,《世界历史评论》2019年第3期。
② 同上。

# 第31论

# "美国史学之父"班克罗夫特

乔治·班克罗夫特(George Bancroft,1800—1891年)曾被誉为"美国史学之父",著有《美国史》(*History of the United States from the Discovery of the American Continent*)、《美国殖民史》(*History of the Colonization of the United States*)、《美国宪法形成史》(*History of the Formation of the Constitution of the United States of America*)和《文史杂著》(*Literary and Historical Miscellanies*)等。学界曾关注班克罗夫特的宗教信仰、社会思想,其史学中的主题、方法、历史观、浪漫主义和民族主义等问题,难能可贵。确有学者偶尔提出班克罗夫特史学的渊源和地位问题,然而由于篇幅、主题等因素的限制,多是提要式的表达而未做详论。具体说来,班克罗夫特有怎样的家学和师承,他如何被推上"美国史学之父"的宝座,为什么其史学能够赢得美国人的普遍认可,这些问题并未得到合理而详细的说明。本论在学界已有成果的基础上就这些问题继续探讨,在触及点上加以扩展,在材料上加以补充,在论证上加以细化。

## 一、班克罗夫特史学的渊源

班克罗夫特之所以能够取得卓越的史学成就,当然跟他后天的执着和勤奋密不可分,但是仅靠这点还不能完全说明问题,要比较全面地认识这个问题,恐怕还要考量他成长中所受到的学术包括家学、师承和学谊对他的影响。

首先是老班克罗夫特自由和宽容精神的熏陶。班克罗夫特的父亲勒瓦伦·阿龙·班克罗夫特(Reverend Aaron Bancroft)是马萨诸塞州的伍斯特当地著名的唯一神论教士,曾获哈佛大学神学博士学位,多年担任美国文物收藏学会副会长、美国唯一神协会会长、美国艺术与科学研究院董事。在班克罗夫特的印象中,父亲富有朝气、令人愉悦、善意友好,对生活负责,特别是他在政治和信仰方面为人开明,受人称道。1862年1月28日,班克罗夫特在给挚友威廉·斯巴拉格(William B. Sprague)的信中这样描述自己的父亲:"最突出的是,当他不可避免地要从事神学辩论时,均保持着沉稳,始终如一地依赖良知、思想自由以及自由探讨和自由判断的权利。我想,在这点上无人能望其项背。……我的记忆中找不到一个例子能表明他试图塑造和控制我对于宗教信条和政治学说的信仰。"①父亲对于自由的态度以及自身体现出的自由精神,不能不影响儿子在未来社会活动和历史著作中对于思想自由的尊重、对于自由探讨和判断的实施。1807年,老班克罗夫特出版《华盛顿传》(*Life of Washington*)。这本书深受读者喜爱,有几个版本在美国和欧洲流传。他在序言里称,此书不是写给博学者阅读的,相反是写给不大有文化的群众看的;他不求博得学术声望,只求不被诟病为写了无用之书。显然,老班克罗夫特希望自己的著作可读性强,能够拥有广泛读者,事实上他也做到了。对此,有西方学者指出:"老班克罗夫特最有价值的成就,也许就是激发了一种历

---

① M. A. DeWolfe Howe, *The Life and Letters of George Bancroft*, Vol.1, Charles Scribner's Sons, 1908, pp.8-9.

史研究,并传递给更为卓越的儿子。乔治·班克罗夫特血液里流淌着的是与历史学的不解之缘。"①可以想见,班克罗夫特从父亲那里受到重要影响,这种影响不仅在于他继承了那种史著容易被读者接受的风格,而且其父唯一神论的社会思想在儿子身上得到了继承和发扬,即所谓"乔治·班克罗夫特从其父亲那里不仅继承了对历史学的热爱,还有对宗教的热爱"②。不仅如此,父亲还熏陶了他对于独立、自由的热爱,这在他的《美国史》中得到充分的体现。

其次,赫伦(Heeren)促使班克罗夫特研究美国史和殖民地史。米切尔·克劳斯(Michael Kraus)曾指出赫伦对班克罗夫特的影响③,这是一个值得注意的观察点。1813—1817 年,班克罗夫特在哈佛大学读书,后在其师希腊语教授爱德华·艾福特(Edward Everett)的帮助下,于 1818 年被哈佛派往德国哥廷根大学留学,1820 年获博士学位。之后,他前往柏林听讲座,1822 年回国。有论者称:"这四年中,他学习于德国最好的教授门下。"④此外,他还在德国、法国、英国、瑞士和意大利各地游历,这有助于其视野开阔、胸怀宽广,给他搜集史料提供了便利。

班克罗夫特在德国学习领域广泛,跟随过不少老师,赫伦就是指导他历史的教授。返回美国后,因希腊语教学的需要,他于 1824 年翻译了赫伦的著作《古希腊政治录》(*Reflections on the Politics of Ancient Greece*),并在波士顿出版。此书是从赫伦著

---

① Michael Kraus, "George Bancroft 1834 - 1934", *The New England Quarterly*, Vol. 7, No. 4, 1934.
② J. Clay Walker, *George Bancroft as Historian*, Heidelberg, 1914, p.21.
③ Michael Kraus, "George Bancroft 1834 - 1934", *The New England Quarterly*, Vol. 7, No. 4, 1934.
④ J. Clay Walker, *George Bancroft as Historian*, Heidelberg, 1914, p.4.

作《古代主要国家的政治、交通和商业录》(Reflections on the Politics, Intercourse, and Commerce of the Chief Nations of Antiquity)里节译出来的。有评论者赞班克罗夫特的翻译道:"此项翻译所隐含着的不仅是不太有人拥有的德语知识,而且是更有价值的才艺——一种使用英语腔调的良好知识。"[1]在译著的序言里,班克罗夫特这样赞赏此书:"没有什么书听起来像这样出色,而实际上在理性和自由地研究古代里程碑方面也同样出色。"[2]克劳斯形容这项活动对于班克罗夫特的文化和学术意义说:"班克罗夫特是在美国传播德国文化知识的重要代理人。"[3]这种"代理人"角色促使他在翻译赫伦的著作中走得更远、做得更多。

1828年,班克罗夫特给哈佛校长克科兰德(Kirkland)写信,表示要在赫伦著作的基础上写出自己国家的历史。他提到的赫伦的这部著作是两卷本《欧洲政治体系和殖民地的历史》(Geschichte der Europäischen Staatensystems und Seiner Kolonien),班克罗夫特把它写成《欧洲政治体系和殖民地的历史:从美洲的发现到美洲大陆的独立》(History of the Political System of Europe and Its Colonies, from the Discovery of America to the Independence of the American Continent)。今日想来,他这样做也许是有深意的,使用了符合美国人口味的书名。但是,他只翻译了其中一部分即《欧洲政治体系史》,而涉及美国史的后半部分却被搁置了。[4] 是什么因素制约了其行动让他无法进行下去,抑或是班克罗

---

[1] "Review", The North American Review, Vol.18, No.43,1824.
[2] J. Clay Walker, George Bancroft as Historian, Heidelberg, 1914, p.22.
[3] Michael Kraus, "George Bancroft 1834–1934", The New England Quarterly, Vol.7, No.4,1934.
[4] 见胡威《乔治·班克罗夫特的生平和书信》,米切尔·克劳斯在《乔治·班克罗夫特1834—1934年》(George Bancroft 1834–1934)里重申(转下页)

夫特另有考虑而主动放弃,由于没有获得相关证据,而不便判断。无论如何,这些工作对于班克罗夫特未来著史的意义正像克劳斯所说:"不难想象,这是其未来《美国史》的开端。"① 由此足见班克罗夫特受到赫伦《古希腊政治录》《欧洲政治体系和殖民地的历史》的影响,把赫伦所写的欧洲殖民地的历史延伸到美洲大陆发现和独立的历史。可以说,是赫伦的著作引导了班克罗夫特走向美国历史的撰写。《美国史》第一卷出版后,班克罗夫特赠送给赫伦一册,后者在回信中说:"这对我来说是最为愉快的想法——我不希望妄自尊大——那就是在训练美国的史学家方面我多少有点帮助。一位老师能希望得到什么更高的回报吗?"② 这里赫伦的言语间流露出得意之情,想来源于他看到自己的学术在美国传播和发扬光大,而做到这点的是自己的弟子班克罗夫特。一位研究班克罗夫特的西方学者说:"班克罗夫特对原创权威重要性的依赖,合乎情理地归因于在哥廷根指导他研究历史的赫伦。对导师著作的翻译,是他作为史学家职业生涯的开始。"③ 同样,也有相关中国学者曰:"他撰写美国史时,有关新大陆旧世界关系的不少观点就直接受到希棱的启发。希棱重视普及历史知识,强调历史对公民的教育作用,这在班克罗夫特的著作中也得到了极好的体现。"④ 这段引文中的"希棱"就是本论所谓"赫伦"。按照这一说法,赫伦不

---

(接上页)了这一意见。看来,班克罗夫特是如何处理赫伦书的两个部分以及如何处理赫伦写欧洲殖民地和自己写欧洲殖民地的关系的,是需要进一步探讨的问题。

① M. A. DeWolfe Howe, *The Life and Letters of George Bancroft*, Vol.1, Charles Scribner's Sons, 1908, p.210.
② J. Clay Walker, *George Bancroft as Historian*, Heidelberg, 1914, p.23.
③ Ibid.
④ 张和声:《评乔治·班克罗夫特的历史观及其代表作〈美国史〉》,《史林》1988年第2期。

仅促使班克罗夫特研究美国史,还跟老班克罗夫特一样重视历史知识的普及,强化了班克罗夫特要采取吸引大众的写作风格的观念和愿望。

最后,伽德·斯巴克思(Jared Sparks)启发了班克罗夫特矢志学术事业。从 1823 年到 1834 年,班克罗夫特在《北美评论》(*The North American Review*)上发表 17 篇文章,主要论题是古典和欧洲的学术,这多少跟他走向治史之路有一定关系。作为主编的斯巴克思曾对班克罗夫特提出过批评性意见。例如 1826 年 12 月 11 日,他给班克罗夫特写信,指出其关于希腊词典编纂的文章有两大不足,一是对鸡毛蒜皮的小事过度在意,二是缺乏对他人的尊重;又于 1827 年 1 月 2 日写信说班克罗夫特对编者职责的论说不当。① 这两通书信都涉及学术活动中的重要问题,即作者如何处理好和读者、编辑的关系,特别是做学问要有高站位、大格局。此外,他还给班克罗夫特的第 7 篇文章《歌德的生平和才能》(*The Life and Genius of Goethe*)做了许多修改。斯巴克思曾在 1829—1830 年出版 12 卷《美国革命外交往来书信》(*Diplomatic Correspondence of the American Revolution*),1834—1837 年出版 12 卷《华盛顿生平和著作》(*Life and Writings of Washington*),古奇说:"美国历史的严肃档案研究是从伽德·斯巴克思开始的。"② 斯巴克思的研究领域跟作为后学的班克罗夫特多有交叉重复,他的严格要求曾让班克罗夫特感到不快。不过,他给班克罗夫特指出了人生未来的道路,这是后者的宝贵财富。1826 年,斯巴克思给班克罗夫特写信说:"你犯不上把自己累垮,也不必在获得世界的

---

① M. A. DeWolfe Howe, *The Life and Letters of George Bancroft*, Vol.1, Charles Scribner's Sons, 1908, p.183.
② G. P. Gooch, *History and Historians in the Nineteenth Century*, Longmans, Green, and Co., 1913, p.402.

尊重后有太多的奢望。但是,你正在做大事,你的劳动成果不仅要在现时代出版,而且要在未来的时代得以呈现。"①这段话一方面可以理解为斯巴克思自述理想和自我勉励,要求做学问不仅要符合时代要求、带有时代气息,更重要的是把自己的著作写得能够"藏诸名山";另一方面促使班克罗夫特做出决定:自己的财富和名声,要靠学术生涯作为回报。斯巴克思是班克罗夫特的朋友和长辈,班克罗夫特从哈佛毕业那年,他作为已毕业的学生留校。那时的哈佛规模还小,师生之间、同学之间都比较熟悉。后来,两人又因学术问题多有交流,作为史学前辈的斯巴克思的意见自然会影响班克罗夫特的人生选择。因此克劳斯说:"他越来越转向当代兴趣和本土史主题,可能部分是斯巴克思影响的结果。"②

## 二、班克罗夫特被推为"美国史学之父"

班克罗夫特在美国史学史上有着崇高地位,曾被西方学者誉为"美国史学之父"或者"美国民族史学家"。中国学者论及此处,除了沿用这个说法外,还称他为"美国史学的开山祖"③"美国史学的奠基人"④。他的《美国史》深受推崇。从1834年到1874年,十卷本《美国史》陆续出版,《北美评论》发表过多篇评论,对这些著作赞誉有加,这里略举几例加以说明。

1834年,《美国史》第1卷出版后,1835年1月的《北美评论》

---

① Michael Kraus, "George Bancroft 1834-1934", *The New England Quarterly*, Vol.7, No.4, 1934.
② Ibid.
③ 张和声:《评乔治·班克罗夫特的历史观及其代表作〈美国史〉》,《史林》1988年第2期。
④ 杨生茂:《论乔治·班克拉夫特史学——兼释"鉴别吸收"和"学以致用"》,《历史研究》1999年第2期。

发表了长达 25 页的文章,说它是"多年来用英文写出的同类著作中最好者之一","可以跟英国权威史学家的著作相媲美","假如不能对其优点谦逊地表达我们的敬意,那么读者将会公正地认为我们是不可饶恕的"。① 尽管这篇评论发表时并未署名,但是根据班克罗夫特的传记和书信材料,其作者就是上文已经提及的、推荐班克罗夫特留学哥廷根大学的哈佛教授爱德华·艾福特。他在 1834 年 10 月 5 日给班克罗夫特的信中写道:"与我书架上的其他权威著作相比,你的风格最好,多么使我感兴趣啊! ……你已经赢得无上的敬佩。"② 之后艾福特把他的感受写成长篇文章,发表在 1835 年 1 月的《北美评论》上。

1852 年,第 4 卷面世,当年 4 月的《北美评论》又发文道:"公众带着一些不耐烦等待班克罗夫特先生《美国史》的续写。早些时候的几卷,风格和旨趣的怪异引起过批评,不过因有大量的优点,故而获得广泛的人气。作者显然不遗余力地搜集和整理史料,尽管纯粹的写作太经常地被跑题和无关的材料所打断,然而还是花费大量的精力,简练而有效地写出来了。其风格有重要的优点,弥补了前人的许多过错,再也不是软弱、无趣或令人生厌的那种。还有另外一个品质对书的成功贡献良多,虽然我们还不确定它是否将会在后人的评价里被添加为优点,那就是它完全被狂热的爱国主义精神弄得栩栩如生。"③ 这篇文章道出第四卷的优点是资料丰富、对前人的正误纠谬、生动有趣和洋溢着爱国主义。

---

① "Review: Bancroft's History of the United States", *The North American Review*, Vol. 40, No. 86, 1835.
② M. A. DeWolfe Howe, *The Life and Letters of George Bancroft*, Vol. 1, Charles Scribner's Sons, 1908, p. 206.
③ "Review: Bancroft's History of the United States", *The North American Review*, Vol. 74, No. 155, 1852.

1874年,第10卷出版,1875年4月的《北美评论》再度发文加以臧否:"无疑,班克罗夫特的著作随着进程也改进了。这最后一卷比之前最早的两卷或三卷系列,有巨大的进步。"①这无疑是更高的评价。尽管这些评论性文章对班克罗夫特《美国史》评价甚高,然而并没有给予班克罗夫特类似于"史学之父"这样的盛誉。

到他去世的几个月后,约翰·詹姆森(John F. Jameson)出版《美国史学史》(The History of Historical Writing in America),实际上,这本小册子是他四篇演讲词的结集。其中第三篇发表于1888年的《英语研究》(Englische Studien),有大段文字涉及班克罗夫特,不过仅仅是简述班克罗夫特的求学经历、《美国史》的撰写情况,并述及《美国史》的风行景象,最后分析了该书受欢迎的原因,可以说是言简意赅地介绍了班克罗夫特与《美国史》,但遗憾的是关于班克罗夫特在史学史上地位的概括完全处于空白。②

到了20世纪初,学术界评价班克罗夫特的情况有所变化,以致"史学之父""民族史学家"的桂冠被相继戴在班克罗夫特的头上。1908年6月《哈佛毕业生杂志》(The Harvard Graduates' Magazine)发表书评,评论胡威(Howe)的《乔治·班克罗夫特的生平与书信》(The Life and Letters of George Bancroft)。胡威原本是要给班克罗夫特写传记,恰巧约翰·班克罗夫特(John C. Bancroft)提供了大量班克罗夫特的书信,于是他编著成《乔治·班克罗夫特的生平与书信》,于1908年出版。《哈佛毕业生杂志》上的书评有段话是这样的:"其美国史学之父的地位,就像希罗多德

---

① "Review: Bancroft's History of the United States", *The North American Review*, Vol.120, No.274, 1875.
② John Franklin Jameson, *The History of Historical Writing in America*, Houghton Mifflin Company, 1891, pp.100–110.

之于希腊人,不可撼动。"①哈佛所办刊物将校友抬举到如此之高的地位,大概是目前所见班克罗夫特为美国史学之父的较早说法。

至于"民族史学家"一语,古奇曾用过,他说:"美国史学的时代伴随着班克罗夫特而到来,他是最为名副其实的民族史学家。"②古奇作为20世纪初享誉世界的英国史学家,写19世纪的西方史学史时这样评价班克罗夫特,可谓调门不低。后来沃尔克(Walker)说了类似的话:"(班克罗夫特)展示了美国历史英雄史诗的价值。其著作是作为联邦的第一部历史,他赢得了'民族史学家'之名。可以说有了班克罗夫特,才有美国人对历史进行科学的研究。……唤醒了美国人研究历史和推进历史文献工作的兴趣。"③虽然古奇、沃尔克用"民族史学家"一语来概括班克罗夫特的史学地位,但是他们的评语其实都是同一个意思,那就是班克罗夫特是美国史学的开启者,因此等于给班克罗夫特是美国"史学之父"换了个说法,本质意义并没有变化。

在把班克罗夫特推向神坛的过程中,学界使用的手法是借助欧洲著名史学家来衬托或者比喻班克罗夫特的影响力和重要性。班克罗夫特《美国史》第1卷出版80周年之际,有人借德国史学家霍尔斯特之口称赞班克罗夫特:"冯·霍尔斯特写《美国史》,曾说:'美国的每一个史学家都必须站在班克罗夫特的肩膀之上。'"④霍尔斯特曾是德国弗莱堡大学、斯特拉斯堡大学史学家,也是詹姆斯·哈维·鲁滨逊在弗莱堡大学的博士论文导师。后来他移居美

---

① Michael Kraus, "George Bancroft 1834 – 1934", *The New England Quarterly*, Vol.7, No.4, 1934.
② G. P. Gooch, *History and Historians in the Nineteenth Century*, Longmans, Green, and Co., 1913, p.202.
③ J. Clay Walker, *George Bancroft as Historian*, Heidelberg, 1914, pp.55 – 56.
④ Ibid., p.56.

国,做过芝加哥大学首任历史学系主任,写过《美国宪政史》(The Constitutional and Political History of the United States)等。无论时间上还是研究领域上,霍尔斯特都是班克罗夫特的后学,说研究美国历史要在班克罗夫特的基础上才能往前走绝非虚词,而是肺腑之声。沃尔克借助这样一位具有国际影响力的史学家之口来称赞班克罗夫特,显然是一种非常聪明的举措。

到了《美国史》第1卷出版100周年的时候,又有学者借机将班克罗夫特与麦考莱做对比。麦考莱是英国浪漫主义史学家,著有五卷本《自詹姆斯二世即位以来的英国史》(The History of England from Accession of James II)。1849年麦考莱著作第1卷出版,在美国销售大约2万册,可见他不仅在英国享有盛誉,在美国也大受欢迎,有人就以此为喻,说班克罗夫特是"我们西部的麦考莱"①,并由此演绎成"英国有麦考莱,美国有班克罗夫特"。甚至还有人借德国史学家兰克之口评价班克罗夫特:"这是一部以民主主义观点写出的最好的著作。"②兰克是19世纪西方史学泰斗,能入其法眼的史著定非平庸之作,用他的赞语来评价班克罗夫特的《美国史》对于证明班克罗夫特享有崇高学术地位的效力可想而知。

撇开"史学之父""民族史学家"不论,班克罗夫特在史学史上的地位之高,在20世纪史学史类的其他著作中也有体现。例如,斯图尔特认为班克罗夫特是"第一个伟大的美国历史学家"③。巴

---

① *Historical Magazine*, Vol. 6, No. 2, 1862, in Michael Kraus, "George Bancroft 1834 – 1934", *The New England Quarterly*, Vol. 7, No. 4, 1934.
② Michael Kraus, "George Bancroft 1834 – 1934", *The New England Quarterly*, Vol. 7, No. 4, 1934.
③ Watt Stewart, "George Bancroft Historian of the American Republic", *The Mississippi Valley Historical Review*, Vol. 19, No. 1, 1932.

恩斯则说:"创造民族迁移和解救史诗的主要人物是乔治·班克罗夫特。"①尤其是一些工具书把班克罗夫特的史学地位抬得颇高。卡拉提(Carraty)主编的《美国传记百科全书》(*Encyclopedia of American Biography*)直言班克罗夫特为"美国史学之父"②。到了凯利·波伊德主编的《史家和史著百科全书》(*Encyclopedia of Historians and Historical Writing*),又称:"乔治·班克罗夫特是位拓荒性的史学家。"③学者们用"第一个伟大的史学家""拓荒性的史学家""史学之父"之类的言辞来概括班克罗夫特,可见他在美国史学史上地位之尊,这些言辞一旦进入工具书,则注定要成为世代相传的不刊之论。班克罗夫特最终被推向美国史学的神坛,定格为"史学之父"。

### 三、班克罗夫特史学受到推崇的原因

班克罗夫特史学被美国人推到至上地位不是无缘无故的,史著内外的隐性和显性因素均产生了作用。

#### 1. 史著之外的显性原因

从1834年出版《美国史》第1卷到1874年出版第10卷,班克罗夫特仅一部《美国史》就著述达40年,而且已出版的各卷还在不断修正再版,这本身就足以引起学界的瞩目。何况他还把殖民地时期的历史压缩为两卷本《美国殖民史》,这是他普及美国史知识的一大举措,尤其是1882年出版的《美国宪法形成史》可以看作前

---

① Harry Elmer Barnes, *A History of Historical Writing*, Dover Publications, Inc., 1963, p.231.
② John A. Carraty, ed., *Encyclopedia of American Biography*, Harper & Row, 1974, p.56.
③ Kely Boyd, *Encyclopedia of Historians and Historical Writing*, Vol.1, Fitzroy Dearborn Publishers, 1999, p.71.

面十卷的续篇即第11、12卷,这些现象无形中又加大了《美国史》的学术和社会影响力。

班克罗夫特还在1845—1846年间做过美国海军部长,代理过作战部长,并于1846—1849年、1867—1874年分别担任驻英、德公使。这种官学两栖、亦官亦学的状况对于促进和加强其史学影响力当不无助益。对此,杨生茂说得好:"他是一个以政治生活为主的历史学家。他的史学业绩同他的政治活动分不开。"①特别是班克罗夫特为长寿之人,几乎与19世纪同期,在出版最后一部著作《美国宪法形成史》之后,他差不多又活了10年,这有助于他保持史学影响力。对此,已有西方学者指出:"班克罗夫特长寿,使他在生前就成为一种传统,他统治史学界长达半个世纪,他的叙事风格,他对民主巨大成功的庆祝,与大多数人一起对人民的自豪感到欣喜,令他变得受欢迎。"②

他对美国扩张的态度也是显性因素之一。在美西战争问题上,班克罗夫特表现出典型的民族主义。他利用自己的政治和军事权力实施和支持美国扩张,为美国未来的霸权张目。他担任美国海军部长期间,在美国对墨西哥战争事务上,下令兼并加利福尼亚;代理作战部长期间又命令美军占领得克萨斯。对此,有西方学者说,在班克罗夫特的脑海里盘桓着这样的思想:"美国的边疆往西扩张如此之远,而后正当且不可避免的想法就是,美国的杰出必须笼罩整个大陆,从幅员上说就是从海洋到海洋。"③当然,也有人

---

① 杨生茂:《论乔治·班克拉夫特史学——兼释"鉴别吸收"和"学以致用"》,《历史研究》1999年第2期。
② Michael Kraus, "George Bancroft 1834 - 1934", *The New England Quarterly*, Vol.7, No.4, 1934.
③ A. McFarland Davis, "George Bancroft", *Proceedings of the America Academy of Arts and Science*, May, 1890 - May, 1891, Vol.28.

替他辩护,例如胡威说班克罗夫特是当时内阁中唯一不支持对墨西哥动武的人,而是主张和平解决美国与墨西哥之间的争端。① 胡威的意思是说班克罗夫特对墨西哥的所作所为是在执行国家意志,而不是个人行为,他本人想以和平的方式来达到战争的效果。这种辩解是苍白无力的,无论如何都改变不了班克罗夫特指挥美军占领加利福尼亚、得克萨斯的事实,他确实是为美国的扩张而努力。班克罗夫特对美西战争的看法就是对他那个时代美国当代史的看法,摆脱不了其历史观点为美国扩张张目的性质。这自然会加剧读者对班克罗夫特《美国史》的关注。

2. 史著之内的隐性原因

班克罗夫特史学受到推崇的隐性原因,是其历史著作中大众感兴趣的话题,以及浪漫主义风格适合民众的口味。对此,克劳斯就指出,班克罗夫特的"著作适合大众口味"②。他选择了美国群众感兴趣的话题,即自由和民主,具体到《美国史》里就是独立战争和制订宪法。他奉行清教的自由精神,歌颂殖民地人民反抗宗主国英国的压迫、追求自由的北美独立战争,并从神授政权的角度解读新成立的美利坚合众国的合理性,为合众国辩护。他提倡美国人民的民主精神,赞赏宪法为美国施行民主、共和提供了根本法,并从天赋人权的角度解读民主、共和的合理性,为普通大众请命。这方面学界论述已够,恕不赘述。这两个话题合在一起让《美国史》产生了社会意义,正如杨生茂所说,班克罗夫特治史的目的"是为年轻的共和国呐喊。这既是他史学取得成功的关键,也是他受

---

① M. A. DeWolfe Howe, *The Life and Letters of George Bancroft*, Vol. 1, Charles Scribner's Sons, 1908, pp. 287–290.
② Michael Kraus, "George Bancroft 1834–1934", *The New England Quarterly*, Vol. 7, No. 4, 1934.

后人推崇的原因所在"①。班克罗夫特为年轻共和国呐喊的一个突出表现就是大力颂扬美利坚合众国。《美国史》聚焦自由、独立精神,并为之大唱赞歌。他称自己所写的美国史与前人不同,要呈现一些新的方面,诸如"弗吉尼亚早期对自由的热爱……商业自由……马里兰的独立精神……新英格兰清教徒的严苛独立……殖民精神最初就要求自由……弗吉尼亚首倡主权在民的原则"②。他在导论里把美国的历史描绘得犹如天堂一般:道德信仰迅速增长,平等人权受到捍卫,人民独立自主是公理,由此建立起来的法律因为信仰爱国主义而受到珍重;欧洲国家渴望变革之时,美国的宪法却受到人民发自内心的赞赏,社会因为公正而繁荣,创造因自由竞争而加快,劳动获得确实和空前的回报,国内和平,无须任何军事设施而得以维持;美国与世界主要大国间保持平等、诚信和友好的外交关系,不介入或陷入它们的阴谋、激愤和战争;国家资源得到发展,每个人都享受勤劳的成果,每个心灵都自由表达其信念,政府从一开始就认同人民的利益,也完全依赖人民永久的信任和支持。③ 若果真像班克罗夫特描述的那样,美国可就是人间天堂了,而事实并非如此。例如北美清教同样打压异端,殖民地之间也争权夺利,殖民者还暴力对待印第安人,美国对墨西哥强取豪夺,等等。他罔顾这些历史事实,无非就是源自他浓厚的国家至上

---

① 杨生茂:《论乔治·班克拉夫特史学——兼释"鉴别吸收"和"学以致用"》,《历史研究》1999 年第 2 期。
② George Bancroft, "Preface to the First Edition", in *History of the United States from the Discovery of the American Continent*, Vol. 1, fourteenth edition, Charles C. Little and James Brown, 1848, pp. VI-VII.
③ George Bancroft, "Introduction", in *History of the United States from the Discovery of the American Continent*, Vol. 1, fourteenth edition, Charles C. Little and James Brown, 1848, pp. 1-2.

的政治意识,或者可以看作他对民族主义的奉行。

他使用了广大民众喜爱的写作风格。班克罗夫特继承父亲老班克罗夫特和老师赫伦写读者喜欢阅读的著作的做法,在《美国史》中使用感情丰沛的语言文字,采用衬托手法使得情景交融,刻画栩栩如生的人物形象。关于使用感情丰沛的语言文字,有论者已经指出:"班克罗夫特作史讲究文采,他的语言华美流畅,笔端常充满感情,对一些重大的历史事件的描绘也相当生动。如在叙述来克星屯枪战时,他写到:'一声枪响,殖民地揭竿而起;一个心愿,人们相互鼓励共赴国难;一个信念,北美大陆高呼不自由毋宁死。'语言铿锵有力,掷地可作金石声。"① 论者文中所引班克罗夫特的句子来自《美国史》第7卷即《美国革命》第1卷第29章之"1775年4月"。② 至于采用衬托手法使得情景交融,描绘莱克星顿枪声的段落也有例子。他叙述道:"白昼来了,沐浴在早春的柔美中。树木青翠,草长莺飞,一个令人愉快的季节,朝阳露出笑靥,带有夏日般的温暖;然而,忧伤和恐惧的阴霾笼罩在这个和平小镇居民的心头,草坪上横陈头发花白者和年轻人的尸首,'同道厮杀的无辜的鲜血'染红了青草地,厮杀者还在向上帝高呼源自大地的复仇。"③ 班克罗夫特一方面描写早春自然风光的美好,另一方面描写现实社会中人的悲惨,这种人景一体的正反对照使得情景交融,

---

① 张和声:《评乔治・班克罗夫特的历史观及其代表作〈美国史〉》,《史林》1988年第2期。

② George Bancroft, *History of the United States from the Discovery of the American Continent*, Vol. 3, twelfth edition, revised, Little, Brown and Company, 1875, p. 312. 原文为:"With one impulse the colonies sprung to arms: with one spirit they pledged themselves to each other 'to ready for the extreme event.' With one heart, the continent cried 'Liberty or Death.'"

③ Ibid., p. 294.

具有震撼人心的效果。班克罗夫特刻画人物也栩栩如生,书中刻画阿克顿民兵队长艾塞克·戴维斯的形象就很典型。其中有这样一段:"天亮时刻,阿克顿的民兵在击鼓声中向艾塞克·戴维斯的房子齐聚,他们的队长是'高效和不打无准备之仗'的人。其实他只有30岁,是4个孩子的父亲,他气宇轩昂、沉默寡言、诚实而稳重。他跟妻子分手,说:'照顾好孩子。'就像预见到死神降临一样。妻子顺从地目送着丈夫率领队伍慷慨赴难。"① 从这段描写来看,艾塞克·戴维斯是具有众多高贵品质的人,是有幸福家庭的人,却面临柔情与事业的冲突、家庭和国家的取舍、小义和大义的矛盾,可是他选择了事业、国家和大义,想来就是一个悲剧。班克罗夫特这种人物刻画让读者看罢难以忘怀。对于他浪漫主义的写作风格,声名显赫的英国浪漫主义史学家托马斯·卡莱尔于1838年6月13日给班克罗夫特写信,在称赞班克罗夫特《美国史》关于原始森林、土著人生活、烟草种植的生动描写之后,述自我感受道:"我仔仔细细阅读了您的书,它是值得信赖的著作。对其主题,我充满好奇可又所知甚少,故而受益匪浅。"②

总之,班克罗夫特史学的学术渊源可以追及其家学、师承和学谊,他从父亲那里继承和发扬了容易被读者接受的著史风格和唯一神论的社会思想;受哥廷根大学老师赫伦的影响而研究美国史,接受了其跟老班克罗夫特一样重视历史知识普及的主张,强化了采取吸引大众的写作风格的观念;受其朋友斯巴克思观念的影响,认同做学问不仅要符合时代要求,更重要的是自己的著作能够"藏

---

① George Bancroft, *History of the United States from the Discovery of the American Continent*, Vol. 3, twelfth edition, revised, Little, Brown and Company, 1875, p. 299.

② M. A. DeWolfe Howe, *The Life and Letters of George Bancroft*, Vol. 1, Charles Scribner's Sons, 1908, p. 226.

诸名山",把学术作为终生的事业。美国学界借助欧洲著名史学家来衬托或者比喻班克罗夫特的影响力和重要性,先是通过杂志上的评论,中经史学史著作的论述,最后是工具书的收录,把班克罗夫特推向神坛。班克罗夫特享有"美国史学之父"或者"美国民族史学家"之美誉,并非浪得虚名。从显性因素看,他从1834年出版《美国史》第1卷到1874年出版第10卷,仅一部《美国史》就历时40年,而且不断修正再版已出版的各卷,并且把殖民地时期的历史压缩为两卷本《美国殖民史》,尤其是1882年出版的《美国宪法形成史》可以看作前面10卷的续篇,这些都在无形中加大了《美国史》的学术和社会影响力。同时,班克罗夫特官学两栖、亦官亦学,这对于促进和加强其史学影响不无裨益。特别是班克罗夫特格外长寿,有助于保持其史学影响力。在美西战争问题上,班克罗夫特表现出典型的民族主义,自然地加剧了读者对《美国史》的关注。从隐性因素看,他选择了独立战争和制订宪法这些美国大众感兴趣的话题;奉行清教的自由精神,歌颂殖民地人民反抗宗主国英国压迫、追求自由的北美独立革命,并从神授政权的角度解读新成立的美利坚合众国的合理性,为合众国辩护;提倡美国人民的民主精神,赞赏宪法为美国施行民主、共和提供了根本法,并从天赋人权的角度解读民主、共和的合理性;此外还使用广大民众喜爱的写作风格,语言文字感情丰沛,同时采用衬托手法使得情景交融,刻画栩栩如生的人物形象。这些史著内外的隐性和显性因素共同使得班克罗夫特及其《美国史》在西方尤其是美国史学史上享有崇高地位。

# 第32论

# 鲁滨逊对美国历史教育的贡献

鲁滨逊是20世纪初美国新史学的旗手,他的历史著作成就不是很突出,却荡起一股风气,特别是为美国历史教育做出了杰出贡献。

## 一、时代要求改革历史教育

从19世纪80年代到第一次世界大战,美国各种层次的教育普遍发展起来,为历史学者提供了更多的就业机会。美国历史学会的成立不仅使史学家处在创建教育体系的主导地位,而且使历史学在反叛旧的课程体系中成为一门新的课程,甚至被鼓吹成"科学"而得到普遍认可,在建立研究生教育的研究功能中被赋予中心地位。历史学家早已同国家教育学会结成同盟,使历史学就像在学术中的地位一样,在民主社会的公民教育中占有重要的地位。公民教育被普遍认为不仅包括民族历史,而且包括西方和古代世界历史的教育。随着进步时期新史学的出现,新史学家们诸如鲁滨逊、比尔德、贝克尔的历史兴趣同对历史教育的要求相一致,更紧密地同当代问题和社会科学结合起来。在美国史学史上一直享有盛誉的史学家,诸如查尔斯·麦克莱恩·安德鲁斯(Charles McLean Andrews)、比尔德、贝克尔、詹姆斯·海利·布雷斯特德

(James Herry Breasted)、爱德华·钱宁(Edward A. Channing)、查尔斯·霍默·哈斯金斯(Charles Homer Haskins)和弗雷德里克·特纳(Frederick J. Turner)都曾介入中学和大学的历史学教育,与安德鲁·麦克劳林(Andrew C. McLaughlin)和赫伯特·亚当斯一道,把历史研究和教学看成民主社会进步的根本。这些为历史教育的发展提供了有利条件。

然而考察19世纪末美国的历史教学,大体说来,教材糟糕而陈旧,教学方式缺乏创造性,只是对历史事实的死记硬背。鲁滨逊努力改变这种乏味的状况,提倡新的历史教育论,出版了一系列有新意的大、中学教材,培养出了一批颇有影响的史学家。

1895年,鲁滨逊开始了在哥伦比亚大学25年的教学生涯,讲授的主要课程是欧洲知识史。他治史的显著特征是摆脱了兰克追求客观性的做法,走向了历史实用主义,即为服务现实而写史。"在这种对历史知识实用倾向的推动下,鲁滨逊努力改革历史研究法和改进历史教育。"[①]

## 二、鲁滨逊的实用主义教育理念

鲁滨逊历史教育论的基础是实用主义的教育目的。他认为,"教育的'真正'目的是培养一种才能。随着岁月的流逝,这种才能是我们及朋友最大快乐源泉的保证"[②],因此,"(我们没有权利)将

---

[①] Jay D. Green, "Robinson, James Harvey 1863–1936 US Historian of European Intellectual History", in Kelly Boyd and Fitzroy Dearborn, *Encyclopedia of Historians and Historical Writing*, Vol. 2, Fitzroy Dearborn Publishers, 1999, p.998.

[②] John Braeman, "James Harvey Robinson", in Clyde N. Wilson, *Dictionary of Literary Biography*, Vol. 47, *American Historians, 1866–1912*, Gale Research Company, 1986, p.228.

工业放在教育范围以外。我们没有理由继续保持那种偏见去反对实用的科学。我们不应该被传统的观念所局限,认为'自由'和'有用'是分离的。大多数在公立学校读书的学生们要过实际的生活,要承担未来的使命。正是今天,我们应大胆地、毫无保留地立刻将我们的教育同他们的生活和使命密切结合起来"①。

在此基础上,他对历史学实用的教育功能进行了思考,声称:"青年们在毕业后要到工厂做工谋生的,在他们的教育中历史学处于怎样的地位,这是我要说明的。我得承认,最初教历史的时候,我实在不太懂学习历史有什么用处,主要原因是当时我不懂人类历史对于我们的意义。后来我慢慢明白,我们的知识和思想完全是依赖过去的,而且只有过去才可以解释我们自己的现状和事业。历史是我们的过去。我们要追问历史,就像我们要回忆自己个人的行为和经验一样。"②

在鲁滨逊看来,工人了解历史有助于改善自己的地位:"我以为,要解除现存的工业弊病,不得不借助于历史——不过我所说的历史不是普通教科书上的历史,而是过去人类经验和成就的各个方面,这些足以说明我们的工业生活和它的重要性。……工人可以从历史里了解现在的分工制度是怎样来的(在这种分工中工人是深受其害的),他会知道现在分工制度的巨大意义,会知道何以现在的产品做得如此之快、生产如此之多、卖得如此之贱。如果他们知道了这些,当其年长之时就会设法改良自己和同伴的地位,又不至于减少工业的产量,调整经济效率和工人福利——这本是工业生活中一个重要的问题。"③历史教育也可以扩大工人的视野:

---

① James Harvey Robinson, *The New History*, Macmillan Company, 1922, pp.133 - 134.
② Ibid., pp.134 - 135.
③ Ibid., pp.141 - 142.

"历史学不仅可以使工人得到一个社会进步和未来的观念,并且可以为他提供某些事物的背景,使他们可以在自己的环境里把这种知识利用起来,又可以丰富他的想象力,把他们的思想扩大到工厂以外。"①历史教育还可以改变工人的人生观,"可以使他们具有一种人生态度,这种态度不仅可以使他们成为最好的工人,而且可以使他们对于其工作有个明智的理解,使他们协助清除他们所遭受的那些工业上的流弊"②。

### 三、历史教育大纲和教科书的编写

上述情形是许多人都已认识到的,问题是需要一种怎样的历史教育才能达到这一目标。首先,鲁滨逊对当时施行的历史教育大纲和教科书提出了异议,认为"我们当中的许多人开始怀疑这种大纲叙述的价值,但是它还是受欢迎的,因为它不需要思考,只需要记忆,可当成一种最容易教授的东西"③。在依据这种大纲而编写的教材中,罗列人名和地名的倾向太过平常,以至于无法做进一步的说明,而这些人名和地名对读者来说并非不重要。这类教材不是先有知识后有公式,而是先给人们公式;不去记载正常状态和人类过去重要的事情,而是像刺激的戏剧一样有意识地选择一些稀奇古怪的东西作为主题。鲁滨逊对因袭旧教科书的做法表示不满:"现在我们有什么保证可以说编写通俗历史课本的人们已经将人类经验中最重要的、最有关系的事件提纲挈领地叙述了下来以备青年之用?我以为我们至今还没有保证。过去伏尔泰说过,历史不过'是一种大家认同的故事',这话是对的,因为所有编历史教

---

① James Harvey Robinson, *The New History*, Macmillan Company, 1922, pp. 142–143.
② Ibid., p. 123.
③ Ibid., p. 6.

科书的人在选择历史事实的时候,都往往不自觉地将从前那些陈旧的历史教科书作为标准,而且教师和公众也希望如此。"① 接着,鲁滨逊正面提出了历史教学大纲的制订方法:"要讨论在工业教育中历史学科的地位,我说过我绝不主张采用那些普通的历史学大纲。我主张我们应暂时放弃一般对于历史的庸俗观念,而将这个问题重新加以研究。我们首先要问自己,当我们考虑工业学校里青年的需要、能力、兴趣及职业时,是否知道究竟他们最迫切需要哪些过去的事实,以便把他们培养成将来在生活和工作中有知识、有能力而且幸福的人?要好好地回答这个问题,我们首先要确定学生所处的地位和工业教育所提出的要求。其次,我想提出一些工业学生应该知道、记得的,而且我以为最能够增加他们知识的那些人类过去的事实。我认为这些知识对他们更为有用。"② 新的教科书不仅要"大胆地删除许多沿袭已久但无关紧要的事实,而且企图把书中的记载同现在的需要联系起来。但是我认为还可以再进一步。我们最好的教科书里,仍包括许多不值得青年注意的事实,而忽略了许多最值得叙述的事情"③。

由于鲁滨逊本人主要研究和执教欧洲史,所以对欧洲历史教学的思考有所偏重。他在有的场合说过:"中学里欧洲通史是最错综复杂的课程之一。男女青年应该具有一些人类历史整体的知识,这似乎是绝对重要的,不这样,他们就不能对他们生活于其中的世界有真正的理解。原因很简单,那就是现实只能通过历史解释。比较陈旧的历史手册主要是对过去事物的简短记载,但是实际上过去的情况、制度和观念才是值得了解的。其至老教科书倾

---

① James Harvey Robinson, *The New History*, Macmillan Company, 1922, p.136.
② Ibid., p.139.
③ Ibid., p.137.

向于关于当代历史给予遥远的过去和过小的信息以太多的注意,这样学生很少有机会认识到过去与现实的重要关联。"①他还说过:"显然在写这些书(它们给予我们在希腊人和罗马人登上舞台几千年以前一些关于人类新知识的观念,同时尽量使读者能掌握现实的事情)时,丢掉旧教科书中的许多内容是必要的。仅仅讲述非常重要的事情,讲述为了发现人类到达现阶段必须知道的事情是作者的目的。他们并非仅仅因为它发生了就把它写进去,相反,只写那些绝对重要的事情,这些事情显示了从石器时代到世界大战后发生的欧洲再调整的一般性进步。"②

鲁滨逊在历史教育实践中是做出过杰出贡献的,具体说来包括以下方面。

### 1. 培养学生的历史批判精神

在宾夕法尼亚大学和哥伦比亚大学的最初几年里,鲁滨逊的教学大致包括四个领域,那就是中世纪、文艺复兴、宗教改革、法国革命与拿破仑。在教学过程中,他主张通过详细而艰苦的对最原始史料的考察以重建过去,要求学生阅读、考证原始史料。然而,美国学生阅读欧洲历史资料时,外语是很大的障碍。尽管有几个优秀者,但是他们在考试过关后就把外语视为用处不大的东西放弃了。针对这种情况,为了帮助课堂教学,鲁滨逊于1894年翻译了带有导言和大量注释的《普鲁士王国的宪法》(The Constitution of the Kingdom of Prussia),又和爱德华·切尼(Edward Cheyney)、达纳·芒鲁(Dana Munro)开始出版廉价的小丛书,题目是"欧洲历史原始史料翻译和修订"。他还编写了欧洲史料方面的读本,如

---

① James Harvey Robinson and Charles A. Beard, "Preface", in *History of Europe: Our Own Times*, Ginn and Company, 1921.
② Ibid., p.517.

《欧洲历史读本》(Readings in European History)、《彼特拉克:第一位近代学者和文人》(Petrarch, The First Modern Scholar and Man of Letters)等。此外,他还极力推进图书馆购买同时代的小册子和文件集,组织学生阅读,在阅读中培养学生的批判能力。"在鲁滨逊看来,作为一种为了死记硬背的'对事实坚定的教条主义叙述',加强了学生把阅读的东西作为真理去接受的趋势。他问道:'我们面前有大量年复一年、日复一日积累起来的文献。当对它们进行鉴别是必要的时候,我们能够鼓励盲目的接受吗?'"①

培养学生批判精神的成果,促使鲁滨逊成为国家教育协会1892年任命的十人委员会中关于内政、政治经济方面史学小组的成员,负责审查中学课程。其主要贡献是他建议第四年要包括对一个特殊时期的、涉及原始史料的细致研究,以迫使学生"使用他自己的才智"加强"考证能力"和推动"健康的怀疑主义"。"他对没能使用原始材料的作者的评论非常严厉。他对发现有这种缺陷的作品评论道:'不搜集细节,就写出了一本令人满意的书,而这本书却忽略了人们关于它所涉及时期的主要资料。'"甚至当脱离19世纪后期的科学史学时,他还断言对文献的考证分析"是历史研究在精神和结果两方面都最科学的阶段"。② 一位早年在哥伦比亚大学跟随他学习的学生回忆道:"对于从看待过去事情的习惯方式中派生出的顽固看法、极神圣的偏见、庄严的深信,鲁滨逊都投以怀疑的批判眼光。"③结果,"他的原材料与有时是无礼的挑衅的讲座风格结合,给鲁滨逊在哥伦比亚的欧洲知识史课程带来了全国性

---

① John Braeman, "James Harvey Robinson", in Clyde N. Wilson, Dictionary of Literary Biography, Vol. 47, American Historians, 1866–1912, Gale Research Company, 1986, p.228.
② Ibid., p.227.
③ Ibid., p.226.

的尊重"①。

## 2. 倡导并参与课程改革和教材编写

鲁滨逊是倡导课程改革的领袖。在1907年被美国历史学会任命为五人委员会成员重新审查中学的历史教学时,他为了更充分地"处理我们自己的时代"做了疏通工作。委员会接受了他的劝告,并在欧洲史课程里新加入了一年的课程导论。

他是新史学的杰出倡导者,国家教育学会委员会中不多的历史学家之一,也是它最有影响力的成员。委员会的报告大量引用了他的观点。历史学和公民学成为指定课程中的基础课程。国家教育学会委员会关于社会研究的1916年报告把"良好公民的修养"界定为基于包含"世界统一性"的民族理念。结果委员会建议少年阶段(7—9年级)开设地理、欧洲史、美国史和公民学课程,高年级(10—12年级)开设欧洲史、美国史和民主问题课程。委员会强烈要求,不仅应该依据"时代的相对接近"或对成人的重要性或社会学的观点,而且应依据"学生的现实生活兴趣或能被他在现实成长过程使用"的程度,来选择历史主题。事实证明,这种做法既是有用的又是持久的,成为下半个世纪社会研究教育的典型模式。

在改革课程的过程中,鲁滨逊意识到权威的欧洲史手册中的错误,大部分在事实上是荒谬的,很少有原始史料;而现行的教科书通过现实价值水平谴责或赞扬中世纪教会宗教精神,而不是解释人们为什么那样行事和信仰。更糟糕的是,教科书把目光狭窄地投到政治、王朝和军事事件,结果是堆砌起毫无意义的姓名和日

---

① Jay D. Green, "Robinson, James Harvey 1863 – 1936 US Historian of European Intellectual History", in Kelly Boyd and Fitzroy Dearborn, *Encyclopedia of Historians and Historical Writing*, Vol. 2, Fitzroy Dearborn Publishers, 1999, p.998.

期。在鲁滨逊看来,历史学注定应该成为关于过去人类事务的无止境的学问,它的范围应该包括一切人类曾经做过、想过、希望过、感觉过的真实东西。因此,修改教科书势在必行。

鲁滨逊的第一部也是最著名的一部教科书是《西欧历史导论》(An Introduction to the History of Western Europe),1902—1903年出版。其特点是课程与实际的历史研究相结合,使用清晰而有趣的散文,包括了社会文化史方面的内容。"这部书占据欧洲历史教科书的市场整整一代人的时间,大约卖了25万册。教材不仅使鲁滨逊在以后的学术中广泛涉猎,而且影响了他对原始材料的驾驭。同时,他用了明晰甚至生动的文体,结果是事实的可信与可读性的出色结合。更重要的是,他的书具有大部分教科书一直缺乏的贯穿始终的概念结构,防止了退回单纯的编年记。在开头几页,他解释了他的指导性原则:注意关键的制度、行为和信仰,'同情地'处理'过去人们和国家的信条和习惯';不仅研究政治,还要研究'经济、知识和艺术成就'。书中一致的思路是中世纪向近代欧洲的转变。有评论者为《美国历史评论》(The American Historical Review)所写的总结给出了专业性赞赏,称鲁滨逊的书是'最好的通史读本'。更有人评价说:'它给历史教学带来了新的生命。'"①

《近代欧洲的发展》(The Development of Modern Europe)是鲁滨逊与比尔德合作的。这本教材第一次总共卖了7.86万册,第二次卖了8.8万册。尽管还没赶上《西欧历史导论》的销量,但该书对历史教学造成了更具革命性的影响。与当时的教材不同,鲁滨逊与比尔德低调处理了纯政治与军事事件,对于更本质的经济

---

① Jay D. Green, "Robinson, James Harvey 1863–1936 US Historian of European Intellectual History", in Kelly Boyd and Fitzroy Dearborn, Encyclopedia of Historians and Historical Writing, Vol. 2, Fitzroy Dearborn Publishers, 1999, p.998.

事件加以强调。另一个新颖之处是将本来就不应该由 1789 年分开的 18 世纪与 19 世纪巧妙地结合在一起,勾勒出社会历史的本质性转变,而这一转变是由启蒙的观念、法国革命和工业革命所组成的。该书最鲜明的特点是通过表明它们是怎样成为这样的来阐明现存的政府形式和社会生活。一位评论家声称:"关于 19 世纪再也没有一本教科书比这更好了。"另一位评论道:"它就像它的有趣和聪慧一样是结构完整和充满知识的。"其他人则为这一作品欢呼,尽管它的背离传统会"震动一些保守的神经,但却是新的福音"。①

鲁滨逊还编写了《最近十年的欧洲史和世界大战》(*The Last Decade of European History and the Great War*)、《中世纪和近代》(*Medieval and Modern Times*)、《欧洲通史》(*A General History of Europe*),作为对《世界的今天和昨天》(*Our World Today and Yesterday*)的修订。

总之,鲁滨逊的教科书在美国历史教育史上享有崇高的地位,"他的欧洲史教材与其他任何一本书相比,都更多地成为改革美国大、中学校历史教育的工具"②。鲁滨逊培养出的弟子中,出色者有巴恩斯、肖特韦尔、桑代克(Thorndike)和海斯(Hayes)等。肖特韦尔在其《史学史》序言中这样评价鲁滨逊在美国历史教育中的地位:"在振兴美国历史教育的领袖中间,没有谁能望其项背。"③这一评价丝毫不过分。

---

① John Braeman, "James Harvey Robinson", in Clyde N. Wilson, *Dictionary of Literary Biography*, Vol. 47, *American Historians, 1866–1912*, Gale Research Company, 1986, p. 230.
② "Historical News", *The American Historical Review*, Vol. 41, No. 3, 1936.
③ James T. Shotwell, "Preface", in *The History of History*, Vol. 1, revised edition of *An Introduction to the History of History*, Columbia University Press, 1939.

# 第33论

# "无私的好奇心"和"有情的怜悯":汤因比的治史动机

从最初学习和讲授古希腊和古罗马史,到研究和写作人类整体文明史,阿诺德·汤因比实现了华丽转身,可是在赢得声誉的同时也遭受了质疑。他晚年的全球史写作把编年与哲学意味结合起来,思想倾向有坚守也有变化。西方史学本来就有着异样传统,或书写微观历史,或构建宏大叙事,或编年叙事,或写出具有哲学意味的历史。无论何种内容和形式,其社会倾向都迥然有异,或保守或激进。因此,《历史研究》在学界一直存在争议就不难理解了。不过,这里暂时撇开汤因比历史写作的具体事宜和学界那些繁复而恼人的纷争,关注汤因比的治史动机和路径,倒是别有一番意义的学术活动。

## 一、"无私的好奇心"

说到汤因比"无私的好奇心",就不能不提 1972—1973 年间汤因比与英国"自由欧洲"电台播音员厄本(Urban)之间一系列饶有趣味和饱含智慧的对话。他们的对话后来出版为《汤因比论汤因比——汤因比与厄本对话录》(*Toynbee on Toynbee: A Conversation between Arnold J. Toynbee and G. R. Urban*)。其中有一场对话叫作"从好奇心谈起"。汤因比认定好奇心对于历史研究具有重要意义,他表示自己对历史怀有好奇心,故而把毕生的工作时间奉献给了历史学,而且这一好奇心没有任何功利性。汤因比明言:"我对历史感兴趣,而且情不自禁地这样做。""没有这种无私的好奇心,没有这种显然是人的、超越于动物之上的对待宇宙万物的态度,那末功利也就不会接踵而来。"①

其实早在10多年前,汤因比给《历史研究》奉献的"结论"中就说:"没有好奇心的鼓舞,任何人都不能成为历史学家。"②"无私的好奇心"让他提出许多问题,这些问题包括:斯宾格勒在人类社会研究上做出了哪些贡献? 英国经验论能做些什么? 历史会重演吗? 所有文明在哲学上都是同时代的吗? 是什么把大多数社会从沉睡中唤醒? 近代科学史学家用人种和环境来解释人类社会文化的差异,可是有何证据表明人类家族的体质差异跟精神发展水平的不同之间有必然联系呢? 尼罗河下游和两河下游都曾是文明发源地,可是为何自然条件相同的约旦河和奥格兰德河流域就没有同时出现文明呢? 若一个文明的死亡会带来另一个文明的诞生,那么乍看起来满怀希望并令人兴奋的对于人类企求目标的追求,最终不是成为一轮异教间无意义的重复吗? 这些问题的提出最初是由于汤因比的好奇心,而且不带任何功利性,却推动他完成了《历史研究》的写作。他在该书结尾反思自己的工作道:"那么多一度繁荣过的文明都已消逝不见了。它们所经过的'死亡之门'是什么呢? 就是这个问题指引作者去研究各文明的衰落和解体,从而又指导他附带去研究文明的起源和生长。而这部'历史研究'就是

---

① [英]汤因比:《汤因比论汤因比——汤因比与厄本对话录》,王少如、沈晓红译,上海三联书店1989年版,第63—64页。
② [英]汤因比:《历史研究》下册,曹未风、周煦良、耿淡如等译,上海人民出版社1964年版,第426页。

这样写成的。"①

然而问题在于,许多时候,最初的设想可能带来意想不到的结果。汤因比"无私的好奇心"在逻辑和实践上给他带来了"有情的怜悯"这一结果。

## 二、"有情的怜悯"

再说到汤因比"有情的怜悯",就必须提到1972年5月和1974年5月日本学者池田大作对汤因比的两次访问。汤因比的《历史研究》出版后,差不多十个年头,中东爆发第四次战争,石油问题引起西方的经济危机。美国还没有完全摆脱越南战争,尚在水门事件中无法清净。相反,中国在大力发展电力事业,建设钢铁、煤炭基地,推进环境保护工作。这是怎样的反差啊!人类文明出路何在?这不能不令人关注和深思。就像事先注定一样,欧亚大陆两头,隔海的两个岛国,一个是不列颠,另一个是日本,在同样的年代各有一人出来跟汤因比对话。池田大作与汤因比的对话集中于人类的未来,而厄本与汤因比的对话除了涉及当代世界的问题外,还有关于史学观念的问题,兹不详述。还是让我们回到"有情的怜悯"问题上来吧。

汤因比与池田大作的谈话内容经过整理,出版为《展望二十一世纪——汤因比与池田大作对话录》。两人的谈话涉及面相当广泛,其中就有面对当代世界存在的各种乱象,人们都应该有悲天悯人的情怀。汤因比在谈"与'终极的存在'合一"问题时,以中国大乘佛教的教义为例,认为北方佛教为利他可以奉献自己:"北方佛教主人公是各种菩萨。他们和佛陀一样,出于对其他有情的怜悯,

---

① [英]汤因比:《历史研究》下册,曹未风、周煦良、耿淡如等译,上海人民出版社1964年版,第430页。

推迟了自己进入涅槃。"①对于这种"有情的怜悯",他和池田大作在谈论"善恶与伦理实践"时有进一步说明,那就是"有情的怜悯"本质上为"利他主义"。汤因比指出:"利他主义是通过自我修养,自我克制,自我否定,甚至必要时自我牺牲的道路,才能实现。"②

还是在《历史研究》的最后,汤因比明言:"好奇心没有目标,结果也只能成为一个盲目追求知识的博学者而已。每一个大历史学家的好奇心,总是要追求解答对于他那一个时代具有实际意义的某种问题;这种问题,概括来说,就是'这个怎样从那个产生出来呢?'"③

随着对文明研究的展开,特别是在研究西方文明期间,汤因比发现西方人的盲目乐观和世界将面临的灾难。在第一次世界大战中,汤因比中学和大学同学中约有一半人被打死,这场悲剧、这种无知的邪恶和无谓的生命损失对他产生了长远的影响。他曾参加两次巴黎和会,每次都看到事情被搞得一团糟,世界又重新回到骚动和混乱之中。汤因比多次指出,当代西方为了满足贪婪的需求,而系统地运用科学技术来生产财富。他们肆意使用煤炭、石油等不可再生资源,导致资源枯竭;农作物使用大量化肥和农药;汽车泛滥;向空中和海洋排泄废物,造成土壤被破坏、空气和海洋被污染;开发原子能,制造核武器,这些随时会毁灭人类。人类历史上屡屡发生侵略和压迫行为,如今人类又可能毁灭自身所处的生命圈,汤因比早年的宗教意识被唤醒,产生强烈的悲天悯人情怀,体现在历史学中便是主张人们要心怀"有情的怜悯"。汤因比与池田

---

① [英]汤因比、[日]池田大作:《展望二十一世纪——汤因比与池田大作对话录》,荀春生、朱继征、陈国梁译,国际文化出版公司1985年版,第335页。
② 同上书,第374页。
③ [英]汤因比:《历史研究》下册,曹未风、周煦良、耿淡如等译,上海人民出版社1964年版,第426页。

大作谈"人类周围的环境",关切道:"面对威胁人类生存的现代各种罪恶,我们不能采取失败主义或被动挨打的态度,也不能是超然的、漠不关心的。倘若这些罪恶是由人类无法抵御的力量造成的,或许现代人就只好悲观和屈服。但是,这一切是人类自身招致的,因此人类就必须克服自己。"①

好奇和怜悯,都是人类最基本的心理现象和精神状态。在汤因比那里,好奇心本来是纯粹学术意义上的,似乎是自然的;可是经过一连串的提问和解答以后,却导致怜悯,而怜悯却是有情义的,走到最初的自然的反面,实质上是史学从学术追求走向人文情怀。这不仅是逻辑上的,也是实践上的。汤因比完成于晚年的《人类与大地母亲》(Mankind and Mother Earth: A Narrative History of the World)既有史学的编年和叙述特征,又有哲学意味,特别是对人类的存亡和未来选择表达出忧虑。

导致汤因比华丽转身的问题有:为什么文明不能在从失败到失败、在痛苦和衰落的道路上蹒跚前进呢?历史能提供一些关于将来的信息吗?人们应该做些什么拯救自己呢?这本来是学术上的发问,可是一旦涉及现实问题,提问所带来的意义便发生了变化。对此,汤因比已经意识到了。有一段他的文字,上文引过,这里再拿过来:"假如他没有这种无私的好奇心,没有这种显然是人的、超越于动物之上的对待宇宙万物的态度,那末功利也就不会接踵而来。"②这里潜在的意思是:无私的好奇心之后,接踵而来的是功利。在《历史研究》最后,他反思自己:"本书作者,从他的事业上讲,幸而生在这样一个混乱时期,就这个时期的意义来说,这正是

---

① [英]汤因比、[日]池田大作:《展望二十一世纪——汤因比与池田大作对话录》,荀春生、朱继征、陈国梁译,国际文化出版公司1985年版,第50页。
② [英]汤因比:《汤因比论汤因比——汤因比与厄本对话录》,王少如、沈晓红译,上海三联书店1989年版,第63—64页。

历史学家的乐园;事实上他是被推动去关心时事演变所提出的每一个历史之谜。"①显然,汤因比承认他把人文关怀跟历史之谜紧密连接起来了。

从最初自然的学术发问,到最终热情的现实关怀,明示了汤因比的史学路径。他这一发乎"无私的好奇心"、终于"有情的怜悯"的做法,对于当前史学建设具有启发性。

史学首先要从学术问题入手,最终则要体现人文情怀。就像汤因比那样,开始并没有想到要去拯救生命圈,而是按照自己的好奇心做研究,等到他把已知的文明发生、成长和衰落的原因,文明之间的相互关系等一系列问题从整体上加以梳理和比较之后,才去呼吁人类拯救大地母亲。张广智在《克丽奥的东方形象:中国学人的西方史学观》中道出汤因比史学的现实关怀性:"汤因比让我们面对现实。环顾全球,展望当下,气候变化、环境污染、贫富分化、恐怖活动让世人徒增忧虑,试问:今日之世界,究竟何处去?奔走在喧嚣的现代社会中的人们啊,是不是也应该放慢脚步,回看一些自己的足印,去抚慰那躁动不安的心灵。"②特别是汤因比没有媚俗,相反,对世俗持批判态度,一再呼吁人类要节制贪婪、欲望,他与厄本对话"挑战与应战"问题,指出:"发展必须有限度。……随着世界人口的日益增长,物质生活的平均水平必然要下降。我们能够防止灾难的唯一办法是节制。……那些提倡自我克制、提倡精神先于物质的较高级的宗教学说,从来没有像今天这样更意

---

① [英]汤因比:《历史研究》下册,曹未风、周煦良、耿淡如等译,上海人民出版社 1964 年版,第 427 页。
② 张广智:《克丽奥的东方形象:中国学人的西方史学观》,复旦大学出版社 2013 年版,第 158 页。

义重大,也从来没有像今天这样与人们的心态更相抵牾。"①汤因比的这一做法提供了绝好的样本,值得学习。

历史研究的内容要囊括人类的生存环境。人类历史上不止一个时期过度向自然索取。人口激增后,又要提高人们的生活水平,就有土地过度垦殖、树木过度砍伐的情况,特别是近代工业革命以后,滥用科学技术,造成自然环境的恶化。同时,社会环境也在恶化,侵略、剥削、压迫、冲突不断,有时还激化为世界性的战争。对于这两个方面,汤因比都给予关注。他在《人类与大地母亲》最后表达出对人类生存的社会环境的关心,意味深长:"人类具有思想意识,他能明辨善恶,并在他的行为中作出选择。在伦理领域,人类行善或作恶的选择为他记下了一部道德账册。我们不知道每个生命短暂的人在其离开人世时能否了结这笔账,抑或是像印度教和佛教认为的那样,这笔账能通过潜在的无限轮回得以延续。对于构成人类社会的现世的个人之间的关系网来说,这本账簿还具有开放性,并且,只要人类允许生物圈继续成为可生存之地,它便将继续开放。"②他对人类生存的自然环境的关心情真意切,令人感佩:"人类将会杀害大地母亲,抑或将使她得到拯救?如果滥用日益增长的技术力量,人类将置大地母亲于死地;如果克服了那导致自我毁灭的放肆的贪欲,人类则能够使她重返青春,而人类的贪欲正在使伟大母亲的生命之果——包括人类在内的一切生命造物付出代价。何去何从,这就是今天人类所面临的斯芬克斯之谜。"③这种关注文明生态包括社会环境和自然环境的史学,在当

---

① [英]汤因比:《汤因比论汤因比——汤因比与厄本对话录》,王少如、沈晓红译,上海三联书店1989年版,第98—100页。
② [英]汤因比:《人类与大地母亲——一部叙事体世界历史》,徐波、徐钧尧、龚晓庄等译,马小军校,上海人民出版社2001年版,第529页。
③ 同上。

下的中国尤其值得提倡。

　　总之,汤因比虽然离开人世将近半个世纪了,但是他的史学业绩却具有永久的魅力,尤其是他"无私的好奇心"和"有情的怜悯",是留给世人的精神瑰宝,后人特别是研究和书写历史的人们理当铭记于心。

# 第 34 论

# 沃尔夫心中的中国史学

丹尼尔·沃尔夫,加拿大历史学家,曾任女王大学校长,主要研究领域为史学史和英国文化史。就前者而言,他主编有1998年出版的两卷本《全球历史著作百科全书》(*A Global Encyclopedia of Historical Writing*),总编有2011—2012年出版的五卷本《牛津历史著作史》(*The Oxford History of Historical Writing*),并著有2011年出版的《全球史学史》(*A Global History of History*)。是什么因素导致了他的全球史学史观念?他如何在全球视野下将中国史学史进行分期?他对于中国史学的认识有哪些得失?以下就这些问题加以探讨,敬请方家教正。

## 一、沃尔夫的全球史学观念

要说明沃尔夫心中的中国史学,首先要认清其史学观念。毋庸置疑,他秉持全球史学观念,而这一观念的学理基础和内涵又是首先必须加以说明的。

### 1. 历史相对主义的逻辑前提

历史相对主义在西方或称历史皮浪主义,历史悠久,19世纪末以来有走红之势。历史相对主义秉持者在学术上怀疑主流史学的事实可靠性、逻辑结构合理性和认识的科学性,在意识形态领域反对主流话语对非主流话语的压制和漠视,包括殖民主义者对殖民地历史的粗暴处理和对殖民地史学的完全漠视。这些不能不对沃尔夫产生影响。

在沃尔夫那里,历史认识具有相对性。他指出:"历史学是在作者或说话者跟读者或听众之间的一种通信行为(一般情况下,现在通过言语和图示实现,不过恰如我们将看到的,有时也使用其他手段)。任何关于过去的论说,其真理价值都不仅仅是被文本或叙说中包含的东西所决定的,还被历史学家相信听众将如何做出反应所决定,被事实上听众如何做出反应所决定。"①这里,沃尔夫预设了一个逻辑前提,那就是历史认识的真理性由历史学包含的历史事实、历史著作者和历史知识接受者共同决定。这一前提其实就是极端怀疑论者所关注的历史真实本质上是历史学真实这一命题,它一旦被设定,就可以合理地推论出历史认识真理具有相对性。

沃尔夫把这一逻辑假设的渊源追溯到亚里士多德。他说:"'真理的'和'事实的'不是同一和可交换的词汇,而是从亚里士多德经与西德尼的作家们讨论诗歌乃至没有近代'事实'概念的著作,在断定诗歌真理价值中所认识到的。"②亚里士多德《诗论》就包含着对他及其之前时代历史著作真理性的怀疑,沃尔夫把他视为自己思想的先驱。

沃尔夫以现实世界历史学的多样性为其历史相对主义佐证:"散布在这个星球上的众多的不同文明,以不同方式构想过去,系统地提出其关于历史与目前之间关联的不同解读,推演出不同术

---

① Daniel Woolf, "Introduction", in *The Global History of History*, Cambridge University Press, 2011, p.3.
② Ibid., pp.3-4.

语去描述。它们必须顾及自己的特长,必须按照自己的标准而不是完全狭隘的近代专业史学家的水准去评判。另外,它们不应该被孤立地研究。就像世界历史是不同人的遭遇和冲突的历史一样,史学史自身表明,认识过去的不同方式常常相互联系并发生显著影响。"①特别是他注意到不同史学之间的相互影响,为历史相对主义提供了更为有力的证据:"或许更为重要的是,影响并不总是朝着一个方向。当西方史学发展成为主导型模式的时候,反而受到其遭遇着的其他历史知识形式的深刻影响,尽管只是加强了对史学是否应该与外来的或者较次的'他者'相比较的限定。"②相对主义让西方学者特别是欧洲学者面对非西方史学时给予更多关注甚至表现出尊重。它对于全球观念形成的价值就在于否定以往欧洲史学独尊的做派。

2. 他人全球史学观念的影响

沃尔夫在《牛津历史著作史》的序言里说:"自20世纪90年代后期以来,一些著作出版,挑战史学史中的欧洲中心主义。我们现在能够从宏大的背景来看待欧洲的历史学冒险。这个背景就是有许多平行发展的史学,还有一个常被忽略的事实——欧洲的历史学传统与亚洲、美洲和非洲书写或述说过去的传统相互关联。"③

沃尔夫所言不虚。在其独著《全球史学史》出版之前,已经面世的西方学者著述中影响较大的具有全球视野的史学史著作有:巴拉克拉夫(Barraclough)著《史学主要趋势》(*Main Trends in History*)、波伊德编《史家和史著百科全书》、吕森(Rüsen)编《西方

---

① Daniel Woolf, "Introduction", in *The Global History of History*, Cambridge University Press, 2011, pp.7-8.
② Ibid., p.8.
③ Daniel Woolf, "Foreword", in *The Oxford History of Historical Writing*, Vol.1, Oxford University Press, 2011, p.IX.

的史学思想:文化之间的论争》(*Western Historical Thinking: An Intercultural Debate*)、福克斯和斯塔奇特编《跨越文化边界:全球视野下的历史学》、伊格尔斯等著《近代全球史学史》等。须知这些作者及其著作在西方影响广泛,其中的全球意识或者说全球观念同样影响了沃尔夫。这可从其著作引述和所列参考文献中得到明证,限于篇幅,不详加罗列。

但是,他对现有成果又感到不足——使用英文写出的遍及全球、时间贯通的史学史还未见到。沃尔夫在《全球史学史》的"引言与凡例"里谈到此书的写作动机:"有几部著作涵盖很长的时间跨度,还有一两种达到全球范围,但是我意识到英文写出的著作中这两种情况都达到的尚未见到。"[①]对于他人带来的影响,沃尔夫自述:"在过去15年里,我自己领域的拓展并未改变对'古典'史学的态度,但是把我引向了许多非西方的史学理论与史学史著作,这样就引导我走向了与看待更为熟悉的从修昔底德到当前伟大史学家'标准'不同的视角。"[②]可见在学理上,他心中的历史相对主义导致他坚信世界历史学的多样性和不同民族史学之间的关联性,又在他人依据全球观念写出的史学史著作的影响和启发下,对自己的研究领域加以扩展,产生了与以往史学评判标准不同的视角。这两点共同造成沃尔夫史学史撰著的全球观念。

### 3. 沃尔夫的全球史学观念

沃尔夫的全球史学观念主要体现在《全球史学史》中。之前的《全球历史著作百科全书》由他主编而成于众人之手,在工具书层面突破了欧洲乃至西方史学框架,他确实为该书写了篇导论,但是

---

[①] Daniel Woolf, "Preface and Convention", in *The Global History of History*, Cambridge University Press, 2011, p. XIX.
[②] Ibid., p. XX.

并未明确提出全球观念。几乎与《全球史学史》同时,他总编《牛津历史著作史》,此书同样成于众人之手,其导论中明确提出全球观念。因此,本论在撰写中对这篇文献有所引证,而未及《全球历史著作百科全书》的导论,这是要特别加以说明的。

沃尔夫《全球史学史》除了导论外分为八章:

第一章　公元前的奠基时期;
第二章　公元后第一个千禧年;
第三章　1000—1450年全球暴力时期;
第四章　1450—1800年美洲史学:联系、征服、文化交流;
第五章　欧亚启蒙中的进步和史学;
第六章　破碎的镜子:19世纪的民族主义、浪漫主义和专业化;
第七章　克丽奥帝国:欧洲史学在亚、美、非;
第八章　巴别塔?20世纪的史学。

这种安排显然不是一直着眼于某个国家或者地区,而是关注到史学乃至文化的多样性及其相互联系。

沃尔夫的这一体系建立在反对欧洲中心主义或者唯欧洲主义(Eurosolipsism)的基础之上。他对以往西方学者撰写的忽略非西方的史学史提出批评:"迄今为止,作为往事,欧美人的史学史著作并非完全不确切,但是对于史学史而言,它还不够恰如其分。作为家谱,它清洗了并行的旁系,只字不提混血证据,悄无声息地否决了无用的后裔。"[1]"在最大的史学史('世界史学史'的不同叫法)中,其嗜好并非真正是欧洲中心主义,本质上却是有人称之为'唯欧洲主义'的东西。"[2]在这里,他甚至以为西方学者的上述做法何

---

[1] Daniel Woolf, "Introduction", in *The Global History of History*, Cambridge University Press, 2011, p.13.
[2] Ibid., p.15.

止是"欧洲中心主义",简直是更为糟糕的"唯欧洲主义"。他指出,西方学者的"欧洲中心主义"或者"唯欧洲主义"的史学史导致了两个悖论:"巨大的讽刺是,知识的偶然形态把自己筑入那种与东方和'与历史无关'的对手不同的东西之中,到了19世纪被充分提炼,自负于其方法之中,明晰于其目标(它们伴随着西方的成功)之中。这种知识的形态能够轻松前行——有时是通过邀请——进入这部分世界,而这部分世界以前在历史上是什么、如何和为什么要记忆等问题上抱有不同的观点。第二个讽刺的事实是由于当地赞赏者的意见,欧洲人的史学实践是不能全方位移植到域外社会的(美国民主今天一定不能强加到没有民主经历的国家)。许多场合他们都需要做出调整以获得广泛的接受。"①

简言之,在沃尔夫看来,欧洲中心主义或者唯欧洲主义的史学史有两个悖论:一方面受非西方国家的推崇,却与当地传统观点不同;另一方面域外推崇者并非全方位接受,而是对其做出调整。他认为,为避免这两个悖论,就要撰写全球史学史:"这样,风景画吸纳各种不同的史学传统,沿着平行轨道运行好长时间,但是也十字交叉、横断交叉。这体现在不同的分支中,传播于不同的纪念和通信形式(口头、图画、字母)中,创造于广阔的变化着的社会和政治脉络之中。"②这完全是以诗一般的语言,勾勒出全球史学史的动人风景。

## 二、沃尔夫以全球视野观照中国史学

沃尔夫把中国史学纳入全球视野,或者说他以全球视野观照中

---

① Daniel Woolf, "Introduction", in *The Global History of History*, Cambridge University Press, 2011, pp.15-16.
② Ibid., p.19.

国史学,从而突显中国史学的全球意义。具体说来,《全球史学史》在论中国史学史时按照全球框架进行分期,具有比较眼光和交流视角。

1. 中国史学史的分期

沃尔夫把中国史学史做了如下分期。

汉以前是第一个时期。他把这一时期纳入全球史学的第一阶段,即奠基时期。但是他没有区分西汉和东汉,而是重点论述司马迁和《史记》,对于东汉史学特别是班固和《汉书》仅有三言两语的提及。

汉以后到唐末是第二个时期。他把这一时期纳入全球史学第二个时期,即公元后第一个千禧年。这一阶段的下限中国史学和全球史学大体一致,上限则相差几百年,东汉或者后汉史学又是只言片语地提及。

宋、元是第三个时期。沃尔夫把它纳入全球史学第三个时期,即 1000—1450 年全球暴力时代。上限中国史学与全球史学大体相当,但是下限则相差上百年。

明朝是第四个时期。沃尔夫在时间段上把它与欧洲从文艺复兴到 17 世纪也就是全球史学史的第四阶段并行,中国史学断限与全球史学断限大体相当。

清代早期或者说 19 世纪 20 年代以前的清代为第五个时期。他把它纳入全球史学第五个时期,即欧亚启蒙时期,中国史学断限与 18 世纪欧洲史学大体相当。

19 世纪的清代是第六个时期,与全球史学第六个时期一致。由于沃尔夫在这里着眼于欧洲史学专业化、科学化对全球的影响,以及中国史学在 1949 年的地域分裂,因此纳入了那批出走的中国史学家,尽管他们中的许多人在 20 世纪生活了很长时间,但还是被放入 19 世纪加以考察。

20 世纪是第七个时期,与全球史学分期保持一致。由于沃尔夫重点考察了欧洲集权制度对于史学的影响,特别是把马克思主义史学看作其中的一个分支——当然这个观点可以商榷——所以关于中国史学,他只关注到马克思主义史家。

沃尔夫的这一分期方式有其独到之处。例如,他论晚清或者19世纪的中国史学着眼于欧洲史学的影响,抓住了其中的要害。然而,把中国史学分期强行纳入其全球史学体系中去,则未免有阉割中国史学之处。例如把汉代作为奠基时期,低估了之前中国史学的发展成就,也未给予两汉史学地位足够高的评定。又如论述20世纪中国史学,把胡适、顾颉刚、何炳松等人提到19世纪显然不当。

2. 中国史学与欧洲史学的比较

沃尔夫在论中国史学之际与欧洲史学加以比较,这是其全球史学观念的一种体现。例如,他看到中国史学与欧洲史学总体上的差异:"书写的字母体系和文字模式的差异是显著的。""某些基本的精神假设相当不同。""西方史学把历史学家独立于外部干预看成有价值的……中国史学从开始到最终都是与当时统治的官府联系起来的。"①"中国史学家比欧洲对手更早地巩固了关于发现和再现过去的原则和实践之间的清晰一致的关系。"②

再如他谈到明代史学时,看到中国史学与欧洲史学的相似性:"这个时期,历史读者的传播与文本获得能力的增长相协调,关于过去争论的增长,类似我们在同时代欧洲看到的模式。……像法国历史怀疑论和相对论,这一时期在中国也出现了。"③

还如述及清代前期的中国史学,他有一个中西比较:"清统治

---

① Daniel Woolf, *The Global History of History*, Cambridge University Press, 2011, pp.52–54.
② Ibid., p.55.
③ Ibid., p.210.

下的中国,像西方一样经历了许多历史学上的发展。这包括一个针对少数民族历史学的均质趋势……清代中国也拥有18世纪西方的普遍性倾向……当代欧洲思想中的分类趋势出现于占据明末和清代史学中心地位的经世原则中。……尽管中西方存在类似的史学发展,但是它们展示于不同的层次。最为显著的是清代早期有一股从明代哲学被吸引到文本研究的回归。"①"假如不列颠有其三驾马车休谟、罗伯逊和吉本的话,那么18世纪中国以其杰出的三重奏加以回应。"②他讲的这个"三重奏"就是王鸣盛、钱大昕和赵翼的历史考据。之后,他还认为章学诚的理论是对维柯的回应,具有与黑格尔思想同等的价值。③

### 3. 中国史学对域外史学的影响

沃尔夫论中国史学的域外影响,突出中国史学的全球意义。例如,他谈到唐代史学对日本的影响:"在日本(直到公元5世纪日本才是一个可识别的国家),历史学发展比中国晚得多,尽管采纳中国的书写,大量重要的中国知识,先是儒学,后来是佛教的影响,频繁地以汉语为书写语言,然而之后却被赋予了不同的形式。不同的形式并不重要。有时可以发现,儒家原则和中国的史学模式被日本人采纳时,没有对史料和无法检验的传统的批判态度伴随这种输入,相反日本史学家认为事实上有责任接受这一传统。"④

再如论及宋代史学,他涉及了中国史学在日本的境遇:"到10世纪后期,被相当机械重复的中国王朝史学,在日本开始衰落了。……原因有几个,但是最重要的是历史写作的中国体系的根

---

① Daniel Woolf, *The Global History of History*, Cambridge University Press, 2011, p.318.
② Ibid., p.322.
③ Ibid., p.326.
④ Ibid., p.105.

本方式,特别是把王朝当成正史的基本单元,不再适用于日本了。"①

又如沃尔夫注意到近代中国史学与东亚史学的关系:"近代早期东亚被卷入一个伟大、一体化的明清帝国,一个区域巨无霸的政治和文化中心。文化上的中国中心主义是东亚不间断的基调,长达1000多年,包括古典汉语和写作体系、儒家的社会和家庭的意识形态框架、法制和统治体系、佛教……历史编纂艺术自身。"② "一直到近代,汉语都是东亚的通行书写方式,不过有所调整和变化,作为记录保存、历史叙述书写和官方通信的规范工具。这是真的,不仅在中国,在韩国、日本和越南也是这样。就像共享罗马字母和拉丁古典文集把西欧捆绑成一个文明一样,汉语书写和古典文集把东亚调节为一个基督教似的世界长达2000多年。"③

总之,沃尔夫认识中国史学带有全球视野,具体做法是把中国史学史分期纳入全球范围,比较中国史学和欧洲史学的不同与相似之处,并关注中国史学的域外影响。

### 三、沃尔夫关于中国史学的具体认识

沃尔夫对中国史学提出了一些中肯的看法,同时也存在着模糊乃至错误的认识。

他提出了一些关于中国史学的中肯认识。关于中国史学的整体情况,沃尔夫说:"在这个世界上,没有哪一个文明持续不断地把

---

① Daniel Woolf, *The Global History of History*, Cambridge University Press, 2011, p.159.
② José Rabasa, Masayuki Sato, Edoardo Tortarolo, et al., "Editors' Introduction", in *The Oxford History of Historical Writing*, Vol. 3, Oxford University Press, 2012, p.2.
③ Ibid.

其对于过去的记录和理解置于如此之高和优先的位置。"①这一说法是实事求是的。

论及史学家个人,他的不少看法亦中肯。例如,沃尔夫认为司马迁有希罗多德旅行和访问的风格,但是又使用先秦古籍,以避免传说的不可靠性。《史记》篇幅是修昔底德《伯罗奔尼撒战争史》的4倍,写出了当时中国已知的世界史。司马迁写匈奴历史类似于塔西佗《日耳曼尼亚志》的性质,关于历史发展的政治循环说类似于波里比阿的观点。总之,沃尔夫认为:"没有一个欧洲古代史学家,无论波里比阿还是塔西佗,甚至无论希罗多德还是修昔底德,像司马迁那样有影响,欧洲历史写作也没有展示系统的延续和最终(在唐朝)完成历史学的官僚化,这是由中国才做出的示范。"②沃尔夫的这一结论可以成立。

再如关于章学诚的"六经皆史"说,沃尔夫道:"'六经皆史'意味着六经是古代圣贤君主的官僚机构的产物,是为了官方特殊目的而产生的,不是这些圣贤审慎地、作为永恒的睿智而写作的。更为彻底的'去神圣化'要等到19世纪后期和德国历史主义的影响。"③这一结论大体中肯,其看法具有启发性。

还如关于郭沫若的历史著作,沃尔夫说:"尽管郭沫若回应批评意见,对自己的年代学做了修正,然而他的研究在其他方面是有意义的:他第一个在马克思主义语境中使用了最近几十年发掘的、关于古代的新考古材料,以此与持周代已经是封建社会的观点者相辩论。关于分期的争执,以及中国马克思主义者之间的其他争

---

① Daniel Woolf, *The Global History of History*, Cambridge University Press, 2011, pp.51-52.
② Ibid., p.63.
③ Ibid., p.319.

论,是马克思主义内部(的确是全部被普遍化的理论)一个巨大问题的象征:它的模式从一种语境传输到另一种语境是不容易的。"①虽然正如下文将要论述的那样,沃尔夫关于中国马克思主义史学的一些认识值得商榷,但是在郭沫若的史学问题上,其看法中肯。

然而,沃尔夫认识中国史学时也存在着局限。他对中国史学的认识浮光掠影,淡化20世纪中国史学,对于中国马克思主义史学的认识尤有偏差。

首先,沃尔夫认识的中国史学是浮光掠影般的。他在《全球史学史》中提及的中国学人和著作名见表1。

表1 沃尔夫在《全球史学史》中提及的中国史学者及其著作

| 中国学者名 | 中国文献名 |
| --- | --- |
| 孔子、左丘明 | 《春秋》《左传》 |
| 吕不韦 | 《吕氏春秋》 |
| 司马迁 | 《史记》 |
| 班固、班昭 | 《汉书》 |
| 陈寿 | 《三国志》 |
| 常璩 | 《华阳国志》 |
| 范晔 | 《后汉书》 |
| 刘知幾 | 《史通》 |
| 杜佑 | 《通典》 |
| 赞宁 | 《宋高僧传》 |
| 欧阳修 | 《新唐书》《新五代史》 |

① Daniel Woolf, *The Global History of History*, Cambridge University Press, 2011, p.480.

续　表

| 中国学者名 | 中国文献名 |
|---|---|
| 司马光 | 《资治通鉴》 |
| 郑樵 | 《通志》 |
| 元好问 | 《归潜志》① |
| 马端临 | 《文献通考》 |
| 宋濂 | 《洪武圣政记》《元史》 |
| 丘濬 | 《世史正纲》 |
| 祝允明 | 《罪知录》 |
| 瞿景淳 | 《古今史学得失论》 |
| 卜大有 | 《史学要义》 |
| 王世贞 | 《史乘考误》 |
| 李贽 | 《藏书》 |
| 顾炎武 | 《日知录》 |
| 黄宗羲 | 《明儒学案》《明夷待访录》 |
| 七十一 | 《西域闻见录》 |
| 钱大昕 | 《廿二史考异》 |
| 魏源 | 《海国图志》《明代兵食二政录》 |
| 梁启超 | 《新史学》《清代学术概论》《中国历史研究法》 |
| 何炳松 | 《通史新义》 |
| 范文澜 | 《中国通史简编》 |
| 吴晗 | 《海瑞罢官》 |
| 郭沫若 | 《中国古代社会研究》 |

① 《归潜志》为刘祁之作，沃尔夫将它归属于元好问，有误。

此外，沃尔夫先后提到的中国文献还有《国语》《五经》《旧唐书》《永乐大典》《四库全书》《明史》；学者则较多，依次为墨子、邹衍、董仲舒、何承天、朱熹、袁枢、谈迁、张宣、王夫之、王鸣盛、赵翼、阎若璩、王鸿绪、邵晋涵、章学诚、万斯同、庄存与、何休、刘逢禄、康有为、胡适、顾颉刚、傅斯年、王韬、章太炎、刘师培、蒋方震、陈寅恪、姚从吾、陶希圣、翦伯赞，不过并未提及其著作名。不过，这对于中国史学而言确实过于简略了。

这种简略固然与其全球史学史写作体例有关，在一个民族国家之下不可能提到太多史学家和著作。但是谈及一些重要史学家特别是书中以大段文字阐释其思想的史学家，却没有提到其著作名，这恐怕不是编纂体例的问题了。这种情况估计跟他所阅读的中国史学文献和他人研究成果不足有关。他阅读或者征引的中国史书屈指可数，这些文献是：波顿·华斯顿（Burton Waston）译《左传：中国最古老叙事历史选编》(*The Tso Chuan: Selection from China's Oldest Narrative History*)、《史记》卷一(*Shi Ji*, Vol. 1)、斯图亚特·萨根（Stuart H. Sargent）译刘知幾《史通·内篇·叙事》(*Understanding History: The Narrative of Events*)、方志彤（Achilles Fang）译《资治通鉴》(*The Zizhi Tongjian*)、秦家懿（Julia Ching）与房兆楹（Chaoying Fang）译黄宗羲《明儒学案》(*Records of Ming Scholars*)①、徐中约（Immanuel C. Y. Hsü）译梁启超《清代学术概论》(*Intellectual Trends in the Ch'ing Period*)。尤其是这些文献并非足本翻译，译文与汉文原著多有出入。

---

① 由于沃尔夫多用间接史料，导致其《全球史学史》对于同一部中国文献使用不同的英语翻译。例如第 4 章第 207 页黄宗羲《明儒学案》，拼音 Mingru xuean 被英译为 *Records of Ming Scholars*；到了第 6 章第 320 页，拼音仍然是 Mingru xuean，可是英文却变成了 *Intellectual Lineages of Ming Confucians*。在同一本书里出现这样的情况是不应该的。

沃尔夫认知中国史学主要还是靠吸纳他人的相关研究成果。他之所以详论司马迁及其《史记》，是因为西方学者研究司马迁及《史记》的成果较多。他除了看过英文版《史记》外，还参考和引用了他人的相关研究成果，例如格兰特·哈蒂（Grant Hardy）的《青铜和竹简的世界：司马迁对历史的征服》(Worlds of Bronze and Bamboo: Sima Qian's Conquest of History)、斯迪文·杜兰特（Steven W. Durrant）的《模糊的镜子：司马迁写作中的紧张和冲突》(The Cloudy Mirror: Tension and Conflict in the Writing of Sima Qian)、波顿·华斯顿的《司马迁：伟大的中国史学家》(Ssu-ma Ch'ien: Grand Historian of China)等。

问题是，根据《全球史学史》每章之后所列的18种参考文献来判断，他阅读的关于中国史学史的研究成果很有限，这就决定了他能够获得的关于中国史学的信息非常片面。下文要说的他淡化20世纪中国史学也有同样的原因。这样就不难理解作为西方学者的沃尔夫考察中国史学，在中国学者看来只能是浮光掠影了。

其次，沃尔夫淡化20世纪中国史学。沃尔夫一方面质疑以往西方学者所写史学史中的偏见，指出："要把欧洲史学简单写成几种成就之一，那是困难的。……欧洲人传下来的西方史学形态的完成，伴随着其学术和专业机构的发展，最终统治其他写作和思考过去的形态。这是个荒谬的真相，在这些情形中，西方的历史学方法被利用，并转为针对传播它们的那个政治和社会的武器。更为有趣的问题是，第一，这种史学形态是怎样变得如此有影响力的？第二，发生这些是否意味着在某种意义上没有未受到作用的'胜利者'，而只有'被征服者'（或者在一些情况下是'消失者'）？"①

---

① Daniel Woolf, "Introduction", in *The Global History of History*, Cambridge University Press, 2011, p.18.

另一方面,他又淡化20世纪中国史学。淡化的第一个表现是无法摆脱的西方立场。在《全球史学史》中,晚清以后的中国史学被当作西方史学的附庸来处理,以西方史学标准衡量中国史学,下文关于他论中国马克思主义史学时将详述。淡化的第二个表现是忽略中国传统史学的余脉。沃尔夫把1800—1945年的中国史学分成三支:"传统的儒家,自由民族主义者,某种意义上由后者发展而来的马克思主义者。"① 可是关于第二分支,他提到胡适、何炳松、傅斯年、陈寅恪、姚从吾等人,关于第三分支,他提到郭沫若、范文澜、翦伯赞等人,至于第一分支,却竟然一个史学家的名字都未提到。即使提到史学家的两个分支——姑且不论其分类是否妥当——也是他在近代西方史学标准下加以认识的。

当然,这种淡化未必出自他本心,可能跟他所接受的关于中国史学的信息偏少有关。他很少读中国史学原著,参考其他学者的论述也有限,这就不能不限制他对中国史学了解和认识的范围和程度。上文说他浮光掠影地考察中国史学,与此有同样的原因。这是一个需要专门探讨的问题,有待来日理会。

最后,关于他对中国马克思主义史学的模糊认识。不容否认,沃尔夫对中国马克思主义史学提出了一些中肯的、有参考价值的意见。例如,他把中国马克思主义跟日本、苏联联系起来,是看出门道来了;他对郭沫若的评价中肯;关于"文革"对史学的摧残、改革开放后中国史学受欧美影响的描述也没有什么问题;他把早期左派史学家区分为马克思主义者和共产主义者,看到马克思主义史学内部意见一时难以达成一致,亦算是独到的。

然而,尽管他发现中国马克思主义史学家关注现实革命,抓住

---

① Daniel Woolf, *The Global History of History*, Cambridge University Press, 2011, p.436.

了要害,但他有的认识却颇为模糊。例如他说:"中国的马克思主义史学家,其中许多人在1911—1912年清朝衰亡时候还是个孩子,却很快从依赖苏维埃解释中摆脱出来,特别是从斯大林主义者的观点中摆脱出来。斯大林主义者的观点是,中国从未走出封建阶段,尚未进入必须进行无产阶级革命的、资产阶级的资本主义阶段。"①其实,他所谓从斯大林那里摆脱出来,恰恰是陷入斯大林模式更深。至于说中国从未走出封建阶段,尚未进入必须进行无产阶级革命的、资产阶级的资本主义阶段,则是托派意见,是斯大林所反对的。

特别是他把马克思主义史学跟意大利法西斯主义史学、日本帝国主义史学和德国纳粹史学相提并论,是西方自由主义者的视角。显然是欧美意识形态发生作用,令他简单地把中国马克思主义史学和苏联史学视为集权政体的产物,一旦回到1949年以前的中国,这一结论就会因中国马克思主义者还处于国民党统治下而彻底失去事实依据。

沃尔夫的这种全球史学史观念,有些地方可以在中国学者那里找到调适。早在20世纪60年代初,杜维运有感于西方学者或缺乏宽容,或缺乏基本知识而贬低中国史学,奋而先作《与西方史家论中国史学》,与"欧洲中心主义"史学家唱起反调,后作《中西古代史学比较》,突出中国史学对于世界史学的贡献,其三卷本《中国史学史》处处保持着中西比较的视角。他在理论上提倡"超越国界的世界史学",杜维运说:"一部包举四海的世界史,能使全世界人类互相了解,而生存于历史之中;一种超越国界的世界史学,是世

---

① Daniel Woolf, *The Global History of History*, Cambridge University Press, 2011, p.479.

界史的指导与灵魂,也是人类产生宽容思想的媒介。"①从其主旨来看,他所谓"超越国界的世界史学"其实就是沃尔夫所说的"全球史学"。杜维运优于沃尔夫者是在中西史学比较方面,特别是在全面和深入了解中国史学方面,前者远远胜出。因而,杜维运的著作可纠沃尔夫之偏。

总之,沃尔夫以全球观念认识中国史学,提出了一些有价值的看法,但是在一些具体认识上存在着偏差。他自觉反叛"欧洲中心主义"或者"唯欧洲主义",但是依然无意识地陷入以欧洲史学为中心的窠臼。无论如何,沃尔夫全球史学史的写法给予世人的启示在于,写史学史要采取比较视角,写西方史学史必须关涉其对于非西方的影响,写中国史学史也必须关照到其在域外的影响。这是毋庸置疑的。

---

① 杜维运:《史学方法论》,台湾三民书局1986年版,第357页。

# 第35论

# 《历史与批判词典》的批判精神

皮埃尔·贝尔(1647—1706年,或译为比埃尔·培尔、佩尔·培尔),法国早期启蒙思想家和历史学家,1696年出版《历史与批判词典》(*Historical and Critical Dictionary*),汤普森评论它"是当时法国最风行的书"[①]。

## 一、《历史与批判词典》批判了什么

《历史与批判词典》的批判内容大致分三类:错误、矛盾和偏见。

第一,翻译和印刷产生的谬误。《历史与批判词典》中,贝尔举出大量翻译和印刷失误导致的史事记载不实。关于翻译失误,例如 Basnage Benjiamin 为英国人,在法国任职,一部法文文献有其事迹,而 Quick 将此著译成英文时,却将 Basnage Benjiamin 全部翻译成其弟 Basnage Peter。还有印刷错误,例如史学家 Davila 记载亨利三世被刺杀,手稿记是 Mompesat Loniac 和 Joannes 两人行刺,但经过印刷后,Mompesat Loniac 之间增加一逗号,变成三

---

① J.W. Thompson, *A History of Historical Writing*, Vol.2, Macmillan Company, 1942, p.61.

人刺杀。他给出的解决之法是:"我们要学会寻找史料的源头,不要仅仅满足于当代学者所提供的史料,因为当代史料在传播中不免出现一些错误。"①要找"亲眼看到事情的人所记述的材料"②,使用"原始信件、作者手稿、权威的复抄本"③。

第二,文献自身的错误和矛盾。例如关于《圣经》中的错误,《旧约·撒母耳记上》记载大卫王在砍下迦流头颅后觐见扫罗王,扫罗王说:"站在下面的那位是谁家的儿子?"贝尔认为扫罗王此语记载错误:"难道扫罗王不认识大卫吗?《旧约》记载在大卫杀迦流之前,每当扫罗王心情不好时,就经常让大卫弹琴给他解闷。因而这是明显的错误。"④再如《圣经》中的矛盾,《创世记》记载夏娃和亚当的大儿子该隐和二儿子亚伯先后诞生,该隐因嫉妒亚伯杀死弟弟。后来上帝为惩罚该隐,让其过着流浪的生活,该隐怕受其他人追杀,祈求上帝庇佑。上帝在该隐的额头上做记号,并且说:"杀该隐的,必遭报七倍。"贝尔指出,该隐杀亚伯后,世上本只剩三人,还有谁会追杀他,所以这里的记载有矛盾。⑤

第三,政治情感导致的偏见。贝尔分析圭恰迪尼迫于美第奇家族的政治压力,描写法国历史存在偏见。他提出:"作为史学家,

---

① Pierre Bayle, *Mr. Bayle's Historical and Critical Dictionary*, I, Routledge/Thoemmes Press, 1997, p.308.
② Pierre Bayle, *Mr. Bayle's Historical and Critical Dictionary*, IV, Routledge/Thoemmes Press, 1997, p.337.
③ Pierre Bayle, *Mr. Bayle's Historical and Critical Dictionary*, V, Routledge/Thoemmes Press, 1997, p.459.
④ Pierre Bayle, *Mr. Bayle's Historical and Critical Dictionary*, II, Routledge/Thoemmes Press, 1997, p.606.
⑤ Pierre Bayle, *Mr. Bayle's Historical and Critical Dictionary*, I, Routledge/Thoemmes Press, 1997, pp.148-149.

在记载历史时,难道不应该放弃政治立场吗?"①爱国情感也会导致偏见:"史家们纂史时会刻意隐藏对本国不利的史事,把自己的国家描绘成最光明的社会,因为他们受国家的恩惠实在太多,不可能保持公正的态度。"②

第四,宗教信仰造成的偏见。例如,亚伯拉罕是犹太教和基督教的先知,被教徒崇拜,而贝尔则批判他的贪生怕死和无情。《旧约》记载亚伯拉罕和妻子撒拉客居埃及,他请求妻子告诉外人他们是兄妹关系,因为他的妻子容貌俊美,当地人喜欢抢夺外来的美貌女子,若是美丽女子有丈夫,丈夫就会被杀死。贝尔猛烈批评道:"这段历史记载证明,亚伯拉罕为了保住自己的生命,而任由他人抢夺妻子,放弃了婚姻的圣洁。他没有用一个丈夫的名义和责任去保护自己的妻子,把妻子放在危险的前方,自己则躲在妻子后面,所以他根本不是一个爱护妻子的好丈夫。"③

## 二、贝尔批判以往历史知识的原因

受理性主义者影响是贝尔重新审视以往历史知识的学术因素。他通过阅读马勒伯朗士的著作,吸收其关于历史动力问题的"偶因论",但不同于马勒伯朗士把上帝作为第一动因、自然界因果联想作为第二动因,他恰好把两者颠倒过来。相比马勒伯朗士,他更接近笛卡尔的思想,相信理性是人类认识世界的正确通道,指出人类需要用理性来检验、判断宗教信仰。贝尔摆脱消极的皮浪主义,追随笛卡尔,提出:"我们判断事实,应遵循笛卡尔的哲学推想,

---

① Pierre Bayle, *Mr. Bayle's Historical and Critical Dictionary*, III, Routledge/Thoemmes Press, 1997, p.270.
② Ibid., p.148.
③ Pierre Bayle, *Mr. Bayle's Historical and Critical Dictionary*, V, Routledge/Thoemmes Press, 1997, p.50.

然后再重新审查每件事。"①结果是《历史与批判词典》里充满对前人记载的历史事件真实性和一些观点的怀疑。有学者已经指出："贝尔的史学思想从笛卡尔思想中获益最大的是学会了摆脱权威,普遍怀疑未证实的事物。"②他提出质疑,继而考证,对于难以决断的问题则列举其他学者的记载和判断,让读者自己选择,这也是笛卡尔的治学手段。当然,影响贝尔的还有新教哲学家皮埃尔·朱里厄(Pierre Jurien),这位贝尔的资助人和保护人因贝尔《哲学评论》(Commentaire philosophique)提出建立无神论社会而成为其论敌。贝尔非常感激朱里厄的帮助和激励:"他是如此的心地善良、温和可亲、学识渊博、智慧超人。与他论战时,一旦想起他对我的帮助和他的善良,我在拿起笔准备批驳他时,就变得犹豫不决。"③贝尔又通过朱里厄接触了斯宾诺莎,认为"斯宾诺莎是归纳、还原无神论思想的第一人"④,从斯宾诺莎那里接受了信仰不等于道德的思想。

他山之石促使贝尔反思欧洲历史知识中的有神论。他在传教士礼仪之争中接触中国文化,并开始思考中国是否为无神论国家。就中国文化对贝尔思想的影响,有西方学者业已指出:"用中国作例子的自由思想家可以列出一个长长的名单,他们之所以这么做是为了将自己从预设的思维模式中解放出来,贝尔则体现了这批

---

① Pierre Bayle, *Mr. Bayle's Historical and Critical Dictionary*, III, Routledge/Thoemmes Press, 1997, p.204.
② Elisabeth Labrousse, *Bayle*, trans. Deny Potts, Oxford University Press, 1983, p.51.
③ Pierre Bayle, *Mr. Bayle's Historical and Critical Dictionary*, IV, Routledge/Thoemmes Press, 1997, p.185.
④ Pierre Bayle, *Mr. Bayle's Historical and Critical Dictionary*, V, Routledge/Thoemmes Press, 1997, p.199.

思想家所能取得的最终成就。"①贝尔认定中国是泛神论国家,尤其是"儒学否定神灵对人类的控制,肯定一种自可判断善恶的命运"②。

贝尔生活在博学时代,博学派史学的濡染令他怀疑以往的历史知识。玻兰达斯派史家丕皮布洛奇(Papebroch)倡导史料的真伪与权威无关,而贝尔正是秉持这一理念考证史料的。他说:"不要放松对权威材料的检查、判断和思考。"③他要把自己的词典做成"一部给其他词典纠谬补漏的词典"④。贝尔正是凭借这部词典成为博学者的,以至于有论者说:"在他的年代,与启蒙的哲学历史学家相比,贝尔更像博学派的历史学家。"⑤

贝尔还受其史学观念影响而批判《圣经》。他推崇对历史真实的追求,贝尔说:"史学家应该只对历史真实感兴趣,放弃所有奉承和诽谤他人的思想,放弃所有仇恨和恩惠,排除任何情绪的干扰。"⑥还说:"真实是史学的灵魂,所以史学家要远离谎言。充满谎言的著作即使在其他方面很完美,仍然不是历史著作。"⑦他强

---

① [美]J.J.克拉克:《东方启蒙:东西方思想的遭遇》,于闽梅、曾祥波译,上海人民出版社2011年版,第63页。
② Pierre Bayle, *Mr. Bayle's Historical and Critical Dictionary*, V, Routledge/Thoemmes Press, 1997, p.181.
③ Pierre Bayle, *Mr. Bayle's Historical and Critical Dictionary*, III, Routledge/Thoemmes Press, 1997, p.485.
④ Pierre Bayle, *Mr. Bayle's Historical and Critical Dictionary*, I, Routledge/Thoemmes Press, 1997, p.LXVI.
⑤ Charles Olney Cook, "The Problem of Certitude in the Historiography of Pierre Bayle and Voltaire", PhD dissertation of University of Wisconsin-Madison, 1976, p.165.
⑥ Pierre Bayle, *Mr. Bayle's Historical and Critical Dictionary*, V, Routledge/Thoemmes Press, 1997, p.531.
⑦ Pierre Bayle, *Mr. Bayle's Historical and Critical Dictionary*, IV, Routledge/Thoemmes Press, 1997, p.863.

调史学家的修养,清醒地认识到"他们会根据自己的想象增添一些内容,或是根据自己的意愿美化或丑化一些历史"①。"史学家能够具备镇静沉思能力、敏锐的判断力、明确的表达、足够的信心、完全的正直、翔实可靠的材料。"②"一个出色的史学家必须认真谨慎地拿捏词句,不能让读者去猜他著作中词句的意思。"③"意译著作是翻译者个人理解的著作,而不能反映原文作者想要表达的思想。"④"翻译应排除模棱两可的表达,因为含糊的表达会导致读者无法正确理解作者的思想。"⑤他也重视史学家的策略,认为:"不要去相信那些接受重要人物恩惠的史家所写的历史,特别是撰写他们恩人的历史。"⑥"如果我们能知道史家属于哪个党派,也许我们便可判断他所褒扬和贬低的情感文字。"⑦"不能放松对所用材料的检查和思考。"⑧不标注史料来源,"其实这可视为抄袭"⑨。

至于为什么他要特别批判《圣经》,除了上述原因外,还跟他受到宗教迫害有关。路易十四时代,天主教不断镇压新教徒,宗教迫

---

① Pierre Bayle, *Mr. Bayle's Historical and Critical Dictionary*, IV, Routledge/Thoemmes Press, 1997, p.863.
② Ibid., p.861.
③ Ibid., p.211.
④ Pierre Bayle, *Mr. Bayle's Historical and Critical Dictionary*, I, Routledge/Thoemmes Press, 1997, p.147.
⑤ Ibid., p.510.
⑥ Pierre Bayle, *Mr. Bayle's Historical and Critical Dictionary*, III, Routledge/Thoemmes Press, 1997, p.148.
⑦ Pierre Bayle, *Mr. Bayle's Historical and Critical Dictionary*, I, Routledge/Thoemmes Press, 1997, p.233.
⑧ Pierre Bayle, *Mr. Bayle's Historical and Critical Dictionary*, III, Routledge/Thoemmes Press, 1997, p.485.
⑨ Pierre Bayle, *Mr. Bayle's Historical and Critical Dictionary*, IV, Routledge/Thoemmes Press, 1997, p.711.

害的情况尤为严峻。贝尔出生于胡格诺教徒家庭,从小就接触新教教义。1669年,他改宗天主教,一年后又皈依新教;1681年被迫逃亡荷兰,从此再未踏上故土。1682年,贝尔化名"Pierre Le Blanc"出版《对曼堡先生加尔文教史的评论》(*Critique generale de l'Histoire du Calvinisme de Mr. Maimbourg*),抨击法国历史学家曼堡对新教徒的恶意诽谤。1685年,他的哥哥雅各布受到牵连,被捕入狱,最终死于狱中,这促使贝尔开始思考宗教宽容的重要性和宗教信仰狂热的危害,并在《哲学评论》中提出宗教宽容思想。

### 三、《历史与批判词典》的学术地位和影响

后世学者对贝尔的学术地位评价很高。费尔巴哈说:"人们在这部专著中发现,培尔的全部思想以一种可以理解的方式被陈列出来;无论对哲学或者对人类史来说,培尔都保存着一种经久不逝的价值。"① 汤普森说:"(贝尔)是《圣经》的'高级批判'的先驱。"② 古奇说:"贝尔始倡了以怀疑的眼光看待证据和传统的风尚。"③ 卡西勒(Cassirer)则赞赏贝尔实事求是的精神,"为事实而爱事实,醉心于细节,是培尔天性中高度发展的特征"④,称他是"最细微的琐事的最细微的考察家"⑤,"是真正的历史学家的所有

---

① [德]费尔巴哈:《费尔巴哈哲学史著作选》第三卷,涂纪亮译,商务印书馆1984年版,序言第1—2页。
② J.W. Thompson, *A History of Historical Writing*, Vol.2, Macmillan Company, 1942, p.61.
③ G. P. Gooch, *History and Historians in the Nineteenth Century*, Longmans, Green, And Co., 1913, p.7.
④ [德]卡西勒:《启蒙哲学》,顾伟铭等译,山东人民出版社1988年版,第197页。
⑤ 同上书,第198页。

美德的传播者和生动体现"①。

这里举几个例子表明贝尔对后世的影响。

贝尔依据犹太法典的编排风格,按字母顺序编排词条,每个词条分为正文和注释部分。正文部分纯粹记载史事,属于"历史"部分,简单明了;注释部分是大段评论,属于"批判"部分。《历史与批判词典》的编排体例直接影响了狄德罗、达兰贝尔、伏尔泰等人在编写《百科全书》时采用叙事和评论相结合的方式。

伏尔泰"非常熟悉皮埃尔·贝尔的全集,这对他的观点的形成产生巨大的影响"②。他批判《圣经》和古典著作,抨击轻信的史学家将"人们嗤之以鼻的无端猜测搜集于他们的历史著作之中"③,指出应像贝尔一样时刻牢记"我们相信谁?……至少我们可以存疑"④。休谟也一直关注贝尔的著作,他曾有本读书笔记,记载了40段他人著作的经典语录,其中有18段选自贝尔的著作。⑤ 有论者称:"贝尔的著作中虽然到处充满着对历史记载的怀疑和疑问,但不可否认他是一个对历史热心的史学家,休谟无可厚非地继承了贝尔对历史热心且怀疑的方式。"⑥费尔巴哈《比埃尔·培尔对哲学史和人类史的贡献》大段引用《历史与批判词

---

① [德]卡西勒:《启蒙哲学》,顾伟铭等译,山东人民出版社1988年版,第202页。
② [俄]阿尔塔莫诺夫:《伏尔泰传》,张锦霞、苏楠译,商务印书馆1987年版,第22页。
③ [法]伏尔泰:《风俗论》下册,谢戊申等译,商务印书馆1997年版,第271页。
④ [法]伏尔泰:《风俗论》上册,梁守锵译,商务印书馆1995年版,第223页。
⑤ David Hume, *Dialogues Concerning Natural Religion and Other Writings*, ed. Dorothy Coleman, Cambridge University Press, 2007.
⑥ Harry M. Bracken, "Bayle, Berkeley, and Hume", *Eighteenth-Century Studies*, Vol.11, No.2, 1977.

典》的内容,致力于解读贝尔的思想:"通过这部著作,培尔仿佛被人重新发现。"①费尔巴哈因此走向更彻底的宗教批判之路:"通过这部关于培尔的著作,费尔巴哈必然被引向对宗教问题作出划时代的解决,而在这里已经显现出解决办法的大致轮廓。"②汤因比则在《一个历史学家的宗教观》中以附录形式大量引用《历史与批判词典》中的材料和贝尔的观点,意在反思宗教、宗教宽容对于西方文明发展的意义。

---

① [德]费尔巴哈:《费尔巴哈哲学史著作选》第三卷,涂纪亮译,商务印书馆1984年版,序言第1页。
② 同上书,序言第2页。

# 第 36 论

# 批判大革命的《旧制度与大革命》

托克维尔(Alexis de Tocqueville,1805—1859 年)经历法兰西第一帝国、波旁复辟王朝、七月王朝、法兰西第二共和国、法兰西第二帝国,其生活时代是法国乾坤颠倒、时光逆转、令人目眩的时代,可是他以异乎寻常的冷静剖析法国大革命,于 1856 年出版《旧制度与大革命》(L'Ancien Régime et la Révolution)。

## 一、《旧制度与大革命》的宗旨

如何看待法国大革命?从其爆发直至当下,整个世界并未取得完全一致的观点和结论。

托克维尔生活在大革命带来的极度动荡之中,他满腹疑问:为何繁荣反而加速了大革命的到来?为什么革命不爆发于苛政最严重的地方相反是最轻的地方?为什么上层社会同情穷人却激起穷人愤怒?为什么文明进步了而农民境遇更糟了?大革命的成就是什么?为什么以推翻旧制度为初衷的大革命却保留了旧制度?

他是位勤奋的学者,阅读 19 世纪的著作、革命前的公告、省议会会议记录、三个等级的请愿书以及政府档案。通过这些阅读,托克维尔获得了惊人的发现:大革命发动者本来希望与旧制度彻底决裂,结果却不自觉地利用了旧制度,并传承其感情、习惯与思想。

毋庸置疑,大革命的初衷是要建立平等、自由和民主的社会,然而却打着民主、自由的幌子,施行着比旧制度更为专制的弊政,甚至取消了国民自治权、思想自由、言论自由和写作自由。这是多么绝妙的讽刺啊!

托克维尔的著述目的高尚,他说:"我的目的是要绘制一幅极其准确而又具有教育作用的图画。因此,每当我在先辈身上察觉到那些我们几乎丧失却又十分必要的刚强品质——对伟大事物的热爱、真正的独立精神、对我们自身事业的不朽信仰时,我便使其突出;同样,当我在那个时代的法律、思想、风气中发现侵蚀过旧社会,并且如今还没有消失甚至仍在折磨我们的某些弊病的苗头时,我也会特地将它们揭露出来,以便人们能够把这些东西在我们身上产生的恶劣结果看个仔细,从而懂得它们继续在我们身上作恶的可能性。"①

事实上,他揭示了最为猛烈摧毁贵族制度的国家恰恰产生了专制制度,而专制制度毁灭自由,助长社会原本就存在的种种弊端,导致极端个人主义和自私自利。因此,他推崇自由:"除了自由之外,别无他物能在这样的社会中与社会固有的种种弊病进行顽强的斗争,使社会不至于沿着一条斜坡滑到毫无退路。"②他呼唤自由:"当自由受欢迎时,我表达了对自由的热切赞美;当自由遭抛弃时,我却仍旧矢志不渝。"③

## 二、托克维尔关于大革命的见识

托克维尔提出,大革命根本和最终的目的并非要摧毁宗教权

---

① [法]托克维尔:《旧制度与大革命》,王千石译,九州出版社2012年版,前言第5页。
② 同上书,前言第7页。
③ 同上书,前言第8页。

力。他认为,反宗教在大革命中突出却稍纵即逝,是革命前思想和激情的短暂衍生,而不是大革命自身的特征。教会在自我改造,社会、法律、政治等问题成为革命的焦点,教士们从一切与他们同时毁灭的东西中分离出来,教会的影响力惊人地在人们的精神中日益恢复。宗教不是民主社会的敌人,它扎根于人们之中,对民主社会有利,引导人们不信任宗教,"这简直让人无法理解"①。

托克维尔提出大革命的本质特征并非无政府主义。他认为,那些有能力领导大革命的人把国民议会通过的法令看成有利于君主政府的,革命不仅希望改变旧政府,而且要废除旧的结构,表面上是无政府主义,却创造了新权力。"这个新政府与它所推翻的任何政府相比,却显得异常强大。"②托克维尔提出大革命是宗教革命形式下的政治革命。他认为法国革命没有国界,像宗教革命一样传播,一样通过语言和传教深入人心。大革命抽象地看待人、公民和社会。它已崛起为崭新的宗教,但宗教重来世,革命重现世,没有上帝、礼拜,却像伊斯兰教那样"让其士兵、使徒、受难者几乎占领了整个世界"③。

托克维尔提出大革命的目的和成就。他说:"摧毁几个世纪以来绝对统治欧洲绝大部分人民的、一般被人们称为封建制度的那些政治制度,代之以一种更为简单、以人人平等为基础的社会政治秩序,即是这场革命的目的。"④至于大革命的业绩,托克维尔说:"大革命通过一番痉挛式的痛苦努力,直截了当而大刀阔斧,可以说无所顾忌地突然完成了本来需要自身一点一滴长时间成就的事

---

① [法]托克维尔:《旧制度与大革命》,王千石译,九州出版社2012年版,第9页。
② 同上书,第10页。
③ 同上书,第5页。
④ 同上书,第19页。

业。这就是大革命的业绩。"①

托克维尔批评启蒙学者对中国政治体制的推崇。他说:"既然无法在周围找到任何与这种理想符合的东西,他们就深入亚洲去寻找。我毫不夸张地说,所有人都在他们著作中,对中国大加赞赏。只要读他们的书,就一定会看到他们对中国的赞美;因为缺乏对中国的了解,他们对我们讲的其实全部是无稽之谈。那个被小部分欧洲人摆布的虚弱而野蛮的政府,却是他们眼里应该被世界各国仿效的最完美的典范。这个中国政府在他们心里好比后来的法国人心里的英国和美国。"②

### 三、揭示大革命违背初心

托克维尔的思想有利于今天的人们重新认识法国大革命。他告诉后人,法国大革命并不像一般教科书所说的那样具有历史意义和进步性:"这场革命确实摧毁了那样多与自由背道而驰的制度、思想、习惯,但同时它也废除了那样多自由所赖以生存的东西,这个时候我便倾向于认为,如果当初专制君主可以着手完成革命,那么它还有可能使我们有发展成一个自由民族的那天,但是以人民主权的名义并由人民进行的革命,却完全断绝了这种可能性。"③大革命前,法国管理体制混乱,中央有御前会议或者政府委员会,有总监,地方有总督和总督代理,贵族享有荣耀但不参与管理,领主以外的管理者承担不起领主的义务。因此大革命中跟大革命前一样保留中央集权,却又无法有效实施地方治理,官员享有司法豁免权,官僚主义盛行,效率低下。这导致革命完成后未能实

---

① [法]托克维尔:《旧制度与大革命》,王千石译,九州出版社2012年版,第20页。
② 同上书,第135页。
③ 同上书,第137页。

现令人神往的理想。一言以蔽之,大革命违背了初心。

大革命后,封建制度是废止了,但是其中恶的东西更为突出。大革命前,法国有许多小地主,贵族在地方上享有特权,他们所要承担的责任却由自耕农来承担,以至于小地主虽然肩负着繁重的劳役,但是之前在领主制下并没有感受到直接的盘剥。官员享有豁免权,大革命前,政府必须依靠不合法和专横的手段来保护政府官员,而大革命后,这些全部变得合法。

大革命扳倒了旧信仰,却没有建立起新的精神家园,引起思想混乱。托克维尔告诉人们,法国大革命前,政府厌恶民众以任何方式干预政府事务,但是允许学术自由,结果启蒙思想得以风行。过去,哲学家在世俗政府中树立的思想,被教会用于治理教会的各项原则抵消,然而大革命中宗教法规被废除,民事法律被推翻,作家们虽然提供了思想,却也把自己的情绪和气质传递给了人民。国民缺乏实践认知,"当国民开始行动,那些文学习惯居然被照搬到了政治里面"①。"人类精神可以说不再保持常态;没有什么东西可以依附,也没有什么地方可以栖息,革命家们仿佛属于一个陌生的人种,勇敢几乎变成了疯狂。"②这也说明若无新的精神家园,则应谨慎扳倒旧信仰。

中央政府和首都影响过大,地方管理之间没有中间地带,法国大革命不仅没有解决旧问题,还产生了新问题。大家普遍认为没有国家的介入就无法完成任何重要任务,但事实上,中央政府和公共生活之间没有任何中间地带,才导致了中央政府直接卷入社会矛盾之中。同时,由于大革命之前首都急剧扩张、影响力大,因此一旦巴黎政府垮台,就会导致全国迅速崩溃。

---

① [法]托克维尔:《旧制度与大革命》,王千石译,九州出版社 2012 年版,第 122 页。
② 同上书,第 130 页。

社会不公平成为综合性弊端。革命前和革命中,法国社会发生分裂,存在严重的不平等,贵族、富人享有特权,歧视平民,富人歧视穷人,而国家政权不断失信于民。特权者互相揭发,同情人民,可是人们意识到正是他们的上司给他们带来痛苦,他们受到侮辱、蔑视。上层"有意刺激大众不满,而非满足其需求"[1],结果激起人民的愤怒。上层社会分成若干小圈子,这是国家的凶兆。学者仅关心言论自由,贵族只关心不被控制,教士反对被奴役,资产阶级谋求工商业自由,可是农民并未因文明的进步而改善境遇。贵族支持人文学者,路易十六不相信贵族而相信资产阶级,他们之间产生隔阂,变得冷漠,缺乏应对危机的精神准备,难以形成应对突发事件的有效机制。

此外,大革命不尊重应该尊重的事物也酿成了恶果。托克维尔揭示,法国大革命中,老事物得不到尊重,人们得到的印象是没有什么新事物不能去尝试。他还指出,私有财产得不到尊重,要为公共利益让路,而这一理念却被反用,成为有些人谋取私利的借口。

权力抵触、公共事务混乱,人们无所适从,以至于酿成大祸。大革命由有教养的人准备,却由有无教养的人执行,加之没有经验,又随时会被别有用心的人借着改革之名谋取私利,结果每个人都不方便,每个人都受到伤害。因此可以说,新政府"本来想改善一切,到头来却弄得一团糟"[2]。总之,托克维尔提出的主要问题,用中国传统术语可概括为盛衰、满损、盈而亏、通变等。他的论述让世人认识到,革命违背初心则是一场灾难,改革一旦成为牟利的工具,那就是一场悲剧。

---

[1] [法]托克维尔:《旧制度与大革命》,王千石译,九州出版社2012年版,第149页。
[2] 同上书,第161页。

# 第 37 论

# 揭示美国史学真相的《历史的真相》

《历史的真相》(Telling the Truth about History)是由三位美国女性史学家写成的,她们是加州大学洛杉矶分校的乔伊斯·阿普尔比(Joyce Appleby)、宾夕法尼亚大学安柏格历史讲座教授林恩·亨特(Lynn Hunt)、美国社会研究新学院的玛格丽特·雅各布(Margaret Jacob)。"这本书所关注的问题是,历史学与真理是什么关系?历史学是否能做到客观,从而反映真实的过去?"[1]从中可以窥见美国战后史学对传统的反动。

## 一、科学的负效应与历史进步观的动摇

在西方,历史进步观念由来已久,但在文艺复兴后由于思想家们的共同努力,它才被确立为居支配地位的历史观。正如有的史学家所言:"在西方,近代意义的历史理论发端于文艺复兴时代。从这开始,我们可以看到,西方历史学家表现出了一种与日俱增的

---

[1] 刘北成:《中译本前言》,载[美]乔伊斯·阿普尔比、林恩·亨特、玛格丽特·雅各布:《历史的真相》,刘北成、薛绚译,中央编译出版社1999年版,第2页。

历史发展的进步观念,从波丹到康德,无不如此。"①

所谓历史进步的观念就是"人类历史是服从于进步的必然规律的,换句话说,它所创造的社会组织、艺术和科学以及诸如此类的新品种的形式,每一种都必然是对前一种的一项改进"②。美国战前的历史学服膺的就是这种历史发展方向上的理论。然而两种情况可构成对历史进步观念的怀疑:由于历史进步观是建立在自然进步观基础之上的,因此当科学的发展导致对自然的破坏,从自然中再也看不出进步的迹象,历史进步说便不攻自破了。人的道德在某一时期比以往任何时期都表现得更粗暴和毫无人性,历史进步就在这里停止了。20世纪科学的发展与运用恰恰满足了这两个条件。

20世纪以来,地球上的生态平衡由于科学所带来的工业发展而遭到破坏,许多物种濒临灭绝,水资源严重污染,地下资源被丧心病狂地开采,臭氧层遭到严重破坏,整个自然界开始进入无序状态。再看人类自身,化学武器、生物武器、核武器被用于军事防御和进攻,无数在上帝面前平等的子民被另一批同样是上帝的子民所杀戮。从第一次世界大战到第二次世界大战,从越南战争到中东战争,从海湾战争到科索沃冲突,无不说明人类的毫无理性与道德。这样,历史进步观念的两块基石被抽掉了。"20世纪的西方文明已经产生了技术空前高超的灭种屠杀。进步、民主、客观知识、现代化似乎不再是齐步走向造福人类的目标了。"③

---

① 张广智、张广勇:《史学,文化中的文化——文化视野中的西方史学》,浙江人民出版社1990年版,第180页。
② [英]柯林武德:《历史的观念》,何兆武、张文杰译,商务印书馆1997年版,第442页。
③ [美]乔伊斯·阿普尔比、林恩·亨特、玛格丽特·雅各布:《历史的真相》,刘北成、薛绚译,中央编译出版社1999年版,第7页。

具有讽刺意味的是,美国居于主流地位的历史学存在着严重的种族歧视,除了印第安人、黑人和亚裔在历史上被歪曲或悄然抹去外,那些先来的白人——已经美国化的西欧人在史书中也对后来从南欧和东欧迁来的移民抱有敌意。而这一做法恰好是从达尔文那里推论出来的,即本族群以外者均为劣等人。美国史学自身在历史进步问题上存在悖论。这些使战后美国社会史研究蔚然成风。此类社会史成果并非按照传统史学的做法,以为社会历史按照某种既定的方向发展、和人类社会具有共性,相反强调了特殊性。三位史学家写道:"几乎两个世纪以前,历史学家开始从回顾过去中寻找社会发展的法则。早先人们对于这种做法怀着信心,如今取而代之的是质问是否有这种法则存在的怀疑态度。人类进程的不确定如今似乎比进步不可阻挡的确定性较为可信。人的作用、偶发事件、放弃而未走的路,这些本是小说家和诗人的灵感来源,现在却转回来迷惑历史学者了。"①

## 二、塑造国家形象与史学客观性的丧失

美国一直在以历史学为工具向世人塑造自己自由、民主、进步的形象。事实上,那些主流史学的制造者们一直在撒谎,至少是有意识地隐瞒或忽略了许多历史事实。美国作为一个独立国家,起初是缺乏民族精神的:"那时候的美国没有一个统一的族裔世系,没有一个公认的教会提供统一的仪式,没有共同的历史背景,只有一个大家都参与的反叛行动。"②那时的美国社会是多样的,必须建立有认同感的民族,问题是按何种标准来建立。结果,18世纪

---

① [美]乔伊斯·阿普尔比、林恩·亨特、玛格丽特·雅各布:《历史的真相》,刘北成、薛绚译,中央编译出版社1999年版,第140—141页。
② 同上书,第78页。

末19世纪初的美国历史书编写者"把启蒙运动的知性挑战与民族主义的要求融合起来,以大预言家的姿态来看美国的历史,并预言世界上的受压迫者终将摆脱压迫而获得完整的人权"①。但是他们忽视了来到美洲的2万名欧洲清教徒的贡献,而且抹杀了白人对印第安人的奴役与驱逐。乔治·班克罗夫特在19世纪中期出版《美国史》,古奇评价说:"班克罗夫特所表达的是一个新生民族的思想,同时也表现这个乐观时代的一切自足思想与饱满情绪。"②然而,就是这么一本书回避了奴隶制,把美国在北美大陆的扩张说成为侍奉上帝与完成国家目标而进行的、民主的民间运动;只有美国才能承担率领全人类的大任。更有甚者,有人把黑人视为他类:"当时的小学教科书说,黑种人是'畜生般的人,除了身形之外无甚人性'。"③

关于美国宪法,南北双方是有意见分歧的,北方人把它视为永恒正义原则的一个独特彰显,而南方认为它是可以废除的契约。由于北方的胜利,宪法被"说成既是人民主权的崇高表现,又是真正文明秩序原则的具体体现"④,南方的声音在历史著作中被湮没了。关于历史上美国领土的西扩,是以驱逐和杀戮印第安人并霸占其土地为手段的。然而,从19世纪末到20世纪前半期盛极一时的特纳边疆学派在史书中涉及印第安人时,却把印第安人看成促进美国人团结的因素。特纳说:"印第安人是共同的危险,所以

---

① [美]乔伊斯·阿普尔比、林恩·亨特、玛格丽特·雅各布:《历史的真相》,刘北成、薛绚译,中央编译出版社1999年版,第88页。
② [英]古奇:《十九世纪历史学与历史学家》,耿淡如译,商务印书馆1989年版,第641页。
③ [美]乔伊斯·阿普尔比、林恩·亨特、玛格丽特·雅各布:《历史的真相》,刘北成、薛绚译,中央编译出版社1999年版,第94页。
④ 同上书,第106页。

需要共同行动。"①又把西部印第安人的消灭用达尔文主义加以解释,他说:"征服就是拓荒者的第一个理想,他的任务就是为了获得生存的机会而与自然搏斗。"②关于南北战争,主张白人至上的南方人虽然解放了奴隶,却以暴力和恐怖手段迫使已是自由之身的非裔美国人重新回到奴隶般的状态,私刑变成普遍用来惩治非裔美国人的法律,到20世纪初,私刑的总数以千计,然而"南北战争过后的历史学家都很谨慎地将这种可耻记录掩盖起来"③。此外,即使在白人中间,妇女也被视为天生有缺陷而依赖于男人。总之,"在19世纪之时,美国历史也和美国一般知识活动一样,围绕着有成就的男性白种新教徒的轴心转,他们的特征就变成了全人类的理想"④。

颇具讽刺意味的是,班克罗夫特接受的是德国兰克历史学方法训练,并获得博士学位。他使用科学的研究方法,揭橥客观主义,却写出如此不公正的历史。那么特纳呢?艾伦(Allen)以自己在德国学来的客观主义方法训练特纳,后来特纳的博士论文导师赫伯特·巴克斯特·亚当斯也是一位服膺兰克的史学家,可是客观主义泽被下的特纳也未写出一部客观的历史。难怪怀疑主义者认为:"历史知识只是为某些利益而建构起来的意识形态,历史是可确立并加强群体认同的一连串神话。"⑤他们要从被认为更符合多样化社会价值观的视角重新撰写历史。

---

① 杨生茂主编:《美国历史学家特纳及其学派》,商务印书馆1984年版,第17页。
② 同上。
③ [美]乔伊斯·阿普尔比、林恩·亨特、玛格丽特·雅各布:《历史的真相》,刘北成、薛绚译,中央编译出版社1999年版,第114页。
④ 同上书,第118页。
⑤ 同上书,第8页。

## 三、科学英雄主义的解构与实证主义的尴尬

所谓科学英雄主义是指把科学等同于理性,认为科学是不讲私利、没有偏袒的,如果严格遵循它的指示,将保证我们这个世界不断进步。这一信念是从启蒙运动中流传下来的,培根的经验主义把自然界的经验与寻求实用性相结合,笛卡尔把自然界的每一运动或改变看成机械力的作用,牛顿的工作则巩固了从数学与机械角度理解自然界的新科学方法。孔德信仰科学的绝对真理性,提出了实证主义思想,在其影响之下,形成了在西方影响巨大的实证主义史学。这些学者认为历史具有规律性,历史学在揭示历史规律时理应表现得像自然科学那样具有科学性。他们从文献与文献所揭露的事实入手,按照科学范型归纳出普遍性结论。达尔文就使用实证的方法归纳出他的自然选择法则。在美国,主流史学多为实证主义的。

然而自20世纪60年代起,由于科学史的研究引进了社会因素的诠释,科学英雄主义随之解构。首先为这种解构打开方便之门的是库恩(Kuhn)《科学革命的结构》(*The Structure of Scientific Revolutions*)(尽管他是无意的),用社会因素解释科学革命起源的命题。在他的引导之下,60年代产生了一批外在派科学史研究者,他们试图寻找在科学家的环境里起作用的、更重大的利益旨趣和价值观。于是科学的英雄倒下了,这里有两个典型的例子。

一个是关于牛顿的。牛顿自17世纪以来被人们视为理性的化身,人们通过研究那些未曾发表的牛顿文稿发现,不论研究太空星球还是微量化学物质,牛顿都是为了证实上帝的创造力与永续威力,而且牛顿把他私下进行的炼金实验看得同物理学研究同样严肃。牛顿的成就完全是宗教价值观所驱使的结果。另一个是关

于达尔文的。人们通过研究发现,达尔文提出进化理论是有思想渊源的。他受语言学界诠释学影响,力图从过去时代的遗物中解释出道理来。他还受马尔萨斯人口理论的启发,赞成低下的人应禁欲,去工作,不要依赖中上阶级的慈善施舍。加之达尔文又是自由派的辉格党,提倡自由竞争。这样,他在生命研究中提出自然选择、优胜劣汰的理论。

再看现实中的科学,那些"披着无私心的中立外衣的核物理科学,一直在为冷战斗士们服务"①。可见科学并没有摆脱立场,恰恰相反,它有着明显的社会倾向。

需要进一步讨论的是,那些在历史上长期为人们所景仰的科学家的工作成果为何人所利用?又产生了怎样的后果?事实上,这些成果被资产阶级所利用,为自己挣得了无数的财富。科学导致机械时代到来,导致立宪、共和民主制到来,同样导致电气时代、信息时代到来。掌握这些科学的资产阶级成为社会中的实力派,控制了本民族内部的利益分割,构成了对其他民族利益的威胁与侵略。"科学的外表装饰掩盖不了毫不留情的利益追逐。"②这样,"科学丧失了原有的无邪,它不能被称为不讲主观价值了,反之,它被看作是用价值观编造出来的,传递自然法则的同时也传播文化。甚至仍存在于科学中的真理也变了质,变得比较暂时性、较不绝对,不是18世纪受启蒙的人赞颂的模样了"③。

由此,自命为科学而雄心勃勃要发现历史规律的实证主义史学,因受科学的牵连而受到怀疑与反动,陷入尴尬的境地。

---

① [美]乔伊斯·阿普尔比、林恩·亨特、玛格丽特·雅各布:《历史的真相》,刘北成、薛绚译,中央编译出版社1999年版,第144页。
② 同上书,第11页。
③ 同上书,第5页。

## 四、后现代主义与史学的多元化

尽管人们一般把后现代主义追溯到尼采,继而是海德格尔、福柯和德里达,但后现代主义的内涵仍是无法说清的。正如沃·威尔什所言:"'后现代'作为一个口号固然尽人皆知,但它作为一个概念,含义既丰富又模糊。"①

就历史而言,后现代主义认为历史著作只是关于历史的话语或文本,人们无法认识真实的历史。在福柯眼里,真实或真理包藏着权力意志的话语,因而抨击历史主义和实证主义。至于德里达,人在面对无休止的符号游戏时竟还在寻求叫作"真实"的东西令他质疑,他提倡一种叫作"解构"的阅读法,旨在揭示所有文本压抑的东西和表达的东西一样多。上文已及,美国的史学史表明,美国史学作为有成就的白人男性清教徒的话语压抑了妇女、非裔和亚裔等少数族群的声音。福柯、德里达等人的声音无疑起了振聋发聩的作用。如今,"在每一个知识和生活领域,过去那种一统性、封闭性和规范性均已失效。这种多元性强调而不是企图抹杀或消灭差异,主张的范式并行不悖、相互竞争,因此它是一种彻底的多元性。"②

早在20世纪30年代,贝克尔和比尔德就鼓吹历史学中后现代主义的做法,主张人人写自己的历史,但并未形成强劲的势头。70、80年代,美国高校民主化,少数族群和妇女开始接受高等教育并且参与历史写作。他们的历史著作挑战过去的霸权话语,所写内容偏离精英人物的历史而转向文化史。就美国历史学会而言,

---

① [德]沃·威尔什:《我们的后现代的现代》,载《后现代主义》,赵一凡等译,社会科学文献出版社1999年版,第45页。
② 同上书,第47页。

历任主席各有不同的背景,来自不同的研究领域,彼此很难找到共同的主题。他们中间虽有少数传统史学的卫道士,但更多的是新史学的代表人物或支持者。这样,美国出现了普遍流行的文化史研究。

文化本身内容庞杂,因而文化史包括性史、男同性恋和女同性恋史、家庭史、人口史、社区史、企业史、城市史和监狱史等。其方法是多样的,除传统方法外,还有许多跨学科方法,形成新经济学史、新政治学史、新社会学史和新心理学史等。它所叙及的历史人物有黑人、印第安人、亚裔以及白人工人、农民等,并以他们为中心来考察和解释整个美国史。"近年来的美国历史已经是四分五裂,倒不是真实性不如早先的单纯历史,而是内容脱离了以前那个简化了的故事。"①

---

① [美]乔伊斯·阿普尔比、林恩·亨特、玛格丽特·雅各布:《历史的真相》,刘北成、薛绚译,中央编译出版社1999年版,第276页。

# 第38论

# 比较视角下的《20世纪历史学与历史学家》

一睹彼得·波克(Peter Burke)《20世纪历史学与历史学家》(*The Histories and Historians in the Twentieth Century*),首先使人联想到其先学古奇享誉世界的《十九世纪历史学与历史学家》,及其同时代的伊格尔斯同样影响巨大的《二十世纪的历史学》(*Historiography in the Twentieth Century*)。古奇和伊格尔斯都是以一人之力完成体现自己构思的专著,而波克借众人之手以成书[①],因此严格说来,它只是众人论文的结集,在这个意义上与古奇或伊格尔斯之书不可同日而语。但是将三书进行比较可以发现,它们有共同之处,也有不少差别,各有千秋。

## 一、以英国史学为主兼及其他国家

古奇之书从国别上说主要论述德国、英国、法国史学,这三国在全书28章中分别占7章半[②]、6章和5章,同时也述及美国和其

---

① 参与该书写作的同事有 Miri Rubin, Peter Clark, C. A. Bayly, Ludmilla Jordannova, E. A. Wrigley, Roy Porter, David Feldman, Stephen Bann 等。
② 第24章"蒙森和罗马史研究"的前半部分论述了德国史学家蒙森,故有7章半之说。

他小国①。伊格尔斯所述史学也不限于一国,主要涉及德国、法国、英国、美国、比利时、意大利,偶尔也涉及波兰和俄罗斯,这一点很像古奇,只是又不如古奇广大。即使在对几个主要国家——英国、美国、德国、法国进行论述时,他也是有所偏重的,突出德国史学。全书除导论外共计11章,有5章半是关于德国的②。这一点又使他同古奇区别开来。

而波克之书主要叙述英国的史学成就。当然,它也时而涉及其他国家的史学。例如,米利·鲁宾(Miri Rubin)论述了英国史学家的中古研究。他指出,人们对于中古时代有两种截然相反的态度,一种认为它是清朗的开放社会,另一种认为它是难以看清的浑浊社会。这里,鲁宾就提到法国年鉴学派创始人之一马克·布洛赫。她说:"对马克·布洛赫而言,中古不是那种作为一个问题的中古,而是历史自身就其特性而言就是历史问题。他敏捷而动人地描写了12世纪的北部法国,就像他描写自己曾经作为一个战士所经历的第一次世界大战,或者更近的对于法国的摧毁性占领那样。"③再如彼得·克拉克(Peter Clark)在论述英国的城市史学时,追述了整个城市史学的起源,认为德国的影响是非常重要的。他指出,从19世纪20年代到30年代,无论民主的还是保守的德国学者都关注中世纪城镇中的法律、政治和经济制度与组织的职权,弗里德里希·卡尔·冯·萨维尼(Friedrich Carl von Savigny)、亨利·布仑那(Heinrich Brunner)和奥托·基尔克

---

① 这些小国有波希米亚、匈牙利、意大利、西班牙、葡萄牙、瑞士、比利时、荷兰、丹麦、瑞典、挪威、俄国、波兰、希腊等。
② 第7章"从历史唯物主义到批判人类学的马克思主义历史科学"中有一半是关于德国的。
③ Peter Burke, *The Histories and Historians in the Twentieth Century*, Oxford University Press, 2002, p.12.

(Otto Gieke)都有这方面的著作。社会哲学家佛迪南·托尼(Ferdinand Tönnies)关于社团的著作也有着重要意义。这种传统仅仅是第一次世界大战以前德国人研究的一种因素,而城镇化的加速促进了马克斯·韦伯和格里奥·齐美尔(Georg Simmel)所做的更加社会学化的研究。但是,这些在第二次世界大战以前的英国的影响是有限的。当查尔斯·克鲁斯(Charles Gross)在哥廷根做研究的时候,冯·萨维尼和其他人的制度和法学方法论造就了他的观念。同时,梅特兰(Maitland)有着德国女教师培训和旅德的背景,同样精通德国文献。①

## 二、主要关注专门史学史

从体例上说,古奇之书除导论外,第 1 章是对 19 世纪以前近代史学的总体概括,其余 26 章中,第一部分是第 2 章至第 21 章,为国别研究;第二部分是第 22 章到第 27 章,为专题探讨。它被评价为混乱,关键在第一部分,对于重点讨论的德国、英国和法国处理方式不同。对于德国,既专门讨论了史学家如尼布尔、兰克等,又研究了普鲁士学派,还探讨了文献《德意志史料集成》(*Monumenta Germaniae Historica*);对于英国,主要分史学家和史学流派两方面探讨;而对于法国,则主要分学派如浪漫主义学派、政治学派,专题如法国的中世纪时代和旧制度、法国大革命、拿破仑展开。可见,该书没有统一的选择内容的模式。即使在稍微整齐的第二部分,也没有固定的选择模式,国家、人群、专门史等作为章的名字被使用。最不可思议的是,第 24 章本来是叙述罗马史研究的,但为了突出蒙森,题目成为不伦不类的"蒙森和罗马史研

---

① Peter Burke, *The Histories and Historians in the Twentieth Century*, Oxford University Press, 2002, p.40.

究"。因此从编纂学角度说,古奇的著作不够严整。

伊格尔斯对于20世纪历史学的考察是划分为三个阶段的,即早期、中期和后现代主义挑战。他的书中理论色彩浓厚,第一阶段除了论述历史主义外,还论述了德国和美国的历史社会学或者社会历史学。第二阶段论述了法国年鉴学派、联邦德国的批判理论和社会史学、马克思主义历史科学。第三阶段则讨论了叙事史学的复兴、从宏观史学到微观史学、语言学的转向和90年代的展望等。可见,该书每一章都突出了理论问题。

而波克之书除导论外共分10个专题,它们是"中世纪""城市""历史学家和民族国家""东方:1890年以来英国关于亚洲的历史著作""性别""人口历史""疾病和历史学家""阶级""英国的意识史学史""历史学与历史哲学"。比较而言,波克的书体例相当严整。不过,它却忽视了经济史和政治思想史,其出发点并不是要写出百科全书式的著作,而是"把注意力集中在几个主要的话题上"①。

### 三、淡化了社会倾向性

古奇对历史学内容的取舍是有偏向的。他在学术上推崇兰克的做法,在政治上接近自由主义,具有服膺兰克史学方法和英国自由主义的倾向,使得他突出兰克以及与兰克有渊源的史学,而完全漠视马克思主义史学以及与马克思主义史学有着类似倾向的实证主义史学,而且对于有着社会主义色彩的饶勒斯(Jaurès)、哈蒙德夫妇(Hammonds)、韦伯夫妇(Webbs)等人记述简略。关于这一问题,谭英华给出过非常清楚的说明,认为"英国自由主义哲学与兰克史学方法,在尊重理性,不迷信权威,强调知识必须以经验为

---

① Peter Burke, *The Histories and Historians in the Twentieth Century*, Oxford University Press, 2002, p.1.

基础这些方面原有相通之处。古奇在长期的治学工作和政治生活中将二者融会贯通,形成了自己的史学体系:在政治历史观上,坚持温和的自由主义,在史学方法上,遵循兰克的道路"[1]。

伊格尔斯同波克一样,偏见比较少。这也体现在他对待马克思主义史学的态度上。伊格尔斯之书的第七章是"从历史唯物主义到批判人类学的马克思主义历史科学",把马克思主义史学列为20世纪三大史学流派或者思潮之一。他指出:"无论如何,马克思主义对于近代历史科学的贡献是不容低估的。如果没有马克思,那些自命同马克思相对立的许多近代社会科学理论的载体,同马克斯·韦伯的著作一样,将会是不可思议的。"[2]

需要指出的是,伊格尔斯在历史学面临后现代主义冲击时,还是坚守实证主义的立场。他在分析了后现代主义对于历史学的挑战之后认为:"就历史叙述而言,尽管它们使用完全模仿文学的叙事形式,但仍然使人们坚信,要比虚构文学能够在更大程度上描绘或者重建真实的过去。"他说:"就像塞德曼·琼斯(Stedman Jones)所说的那样,这不是用语言学分析代替社会分析的问题,而是考察两者有着怎样关系的问题。"他坚信"一般说来,尽管这一章中所涉及的历史学家强调语言学、修辞学和符号学态度对于政治和经济意识与行为的影响,但是那种'只存在语言,不存在真实'(福柯)的极端立场是没有什么人拥有的。绝大部分史学家还是认同卡罗·史密斯-卢森堡(Carroll Smith-Rosenberg)的话:'当语言学的不同构造社会的时候,社会的差异也建构了语言。'"[3]这

---

[1] 谭英华:《中译本序言》,载[英]古奇:《十九世纪历史学与历史学家》,耿淡如译,商务印书馆1989年版。
[2] Georg G. Iggers, *Historiography in the Twentieth Century*, University Press of New England, 1997, pp.78-79.
[3] Ibid., pp.132-133.

一点似乎同波克等人采用后现代主义某些观点分析问题大不相同。

还须指出,伊格尔斯具有民族倾向性。这除了表现在德国史学篇幅占据大半之外,还表现为过于强调德国史学对于西方史学的影响。他在第 2 章"古典历史主义的危机"中对兰普勒希特(Lamprecht)着墨甚多,而对就反传统史学而言具有同样贡献的亨利·贝尔(Henri Berr)和鲁滨逊等人只是一笔带过;在第 4 章"美国的社会史传统"中,似乎应该对鲁滨逊的新史学派有较多的论述,然而令人遗憾的是,他对鲁滨逊等人 20 世纪初的新史学,除特纳的边疆学派外,给予的仅是只言片语,继而大谈马克思、韦伯等人的社会学方法和美国的"新经济史学"。可见,他只对其德国同胞的史学成就不惜重墨。

而波克等人受到福柯的影响,关注史学的建构、解构与重构;还受库恩的科学革命"范式变化"影响,认为没有绝对进步的史学,任何史学所取得的成就都是有代价的。这样,他们在对所论述史学内容进行取舍时少了古奇的偏执,也就能给予马克思主义史学一定的篇幅。例如,波克在"历史学与历史哲学"一章中谈英国学者对于历史的一般解释时,列举了韦尔斯(Wells)、汤因比的理论,接着论述了马克思主义史学家对于历史的解释,他从巴克斯(Bax)说到希尔(Hill)、霍布斯鲍姆、汤普森、希尔顿(Hilton),从《过去与现在》(*Past and Present*)说到《历史创作杂志》(*History Workshop Journal*),从马克思主义史学家和非马克思主义史学家之间的分歧,说到马克思主义史学家内部的"经济主义"和"文化主义"之争。[①] 再如费尔德曼(Feldman)在"阶级"一章中开篇就点

---

[①] Peter Burke, *The Histories and Historians in the Twentieth Century*, Oxford University Press, 2002, pp.243-244.

出,恩格斯所写1844年曼彻斯特的社会状况促使马克思系统阐述历史理论和革命进程理论,也促成了英国史学家对于英国工业革命的关注,阶级问题因而成为历史学的一项重要内容。随后,该书引出霍布斯鲍姆和汤普森对于阶级观念的研究,并且详细分析了两人对于阶级研究的贡献。[①] 不过,他们并没有对马克思主义史学进行具体的价值评论。

---

[①] Peter Burke, *The Histories and Historians in the Twentieth Century*, Oxford University Press, 2002, pp. 181-206.

# 第 39 论

# 《历史中的人生：霍布斯鲍姆传》蕴藏的治史方法

理查德·埃文斯(Richard J. Evans)著《历史中的人生：霍布斯鲍姆传》(*Eric Hobsbawm: A Life in History*)，由韦斯琳译成汉文，中信出版集团 2022 年出版。近日读此书，感到富有学术味，笔调轻松，抓住大处，不失细微，言之有理，持之有据。这里主要不是谈霍布斯鲍姆，而是从此书所蕴藏的治史方法和策略的角度谈几点感受，请师友教正。

**一、考察传主的社会关系之法，可谓典范**

埃文斯告诉世人，霍布斯鲍姆的母亲有教养且持家有方，他的道德观念受之于其母。霍布斯鲍姆 12 岁丧父，13 岁做家教，14 岁丧母，少年孤僻，因家庭而自卑。他与家族成员保持着不间断的联系，叔叔、姨妈对他不薄，获得家族认同。作者考察传主的家庭和家族成员对待传主的态度，其实就是考察他成长的小环境，为理解其成年的思想行为乃至其人生轨迹做好铺垫。霍布斯鲍姆还在意社团认同，参加童子军组织。这也是对霍布斯鲍姆的成长非常有益的事情，因此作者有所着墨。

## 二、批判档案材料,具有治史方法和策略意义

生活经验告诉人们,姓名登录人员出错而导致被登录人改名,这在现实中是常有的事。根据埃文斯的叙述,西方国家也有姓名登录错误的现象,霍布斯鲍姆身上就发生过这类情况。笔者先是感到有趣,之后是惊奇,最后觉得埃文斯在展示一种治史的方法和策略。

埃文斯从户籍档案中发现,霍布斯鲍姆本来姓"Obstbaum",祖父移居伦敦时,户口登记人员自作主张在前面加上"H",漏掉不发音的"t",结果变成了"Hobsbaum"。其伯父的女儿登录户口时又被写成"Hobsborm"。他本人出生时则被登录为"Hobsbawm"。家族成员中还有被登录为"Hobsburn"或"Hobsborn""Hobsbaun"的。

埃文斯是写作高手,这一方面给传记装饰了一抹花絮,增添了史著的趣味,另一方面揭示了档案材料中普遍存在的问题,说明档案不完全可靠,不可迷信档案。由此可以推论,对待以往主要使用档案撰成的史书,千万不可对其可靠性掉以轻心。

## 三、质疑传主自传,具有方法论意义

埃文斯写《历史中的人生:霍布斯鲍姆传》,从霍布斯鲍姆自传性的《趣味横生的时光:我的20世纪人生》里采摘材料,并采取批判态度。

这里有一例。霍布斯鲍姆在《趣味横生的时光》里说他16岁的时候就产生了成为历史学家的自觉。埃文斯考察华威大学现代档案中心所藏的霍布斯鲍姆德语日记,发现没有任何证据能够表明他要成为史学家。还有一例是《趣味横生的时光》里说剑桥共产党的一名领袖玛戈·海涅曼(Margot Heinemann)影响了霍布斯鲍姆的政治倾向,但埃文斯查英国国家档案馆的材料,证明在认识

玛戈·海涅曼之前,霍布斯鲍姆就已经是共产党知识分子了,没有证据能够证明海涅曼影响了他。

历史名人多喜欢写回忆录、自述、自传类文章,这一方面值得重视,另一方面传主也受社会势力、记忆力不准确的限制,难免出现错误与曲笔。怎么办?埃文斯的态度实际上代表了一种方法,即对自传、回忆录一类文献不全信,可以使用日记与回忆录互证。

**四、从语言和信仰角度写历史人物具有策略性**

埃文斯在书中写到霍布斯鲍姆为了写好士兵,就去关注士兵的语言,特别是俚语。这在西方有着悠久的传统,在中国也是这样。

历史上的语言是历史研究和著作中一个非常重要的内容,也是书写历史的一个角度。语言具有社会性和历史性,具体来说具有区域性、行当性和阶层性,写历史人物的语言很能说明人物的心理状况和政治倾向。这其实是历史写作的一个有效策略。

埃文斯揭示,霍布斯鲍姆信仰马克思主义,但不参与共产主义运动,把思想和行为分开看;他倾心苏联但反感斯大林,把国家和个人分开看。埃文斯还指出,霍布斯鲍姆以马克思主义填补自己的信仰性饥荒,以共产党人的身份克服自卑,把贫困当作一种积极的美德。他参加党组织,是为失去父母后实现身份认同,找到归属感,这表明霍布斯鲍姆对信仰的重视。埃文斯还提出,霍布斯鲍姆既有信仰,又有骨气。他是共产党组织中的自由派,非主流的马克思主义者;在共产主义运动低潮时期为马克思辩护、为苏联辩护,这一点非常可贵。霍布斯鲍姆的双重性被展示出来,合乎情理,也很有意思。这可为学界处理类似历史人物时借鉴。

另外,霍布斯鲍姆的一些话特别有见解,这里略举几例:"对历史的基本认识恰恰在于你要和历史保持距离。"①"失败才是最好的历史学家。"②"过时是历史学家不可避免的宿命。"③

---

① [英]理查德·埃文斯:《历史中的人生:霍布斯鲍姆传》,韦斯琳译,中信出版集团2022年版,第580页。
② 同上书,第585页。
③ 同上书,第679页。

# 第40论

# 启蒙时期苏格兰史学派的学术营养

欧洲启蒙时期,一批苏格兰学者,像大卫·休谟、亚当·斯密、威廉·罗伯逊、亚当·弗格森等,立于时代潮头,给予英国特别是苏格兰以世俗性的精神洗礼,除罗伯逊之外,其他均非专职史学家,可是,在其宣示关于经济、政治、社会、文化等方面见解之时,却捡起历史这一有效工具,与历史学结下不解之缘,可称之为苏格兰史学派。这里就其研究所受益的学术遗产做一讨论。

## 一、经验主义与理性主义给予的双重养分

苏格兰史学派是不同学术传统和氛围,特别是英国经验主义和欧洲大陆理性主义共同孕育的结果。

英国经验主义方法对于产生苏格兰史学派具有作用。16、17世纪,自然科学取得突破性进展,并产生了方法论上的意义。培根先后出版《学术的进展》《新工具》等,提出科学的经验认识论,主张以感性材料作为认识的对象和依据。他反对先验的做法,主张把实验和理性结合起来认识世界。在逻辑学层面,他推崇归纳法,主张从大量个别中抽绎出一般结论。又有牛顿出版《自然哲学的数学原理》,洛克发表《人类悟性论》,他们重视观察和实验,把利用新发明改善人类生活作为知识研究的目标,延续了培根的经验主义

方法。特别是洛克,他把培根的经验论进一步发展为人对外部世界的感受即"外部经验"和人心灵自我反省的"内部经验"。这些理论给予我们的方法论启示,在于真理的认识要有大量经验材料为依据,结论可以从具体材料中概括出来,自我认识需要反思与批判。经过培根、霍布斯、洛克、贝克莱,英国一贯的经验主义形成传统,到 18 世纪上半叶,休谟成为集大成者。特别是英国自然科学的发展改变了人们对人类历史的根本看法。这时人们相信人类历史是不断进步的过程,人类社会按照永恒的规律运动,通过人的理性可以认知人自身的历史。在这一传统的濡染下,启蒙时期的苏格兰历史学家"从大量的孤立的史实中,经过归纳、概括、推理,寻找出共同的规律,导引出历史结论。他们也常用抽象的理性观念或抽象的普遍法则,去说明和解释历史,作出总结性的论断"[①]。这表明他们虽然同欧洲大陆同人得出类似的结论,但却是从经验事实出发的。

欧洲大陆理性主义方法对于产生苏格兰史学派也有影响。笛卡尔作为西方近代哲学、解析几何的创立者,先后发表《谈谈正确运用自己的理性在各门学问里寻求真理的方法》《第一哲学沉思录》《自然之光照耀下的真理之后的探讨》等。他认为科学研究建立在怀疑以往结论的基础上,人们依据自己的直觉来获得知识,而且科学知识是精确和可演绎的。尽管后来有人批驳他的这些观点和做法,然而其思想有方法论的意义,它启示人们:认识事物要怀疑现存的甚至权威的结论;真理是明确清晰的认识;可以使用演绎方法来认识事物。这对于启蒙学者的历史认识非常有价值。笛卡尔的思想在产生之时就有一定影响,他死后更在欧洲思想界发挥

---

① 徐正、侯振彤主编:《西方史学的源流与现状》,东方出版社 1991 年版,第 100 页。

了重要作用,"支配了近代早期的知识生活,不仅在他的祖国,而且在其他地方,包括在欧洲大陆,甚至穿越英吉利海峡"①。这些造成重要影响的思想包括:对于各种知识秉持怀疑观点;真实知识的对象是可以被清楚认识和理解的;以哲学指导人们的认识。

启蒙学者信奉和运用理性至上的原则,他们心中的"理性"指人类认识真理的自然能力和这种能力自身所带来的真理认识。恩格斯指出:"他们不承认任何外界的权威,不管这种权威是什么样的。宗教、自然观、社会、国家制度,一切都受到了最无情的批判;一切都必须在理性的法庭面前为自己的存在作辩护或者放弃存在的权利。"②这种思想倾向发展为理性主义,其内容是:用自然神论和无神论来对抗天主教会的权威,以宗教宽容与信教自由来对抗宗教迫害;反对封建专制制度,用资产阶级的政治自由来对抗封建统治阶级的暴戾统治;反对"神授"封建权力,提倡"天赋人权",国家权力属于人民,法律面前人人平等;崇尚知识,提倡科学,力图使人们从中世纪蒙昧主义的桎梏中摆脱出来。理性主义成为启蒙时期历史著作中的主流观念。

启蒙运动不仅极大地促进了社会变革,也推动了史学发展。它以理性主义史学为主要特征,摒弃虚妄的神学史观,相信历史运动的前进性和可预见性,历史进步观念流行起来。伏尔泰、孟德斯鸠、杜尔哥、卢梭、孔多塞、康德等顶尖思想家,都是历史进步学说的秉持者。他们在批判和继承基督教历史进步说的基础上,提出理性主义历史进步学说,认为"这种历史认识比起人文主义史学家

---

① Tad M. Schmaltz, "Introduction", in *Receptions of Descartes: Cartesianism and Anti Cartesianism in Early Modern Europe*, Routledge Taylor & Francis Group, 2005, p. XI.
② [德]恩格斯:《反杜林论》,载《马克思恩格斯文集》第 26 卷,第 19—20 页。

仅满足于探讨所谓人的价值,要深刻得多了"①。这些人中的大多数把理性作为历史发展的基本动力,把历史发展看成理性与愚昧、迷信斗争,并不断走向光明的过程。他们认为理性可以帮助人们认识错误、克服恶行,保证社会趋向完美。这种历史进步观成为启蒙时期历史写作的指导思想。"到了 18 世纪,启蒙思想家不仅牢固地确立了进步的观念,而且通盘考察了人类过去、现在和未来的整个进步过程和趋势,使之成为一种完整的历史进步学说,对以后西方史学和社会学大发展产生了深远的影响。"②

启蒙时期,在经验主义和理性主义的双重滋养下,苏格兰爱丁堡大学和格拉斯哥大学自由主义思想氛围浓厚,教育质量优先,对医学、道德哲学、心理学、化学、历史学、经济学等学科的改革做出了突出贡献。③ 苏格兰教育的发展和人文的昌明催生出一批启蒙史学家,诸如休谟、斯密、罗伯逊、弗格森等,成为这一时期英国史学的主流。他们相信人类通过理性可以弄清一切,包括自然规律、多元的世界文化、各民族社会发展的普遍规律、人类的思维以及感官通过思维而成的观念。就史学而言,这些为苏格兰史学派提供了历史观和方法论启发,他们摒弃基督教神学史观,相信历史进步论,怀疑古典权威的历史写作,慎重对待史料,撰写出整体和总体的历史。

## 二、启蒙时期西方史学的推陈出新

启蒙时期,西方占据主导地位的史学是理性主义史学。启蒙

---

① 张广智:《超越时空的对话:一位东方学者关于西方史学的思考》,北京师范大学出版社 2008 年版,第 221 页。
② 张广智、张广勇:《史学,文化中的文化——文化视野中的西方史学》,浙江人民出版社 1990 年版,第 190 页。
③ [美]彼得·赖尔、艾伦·威尔逊:《启蒙运动百科全书》,刘北成、王皖强编译,上海人民出版社 2004 年版,第 19 页。

学者把哲学引入历史研究，不再把研究局限于政治史、民族史，而是从整体和总体上研究历史。它在西方史学史上的地位可以概括为：批判继承文艺复兴时期的史学，为"历史学世纪"的到来奠定基础。

1. 批判继承人文主义和博学派史学

人文主义史学的人本观念、文献学成就和方法，为启蒙运动时期的史学家所继承。它已经把批判的矛头指向教会，但许多时候又处在教界人士的庇护下；它代表着新生的资产阶级的要求，可是又打着复古的旗号，未免温文尔雅。到了启蒙时代，自由、平等、博爱成为人们的理性目标，促使人文主义史学往前进入理性主义阶段。人文主义史学探讨人的价值是可贵的，并为启蒙运动时期的史学家所继承，但是它对历史规律以及历史进步性考虑不多。在史学内容上，人文主义的地方史和政治史写作也有局限，忽视了历史上的经济和文化，在历史区域上局限于一城一地，没有从更大的范围上考虑世界史体系。人文主义史学的这些不足必须由一种新的史学来打破，这种新的史学就是理性主义史学。启蒙运动时期的主流史学是理性主义的，它仍然张扬人文主义重世俗的旗帜，继续揭露和批判教会的专制、腐化与黑暗，同时确立历史进步的观念，在自然神论的思维框架中相信历史同自然界一样是有规律的，也是可以认识的，为历史学科学化找到哲学的明灯。

博学派史学的贡献与局限也为启蒙运动史学提供了学术条件。历史皮浪主义者的怀疑态度为博学派史学家所延续，进而为理性主义者所继承；博学派史学家重视史料，特别是大量希腊文和拉丁文史料的搜集、整理和出版，为启蒙运动时期的史学家深入研究提供了材料；博学派促进了欧洲国家史学的民族化进程，使得民族性在启蒙运动史学中得以继续加强；博学派史学家提出鉴定史料真实性的方法，也为启蒙运动史学提供了工具。然而，博学者无论新教徒还是旧教徒都是出于宗教论争目的论史的,并不是重视历史的真实性问题;其历史观仍然是中世纪的,其著作中还充满神迹、天意、四大君主国等。博学派史学的不足需要清算,而理性主义史学承担起这一历史重任。启蒙史学家们普遍信奉自然神论,把上帝的作用限制在创造人类里,至于人类如何发展,他们认为上帝不关心。他们普遍强调人在人类历史中的主导作用,同时又构造出一定的规律。某种意义上,启蒙运动史学是文艺复兴时期历史学的人本主义和批判教会的继续和发展,是对博学派神学史观的否定,并确定了后来一个世纪里在人与自然或者人与规律的框架中讨论历史问题的基调。

2. 奠定19世纪科学史学的基础

19世纪是"历史学的世纪",史学的突出现象之一就是史学家力图像自然科学那样追求史学的科学性,因而科学史学发展势头迅猛。其实,这种科学史学的许多要素在启蒙运动时期就已经具备了。

启蒙运动史学是在历史怀疑主义的泽被下发展起来的。他们不仅怀疑中世纪神学史家,而且怀疑古典作家历史写作的真实性。在怀疑精神的指引下,史学家们重新搜集和考订史料,实现史学创新。它是文艺复兴时期历史怀疑精神、博学派质疑态度、博学史学注重史料做法的继续和发展。启蒙运动时期的许多史学家重视史料的考证,重新审视过去史学家的判断。这种历史皮浪主义的做法到了19世纪以后成为科学史学乃至反科学史学最基本的学术追求。

人文主义史学家的历史著作总体上是写城市的政治军事史,偶尔也有人注意到欧洲以外的历史,但是非常罕见;而博学派基本是写教会的编年史、圣徒的传记,或者编辑教会文献,主题单调。启蒙运动时期史学家的整体历史写作突破了局部地区史的不足,其关注社会文化史的做法打破了前两者主题单一性的局限。这种在地域上讲求整体、内容上追求综合、视野上推崇总体的表现,成为19世纪实证主义史学的核心主张。同时,具有哲学意味的历史学成为实证主义史学的先驱。笛卡尔在批驳阿格里帕对科学和艺术的攻击时,加剧了历史知识不可靠的意识。在维柯反笛卡尔怀疑上帝的论述中,历史俨然于自然中是有规律的,这样赋予各地人类历史以共性,似乎历史知识也是可以演绎的。如果说维柯的做法停留在历史哲学层面,那么伏尔泰及其影响下的史学家们则把哲学用于历史的研究。发现公理、规则或者规律,恰好是实证主义史学的一种学术倾向,这同启蒙史学家的影响分不开。因此从这些意义上说,以伏尔泰为代表的理性主义史学是后世实证主义史学的先驱。

而苏格兰启蒙学者的史学观念受法国学者孟德斯鸠、卢梭、伏尔泰等人的影响,成为理性主义史学的一个重要分支。

# 第41论

# 启蒙时期苏格兰史学派的"推测史学"

苏格兰史学派像欧洲大陆启蒙学者一样,关注历史的长期性和整体性,出于这种认识及其表述的需要,不可避免地涉及尚未认知的历史领域或者方面,这样,对历史加以"推测",就成为其构建总体历史认识的利器。这种依据"推测"构建的历史认识体系,学术史上一般称为"推测史学"(Conjectural History)。以往学界研究这一学派的个别学者曾涉及是题,下文不同地方将有述及,但说明"推测史学"的实质,从学派整体的角度讨论其合理性与学理机制,依然是不可或缺的。

## 一、启蒙时期"推测史学"的含义与实质

一言以蔽之,"推测史学"就是赋予历史认识以理论色彩,或者对历史进行带有哲学意味的研究。

### 1. "推测史学"的提出

据托马斯·普莱斯顿·皮尔顿(Thomas Preston Peardon)在《1760—1830年英国历史写作的转变》(*The Transition in English Historical Writing, 1760-1830*)中的说法,"Conjectural History"一词由杜格尔德·斯图尔特(Dugald Stewart)首次提出。斯图尔特

是亚当·斯密的传记作家,他在《亚当·斯密的生平和著作》(Account of the Life and Writings of Adam Smith)中率先提出"Conjectural History"或者"Theoretical History"(理论史学),并把它看成休谟"Natural History"(自然史学)和法国"Histoire Raisounée"(理性史学)的类似物。他说:"我将冒昧地称之为理论的历史或推测的历史。这个措词在意思上十分接近休谟所提出的自然历史和一些法国作家所提出的理性历史。"①"推测史学"还有其他称谓,例如布莱恩认为,"Conjectural History"可称为"Stadial History"(分期史学),就是细分历史为不同阶段,研究历史自然法则。②

启蒙学者要把全部历史纳入研究范围,并试图对它进行总体认识,但是总有一些历史领域、方面、主题,包括人物、事物及其关系,他们不得而知或者不能确知。可是,他们并不愿意放弃,而是相信人的理性能力,依据一些经验或者共通性把工作做下去。特别是当启蒙学者把自己的观念、方式和习俗与原始部族流行的那些进行比较时,自然会提出一连串的问题,例如:人类是怎样一步步从开化之初进化到今天这样精巧复杂的程度的? 人类的一切制度、思想、文化及其魅力是从哪里来的? 不幸的是,现存的知识中没有足够的答案或者有助于探索答案的线索。对此斯图尔特指出:"在缺少直接证据的情况下,我们必须凭推测补足事实。当我们不能确定在特殊场合人们实际上是怎样行事的时候,我们必须根据他们的本性原则和外界环境来考虑他们可能以什么方式来进

---

① [英]杜格尔德·斯图尔特:《亚当·斯密的生平和著作》,蒋自强等译,商务印书馆1983年版,第30页。
② Karen O'Brien, *Narratives of Enlightenment: Cosmopolitan History from Voltaire to Gibbon*, Cambridge University Press, 1997, pp. 132 – 136.

行活动。在这样的探索中,旅行家和航海家提供给我们的支离破碎的事实,可以经常用作我们推理的佐证。"①

历史研究的这一倾向,启蒙时期非常流行。那一历史阶段差不多所有思想家在阐述其观点时都援引历史为证,而差不多所有史学家都援引经济学、政治学、社会学或哲学以解读历史。史实与理论的结合产生了历史学中的一些学术现象,其中最突出者当为历史分期说的盛行和历史进步说的确立。

2. 历史分期说的盛行

这一时期欧洲大陆学者普遍赋予历史以分期。例如,维柯在《新科学》中指出,人类各民族的发展都不外乎三个阶段,即神祇时代、英雄时代和凡人时代,相应的,就有三种自然本性(诗性和创造性、高贵性、理智、谦恭、善良心和责任感)、三种习俗(宗教虔诚的,暴躁、拘泥细节的,有责任感的)、三种自然法(神的法、由宗教支配的凭强力的法、受人类理智左右的人道的法)、三种政府或政体(神的政府、英雄或贵族专政政府、人道的政府)、三种语言(神的心头语言表现于无声的宗教动作或神圣的礼仪、英雄们的徽纹、发音的语言)、三种字母或者文字(神的字母"象形文字"、英雄的字母、想象的共相,土俗字母)、三种法学(秘奥的神学,关于神的语言的科学或对占卜秘奥教仪的知识;英雄的法学,讲究辞令、文字的妥帖,严格按照法律条文裁决;人道的法学,审核事实本身真实与否,宽厚地使用法律条文)、三种权威(财产所有权的权威、依据法律正式条文的权威、在智慧方面享受信任和名誉的权威)、三种理性(神的理性、国家政权的理性、自然理性)、三种裁判(神的裁判、常规裁

---

① [英]杜格尔德·斯图尔特:《亚当·斯密的生平和著作》,蒋自强等译,商务印书馆1983年版,第29页。

判、人道的裁判)。① 再如孔多塞著有《人类精神进步史表纲要》,分10个时代依次考察和思考人类精神的进步。这10个时代是:人类组合成部落、游牧民族、农业民族的进步、人类精神在希腊的进步、科学的进步、知识的衰落、科学在西方的复兴、从印刷术发明到科学与哲学挣脱权威的束缚、从笛卡尔下迄法兰西共和国的成立、人类精神未来的进步。

### 3. 历史进步说的确立

启蒙运动时期,进步观念为学界普遍接受。恩格斯曾说,自然神论者伏尔泰、卢梭等人几乎狂热地抱着"人类(至少是现时)总的说来是沿着进步方向运动的这种信念"②。伯里指出:"在1690—1740年间,启蒙的无限进步观已经在法国的知识界出现,而且曾经一度经常成为沙龙中讨论的主题。"③例如,杜尔哥曾发表《关于人类心灵不断前进》(On the Historical Progress of the Human Mind,或译为《人类理性的不断胜利》或《人类精神之连续前进的哲学评论》)和《论基督教的创立为人类带来的好处》(On the Benefits which the Christian Religion has Conferred on Mankind)两篇演讲,主题是"援引基督教的贡献来证明人类和人类精神的进步。历史的进程虽然有时被偶尔的倒退所打断,但却是由简单的进步原则支配的"④。他的《关于财富的形成和分配的考察》(*Reflexions sur la Formation et la Distribution des Richesses*)这

---

① [意]维柯:《新科学》下册,朱光潜译,商务印书馆1989年版,第491—525页。
② [德]恩格斯:《路德维希·费尔巴哈和德国古典哲学的终结》,载《马克思恩格斯全集》第21卷,第324页。
③ [英]约翰·伯瑞:《进步的观念》,范祥涛译,上海三联书店2005年版,第91页。
④ [德]卡尔·洛维特:《世界历史与救赎历史》,李秋零、田薇译,生活·读书·新知三联书店2002年版,第116页。

样看待人类总的发展:"人们的生活方式变得越来越高雅,人们的头脑变得越来越精明,原先孤立的各民族越来越互相接近,贸易和政治终于把地球上所有的部分都联结在一起,而整个人类通过安定和动荡、幸福和苦难的交替,虽然步子慢些,却始终在向更大的完美前进。"① 再如上文提到的孔多塞,他在《人类精神进步史表纲要》中阐述人类精神进步观念,被后人视为18世纪思想家笃信理性进步学说的代表作。必须说明的是,从17世纪晚期开始一直到法国大革命前夕,无论历史进步史观是出于怎样的学理,哪怕是包含着基督教意蕴的,它都被那些有重要影响的思想家和史学家所普遍接受,成为解读历史发展进程的理论。②

## 二、苏格兰史学派"推测史学"及其合理性

苏格兰史学派的上述成员全部秉持历史发展阶段性和进步性的观念,与欧洲大陆启蒙学者相一致。

### 1. 苏格兰史学派的历史发展阶段性与进步性观念

休谟论述历史发展阶段性观念时有这样一段话非常典型。他说:"世界也一定像万物一样,有其幼年、青年、成年和晚年;而人类,可能和一切动植物一样,也有这些不同的发展阶段。……世界却像动物一样,有一个从幼年到老年的自然过程。"③ 休谟多次表明其历史进步的思想,他说:"人的思想总是生气勃勃,日新月异,人的才能和本领也在不断增长。"④ 他把社会起源时期的人称作

---

① R. L. Meek, ed., *Turgot on Progress, Sociology, and Economics*, Cambridge University Press, 1973, p.41.
② 李勇:《西方史学通史》第四卷《近代时期(上)》,复旦大学出版社2011年版,第13—19页。
③ [英]休谟:《休谟经济论文选》,陈玮译,商务印书馆1984年版,第93页。
④ 同上书,第19页。

"野蛮的、苦于生计的动物"①,还说"凡是冷静地考虑问题的人,都会认为,人类的天性一般倒是乐于接受现在的自由,哪怕在欧洲最专横的政府统治下,也要比在古代最繁荣时期的自由好得多"②。

斯密提出历史发展四阶段理论。早在1762—1763年的《法学演讲集》(Lectures on Jurisprudence)中,他就提出人类社会发展的框架:"人类社会的四个时期是:畋猎、畜牧、农作和贸易。"③后来在《国富论》中,他详细论述了各个阶段特有的生产、生活方式,并且从"财产""政权""国防""司法"等方面对上述四阶段进行充实,将之阐释为:"最低级和最粗野"的狩猎时期,"现今北美土人就是如此"④;"比较进步的游牧民族的社会状态","如鞑靼人和阿拉伯人的社会状态"⑤;"比较更进步的农业社会"⑥;"制造业和商业社会"或"文明社会"⑦。显然,斯密把人类历史四阶段即从"狩猎社会"经"游牧社会"和"农业社会"到"制造业和商业社会"的演变看成一个从低级到高级、从野蛮到文明的历史进步过程。

罗伯逊亦主张历史发展阶段说和历史进步论。他写苏格兰史有突出的分期概念,认为苏格兰的历史应该分为四个时期:"第一个时期是从君主制的起源到凯奈斯二世的统治;第二个时期是从

---

① [英]休谟:《宗教的自然史》,徐晓宏译,上海人民出版社2003年版,第6页。
② [英]休谟:《休谟经济论文选》,陈玮译,商务印书馆1984年版,第96—97页。
③ [英]坎南编著:《亚当·斯密关于法律、警察、岁入及军备的演讲》,陈福生、陈振骅译,商务印书馆2009年版,第128—129页。
④ [英]亚当·斯密:《国民财富的性质和原因的研究》下卷,郭大力、王亚南译,商务印书馆2009年版,第254页。
⑤ 同上。
⑥ 同上。
⑦ 同上书,第20页。

凯奈斯征服皮克特人到亚历山大二世去世;第三个时期延伸到詹姆斯五世去世;最后一个时期是从那时到詹姆斯六世入主为英格兰国王。"①他认为英格兰和苏格兰合并后"商业不断进步,并且政府也接近了完美"②,这显然是历史进步论。他在《查理五世在位时期的历史》的序言中说:"在欧洲,我不仅在国内政府、法律和文明中,而且在国家的对外事务表现出的强制力中表明了社会进步的观点,我还用这一观点去描写查理五世统治时期欧洲国家政治机构的原则问题。"③他在该书中指出:"科学的进步和文学的培养,在改变欧洲各国人民的生活方式上起到了相当大的作用,礼貌和高雅的引入使得他们现在受人敬佩。"④"商业的进步在促使欧洲各国人民拥有高雅的生活方式上,以及在建立他们的秩序、平等的法律和人性上都起到了重要的作用。"⑤这些历史发展的观念在《美洲史》《古印度史》中也有类似表述,兹不赘述。

弗格森同样在《文明社会史论》中肯定社会的进步,不过因其歌颂野蛮民族所具有的崇高美德,而对现代商业文明社会大加批判,以至于有学者例如休谟嘲讽他的厚古薄今。⑥ 然而,这并不能表明弗格森不是历史进步论者,而是他类似于卢梭,批判现代文明

---

① William Robertson, *The History of Scotland*, Vol. 1, Routledge/Thoemmes Press, 1996, p.5.
② William Robertson, *The History of Scotland*, Vol. 2, Routledge/Thoemmes Press, 1996, p.253.
③ William Robertson, "Preface", in *The History of the Reign of the Emperor Charles V*, Routledge/Thoemmes Press, 1996.
④ William Robertson, *The History of the Reign of the Emperor Charles V*, Vol.1, Routledge/Thoemmes Press, 1996, p.86.
⑤ Ibid., p.91.
⑥ [英]休谟:《休谟经济论文选》,陈玮译,商务印书馆1984年版,第96—97页。

而已。《文明社会史论》多次表明:"就人类而言,这种发展比任何其他动物的发展都强,可以持续到更高的水平。不仅个人要从幼婴阶段进入成人阶段,而且整个人类也要从野蛮阶段进入文明阶段。"①"人类对于这一切的感知和理解到底会将他引向何方呢?毫无疑问是进步。"②可见,他也是秉持历史发展阶段论和进步论的。

### 2. 苏格兰史学派的学术难题

在认识整体和长期历史中碰到无法弄清楚的历史现象,是苏格兰史学派面临的难题。

休谟在探讨古代人口问题时就碰到这样的难题。古代人口问题是经济中重要且某种意义上颇有意思的问题,可是古代学者并没有给后人留下太多的史料。对此休谟说:"有关这一饶有趣味的课题,既然若干世纪以来除了古代著述家们所提供的一星半点的线索,完全是一片空白,我们也只好妄判是非,臆断曲直,以纠正种种考虑不周、牵强附会的论断,舍此而外,难道还有别的良策吗?"③他所说的"妄判是非,臆断曲直"其实就是其假设的自谦之词。

斯密碰到的类似难题更多。他关于"天文学史""模仿的艺术""语言的起源"的论述都涉及"推测",甚至《道德情操论》和《国富论》中也有无法确定的历史事实。怀特曼(Wightman)赞成斯图尔特用"推测的历史"一词来形容斯密的做法。④ 斯密的"天文学史"

---

① [英]弗格森:《文明社会史论》,林本椿、王绍祥译,辽宁教育出版社 1999 年版,第 1 页。
② 同上书,第 10 页。
③ [英]休谟:《休谟经济论文选》,陈玮译,商务印书馆 1984 年版,第 114 页。
④ W. P. D. Wightman, "Adam Smith and the History of Ideas", in eds. Andrew S. Skinner and Thomas Wilson, *Essays on Adam Smith*, Clarendon Press, 1975, p.47.

尤其是"推测史学"的一个范例,即研究具有哲学意味历史的范例,菲利普斯(Phillips)肯定了斯密这一做法的思想意义。①

罗伯逊研究美洲历史同样遇到了这样的问题。关于南美土著居民的最初生活状态,流传下来的可靠证据十分匮乏,可是这又是他写作《美洲史》无法回避的,最后他不得不采取"推测"的方式。菲利普森(Phillipson)肯定罗伯逊的做法,他说:"罗伯逊通过传统的方法在人文主义历史的写作框架内引入了'推测历史',这是很新颖的。"②罗伯逊在《美洲史》中对哥伦布到达美洲之前土著居民的生活方式、习俗等方面进行推测,而在菲利普森看来,"相比较于启蒙运动时期其他的历史学家,罗伯逊关于哥伦布之前的美洲文明的阐述是最细心、差错最小的"③。

弗格森写作《文明社会史论》也面临着类似的困境。他要阐明人类社会的起源与早期发展,就需要描述原始部落的生活状况及其演变,可是现存材料是有限的,他不得不进行"推测"。而弗格森通常又被认为是运用这种历史方法的杰出代表。皮尔顿就说:"或许运用推测方法最杰出的例证就是亚当·弗格森的《文明社会史论》了。"④

总之,苏格兰史学派的学者们写史之时,当涉及无法回避却又尚未可知的领域,便在欧洲大陆学者"推测"做法的垂范作用下,走

---

① Mark Salber Phillips, *Society and Sentiment, Genres of Historical Writing in Britain, 1740–1820*, Princeton University Press, 2000, pp. 177–178.
② Nicholas Phillipson, "Robertson as Historian", in William Robertson, *The History of Scotland*, Routledge/Thoemmes Press, 1996, p. XLII.
③ Ibid., p. LIII.
④ Thomas Preston Peardon, *The Transition in English Historical Writing, 1760–1830*, Columbia University Press, 1933, p. 15.

上了"推测史学"之路。这具备其合理性。斯图尔特的话一针见血:"考察人类历史……当我们不能追溯那些曾经发生的历史事件的过程时,说明它可能是怎样由于自然原因而产生的,经常是一个重要的方法。"①

### 三、苏格兰史学派"推测史学"的学理机制

苏格兰史学派"推测史学"的学理机制比较复杂,但大体上可以说得清楚,那就是以自然科学超越神学、以演绎补充经验、把人性与环境相结合。

#### 1. 以自然科学超越神学

启蒙学者关于历史总体认识,若仅从历史阶段性观点和历史进步性主张而言,并未超出基督教神学史观之囿。这个问题学术史上早有人论述过。卡尔·贝克尔在《18世纪哲学家的天城》中从时代舆论气氛的角度,考察历史进步论与基督教神学进步观之间的等同或者类似之处。他指出每一个时代都有着特殊的舆论气氛,与这种不同舆论气氛相匹配,就有不同的词汇来表达实际上一样的含义。例如用"自然规律"和"自然界"来代替"上帝"②;"仁爱""人道""都是'哲学家们'以世俗的词句缔造出来表达基督教服务思想的新词汇"③;"神恩"被翻译成"德行","灵魂不朽"变成"未来状态","福祉"变成"人类的可完善性"④。这样,"天城"就转移到尘世来,"上帝以一种远为简单的、自然得多的、远非那么神秘和

---

① [英]杜格尔德·斯图尔特:《亚当·斯密的生平和著作》,蒋自强等译,商务印书馆1983年版,第29页。
② [美]卡尔·贝克尔:《18世纪哲学家的天城》,何兆武译,生活·读书·新知三联书店2001年版,第28页。
③ 同上书,第44页。
④ 同上书,第52页。

深奥的方式,通过他的事迹而向人们启示他的目的。上帝的法则不是记录在圣书里的,而是记录在自然这部大书里的,是全人类都可以公开阅读的"①。卡尔·洛维特在《世界历史与救赎历史》中通过许多个案研究得出结论:"一切历史哲学都毫无例外地依赖于神学,即依赖于把历史看作救赎历史的神学解释。"②而现代历史哲学"发源自《圣经》中对某种践履的信仰,终结于末世论典范的世俗化"③。他还说:"基督教和后基督教的历史观原则上都指向未来;它扭转了与现在和过去的事件相关联的事这个词的古典涵意。"④

然而不争的事实是,启蒙学者还是超越了基督教神学史观,他们凭借的是自然科学。17世纪自然科学的飞速发展,不少时候打破了基督教神学的虚妄。历史学家受到自然科学的启发,一方面认识到既然自然界具有共通性,自然科学可以认识自然界,那么人类社会也应该具有共通性,研究人类的知识就能认识人类的历史;另一方面借鉴自然科学方法论来研究历史,历史学既要按照事实说话,又要根据共通性实现演绎。这就是苏格兰史学派"推测史学"学理机制的第一要义。

### 2. 以演绎弥补经验不足

英国本土学术方法推崇的是经验主义。培根1605年出版《学术的进展》,1620年出版《新工具》,他认为历史学以历史为研究对象,历史即经验、经历,是人类过去经历的、被时间和地点所限定的单个事件的集合;人类可以把自己观察得到的历史(经验)进行分

---

① [美]卡尔·贝克尔:《18世纪哲学家的天城》,何兆武译,生活·读书·新知三联书店2001年版,第54页。
② [德]卡尔·洛维特:《世界历史与救赎历史》,李秋零、田薇译,生活·读书·新知三联书店2002年版,第4页。
③ 同上书,第5页。
④ 同上书,第10页。

析,探求异同、规律,可以把历史(经验)作为逻辑起点,通过广泛搜集、比较分析材料,扫除认识障碍,加以科学归纳,得到科学的历史知识。显然,他将感性经验确立为一切知识基础的原则,依据感性材料进行分析、归纳和综合,但是当缺乏经验材料之时,一切都无从谈起。1690年,洛克出版《人类悟性论》,把培根的经验论进一步发展为人对外部世界的感受即"外部经验"和人的心灵自我反省即"内部经验"。这对于方法论的启示,是真理性认识要有大量经验材料为依据,结论可以从具体材料中概括出来,自我认识需要反思与批判。不过,他仍然没有解决经验材料缺乏所带来的难题。而欧洲大陆学术方法推崇的是理性主义。笛卡尔于1637年出版《谈谈方法》,严厉指陈史学歪曲、夸张或省略史实,而导致历史写作所呈现的历史不能尽如历史原貌。他1647年为自己《哲学原理》法译本所写的代序坚持认为历史学无法弄清个别事实,它不能像哲学那样发现普遍的东西,用笛卡尔的话说,历史知识只能进行归纳而不能像哲学那样进行演绎。历史学更是完全与数学的运用无缘,不像天文学、物理学、医学和机械学(解析几何自不待言)那样建立在数学基础之上,相反对于数学完全是陌生的。总之在笛卡尔那里,演绎成为知识的必要特征及获取手段,而历史学做不到。本来,历史研究面临史料缺乏的困难,又受到理性主义的抨击,可是启蒙学者聪明地接受笛卡尔的启发,试图找到历史的共通性,以求历史中的可演绎性,既抵挡了笛卡尔主义者的攻击,又可以化解史料匮乏的难题。这就是"推测史学"学理机制的第二要义。

### 3. 共通的人性与特殊环境相结合

既要找到各民族历史的共通性,又要把上帝限制于人类历史之外,这是自然神论者的天道与人道的诉求,因此把人性的共通意义和环境的特殊作用结合起来,就成为苏格兰史学派"推测史学"

学理机制的第三要义。他们把人性作为历史的共通因素。按照休谟的说法,依据人性,通过观察和联想,推此及彼,自然就认识了历史。例如,只要好好研究法国和英国人的性情和行为,就可以知道希腊人和罗马人的感情和日常生活,因为"人类在一切时间和地方都是十分相仿的,所以历史在这个特殊的方面并不能告诉我们以什么新奇的事情"①。斯密发现,人性中的恶使得历史发展有曲折性,他看到随着物质财富的积累,人们的占有欲望也愈发强烈,自私、自利、奢侈、欺骗、贪婪等人性的众多缺点暴露无遗。这些让物质丰富的市民社会中存在着不道德,而斯密试图通过"正义观念"去完成市民社会的道德化,其《道德情操论》就是这一努力的体现。罗伯逊写作美洲史,许多地方完全是基于人性进行推论,菲利普森就认为:"罗伯逊认识到,人具有掌握事件的能力,是由人的本性和他所生活时代文化的约束力决定的。"②弗格森《文明社会史论》在某种意义上是人性的哲学式描述,通过已知的其他民族现存的古老风俗来类推自己祖先的面貌。有学者业已指出,这种推断的原则就是"人性是恒定不变的,人类肯定一直是社会的"③。

问题是人性一致并对历史发展起作用一经设定,那么势必推及历史普遍性的彰显,而这将意味着各时代、各地区特殊性的缺失。事实并非如此。苏格兰史学派找到的决定历史特殊性的因素是地理环境。

休谟《论民族特性》(Of National Characters)一文论及自然因素对人类的影响,他提问道:"为什么居住在热带地区的人,一直技

---

① [英]休谟:《人类理解研究》,关文运译,商务印书馆1957年版,第76页。
② Nicholas Phillipson, "Robertson as Historian", in William Robertson, *The History of Scotland*, Routledge/Thoemmes Press, 1996, p.XXXVII.
③ Lisa Hill, *The Passionate Society: The Society, Political and Moral Thought of Adam Ferguson*, Springer, 2006, p.67.

术落后,教化欠施,内政不修,军纪松弛;而少数地处温带的国家却始终完全免除这些弊病?"这表明他看到环境与社会差异之间的关联,不过并没有走向环境决定论,而是最终落到人性的共通性上。他说:"产生这种现象的原因之一可能是:在热带地区,四季常夏,衣服和住宅对当地居民来说不是十分必需的,因而部分地失去了这种需要,而这种需要却正是刺激一切勤劳和发明创造的巨大动力。"①他认识到地理环境对于居民贫富的重要影响,但又认为地理环境只是造成贫富差异的一种可能因素。② 无论如何,他在思考历史特殊性问题上想到了环境。斯密对于野蛮人的生活状态的描述是从其所处的恶劣环境入手的,他认识到环境对于野蛮人的重要性,指出:"野蛮人的生存状况是极不稳定的,他们的生命每天都暴露在危险之中,这让他们没有闲心对思考自然界的奇特现象感兴趣,没有什么其他的意向,除了使得自然界更加连贯地出现在他们的想象之中。"③罗伯逊《美洲史》尤其绕不开地理环境与社会发展之间的关系,他讨论印第安人的风俗、习惯、制度,美洲大陆的气候和地理几乎各占四分之一篇幅。他认识到气候对于人种的普遍意义,但是又认为社会环境才是决定性的。因此有学者称:"他关于美洲印第安人身体特征的叙述,在很大程度上是似是而非的。其关于阿兹特克和印加文化的比较分析除外,他常常能够按照文化学理论来处理。"④弗格森写作《文明社会史论》受到孟德斯鸠的

---

① [英]休谟:《休谟经济论文选》,陈玮译,商务印书馆1984年版,第16页。
② 瑜青主编:《休谟经典文存》,刘根华、璐甫译,上海大学出版社2002年版,第69—70页。
③ Adam Smith, *Essays on Philosophical Subjects*, ed. W. P. D. Wightman, Oxford University Press, 1980, p.48.
④ E. Adamson Hoebel, "William Robertson: An 18th Century Anthropologist-Historian", *American Anthropologist, New Series*, Vol.62, No.4, 1960.

熏陶,在重视环境这方面与孟德斯鸠极为相似。他看到普遍规律下历史的差异,所谓"人性本身在不同的气候下、不同的年代里会有很大的不同。这种多样性值得我们注意,并且这股巨流分成的每道细流都值得我们去溯源"①。

  总之,"推测史学"是启蒙学者对历史进行的具有哲学意味的探索,其表现方式是依据已有的历史知识对未知的历史领域进行推测,它不仅是对神学史观的超越,而且是后世科学史学的最初尝试。

---

① [英]弗格森:《文明社会史论》,林本椿、王绍祥译,辽宁教育出版社1999年版,第11页。

第42论

# 启蒙时期苏格兰史学派的共性和分野

苏格兰史学派具有理性主义史学的一般特征。其成员之间互通声气,共同作用于苏格兰启蒙运动,具有共同的学术倾向性。他们都是苏格兰人,苏格兰、英格兰的历史和现实问题自然成为其学术焦点,因此其理性主义史学就是把本土或者民族问题纳入欧洲乃至世界框架中,再用理性主义加以解读,这就又使它同法国启蒙学者的理性主义史学区别开来。

## 一、苏格兰启蒙运动的一般精神

欧洲启蒙运动时期,理性得以张扬,人权针对神权、科学针对迷信、自由针对专制,都取得显著进步。18世纪,理性主义弥漫整个欧洲,不仅渗透到哲学、文学、政治学之中,并且直接影响历史学,致使"理性主义史学在该世纪西方史学中也占据着支配地位"[1]。特别是伏尔泰,他不仅仅是法国的史学家,在其他国家也拥有追随者。苏格兰史学界同样受其影响,张广智在论伏尔泰的

---

[1] 张广智主著:《西方史学史(第三版)》,复旦大学出版社2010年版,第134页。

史学影响时,有一句话说得精彩:"伏尔泰对当时及后世的西方资产阶级的史学的影响是深远的。在本国及那时的英、德等欧洲国家,到处都有他的门生和追随者。如法国的康多塞、英国的罗伯特逊和吉本,都是伏尔泰理性主义史学派的传人。"①引文中的"康多塞""罗伯特逊"就是本书中所称的"孔多塞""罗伯逊"。其实,受伏尔泰影响的苏格兰学者不只罗伯逊,同时法国启蒙学者也不只伏尔泰,孟德斯鸠、卢梭等人也影响了苏格兰学者。

苏格兰启蒙运动参与者的身份,就像在其他地方一样,很多都是专业人士,主要是律师、医生和大学教授。这与法国启蒙者有不少是具有独立经济地位的人不同。不过,有几点需要提及:第一,伏尔泰与天主教传教士抗争,向宗教迷信开战,这是启蒙运动的一般特点,"即使是口气略为缓和,苏格兰仍然是伏尔泰的同路人"②。第二,卢梭和孔多塞的社会进步理论影响了苏格兰启蒙者的进步观念。卢梭《论科学与艺术》和《论人类不平等的起源和基础》在他人一致推崇进步的舆情下,质疑进步对于人类的意义;孔多塞《人类精神进步史表纲要》则对于进步之于人类的意义表现出积极乐观的情绪。这两种进步观念都被苏格兰启蒙者吸收过去,以"文明"的观念体现出来。第三,孟德斯鸠《论法的精神》和卢梭《社会契约论》既关注法律的正义,又注重公共利益的美德,他们影响了亚当·斯密、詹姆斯·邓巴(James Dunbar)、亚当·弗格森等,"苏格兰启蒙运动的社会理论既有法律语言,又有美德语言,也就不是什么特殊的事情了"③。第四,法国启蒙学者伏尔泰、孟德

---

① 张广智:《克丽奥的东方形象:中国学人的西方史学观》,复旦大学出版社2013年版,第89页。
② [英]克里斯托弗·J.贝瑞:《苏格兰启蒙运动的社会理论》,马庆译,浙江大学出版社2013年版,第6页。
③ 同上书,第9页。

斯鸠等人的普适精神或者世界主义、全球视野也同样传到苏格兰并产生影响,休谟关于人性的思考、斯密关于公共财富的认知、弗格森关于公民社会的构想、罗伯逊关于历史的写作,都多少含有普适意义。这样,从精神上说,苏格兰启蒙运动显然是法国启蒙运动的延续和演变。

需要指出,苏格兰启蒙运动也具备特殊性。相对于英格兰而言,苏格兰经济比较落后,政治和社会风尚也有一定差距。与英格兰正式合并后,苏格兰学者存在身份认同问题。他们生怕苏格兰被看成乡下,担心自己被看成粗俗的人,害怕遭到英格兰特别是伦敦人的蔑视,因此要在语言上、习惯上表现得跟伦敦人一样优雅和有修养。这一心理状态其实就是当时苏格兰学者所表现出的时代精神。这一时代精神表现在学术研究上就是特别关注人性的相通、共同利益包括国民财富,特别关注文明进步、社会演变、风尚改善等;表现在学术研究逻辑结构上,就是不把苏格兰历史当成地方史,而是赋予不列颠国家以欧洲乃至世界意义。这显然是对苏格兰史地方特性的有效回避。

## 二、苏格兰史学派共同的思想倾向

苏格兰史学派在治史之中表现出一些共同的思想倾向,同时,他们各有自己的研究领域和视角,呈现出差异。其共同思想倾向可以概括如下。

第一,批判天主教会,批判中世纪。张广智曾这样描述罗伯逊批判中世纪、批判旧教的做法:"他具有与同时代理性主义史家相接近的历史观念。如他认为中世纪是个'黑暗时代',又如对宗教,他是完全站在新教的立场上来著书撰史的,在《查理五世在位时期史》一书中,作者对马丁·路德及其他宗教改革家备加赞扬,而对罗马天主教会则持批判的态度,这些都与伏尔泰、休谟等人的观点相合拍的。"①斯密和弗格森亦如此。

第二,关注人从野蛮到文雅的发展。布罗迪(Broadie)指出:"大卫·休谟、威廉·罗伯逊和亚当·斯密都关注'人类通过某些进步阶段从野蛮到文雅的发展轨迹'。"②弗格森也是如此。他们沿着采集、渔猎、畜牧、农耕、工业这样的生产序列来研究人类智能、艺术的改善和风尚、风俗如何走向文明。这些突出表现在他们的"推测史学"上。

第三,以全球眼光看待历史问题。与同时代的苏格兰文学批评家休·布莱尔、自传作家亚历山大·卡莱尔(Alexander Carlyle),以及许多其他杰出的教会和大学人士一样,休谟、斯密、罗伯逊、弗格森"成为联合主义者、世界主义者,并热烈地为统一后的苏格兰而自豪"③。他们都为大不列颠的联合欢呼雀跃,从世界的角度去看现实和历史问题,为苏格兰的机缘感到庆幸。这些使得他们的历史意识和历史眼光跟上欧洲大陆同行所具备的认知水平,摆脱了以往落后于欧洲大陆的状况。

### 三、学派成员之间的分歧

苏格兰史学派成员之间也有明显差异。第一,其研究对象和理论倾向不同。休谟研究英国史;斯密以公共财富发展为研究对象;罗伯逊由研究苏格兰史开始,再研究欧洲史,最后走向研究欧洲殖民地或世界历史;而弗格森则关注公民社会发展史。显然,休

---

① 张广智主著:《西方史学史(第三版)》,复旦大学出版社2010年版,第147页。
② Alexander Broadie, ed., *The Scottish Enlightenment*, Cambridge University Press, 2003, p.262.
③ Karen O'Brien, *Narratives of Enlightenment*, Cambridge University Press, 1997, p.94.

谟从人性角度解读历史;斯密赋予历史以经济学视角;弗格森的理论兴趣是社会学;罗伯逊似乎没有独钟于某种理论,只是沿着人类进步线索展开历史论述,与其同胞们是共同的,同时有选择地使用了他们的理论工具。

第二,他们在一些具体问题认知上有差异。这里举出一些事实加以说明。作为史学家,罗伯逊比休谟更专业,就史料使用而言,两者差距明显,这是公认的。"对于史料,休谟漫不经心,没有为其《英国史》的后来版本做学术上的更新。相反,罗伯逊尽管没有旅行,没有检索更大地理范围内的档案馆,然而却为其附录中确切的文献、公开出版的原始材料自豪。"① 在著作语言上,与休谟相比,罗伯逊保留了苏格兰古典公共词汇的痕迹,有学者认为他"在更大程度上受到本土苏格兰知识传统的影响"②。不仅如此,他们的一些具体看法也不完全相同。

在苏格兰宗教改革问题上,休谟和罗伯逊依据的史料是诺克斯(Knox)的《苏格兰宗教改革史》(*The History of the Reformation in Scotland*)以及凯特主教(Bishop Keith)和斯波茨伍德原大主教(Archibishop Spottiswoode)的相关记载,都认为新教是合理的。可是休谟和罗伯逊的认知有差异。休谟强调的仅仅是宗教本身,试图使用诺克斯自己的话来呈现宗教改革史,而罗伯逊则从世俗主义角度支持改革者的意见;休谟没有把宗教改革和政治、民族利益混为一谈,而罗伯逊则"在诺克斯把'法国因素'作为改革的敌人而突出的基础上……认为法国因素在于发动吉斯事业反对宗教改革和不列颠的自由……显然,在休谟的论述中,没有关于会

---

① Alexander Broadie, ed., *The Scottish Enlightenment*, Cambridge University Press, 2003, p.270.
② Ibid.

众政治活动的民族利益的内容,他看到他们在策略上需要保持一个宗教派别的存在。没有民族和宗教敌人的合并,对于吉斯志向没有宗教衡量,休谟将事业看成国际的而不是王朝的。在其论述中,休谟通过推翻主角政治性推翻罗伯逊为改革者暴动的辩护"①。

在苏格兰问题上,罗伯逊世界主义历史学与休谟也有不同的倾向。罗伯逊《苏格兰史》举例说明他和同时代苏格兰人所面临的民族困境的一些方面,而休谟《英国史》则反讽英格兰的外省特性,以欧洲视野冷眼旁观苏格兰人的任性及其历史功绩。

在地理环境问题上,罗伯逊超越了休谟。休谟在思考人性的时候论述英国历史,自然离不开地理环境问题,但他停留在一般启蒙学者的水准上。而"罗伯逊作为一个史学家,其活动范围有所拓展,从苏格兰到欧洲再到美洲,这一拓展使其声望比休谟更为广泛和卓越。他不仅拓宽了休谟的历史范围,而且深化了休谟关于史学家必须在研究中包含多方面研究的观念"②。

特别要提到的还有弗格森,他与其同胞的理论倾向差距较大。弗格森是启蒙运动重要人物中唯一来自苏格兰盖尔语地区(Gaidhealtachd)的,其《文明社会史论》受孟德斯鸠影响,把进步的观念与不同社会中人们的不同特征结合起来,这些不同特征可以通过清晰看到历史变化得失的人的感觉而呈现。可是,"弗格森秉持古老的爱国主义史学的价值,看到物质和道德进步之间的张力,与其他启蒙思想家不同,他还从接近和远离野蛮专制主义回归的

---

① Mary Fearnley-Sander, "Philosophical History and the Scottish Reformation: William Robertson and the Knoxian Tradition", *The Historical Journal*, Vol. 33, No. 2, 1990.
② J. B. Black, *The Art of History: A Study of Four Great Historians of the Eighteenth Century*, Methuen & Co. Ltd., 1926, p. 135.

危险角度看待高度发展的社会"①。弗格森这一思想倾向,与斯密、罗伯逊等人关于历史进步的观点有较大不同。这个问题待来日专门讨论。

---

① Alexander Broadie, ed., *The Scottish Enlightenment*, Cambridge University Press, 2003, p. 274.

# 第43论

# 鲁滨逊新史学派的欧洲和本土渊源

鲁滨逊与其影响下的同事和学生,如比尔德、贝克尔、肖特韦尔、巴恩斯、海斯和桑代克等,一起组成了在20世纪上半期风行全美的鲁滨逊新史学派。这一学派的产生与其所沐浴的本土史学传统以及丰厚的欧洲史学术营养密不可分。

## 一、本土史学的传统

19世纪后半期的美国有一个史学专业化的过程。其间,一批史学家在高校开设历史课,例如,霍尔斯特从德国来到约翰·霍普金斯大学、康奈尔大学和芝加哥大学开办讲座,赫伯特·巴克斯特·亚当斯于1876年在约翰·霍普金斯大学开设了他的习明那尔,几乎同时,亨利·亚当斯开始在哈佛大学、查尔斯·肯德尔·亚当斯在密执安大学教授历史,等等。在他们的影响下,19、20世纪之交,历史学已变成一个专业,成为大学或学院的固定课程。特别值得一提的是,1884年美国历史学会成立,并自1895年起定期出版《美国历史评论》,更使得历史研究与教学成为一种职业。在专业化过程中,美国史学形成了一些突出的传统,概括如下。

### 1. 追求科学性的传统

早在德国客观主义史学传入美国之前,就有一批学者致力于史学科学性的追求。对科学史学有着重要贡献的学者,较早的有理查德·希尔德雷斯,最突出者是亨利·利,稍晚的艾格尔斯顿也是科学史学家中的领袖人物。他们都保持着一种特别的热情,去修正主观判断的错误,"没有把自己淹没在历史情形所暗示的心绪和情感中"①。他们以及其他业余的科学史学的倡导者都未在国外学习过,可见即使德国客观主义史学没有传到美国,美国史学中也存在着追求科学的做法,只不过还没有完全自觉和系统化,未能被专业机构及其训练所认可。加之自19世纪70年代以后,大批美国青年学者留学德国,接受了客观主义史学的观念,并在美国加以传播,客观主义与美国本土的史学科学性追求暗中吻合,因而不难理解"兰克的名字被世纪之交的美国史学家作为精神偶像去乞灵"②。在鲁滨逊新史学那里同样能找到这样的努力。

2. 重视实用价值的传统

那时美国高等教育的目的是给予学生通识教育。这种教育使他们适应社会的任何一种需要,而不是把他们训练成某方面的专家。同时,当时的学院和大学依赖私人的赞助,因而直接的用处和立竿见影的实际效果成为压倒一切的追求。另外,早期美国专业史学家在德国发现了历史学在公共事业中起能动作用的榜样,他们回国后也推广这种德国式的观念。于是约翰·伯吉斯(John W. Burgess)这位德国训练出来的史学家在哥伦比亚大学开创了培养历史学和政治学研究生的工作,希望在学生中既产生学者,也产生政治家和公务员。第一本美国历史学习指导用书是在查尔斯·亚当斯的倡导下,于1882年成书的《历史文献手册》(Manual

---

① John Higham, Leonard Krieger and Felix Gilbert, *History*, Prentice-Hall, Inc., 1965, p.93.
② Peter Novick, *That Noble Dream*, Cambridge University Press, first published 1988, reprinted 1992, p.26.

*of Historical Literature*),其中有大段关于国家问题的论述,要求从历史学者中产生领袖人物。早期的美国历史学会年会也做出反响,呼吁历史学家为社会服务,提高政治讨论的水平,恢复公共生活中的诚实。① 还有赫伯特·亚当斯,他是美国历史学会的主要缔造者,他在海德堡的老师约翰·布伦茨科里(Johann Bluntschli)通过参与其时代的政治和立法,已经达到了真正的法的历史学。亚当斯敬仰他,对公共服务表现出极大的热情,他同美国教育局接触,为它编写了一系列关于美国教育的历史与现状的小册子。再如美国历史学会第一任主席、密执安大学历史学教授、康奈尔大学第一任校长安德鲁·怀特,在其《法国纸币的膨胀》(*Paper Money Inflation in France*)中告诫人们,法国历史提供了每一个有思想的美国人应该深思的教训。正如有论者所言:"美国历史学会的许多领导人关心现实超过关心过去。尽管过去给了他们职业,但现实令他们矢志不渝。"②而服务于社会恰恰是鲁滨逊新史学派的价值追求之一。

### 3. 关注思想史的传统

班克罗夫特《美国史》和麦克马斯特(McMaster)《从革命到内战的美国人民史》(*A History of the People of the United States from the Revolution to the Civil War*)等传统的政治史颂扬了普通人的观念。"尽管事实上历史学的研究领域拓宽了,成为包括思想在内的社会史,而且其早期支持者,诸如麦克马斯特和菲斯克他们自己,并未根据这些新的原则写出著作来,然而社会史的多样性

---

① John Higham, Leonard Krieger and Felix Gilbert, *History*, Prentice-Hall, Inc., 1965, p.11.
② Herman Ausubel, *Historians and Their Craft: A Study of the Presidential Address of the American Historical Association 1884 – 1945*, Russell and Russell, Inc., 1965, p.17.

和广阔性可能鼓励了思想史研究的兴起。"①特别是这些科学史家提出了思想和环境之间因果联系的问题,例如亨利·亚当斯就在概述19世纪早期美国的思想生活时,提出了探明思想问题中因果影响的可能性,其《杰斐逊和麦迪逊统治期间的美国史》(History of the United States during the Administration of Thomas Jefferson and James Madison)共有9个部分,其中有超过8卷的篇幅是叙述政治的,但他附加了1篇包含对思想讨论的导论,表达了对美国思想史的兴趣。另一个强烈要求科学地研究思想史、但自己探讨的则是欧洲思想史的美国人是约翰·威廉·德莱柏(John William Draper)。在《欧洲思想发展史》(The History of the Intellectual Development of Europe)中,他主要追溯了科学与宗教之间的冲突。安德鲁·怀特在他1896年的《基督教世界中科学对神学的战斗史》(A History of the Warfare of Science with Theology in Christendom)中像德莱柏一样试图通过讨论科学,使近代思想从传统宗教的愚昧中解放出来,以显示科学思想的重要性。从亚当斯、德莱柏和怀特探索思想与环境之间的关系或建立的原则来看,他们的兴趣在于发现思想与环境之间的联系,这是19世纪上半期欧洲史研究时尚的反映。当然,这些欧洲研究的焦点是欧洲思想史而不是美国思想史。总之,正如一位学者所言:"从布莱德福德到班克罗夫特,美国的编年史家和历史学家表达了这样的信念:思想在历史中是重要的。然而,早年的史家没有在他们的历史作品中把思想突显出来做专门叙述,他们也没有完成对思想与环境之间联系的分析。内战之后,对涵盖人类活动各个方面包括思想在内的社会史的热情,至少给予了思想史研究以间接

---

① Robert Allen Skotheim, *American Intellectual Histories and Historians*, Princeton University Press, 1970, pp.20-21.

的支持。对近代科学的热情也刺激了新的兴趣,一方面通过学者提倡写作'科学的'思想史,另一方面通过学者写他们所支持的'启蒙的'科学思想的历史。但是,这些学术趋势最初出现于欧洲思想史,而不是美国思想史的研究中。欧洲的思想史家没有研究美国思想史,而是研究欧洲的思想史,甚至美国的学者也倾心于研究欧洲的思想。"①泰勒(Tyler)在1878年写了第一部美国思想史《1607—1765年美国文学史》(*A History of American Literature, 1607-1765*),后又写了《1763—1783年美国革命的文学史》(*The Literary History of the American Revolution, 1763-1783*)。思想史的写作也是鲁滨逊新史学派的突出特点之一。

詹姆斯和杜威的实用主义具有方法论意义。"的确,实用主义仅仅是'美国制造'的哲学运动,而美国新史学则受到实用主义很重的影响。"②这一点对鲁滨逊学派完全是适合的。实用主义的核心问题是真理问题,詹姆斯和杜威"实用主义的基本要素就是对传统理性主义,或者说是教条主义所持有的批判态度"③。具体说来,真理就是有用的观念。真理是人们根据需要构造出来的,是有着实践目的的;真理是一个连续不断的变化过程,其形式是彻底的经验主义和多元主义。在詹姆斯和杜威看来,过去并没有完全死去,仍然在现实中延续并产生作用,因而"实用主义常常对历史采取比较随意的态度,随心所欲地解释它们,通常很不准确"④。鲁

---

① Robert Allen Skotheim, *American Intellectual Histories and Historians*, Princeton University Press, 1970, pp. 31-32.
② Igancio Olábarri, "'New' New History: A Longue Durée Structure", *History and Theory*, Vol. 34, No. 1, 1995.
③ [法]爱弥尔·涂尔干:《实用主义与社会学》,渠东译,上海人民出版社2000年版,第28页。
④ 同上书,第110页。

滨逊在哈佛读书时，詹姆斯正在大力宣扬实用主义，而鲁滨逊是他的得意弟子之一。更巧的是，鲁滨逊到了哥伦比亚大学，又与杜威成为同事和朋友，他们常常在学校的林荫道上交流心得，后又成为社会研究新学院的同志，因此他从杜威那里受到了影响。詹姆斯认为，人脑不是消极的东西，而是具有积极的干预能力，因此思想在个体层面对预料不到和不熟悉的情况是积极的，这为鲁滨逊走上进步主义的史学道路提供了思想基础。像杜威一样，鲁滨逊确信继承信仰和习惯的"惯性"构成了社会进步的主要障碍，他把对未来的希望寄托于科学方法的运用。在詹姆斯和杜威看来，"真实"是人为的、社会的和观念的；真理是被经历造成的，它实际上是一个经历、一个过程。换句话说，因为真实是复杂的、变化的，所以它对一种目的是真实的，而对另一个目的来说就不一定是真实的。这一理论也为鲁滨逊注重史学的实用价值和历史不同解释的做法提供了理论前提。比尔德也是杜威在哥伦比亚大学的一位亲密朋友，偶尔引证詹姆斯的话，声称只有实用主义能在美国生活和文化中起到调和作用，悔恨实用主义者从未写出历史学理论方面的著作。贝克尔1910年的《不偏不倚与历史写作》(Detachment and the Writing of History)也与实用主义有学术上的关联。在"改变我们思维的书"(Books that Change Our Mind)专题论丛中，贝克尔承认杜威的观念通过其他作家进入了自己脑海。这样，实用主义的观念对新史学产生了很大的影响。罗伊·尼克尔斯(Roy F. Nichols)回忆20世纪20年代早期在哥伦比亚大学的研究生学习和早年的教学生活时说过："我的思想被固定到实用主义的框架中。"①

---

① Peter Novick, *That Noble Dream*, Cambridge University Press, first published 1988, reprinted 1992, p.151.

## 二、欧洲学术的泽被

鲁滨逊新史学除了受到了本土文化的影响外,还从欧洲吸收了许多学术营养。

### 1. 社会进化史观成为新史学家的历史观

19世纪后半期,自然科学在内容和方法两方面影响了美国的历史写作,使浪漫主义史学家认识到,没有批判的眼光和科学的调查,就无法形成历史认识,在现实人文研究中扫除了浪漫思想与感情因素,使浪漫主义的价值从属于科学的精神,科学史学因而瓜熟蒂落。在众多自然科学的影响中,需要强调的是生物进化论的作用。"进化的机械论和唯物论的观点,使美国史学完成了从浪漫向科学的过渡。"[1]事实上,没有科学史学就没有新史学,它注重事实的做法恰恰是新史学的基础。

达尔文主义给予人们一种暗示,那就是对生物界的进化发展和有机类推的设想,可以成为发现人类和理解社会的方法。19世纪的最后30年和20世纪伊始,美国向达尔文表现出了异常的热情和迅速的接受。19世纪70年代早期以前,物种演变和自然选择统治了美国自然主义者的观点,而且很快且几乎没有争议地进入美国一些最古老的大学。1869年达尔文成为美国哲学学会的荣誉成员,促使美国的科学家接受了自然选择的法则,并对进化科学做出了贡献。80年代,进化的观念甚至走进了教堂。美国读者大众受到启蒙,在内战之后很快对进化的观念着迷,特别是接受了部分建立在达尔文主义基础之上或同它相伴产生的哲学和政治理论。例如斯宾塞的理论,他依据生物学和物理学的进步理论提出

---

[1] John Higham, Leonard Krieger and Felix Gilbert, *History*, Prentice-Hall, Inc., 1965, p.95.

了综合的世界观,预示着人类不管多么苦难深重,进化都意味着进步,使人们确信整个人类的生活将走向永恒的美好。这些显然适合美国人的脾胃。因此在美国,斯宾塞的著作从 19 世纪 60 年代最早出版到 1903 年 12 月共计卖了 368 755 卷。[1] 内战后的 30 年里,斯宾塞在任何学术领域都起着支配作用,几乎每一个美国哲学家都不得不认真对待斯宾塞,受其影响。进化理论中的层累观念、继续变化的概念和通过无止境的明确因果链而运行的概念,意味着每件事情的含义和经验的所有形式都归结于它在链条中所处的位置,而史学家的任务就是通过发现它与前后的传承关系,从而使每一种联系得以突显。进化理论对历史学家的影响正如一位学者所言:"达尔文主义日益在美国思想界传播开来,历史学家试图去说明事物的发展,这是一项叙述超越时代的不断变化的任务。为此,他们不得不确定统一体,以某种有意义的方式处理它。自然科学家说明生物的分支和种属的进化,历史学家却要说明制度的进化。"[2]鲁滨逊就是从生物进化论中意识到,生命是无止境的渐变过程,历史学家应该像生物学家追寻植物和动物界的进化一样去追溯人类的变化。"进步是占主导地位的主题。经由约翰·斯图尔特·穆勒和赫伯特·斯宾塞的努力,约翰·菲斯克接受其一般的观念,抛弃了一切所谓过时的关于历史的形而上学思想,吸收了稳步趋向人类进步的进化观念。詹姆斯·哈维·鲁滨逊的新史学肯定了这种进步的必然性。在 1927 年没有美国人对查尔斯·比尔德的主张发表不同意见,他们相信进步的观念——在这个地球上,人类许多方面的持续改进,'通过知识的获得和对物质世界的征服

---

[1] Richard Hofstadter, *Social Darwinism in American Thought*, Beacon Press, first published 1944, revised 1955, seventh printing 1963, p.34.
[2] Oscar Handlin, *Truth in History*, Belknap Press of Harvard University Press, 1979, p.62.

而对人类的幸福提出要求'——是思想史上最能动的社会理论。直到20世纪,在美国没有一个历史退化的鼓吹者能够吸引追随者,并且退化的观点对历史写作没有任何影响。"①

### 2. 多种历史解释的启发

不同的历史解释观念影响了鲁滨逊新史学派,首先值得一提的是心理学的解释。兰普勒希特在他莱比锡大学的同事和朋友、心理学家威廉·旺德(Wilhelm Wundt)的影响下,认为历史研究可以从中获得最大利益的新科学是社会心理学,他希望用心理学的法则来解释历史发展中的进步,因而吸引了许多年轻的美国人到莱比锡跟他学习。鲁滨逊虽然并非师从于他,但是也主张采用社会心理学的方法解释历史。

其次需要提及的是马克思主义经济学的解释。最初,美国史学家是远离马克思主义的。其中的原因在于内战后不久的美国没有面临欧洲社会那样复杂的问题,美国资产阶级学者没有感受到、也不愿接受马克思对资本主义的预言;同时,"辩证唯物主义在新世界缺乏像旧世界那样支持它的政治和哲学的基础。……美国人发动了一场对公式主义的反叛,一种变化了的、本土化的哲学模式取代了黑格尔主义"②。对此,翰德林(Handlin)有较详细的论述:"皮尔士、詹姆斯和杜威提出,首要的问题是如何使观念变得清晰以及把注意力的焦点置于推理过程。与辩证法相反,他们理顺了历史遗迹的秩序,纠正了经验过程的错误,从而较为接近真理。发展是通过自然增殖,而不是通过解决敌对冲突实现的。社会意义上的发展意味着进步的改进,而不是不同敌对势力的冲突。尽管

---

① Oscar Handlin, *Truth in History*, Belknap Press of Harvard University Press, 1979, p.90.
② Ibid., p.94.

实用主义在学术性的哲学圈子里没有获得优势,但它与流行的进步观点相一致,因此它支持了一群看上去颇有影响力的史学家,并为他们提供了语汇。这群史学家的任务是检查由其研究而产生的数据记录,其研究理论是由社会科学阐述出来的。但是在美国,经济学、政治学和社会学也是与马克思主义相孤立或敌对的。它们植根于18世纪的道德哲学,尽管一个世纪的成长给了它们崭新的形态,然而它们仍然远离马克思主义。甚至像理查德·伊利这样的社会主义者和约翰·康芒斯这样激进的改革者,都在历史中发现了渐进的改良而不是历史唯物主义辩证法。"①

但是,马克思主义对美国史学家还是有吸引力的。它表现为历史唯物主义强调阶级冲突,这与美国史学家的政府中存在利益冲突的认识大体一致。同样重要的是马克思主义包含了未来会更好的历史暗示,在某种意义上与美国的传统和历程相契合,美国人也正是从其历史感中获得了希望。

塞利格曼(Seligman)修正了马克思主义,呼吁历史的经济解释,提出了进步的原则。"进步"是一个在其书中反反复复出现的词汇。美国资产阶级接受了他的历史经济解释,提出随着资本的日益积累和国民需求相对缩小造成的生产过剩不断加剧,物质基础将会寻求机会沿着改革者所提出的路线实现社会和道德的进步。比尔德、鲁滨逊和贝克尔接受了塞利格曼对马克思主义的修正,"偏爱渐进和民主改革,通过其个人行动表现出来。他们的社会主义观点缺乏马克思所继承的黑格尔的辩证法和严酷的历史机械论,特别是阶级斗争理论"②。

---

① Oscar Handlin, *Truth in History*, Belknap Press of Harvard University Press, 1979, pp.97 – 98.
② Ernst A. Breisach, *American Progressive History*, University of Chicago Press, 1993, p.105.

再次是客观主义的观点。切尼回忆道,宾夕法尼亚大学的鲁滨逊从根本上说"是训练有素和稳健的历史学者,具有历史研究和论述的全部严格概念,而这些概念曾经是学术界所能提出的最貌似虔诚的"①。正是鲁滨逊对待原始史料严谨的声誉促使伯尔吉斯(Burgess)带着他于1895年来到哥伦比亚大学。一位学生回忆:"我第一次认识他大约是在1903年,他没有明显地受现代思想的困扰。"另一个在1904—1905年听过鲁滨逊讲课的学生写道:"他赞同兰克倡导的科学方法,就像他反对兰克历史著作中的政治内容一样。"肖特韦尔则回忆说:"他的学术精确得一丝不苟。这种精神支配着他对过去的重构,字斟句酌地考证一切事情的根源。"②

然而,新史学家也利用主观主义的方法。有人说:"在第一次世界大战以后,历史学家充分认识到狄尔泰和克罗齐的理论。那时他们的观点对历史研究的方向发挥了强劲的影响。然而在第一次世界大战前的岁月里,历史学家对于这些理论实质的兴趣可能是有限的。"③鲁滨逊新史学派特别是比尔德、贝克尔就是这样的。关于克罗齐与狄尔泰的史学思想,第10论已有详述,此处不赘。

在众多欧洲学者中,我们特别要单独提到霍尔斯特和兰普勒希特,因为他们的学术旨趣深深影响了鲁滨逊。霍尔斯特在主客体问题上模棱两可。霍尔斯特是主要接受德国培养的杰出历史学家,尤其是普鲁士历史学派的产物和观念的参与者,属于法的历史学派。他多次前往美国,后移居美国成为芝加哥大学历史学系的首任主任。鲁滨逊在德国弗莱堡大学攻读博士学位时,霍尔斯特是他的博士论文导师。霍尔斯特对鲁滨逊的影响表现在:第一,霍

---

① Peter Novick, *That Noble Dream*, Cambridge University Press, first published 1988, reprinted 1992, p.104.
② Ibid.
③ Ibid., p.351.

尔斯特认为,一个国家的政治法律机构是其独特历史经验的独一无二的产物。鲁滨逊把这一观点用于他的博士论文,否认美国宪法是"抽象原则"的产物或简单地从欧洲照搬过来的,相反以为美国政府组织代表了来自美国人民"家乡经历"的"自然进步"。为了强调这种政府形式的独特性,他在研究德国议会时审查了德国不同的历史经历是怎样产生不同种类的联邦体制的。他的结论是,企图依赖适于每个国家甚至一个国家不同发展阶段的政府一般原则,注定是徒劳无益的。第二,一方面霍尔斯特认为历史学的客观性冷静、无偏见,目的在于实现严格的历史真实,他实质上否认了历史学家对他所描述的人物和事件发表政治和道德观点的权利;另一方面他又承认纯粹客观是不可能的,这就为日后鲁滨逊既重视史料的考证,又强调历史的解释,从而由旧史学转向新史学埋下了观念的种子。

关于兰普勒希特的文化史追求,在美国史学史上存在这样一种意见,认为鲁滨逊没有从兰普勒希特那里受到影响①,但事实上

---

① 巴恩斯《历史著作史》出版于鲁滨逊去世以后,因此其对鲁滨逊的评价在某种意义上说是盖棺定论了。书中第13章"文化史的兴起:文明和文化的历史"关于鲁滨逊与兰普勒希特的关系有如下一段文字:"20世纪在美国致力于推动文化史的主要人物是鲁滨逊。他没有大受兰普勒希特或欧洲创新者的影响,尽管他熟悉他们的作品。他从一个传统史学中的极端保守学者进步为他所谓的'人类喜剧'的独立观察者,是一个逐步的、非常规的和个人的事情。"(Harry Elmer Barnes, *A History of Historical Writing*, second revised edition, Dover Publications, Inc., 1963, p.322.)巴恩斯的说法是矛盾的,其中的原因值得探讨。布莱塞赫也认为:"德国和法国的改革者最终都没对美国新史学发生大的影响。兰普勒希特尽管是哥伦比亚大学的荣誉博士和美国历史学会的荣誉会员,但从未看到他的《德国史》被译成英文,他在美国的影响很快衰落了。"(Ernst A. Breisach, *American Progressive History*, University of Chicago Press, 1993, p.36.)

鲁滨逊在德国留学时，正是兰普勒希特等人向兰克史学挑战从而引起文化史大争论之时。尽管他毕业后回到美国，但兰普勒希特对他的影响并未结束。兰普勒希特成为美国历史学会名誉会员，1903 年先在美国科学与艺术委员会上发表了"什么是历史？"的演说，后在哥伦比亚大学建校 150 周年庆典上发表了 4 篇演讲。同年，莱比锡出版德文小册子，不久，美国人也将这 5 篇演说译成英文出版发行。这时恰是鲁滨逊从传统史学向新史学转变之时。鲁滨逊熟悉和尊敬兰普勒希特及其著作如《文化史》(*Kultur Geshichte*)。需要指出的是，鲁滨逊并未全盘吸收兰普勒希特的学说，而是有所批判。巴恩斯对此有过讨论，权引之如下。

> 鲁滨逊教授接受了兰普勒希特的名言（"历史学家应该把自己的注意力主要集中在发现当前是如何由过去发展而来的"），作为他努力研究和解释历史的原则。但他绝对反对一种企图，即把历史研究与解释强行纳入任何一个像兰普勒希特发明的那样具有艺术性和先验的文化进化体系。他曾经以历史连续性的观点反对传统的历史分期"古代""中世纪"等整体上的非本质做法和误导。为便于教学，他仅仅承认对于智能发展的尝试性划分：原始的、古代的、希腊的、早期基督教的、经院的及其衰落、启蒙的、现代的、上个世纪工业和科学革命以来的。他服膺兰普勒希特的社会心理对个体心理的绝对重要的观念，完全是一个历史连续性原则的强烈倡导者，认为通过研究从原始时代到现在知识阶层的变化，就可以最好地明确现实的世界秩序是怎样发展的。……他比兰普勒希特更自由和更充分认识到伟人在

形成社会心理倾向上的影响。①

兰普勒希特还影响了其他一些人,例如多德,后者毕业于莱比锡大学,是一个热情的兰普勒希特文化史推动者。他同兰普勒希特保持着多年的联系,尽管兰普勒希特不是多德的博士导师。1903 年,多德在《科普月刊》(*Popular Science Monthly*)上发表《卡尔·兰普勒希特和文化史》(Karl Lamprecht and Kulturgeschichte),试图论证兰普勒希特的新史学对于美国人的价值,认为美国的历史学家不必担心重演德国的"关于文化史的争论",因为在美国,文化史的观念已经被广泛接受了。多德推动了文化史的流行和兰普勒希特在美国产生影响。"兰普勒希特对许多欧洲的其他史学家和美国的进步史学家产生了深深的影响,在美国他以系列讲座的形式对其历史学的方法与观点发表了说明和辩护。这些和其他许多没有提到的文化史研究都或多或少受到兰普勒希特的影响有着内在的联系。"②可见,否认兰普勒希特对鲁滨逊的影响是徒劳的。

其他一些人也对鲁滨逊造成了影响。伏尔泰是鲁滨逊的"知识英雄",鲁滨逊像他一样致力于人类习俗变化的文化诠释;其宾夕法尼亚大学的同事麦克马斯特试图把美国历史放在广阔的社会联系中;西蒙·巴顿(Simon N. Patton)1899 年的《英国思想的发展》(*The Development of English Thought*)打开了探索生活的物质环境与人类思想信仰间联系的道路,也吸引了鲁滨逊;他还受法国哲学家海利·柏格森(Henri Bergson)精力生机论的影响,主张历史学要揭示"神秘无意识推动"。恕这里不能展开。

---

① Harry Elmer Barnes, *The New History and the Social Studies*, Century Co., 1925, pp. 204 – 205.
② Ibid., pp. 201 – 202.

鲁滨逊是在欧洲已经出现新史学趋势的情况下,在美国领风气之先的。19、20世纪之交,欧洲学者做出了对兰克史学的反叛。例如在德国,兰普勒希特于1886年出版了《中世纪德意志经济》(*Deutsches Wirtschaftsleben im Mittelalter*),史料充实,而且对德国农民战争的经济原因和中世纪城市的商业起源的分析颇有新意。1888年舍费尔(Schäfer)发表《历史的固有范围》(*Das eigentliche Arbeitsgebiet der Geschichte*),对日益发展起来的经济史和文化史表示不满,坚持历史写作的对象就是国家的历史。翌年戈特海恩(Gothein)发表《文化史的任务》(*Die Aufgaben der Kulturgeschichte*),指出政治史只是文化史的一个方面。兰氏以《德国史》(*Deutsche Geschichte*,1891年)、《文化史方法》(*Die Kulturhistorische Methode*,1900年)、《什么是历史?》(What Is History?,1903年)加入争鸣,成为反叛兰克史学的中心人物。他抓住兰克学派最大的局限——研究政治史,而且是个别人物的历史,主张德国史要研究德意志民族的整体,同时受心理学启发,使用社会心理来解释历史的发展变化。再如在法国,亨利·贝尔于1900年创办《历史综合评论》(*Revue de synthèse historique*),要求克服传统史学的狭隘性和封闭性,扩大历史研究的范围,加强历史学与毗邻学科之间的联系,主编《人类的进化》(*L'Évolution de l'humanité*)。费弗尔(Febvre)和布洛赫(Bloch)积极参与,促成年鉴学派的滥觞。鲁滨逊正是在他们稍晚些时候在美国擎起挑战科学史学(美国学者把兰克史学理解为科学史学)的大纛,与其他志同道合者一起使来自欧洲的新史学种子在美国落地生根。

总之,19、20世纪之交的美国社会为鲁滨逊新史学的产生提供了深厚的土壤。本土的哲学、史学遗产是其丰富的营养,而欧洲的学术则为其成长吹来了温暖的春风。至此,鲁滨逊新史学派作为美国史学的一项硕果瓜熟蒂落了。

# 第44论

# 鲁滨逊新史学派的治学风格与分野

鲁滨逊新史学派因时代的呼唤而产生,因美国本土和欧洲的学术养分而成长。然而不容忽视的是,尽管他们之间具有共同的治史理念和风格,可是在一些具体问题上的认识又存在着差异,以下展开探讨。

## 一、共同的治学风格

鲁滨逊新史学派在治学风格上具有一些共同的特点,具体说来如下。

积极入世的态度是新史学派的第一个特征。从鲁滨逊、比尔德、贝克尔到肖特韦尔、巴恩斯、海斯、桑代克,都抱着积极入世的人生态度,他们都是积极的社会活动家,力主历史学为现实社会服务。例如,鲁滨逊积极参加当时美国的进步运动,利用历史学开启民智。

他曾经担任美国教育部学术委员,负责审查中学生的历史教育,担任过美国历史学会主席,主持过全国大、中学校历史教科书的编写工作。20世纪初,鲁滨逊提出:"历史学可以满足我们的幻想,满足我们急切或闲散的好奇心,也可以检验我们的记忆力……

可帮助我们了解我们自己与同伴,以及人类的诸多问题和前景。"①到了第一次世界大战前后,在与比尔德合写的《西欧史大纲》(Outlines of European History)序言中,他继续坚持这样的观点,作者所谈该书写作目的很好地说明了这一点:"作者公开的目的不是为了历史而写历史,而是弄清今天的世界。如今的世界只有通过历史才能理解。为了使我们跟上自己的时代,对过去两个世纪进行精心的研究是非常重要的。"②还说:"历史学至少可以烛照我们现实的困境和混乱。"③在历史学的现实作用中,他看重的是促进社会和人类的进步事业。他在《新史学》中说:"我们并没有利用始终一致的方法去培养青年男女的进步精神,并没有使他们明白他们肩负的责任——那种向前看和进步的精神。他们所受的教育大部分是抽象的和古典的,我们至今还不敢将教育和生活结合起来。他们所读的历史并没有使过去给他们一种教训。他们从小就养成尊重过去而不信将来的心理。这样,我们的教育岂非不但不能作为改进的路标,反而成为进步的重大障碍了吗?"④

再如比尔德,他是位积极的社会活动家,获得的荣誉有 1926 年美国政治科学学会主席、1933 年美国历史学会主席、1948 年国家文学艺术署颁发的"突出成就"金奖。他同样主张历史学要"给

---

① James Harvey Robinson, *The New History*, Macmillan Company, 1922, p.17.

② James Harvey Robinson and Charles A. Beard, "Preface", in *Outlines of European History*, part 2, Ginn and Company, 1919. 本书最早于 1907 年出版,1912、1916、1918、1919 年分别再版。本书的序言是第一次世界大战之后写的,具体年份不详。

③ James Harvey Robinson, *The Mind in the Making*, Harper and Brothers Publishers, 1921, p.5.

④ James Harvey Robinson, *The New History*, Macmillan Company, 1922, p.256.

予学校里的男女生们关于他们作为公民生活和参与其中的社会的'现实的知识'",而"实际的知识最好是通过所谓的'历史研究'获得的"。①

扩充历史研究范围的方法是这一学派的第二个特征。倡导历史学与社会科学结盟,扩大历史研究范围,扩充研究的方法是鲁滨逊的一贯做法。正如有人所云:"早在1912年,著名的史学家詹姆斯·哈维·鲁滨逊就已呼吁他的同事们把研究范围扩大到其他领域,探索新技术,发展新方法,扩大他们对历史进程的性质所持的看法。"②巴恩斯更是一个主张历史学从其他社会科学中汲取方法的史学家,他的《新史学与社会研究》(*The New History and the Social Studies*)就是对这一主张全面而系统的阐述。关于社会学、心理学、经济学等学科对历史研究的意义,他都做了阐述。其中谈社会学作用的论述最为典型,他认为"历史学必须重重依赖社会学,因为只有后者才能为学者提供重要的视野广度、适当的社会发展规律方面的知识……历史学家只有被训练成社会学家,才有希望成为成功的综合的历史学家,尽管每个人付出的努力的作用和主要研究领域可能是互不相同的"③。

这一派不仅在理论上如此主张,而且在实际中这样做了。鲁滨逊致力于欧洲思想史的研究,巴恩斯关注欧洲巫术和科技史的发展,肖特韦尔重视劳工史文献的编撰,比尔德抓住政治军事史背后的经济因素,贝克尔理顺《独立宣言》所包含的思想内在理路,这

---

① Charles A. Beard and Mary R. Beard, "To Teachers", in *The Making of American Civilization*, Macmillan Company, 1938, p. V.
② [美]约翰·霍普·富兰克林:《现代美国史学趋向》,《世界史研究动态》1980年第1期。
③ Harry Elmer Barnes, *The New History and the Social Studies*, Century Co., pp. 385–386.

些是人所共知的。鲁滨逊的其他一些学生也采取这样的做法。例如蒙恩(Moon)《法国的劳工问题和社会天主教运动》(The Labor Problem and the Social Catholic Movement in France)是关于劳工和宗教的。其《帝国主义和世界政治》(Imperialism and World Politics)看似写政治和战争,实际上叙述了19、20世纪,主要是第一次世界大战前后帝国主义世界政治的动机、目的、历史和影响。他的着眼点是研究外交背后的经济与社会力量,指出产生于1914年战争的观念与利益已经引起了许多战争,而且这些战争还在很大范围内继续着,因而这本书并不是围绕战争本身展开的,而是以观念和利益问题为中心的。再如沙比罗(Schapiro),他的第一部学术著作是其学位论文《社会改革和基督教改革运动》(Social Reform and the Reformation),其他著作有《自由主义与法西斯主义的挑战》(Liberalism and the Challenge of Fascism)、《自由主义:它的意义和历史》(Liberalism: Its Meaning and History)、《近代欧洲社会不信回教运动》(Movements of Social Dissent in Modern Europe)、《危机中的世界:20世纪政治和社会运动》(The World in Crisis: Political and Social Movements in the Twentieth Century),这些显然不是传统意义上的历史学著作。他所编教材《现代和当代欧洲史》(Modern and Contemporary European History)改变了传统欧洲编年史突出一些重要的事情或进行一些主题叙述的做法,对社会史、经济史、文化史和军事史、政治史进行综合的叙述,因而工业和农业革命及其对近代社会生活的多方面影响,被过去史学家忽略的文学史,对芸芸众生的观念和生活产生了深刻影响的社会主义、工团主义和女权主义等,成了本书关注的对象。

这一学派的第三个特征是既重视史料的搜集,又强调历史的解释;既要把历史学建立在坚实的史料基础之上,又提倡发挥主体的能动意识。例如鲁滨逊就很重视史料,他说:"我们所有关于过去事情和情况的信息都必须来源于某种证据。这种证据称为史料。"①"在这一领域,专门化的真正可信的历史学者应该去看原始证据,用自己的眼睛去看,从中得出自己的结论。"②他批评流行的轻视史料的态度:"然而我们当中流行的历史知识不是来自第二手史料……而是来自教科书的阅读、百科全书、故事、戏剧和杂志上的文章。通行的手册和文章一般是由对原始史料不知道或知之甚少的人写的。因此它们甚至最好的也只是依据第二手的叙述,那至少也是第三手史料。"吉本为了写《罗马帝国衰亡史》做了大量的材料搜集与整理工作,这在理性主义史学家中也是突出的。尽管如此,鲁滨逊还是不满意,批评吉本《罗马帝国衰亡史》"仅仅是对其他人记录的记录。因此它不是第一手而是第二手史料"③。

但是鲁滨逊同时强调历史学家对史料的解释,正如有论者所说:"在第一次世界大战以后的许多年里,当鲁滨逊'越来越对大学围墙外的世界感兴趣'时,他对无用的历史事实的不满明显地增加了。作为一个社会改革者——他偶尔否认存在的一些东西——他希望过去的事实服务于现实的需要。他在主席致辞中抱怨,尽管历史学家积累了大量事实,崇拜在原始史料中被揭示的事实,但这已被证实不比第一次世界大战最激烈时期的俗人明智。还有,当鲁滨逊批评那些按照战时气氛阅读史实的人时,他一点也没批评那些依照20年代的方式阅读过去事实的人。他提倡把过去与晨报

---

① James Harvey Robinson, *An Introduction to the History of Western Europe*, new edition, 1934, p.9.
② Ibid., p.11.
③ Ibid., p.10.

相联系的历史学,鼓励史学家从过去选择用来解释现实的事实。"①

再如,连有着强烈相对主义思想的比尔德都承认:"'没有文献,就没有历史'还是对的。知识仍然通过目录学的、详尽的研究、证实和检验的方法获得。"②他同时强调历史的解释,关于其中的原因,他认为历史作品反映了时代、国家、种族、阶级或者阶层的精神,历史研究的主体对史料是有所选择的,他们的偏见、成见、信仰、感情、通常的教育和经历,特别是社会和经济的经历都影响历史写作。"所有写出来的历史——村庄的、城镇的、农村的、城市的、国家的、种族的、集团的、阶级的、思想的或者广阔的世界的——都是对事实的、关于过去实际上被记载下来的碎片的选择和组织。而且这种事实的选择和组织——一种被结合在一起的复杂的知识分子行为——事实上是一种选择、确信、关心价值的解释,是一种思想。人们知道无数超乎推测之外的事实,但是事实没有选择它们自己或者使它们自己自动进入某种史学家脑海里安排好的固定主题。史学家在思考的时候事实就被他选择和排序了。"③因此,"许多史学家都对其作品津津乐道,说他们的事实仅仅是依据内在的需要选择和组织的;但是持这种立场的人中没有一个愿意认可其他人的著作具有同样的正确性和肯定性,除非后者的爱好符合自己的样式"④。

---

① Herman Ausubel, *Historians and Their Craft: A Study of the Presidential Address of the American Historical Association 1884 – 1945*, 1965, pp. 175 – 176.
② Charles Beard, "Currents of Thought in Historiography", *The American Historical Review*, Vol. 42, No. 3, 1937.
③ Charles Beard, "Written History as an Act of Faith", *American Historical Review*, Vol. 39, No. 2, 1934.
④ Ibid.

## 二、学派内部的分歧

在看到新史学派共同的治学风格的同时,也不能忽视其成员之间的差异和分歧。

首先,他们研究的重点是不同的。鲁滨逊致力于欧洲思想史,比尔德和贝克尔注重美国史的研究,肖特韦尔和海斯的重点是国际关系史,巴恩斯和桑代克关注西方社会文化史。即使同是研究思想史,他们也有不同的路数。鲁滨逊偏重宏观问题的研究,而且处处与开启人们的智能相联系;桑代克注重科学思想的探讨;比尔德注意思想背后的经济因素,换句话说,他考虑的是思想本身与环境之间的关系;贝克尔探讨的则是思想自身的内在理路。斯哥塞姆(Skotheim)说得好:"鲁滨逊把写思想史的原则普遍化;比尔德出版了被有特色地同经济环境相联系的思想史;贝克尔更细致地分析了思想,但仅仅对美国的思想做出了简单的研究。"①

其次,他们对待历史解释方法的态度不完全相同。这里仅举他们对待马克思的态度以见一斑。新史学派并非像国内学者一般所说的那样敌视马克思主义或者即使称赞马克思也是虚伪的。他们把马克思的历史观看成对历史的一种经济解释,而且表现出很大的尊重。鲁滨逊在谈到使用经济学理论来解释历史时,给予马克思以充分的肯定;比尔德敬佩马克思的博学和思想的敏锐;肖特韦尔同样认为马克思的历史理论是有价值的。贝克尔是这一学派中非议马克思最多的人,即便这样,他对马克思的历史理论也还是推崇的。他承认,"对最近千年欧洲历史的解释,马克思主义的理

---

① Robert Allen Skotheim, *American Intellectual Histories and Historians*, Princeton University Press, 1970, p.123.

论是最有启发性的",甚至是"唯一鲜明的解释"。①

然而,这一派别毕竟是在美国资本主义大踏步发展的过程中诞生的,那时的美国没有欧洲那种工业化所带来的、严重到足以危及资本主义制度的社会问题,而且作为本土化哲学的实用主义已经取代了过去在美国占据主导地位的黑格尔等人的欧洲哲学。在他们看来,马克思的历史法则是对黑格尔的继承,因此他们既不信奉马克思的历史法则,也不接受马克思对资本主义未来的预言。鲁滨逊在这个问题上的看法不是很具体,只是指出马克思的理论被马克思及其追随者滥用了。比尔德提出,并非任何一种历史的经济解释都必须用于马克思的革命目的,它也可用于相反的目的。

问题在于马克思的历史法则当然的推论是资本主义注定灭亡,这是他们无论如何也不能接受的。贝克尔在这个问题上激烈地反对马克思,他不愿看到革命的发生,说:"(马克思主义哲学)告诉我共产主义革命是可以通过人的自觉作用而促进或阻止的,在这方面我服从我的阶级,并尽最大努力去阻止它。"②需要指出的是,贝克尔的这种观点是由其资产阶级的立场决定的,他本人亦承认:"我是一位教授,那就是说是资本主义的工具,正是资本主义支持了我,因此为什么我不应该为我的阶级和我自己的利益战斗呢?"③可见,鲁滨逊学派对待马克思的态度还是有差别的。

---

① Carl Becker, "The Marxian Philosophy of History", in *Everyman His Own Historian: Essays on History and Politics*, Quadrangle Paperbacks, 1966, p.114.

② Ibid., p.129.

③ Carl Becker, "Carl Becker to Louis Gottschalk, December 26, 1938", in ed. Phil L. Snyder, *Detachment and the Writing of History: Essays and Letters of Carl L. Becker*, Cornell University Press, 1958, p.85.

最后,在鲁滨逊晚年特别是在他谢世之后,学派内部发生了根本性的分歧,分歧主要是围绕历史学的新旧划分的合理性和采用什么样的方法研究历史展开的。

鲁滨逊是主张史学有新旧之分的,这在《新史学》中多处出现。巴恩斯也主张历史学有新旧之分,在其许多著作中都有反映。倒是其他人采取了另外的说法。比尔德在批评兰克史学时说:"兰克,一个德国的保守主义者,在法国革命的风暴和压力之后写作,那些为了革命而写的历史著作或者充满革命宣传内容的历史书,他是厌烦的。……兰克所属的德国统治阶级在1815年的安定中获得喘息,希望得到和平以巩固其地位。而写出冷酷、真实和不被时代激情所扰乱的历史,最有助于不愿被扰乱的人们的事业。后来这一套话语被固定在自然科学的伟大概念中——冷酷中立胜过物理世界的材料和力量。……但是人们的思想和兴趣在不断运动着,保守主义和科学思想的奴役受到了批评,也被形势的发展打破了。"①这里的"保守主义"与旧的思想和倾向是同义语。而贝克尔则说:"把历史学家分为旧的和新的既非常不合适又毫无意义。此外还有其实际困难。"②还说:"我不要求历史学家去写新史学而不是旧史学,去写心理学的历史而不是政治的历史;我只要求他写一本他感兴趣的好书。"③可见,贝克尔在这个问题上与学派的其他成员相对立。

不过,贝克尔似乎更多的是针对巴恩斯的。巴恩斯写过《历史

---

① Charles Beard, "Written History as an Act of Faith", *American Historical Review*, Vol.39, No.2, 1934.

② Carl Becker, "On Writing History", in ed. Phil L. Snyder, *Detachment and the Writing of History: Essays and Letters of Carl L. Becker*, Cornell University Press, 1958, p.39.

③ Ibid., pp.39-40.

著作史》和其他一些论述史学的著作,其中充斥着"新史学"和"旧史学"字眼。贝克尔批评巴恩斯的《历史著作史》:"保守的史学家在这本书中扮演着配角,我对此不敢苟同。我拿不准在人群中是否碰到过这样的人,按照定义,保守的史学家似乎是胆怯的、文雅的教授……对政治、军事和外交史感兴趣,没有意识到经济、社会和文化的影响,大大夸大了个人对历史的推动作用。我有点困惑的是,巴恩斯先生自己表面上尽管不大被描写成胆怯的,也不被理解成害怕失去工作,但关键时刻他在其他方面倒是保守的。我似乎记得,在《世界战争的起源》(*The Genesis of the World War*)中,他专门叙述了政治和外交事务,结束的时候提到四个人,以为他们恶毒的行为应对引起战争负主要责任。更让我迷惑的是,虽然从巴恩斯先生关于'新史学'的一般讨论中,我们应该想到实际上 20 世纪以前的史学家都是保守的,然而我在他的书里惊异地发现,没几个史学家严格地属于保守派。相反在'社会和文化史'和'德国史'的章节里,我发现了证据,使我认为新史学至少和伏尔泰一样古老,上两个世纪大多数最有名的历史学家完全集中兴趣于政治史或明显夸大个人对历史的推动作用。"①他为"旧史学"辩护道:"正是在一个时代里,社会的主要问题就是政治和立宪问题,革命主要是为了建立一种怎样形式的政府,为了建立一种保护个人政治特权和不可侵犯的天赋人权的宪法。按照詹姆斯·哈威·鲁滨逊的看法,用历史学'对现实造成影响','按照进步的利益而利用过去',这些正是新史学家和所有史学家要做的,如果政治史学家不这样做,那么他们还能做什么呢?难道弗里曼在他的时代

---

① Carl Becker, "What Is Historiography?", *American Historical Review*, Vol. 44, No. 1, 1938.

里不是一个新史学家吗?"①显然,贝克尔利用巴恩斯和鲁滨逊的逻辑矛盾,否定了他们对史学家进行新旧划分的合理性。

关于采用什么方法研究历史,前期他们都主张对历史进行综合的研究,但事实上每个人的重点是不同的。对于比尔德的历史经济解释,海斯是有微词的:"我们大学研讨班的环境和狭隘的特别训练,一定解释了为什么研究美国边疆的如此多的青年学者,都忽视了它更加广阔的联系和淡化比较研究。甚至我们中间数量日益增长的经济决定论,越来越倾向于在独特的美国事情中寻求证据。"②他反对这种单一的方法,主张用文化或社会的观点解释历史:"我希望在过去的半个世纪中对历史研究和写作产生过刺激和有价值影响的'经济解释',现在由更广义的'文化解释'加以限定和补充。"③

贝克尔也对巴恩斯的跨学科研究历史的观点进行了批判。他说:"懂得地理学、人类学、心理学、社会学、政治学、经济学和伦理学的新科学,或者它们中的一部分,可能的确是有用的。但是系统掌握如此之多的原理,并非所有人都能做到。它要求有百科全书或等同于百科全书的脑子。巴恩斯教授就有这样的脑子,他获得了这种综合的知识,很好地利用了这些知识。我希望他现在仍然很好地使用它,写出新的历史而不是写更多的文章和书去告诉我们如何写新的历史。"④可见,贝克尔批评巴恩斯的观点是从巴恩

---

① Carl Becker, "What Is Historiography?", *American Historical Review*, Vol.44, No.1, 1938.
② Carlton J. H. Hayes, "The American Historical Frontier of What?", *The American Historical Review*, Vol.51, No.2, 1946.
③ Ibid.
④ Carl Becker, "On Writing History", in ed. Phil L. Snyder, *Detachment and the Writing of History: Essays and Letters of Carl L. Becker*, Cornell University Press, 1958, p.40.

斯理论建树多而实际突破的。

另外,在一些具体的问题上,贝克尔还批评了巴恩斯的史学史研究。他指出巴恩斯《历史著作史》出于某种目的而遗漏了一些史学家:"我要说,一定有大量的史学家他没有提到,甚至我想说有许多他都没听说过。然而相对来说,他毕竟选择了一些。假如按时间来看,为了一个明确的目的,就会有不适当的限制。"①巴恩斯对于把科学知识应用于创造美好的社会保持着热烈兴趣,他深信如果使用历史学加以正确理解,就可以更好地认识造成现实困境的原因。因此他相信,历史学家只要完全从泥古中解放出来,并用其知识影响现实社会问题,就能解决这些问题。按照巴恩斯的目的论,"史学史就是评价历史学家对现实知识的贡献"②。而贝克尔指出,巴恩斯的这一要求过于苛刻了,因为事实上"没有什么人致力于有用的知识,倒是有如此之多的人倾向于《周六晚邮报》上时髦的、关于社会科学的通俗作品"③。结果巴恩斯大失所望,对历史上所谓的"保守主义"史学家大肆讨伐而又无可奈何。贝克尔说:"巴恩斯容易被激怒。这是其品质中的一个缺点。他仅仅是个优秀和有学问的讨伐者。……这种气愤,部分地、随便地、不时地随着对'保守史学家'——一种在詹姆斯·哈威·鲁滨逊时代之前被认为处在繁荣状态、泰然自若、还没有完全过时的类型——的轻蔑和无礼议论所缓解。"④巴恩斯认为,史学史的写作应该"完全忘记历史学家对现在知识的贡献,从整体上关注在他们自己时代文化模式中的作用,这些是值得的。从这个意义上说,史学史家应该

---

① Carl Becker, "What Is Historiography?", *American Historical Review*, Vol. 44, No. 1, 1938.
② Ibid.
③ Ibid.
④ Ibid.

主要关注肖特韦尔教授愉快地称之为人类渐次的'时代的发现',或者更广泛地说,关注涉及在一些风气条件下人类思想领域和品质在时空上的渐次扩展"①。显然,贝克尔对巴恩斯的这些做法非常不满。

同时,贝克尔还批评巴恩斯将史学与其文化背景相结合进行分析的做法。应该说,巴恩斯的《历史著作史》是颇有特色的,它注重对史学的整体研究,即使是对史学家个体的研究也是纳入这个整体的,例如在第七章"社会与文化史的兴起:理性主义的发现和成长的年代"中,首先揭示了欧洲扩张对历史著作的一般影响,然后分析了理性主义与历史著作之间的关系,接着论述了伏尔泰及其后继者、孟德斯鸠学派、卢梭的原则,然后又谈到通史、编年史和历史进步论问题,这样,对理性主义史学的研究成为分析与综合、局部与整体的结合。它的另一特点是略古详今,全书古代和中世纪差不多占五分之一,而近代和当代各占五分之二。总之,这本书所体现出来的慧识在那个时代是绝无仅有的。即便如此,贝克尔还是以颇为讥讽的口吻说:"'文化背景'的特征和根据背景的'历史写作主导线索'的说明,尽管大部分满足了作者的目的,但还是简要的,应该说有点草率,它没有对本书的主旨起作用。书的绝大部分关注巴恩斯先生非常感兴趣的事情——也就是说,'注意史学家的贡献'和'假设历史科学中所具有的一些进步'。毕竟依据现代标准和技术评价历史学和历史学家的价值,是这本书的原则性目标,并且是巴恩斯先生做得最好的。也许由于太多的史学家被提到,因此有的时候著作退步为人名目录。……特别是后面几章里这样的事情太多了。巴恩斯先生知道得太多了,当人名开始在

---

① Carl Becker, "What Is Historiography?", *American Historical Review*, Vol. 44, No. 1, 1938.

其记忆中弥漫的时候,他自己的判断躲到云后去了。……就像我一样,不被巴恩斯先生轻易贬低的有学问的人,将会随处发现错误或有问题的判断。"①贝克尔对巴恩斯的批评几乎到了吹毛求疵的地步。

---

① Carl Becker, "What Is Historiography?", *American Historical Review*, Vol. 44, No. 1, 1938.

第 45 论

# 多种维度与不同层次：
# 史学史研究新思维

21世纪史学史研究如何做，根本上不在于研究者怎样设想，而主要取决于历史学科发展的内在逻辑、中国社会改革开放的程度和自然科学与技术的发展所带来的方法论变革。众所周知，在中国，整个20世纪，史学史研究成就卓著，一大批颇具影响力的专著问世，令人雀跃，但是史学史研究的思维创新问题也日益突出了。

## 一、中外结合是一条必须和可行之道

史学史学科发展的内在逻辑是：与中国史相关联的有中国史学史的研究，相应的就有与世界史相联系的外国史学史的研究。过去，人们主要沿着中国史学史与外国史学史（更多时候是西方史学史）两条线索，开展史家、史著、思潮、组织机构、专业刊物、学派等专题研究，开展史学史的通史和断代史的撰述。接下来，就有中外史学结合研究的问题。中西结合研究包括如下内涵。

第一，中外史学交流史研究，这里不仅有外国史学在中国的传播，还有中国史学在国外的传播。无论哪种情况，其中传播者、传播途径、传播手段、传播中的受众、传播的影响、传播中史学信息的损益等,都是需要加以研究的内容。

第二,中外史学比较研究,即比较中国史学和外国史学的治史理念、史料系统、解释体系、价值尺度和技术方法的共性和差异。非常可喜的是,20世纪80年代起中外史学交流和比较受到学术界较为普遍的关注,但是这里又产生了新问题,就是传播中史学信息的损益没有得到重视。

第三,在传播中对史学的源流进行比较。中外史学交流传播过程中,由于著作者、翻译者、阅读者、研究者的主观性差异,以及各类预设前提、心理预期的差异,最初的史学经过传播会流失一些东西,同时增益一些东西。例如孟德斯鸠《论法的精神》综合考察各种因素与立法之间的复杂关系,可活生生地被国外阅读者、批评者说成地理环境决定论;再如兰克被科学主义史学思潮挟裹,在德国以外被塑造成客观主义者、"消灭自我"者,结果掩盖了他揭橥"时代精神"的史学特征。此类现象不在少数。长此以往积累起的许多误读必须加以清理,这种意义上的比较问题十分突出,应该成为未来史学史研究新的增长点。

## 二、打破固有的史学史研究模式

需要指出的是,无论中国史学史还是外国史学史,专题史、国别史、断代史乃至通史研究都尚不够充分,今后有加强的必要。而且出于种种原因,史学史研究存在着僵化的情况,具体表现如下。

第一,中国顶尖的史学家或合于时宜的史学家倍受关注,而二、三流的或不合时宜的史学家则相对受到冷落;欧美史学大家成为重中之重,而非欧美的外国史学家和欧美一般史学家则被挤到学术史的边缘。

第二,中外史学与比较的研究在20世纪只是个开始,而且多限于中西史学的交流与比较,中国与非欧美国家的史学交流研究虽然已经出现,但还是星星之火,学术界还有更多的工作要做。

第三,就中西史学比较而言,仍有许多地方不能令人满意。例如民族本位思想过重,一些西方学者贬低中国史学是偏颇的,但与之针锋相对,把中国史学说成完美的也没有必要。再如用欧洲近代以来的史学模式来审视中国古代史学,说中国史学缺乏思辨色彩,可其实西方史学重思辨也是中古尤其是近代以后才普遍化的,而中国古代史学有重视探讨"天人之际""古今之变"和"一家之言"问题的传统,故中国史学缺乏思辨性的观点是不妥的。

### 三、社会和技术的发展带来新机遇

随着中国改革开放大业不断推向广泛和深入,史学史研究者有了更多参与社会实践的机会,具备更加丰富的感性材料和更多思考问题的维度。尤为重要的是,社会为学术发展提供了更加适宜和宽松的氛围。那些二、三流的或曾经不合时宜的史学家成为史学史家追逐的目标,而且史学史家完全可以凭自己的独立意识加以判断,于是学术界听到了许多不同的声音。

在改革开放实践中,学者们的视野变得越来越开阔、心胸越来越宽广,对过去的各种偏见能够持批判的态度,对许多史学现象进行重新审视。中西史学文化在双向交流中一段时期内可能相互包容,而在另一段时期内可能发生尖锐冲突,这种情况促使史学史家一方面发掘中国传统史学遗产,一方面渴望更多了解外国史学,从而积极主动地开展中外史学结合研究。

在诸多科学技术中,计算机网络与人们的生活和工作紧密相关,早就有人预言,如果21世纪初一个人还没有进入网络世界,那么他就将永远地被留在20世纪。事实上,网络时代的来临给学界带来了史料搜集与处理上的重大变革。更为重要的是,网络在本质上体现的是人与人之间的平等与对话。届时,不同地区、不同专业方向和不同阶层的学者在短期内实现直接而充分的交流成为可能。

总之,21世纪史学史研究可以预计的趋势是拥有多种维度与不同层次:依据三条主要线索(中国史学史、外国史学史、中外史学交流与比较),研究多方面的问题(时间上断代的与贯通的,地域上国别的和整体的,内容上专题的和综合的),更多不同层次的史学家被写进史学史,学者各抒己见,呈现百花争艳、万紫千红的繁荣景象。

第46论

# 时代召唤与学理契合：
# 西方史学东传之两翼

中西史学交流既是中国史学史书写不可或缺的部分，又是西方史学史研究题中应有之义，在当前乃至未来一段时间内是史学史研究再出发的一条新途径。单就西方史学在中国的传播而言，其内容足够丰富，学界已做过大量工作。尤其是西方史学在中国传播涉及问题众多，如今做点形而上的反思也是弥足珍贵的。众多问题之一就是时代召唤与学理契合之间是否平衡。

西方史学在中国传播必须依靠两个关键，那就是时代召唤与学理契合，这两个关键可视作西方史学在中国传播的两翼。以此为题，逻辑上则有四种组合：符合时代需要然缺少学理契合；虽学理契合但不符合时代需要；既符合时代召唤又契合学理；既不符合时代召唤又无学理契合。以下分别稍加论说。

**一、符合时代需要然缺少学理契合，则传播中受阻**

"文革"结束，特别是十一届三中全会以后，中国进入改革开放时期。中国不仅经济改革全面逐次展开，并且真理标准问题的讨论起到思想解放作用，思想文化领域随之开始与西方发生广泛和深入的接触。斯宾格勒《西方的没落》和汤因比《历史研究》20世纪 20 年代到 40 年代曾风光一时，50 年代遭受批判而灰头土脸，如今重新受到中国学者的关注。

斯宾格勒和汤因比的文化形态说在 20 世纪 20 年代到 40 年代的中国所遭受的境遇，这里不加赘述，但我们要说一下它在 50 年代末 60 年代初受到的猛烈批判。那个时期它被定性成"麻痹革命群众的思想武器"，"取消阶级斗争"，是"反动的历史哲学"。① 连翻译《历史研究》的曹未风都说汤因比"提出了和马克思主义完全相反的学说"②，"他的许多说法，不但是恶毒的，而且还是反动的"③。这些批判是极"左"思想影响的结果，是那个时代特有的产物，不光斯宾格勒和汤因比的文化形态说遭此待遇，其他西方非马克思主义史学理论都未逃脱这一境遇。

平心而论，文明形态史观具有全球眼光，把所有文明视为价值等同的单位，斯宾格勒和晚年的汤因比对西方文明抱着悲观态度，特别是汤因比视中国文明为拯救世界的因素，这些对中国改变过去的闭关锁国、走向世界具有理论意义。可见，文明形态史观在中国改革开放的形势下是符合时代需要的。斯宾格勒和汤因比具有历史整体意识，使用比较方法，这与以往中国史学学理和思想方法亦接近，但是在关键问题上却与中国马克思主义史学的人民观点、阶级意识难以合辙，这是斯宾格勒、汤因比的历史哲学与生俱来的，不容否认。这样就可以理解不仅 1979 年还有学者称汤因比"敌视人民群众"，"污蔑无产者"，"汤宣传和平主义和阶级调和

---

① 梁萍：《雷海宗的反动的"历史形态学"观点批判》，《历史教学问题》1958 年第 2 期。
② 曹未风：《对汤因比的"历史研究"批判之一》，《学术月刊》1958 年第 9 期。
③ 曹未风：《对汤因比的"历史研究"批判之二——关于文明起源》，《学术月刊》1958 年第 10 期。

论"①,而且直到 20 世纪 80 年代中期,他还被认为滥用简单类比,过分夸大历史相似性而忽视历史前进性,不能从根本上论述清楚人类文明历史发展的基本脉络,更谈不上揭示历史发展的客观规律。不过,由于它符合中国的时代需要,故在学理上受到激烈批判的同时还被保留了一席之地。

## 二、虽学理契合但不符合时代需要,传播定受阻碍

20 世纪 60 年代初,中苏关系恶化,过去备受中国学者推崇的苏联史学显然不再符合中国的时代需要。中华人民共和国成立之初,通过汉译出版、苏联学者来中国讲学、中国学者课堂授课、留俄归国学者撰述等各种方式,苏联史学在中国得以传播,并深得中国学者推崇。苏联科学院主编的《世界通史》使用五种社会形态说划分世界历史阶段,以阶级斗争和人民群众观点认识和评价历史,这些从学理上说与中国马克思主义史学完全一致,或者说中国马克思主义史学在这些方面原本就是苏联史学的翻版,与苏联学者的《世界通史》学出一脉。在它的影响下,中国学者五六十年代出版的世界史著作,例如郭圣铭《世界古代史简编》、童书业《古代东方史纲要》、东北师范大学历史系《世界古代史》、华东师范大学历史系《世界古代及中世纪史讲义》、戴裔煊《古代世界史纲要》、周吴本《世界通史》等,都明显带有苏联史学的痕迹。特别是《世界通史》第 1 卷,曾被中国学者誉为"历史科学进展的丰碑"②。然而,1965 年出版第 6 卷汉译本时,出版说明则有:"苏联科学院编纂的《世界通史》是苏联历史学界经过多年准备集体编写的。他们自诩这部

---

① 郭圣铭:《汤因比的史学理论及其影响(上)》,《世界历史》1979 年第 3 期。
② 齐思和、李开物、周怡天等:《历史科学进展的丰碑:介绍〈世界通史〉第一卷》,《读书》1959 年第 24 期。

书可以'作为马克思主义历史书籍中阐明从远古至现代所走路程的第一部综合性的著作'。对于这样的一部书,马克思主义历史学家有必要对它进行考查和研究,并且予以评价。"① 这一出版说明中的态度较以往有变化,明显提出要保留中国学者的意见。1975年第 7 卷汉译本的出版说明又指出:"苏修叛徒集团为适应其反革命政治路线的需要,在本卷中以修正主义观点,对马克思主义的基本理论和历史事实作了种种篡改歪曲。"② 这里进一步发展为对苏联学者的完全否定。同时,中国学者还批判《世界通史》中的大俄罗斯主义。③ 依然是以五种社会形态说划分世界历史阶段,以阶级斗争和人民群众观点认识和评价历史,何以在中国遭遇如此迥然境地?一言以蔽之,不符合中苏关系恶化后的中国需要也。类似情况再举一例,以互相支撑。

西方后现代主义史学反叛科学主义史学,质疑自然科学理性对人文艺术的压制,怀疑科学主义绝对理性统御下所形成的现有历史知识,就其学术发展史上的地位看,无疑具有重大变革意义。这一思潮在西方一直遭到反驳、批判,不过我们应当看到它不仅没有否定史学最基本的理念,恰恰相反,后现代主义史学一直秉持批判和怀疑态度,试图构建严密逻辑体系,讲究历史证据,追求知识谱系,这些与科学主义史学理念毫无异处,与中国传统史学实事求是的精神亦完全契合。因而从学理上说,西方后现代主义史学在中国大陆若有适宜的机缘,当可以生存。不过就其传播两翼而言,

---

① 苏联科学院主编:《世界通史》第 6 卷,生活·读书·新知三联书店 1965 年版,第 1 页。
② 苏联科学院主编:《世界通史》第 7 卷,生活·读书·新知三联书店 1975 年版,第 1 页。
③ 李显荣:《马克思主义,还是大俄罗斯主义?——评苏联多卷本〈世界通史〉》,《世界历史》1978 年第 1 期。

它却打破了平衡。改革开放以来,中国大陆才在真正意义上全面走向现代化,特别是在 20 世纪末之后,经济快速腾飞,政治稳步健康发展,文化繁荣多样化,社会逐步公民化,整体上各方面都呈现欣欣向荣的景象。然而无论如何,中国大陆还处于发展中,没有进入发达国家序列,这就决定了我们需要保持以往的社会认同,保持过去的精神偶像,维护已有的学术权威。换言之,解构过去的社会认同,推翻既有的精神偶像,损毁多年的学术权威,在当代中国不可轻言,或者说不存在历史基础,从而可以推出西方后现代主义史学不在中国现时代召唤之列。无怪乎出现这样的怪象:学界一方面认识到西方后现代主义史学的学术价值,另一方面又对它不太待见,不少人把后现代主义赋予贬义,嗤之以鼻,以至于有的学者著作具有明显的后现代主义色彩,本人却不愿承认这一事实,生怕遭到后现代主义的连累。

### 三、既不符合时代召唤又无学理契合,结果无疾而终

按说不合时代需要则无传播机缘,不契合学理则无从根植。如此说来,既不符合时代召唤又无学理契合这一问题当不具实际意义,本想完全搁置不议,可是回想起自己多年前的研究实践中恰有一例,倒是贴合题义,姑且拿来弥合逻辑需要。

第一次世界大战结束后,西方特别是美国学者反思战争原因,认为除了马克思早已发现的资本主义社会矛盾,尤其是资本主义国家间在市场分割上的冲突导致战争外,还发现参战国学者起到了推波助澜的作用。他们发现,第一次世界大战前,欧洲各国一流学者差不多都在为本民族国家的利益和声望而喧嚣,民族主义成为各国的精神支柱,为争夺经济和政治利益的战争提供了理论借口。于是,战后有良知的西方学者开始批判民族主义,海斯就是其中之一。海斯是美国学者,是鲁滨逊新史学派中非常活跃的主要

成员之一,他反思和批判民族主义的著作有《民族主义论丛》(Essays on Nationalism,也译为《族国主义论丛》)、《近代民族主义的历史进程》(The Historical Evolution of Modern Nationalism)等。海斯曾指出:"族国主义是对于自己的国家抱一种昂慢矜夸的态度,附带着对外国一种鄙视或仇视的态度。她承认本国国民个人或有错误,但她坚持本民族或民族国家是不会有错的。族国主义不是鲁蛮无知和挟持偏见,就是反人情和患黄疸病的。无论如何,她是一种癫狂,一种放大的、偏激的自大。"①蒋廷黻留学美国,师从海斯,其博士论文就是在海斯的指导下完成的。蒋氏归国后,不负导师厚望,不仅把 Essays on Nationalism 译为《族国主义论丛》,交由上海新月出版社出版,并且使用其中的观点解读中国近代外交。他从海斯那里演绎出来的观点是,中国人不能用自己的爱国主义去妨碍英国人的爱国主义,在这一前提下,蒋廷黻认为英国来华从事贸易遭受阻碍,鸦片被销毁,英国人自然萌发爱国主义,从而否定林则徐销烟的合理性和正义性,推论出英国发动鸦片战争的合理性。问题是从19世纪40年代开始一直到20世纪三四十年代蒋廷黻说这个话的时候,中国都处于外国资本主义势力的压迫下,因此御侮图强是中国的时代主题,时代呼唤的是爱国主义思潮,而在许多时候民族主义是和爱国主义密切联系的。这样,蒋廷黻所传播的海斯的民族主义观点不符合中国时代需要。从这个意义上说,中华人民共和国成立后不久,学术界批判蒋廷黻是洋奴,说他代表帝国主义的利益,看来一点也不过分。同时,中国史学的悠久传统之一是"外夷狄而内中华",强调"夷夏之辨",特别是倡导民族之间战争中的民族抵抗精神。

---

① [美]海士:《族国主义论丛》,蒋廷黻译,上海新月书店1930年版,第353页。

显然，蒋廷黻所宣扬的海斯民族主义观点与中国传统史学的这一精神相悖，也与同时期占据主流地位的中国其他学者抵御外侮的思想相抵牾。这就决定了《族国主义论丛》所代表的西方反民族主义的史学思潮不可能在中国长期流传，遑论在中国扎根，最终只能坠入深深的历史尘埃之中。既不符合时代召唤又无学理契合的西方史学在中国或许能够有点回应，但最后必将无果而终。

### 四、西方史学在中国之传播，两翼平衡者终结硕果

19世纪末20世纪初，反对君主制下的王朝政治，倡导民主制下的立宪政治，成为中国的时代风尚。梁启超恰逢其时，亲身弄潮，以时代风尚解中国传统史学，批判传统史学"四弊""二病""三端"。其实这不是他的落脚点，梁启超的目的在于配合其改造中国社会的理想，而力主书写民史、扩充方法、发现公理公例。他的这一追求没有在传统史学中寻得范式，而在西方史学中找到了标的，于是决然高揭新史学大旗。梁启超所谓新史学，表面上采自浮田和民等人，其实渊源上就是孔德思想浸染下的实证主义史学——将事实论和规律论或特殊性和共同性合为一体的科学主义史学。史学观念既如此，技术方法何以辅成？为破解此题，梁任公成《中国历史研究法》，对朗格诺瓦、瑟诺博司《史学原论》多加以吸纳。他在《新史学》中标榜发现公理公例，《中国历史研究法》分史料为文字和非文字，归纳出辨伪12法，《中国近三百年学术史》本质上提出校勘法4种。所谓公理公例，实乃规律别称，《周易》有"通""变"分合之说，《公羊春秋》有历史三段终始之论；言及史料分类，中国古代有文献、金石之别；至于校勘、辨伪，中国史学有悠久的校雠、疑古传统。中国传统史学的这些理念与西方近代科学主义史学精神暗合。梁启超远承的这些中国史学传统理念，近接的西方

科学主义史学观念和方法，看似有古今之别、中西之异，其实本质相同。结果，新史学经梁启超及其同人和后学持续鼓噪，在中国大行其道。新史学源自西方，恰符合中国时代需要，其学理根本上又与中国传统史学契合，成功地在中国得以传播和风行。可见，时代召唤与学理契合，是西方史学在中国传播的两翼。有类于此，再举一例，以见其情。

  1927年，"宁汉合流"，大革命失败，郭沫若因发布《试看今日之蒋介石》而不得不亡命日本。为宣传中国共产党人的反帝反封建主张，史学上须呈现私有制必然产生且最终灭亡这一历史规律，特别要论证中国历史上私有制的产生和发展也和世界其他国家私有制的历史发展具有共同规律，同时这一研究过程所依据的史料、所使用的方法一定要与科学主义史学方法合辙。关于科学主义方法，郭沫若在罗振玉以及王国维那里觅得法门。王观堂在辛亥革命后流亡日本，接受罗振玉的指点，研究经史之学，从小学开始，具体是从解读甲骨文、金文入手，以考古材料与传世文献相互印证，研究中国古史，其《古史新证》把这一方法凝练为二重证据法。他曾反思这一新的考据方法在中国从古代到近代转型中的地位，自称此法有类乾嘉考据把文献与金石相结合，不过有别于乾嘉诸老者在于引进西方科学绵密之功。鼎堂流亡日本，阅读王国维关于甲骨文、金文著作，并得此法门，深入堂奥。然而何以呈现中国私有制必然灭亡的规律？事有巧合，郭沫若受日本马克思主义者河上肇《社会组织与社会革命》之影响，接受马克思唯物史观公式——生产力决定生产关系，经济基础决定上层建筑。特别是他聚焦于阶级观念，以恩格斯《家庭、私有制和国家的起源》和马克思《政治经济学批判》为指导，考察中国阶级产生史和殷周奴隶制度史，并赋予王国维二重证据法以新意——"破除后人的虚伪的粉饰——阶级的粉饰"①,成就《中国古代社会研究》。大革命失败后的中国历史决定马克思主义史学必须登台亮相,郭沫若继承和发展王国维科学主义史学方法,以《中国古代社会研究》在实践上开创中国马克思主义史学,还以著作《奴隶制时代》《十批判书》《青铜时代》等,将马克思主义史学加以发展和完善。其同人和后学奋起跟进,深耕中国近代史、中国革命史、中国思想通史、帝国主义侵华史等领域,使得马克思主义唯物史观在中国逐渐流行并深植。中国马克思主义史学的开创和发展也是在时代召唤和学理契合下,西方史学在中国成功传播的范例。诚然,有学者以为马克思主义不在西学范畴,认为它不仅是德国的,还是欧洲的,也是世界的。这一提法无论从思想史角度还是意识形态角度看都有其合理性,不过从学理言之,它来自欧洲而非作为东方的中国本土,故认其为西学应无不当之处。

时代呼唤与学理契合,既为两翼,理当平衡。一旦平衡,便将发展得非常广泛并影响深远;如若失衡,则西方史学在中国的传播就将遭受波折,乃至停滞。以上四种逻辑角度的例证都很好地说明了这一点。

总之,从两翼视角认识域外史学在中国的传播有其独到之处。尽管结合社会和学理书写学术史已成共识,然而以这种理念认知西方史学在中国的传播,以往还做得不够。这一视角有助于理解何以特定史学思潮在中国一时满城风雨,而或终归花落无声,或最终落地生根,从而成为评判西方史学的一种视角,评价近代以来中国史学史的一种尺度。即使舍此申张,仍可一言以要之,西方史学欲在中国传播,时代需要,学理契合,此两翼非平衡不可。

---

① 郭沫若:《中国古代社会研究·卜辞中的古代社会》,载《郭沫若全集》历史编第1卷,人民出版社1982年版,第196页。

# 第47论

# 年鉴学派与中国史学的重塑

1929年,法国史学家吕西安·费弗尔、马克·布洛赫等创办名为《经济与社会史年鉴》(Annales d'histoire économique et sociale,简称《年鉴》)的学刊。此刊1939年改名为《社会史年鉴》(Annales d'histoire sociale),1941为《社会史论丛》(Melanges d'histoire sociale),1946年名《年鉴:经济、社会、文明》(Annales: économies, sociétés, civilisations),1994年称《历史与社会科学年鉴》(Annales. Histoire, Sciences Sociales)。

以《年鉴》为核心,聚集了一批史学家,是为"年鉴学派"。其代表人物除费弗尔、布洛赫外,尚有布罗代尔(Braudel)、勒高夫(Le Goff),其他成员有利科(Ricoeur)、阿里埃斯(Aries)、杜比(Duby)、芒德鲁(Mandrou)、肖努(Chaunu)、孚雷(Furet)、勒华拉杜里(Le Roy Ladurie)、勒韦尔(Revel)、夏蒂埃(Chartier)、莫拉泽(Morazé)、诺拉(Nora)、费罗(Ferro)、古贝尔(Goubert)、奥祖(Ozouf)等。稍微边缘点的有拉布鲁斯(Labruosse)、伏维尔(Vovelle)等。使用马克思主义方法的有维拉尔(Vilar)、阿居隆(Agulhon)等。

这一学派在20世纪后半期逐渐为中国学界所了解和关注,并引起中国史学的重塑,实在不容忽视。

## 一、年鉴学派史学传入中国

1976 年以前,中国学界已透露出年鉴学派的信息。从现存文献看,较早的是《史学译丛》1956 年第 6 期上发表的、俞旦初所译加斯顿·马纳科尔达的《第十届历史学家代表大会上的现代史学的主要流派》,文中有"布洛克的著作'封建社会'、布洛杰里的著作'菲立普二世时代的地中海与地中海世界'"①,按照当前译法,是为布洛赫《封建社会》和布罗代尔《菲利普二世时代的地中海和地中海世界》。不过,俞旦初当时把"年鉴派"译为"编年"学派。另据张芝联回忆,1960 年他应邀赴贵阳师范大学讲学,所讲题目中就有年鉴学派。② 1961 年,生活·读书·新知三联书店出版康恩的《哲学唯心主义与资产阶级历史思想的危机》一书,说年鉴学派"取得了一些毋庸置疑的成就","也发展了一些严重错误的、片面的和反动的思想"。③ 可见在"文革"结束前,中国史学界对年鉴学派有所了解,但总体上"还是知之甚少的"。④

"文革"结束后,张芝联于 1978 年撰写《法国年鉴派史学》,此

---

① 加斯顿·马纳科尔达:《第十届历史学家代表大会上的现代史学的主要流派》,俞旦初译,《史学译丛》1956 年第 6 期。据苑莉莉指示,还有比这更早介绍年鉴学派的,《史学译丛》1956 年第 5 期发表陈敏、一知合译的苏联 A. M. 潘克拉托娃《第十届国际历史学家代表大会的总结》,其中有关于年鉴学派的介绍(苑莉莉:《动态变化的年鉴现象——年鉴学派在中国传播的回顾与反思》,华东师范大学硕士学位论文,2010 年)。
② 张芝联:《我的学术道路——从〈资治通鉴〉到人权研究(代序)》,载《从〈通鉴〉到人权研究:我的学术道路》,生活·读书·新知三联书店 1995 年版。
③ [俄]康恩:《哲学唯心主义与资产阶级历史思想的危机》,乔工、叶文雄等译,生活·读书·新知三联书店 1961 年版,第 378 页。
④ 陈启能:《法国年鉴派与中国史学》,载鲍绍霖编:《西方史学的东方回响》,社会科学文献出版社 2001 年版,第 230 页。

文收入三联书店 1988 年出版的其《从高卢到戴高乐》文集中。他翻译了玛丽安·巴斯蒂《法国历史研究和当代主要思潮》，连载在《世界史研究动态》1979 年第 2、3 期上，比较系统地介绍了年鉴学派。无独有偶，1976 年，汪荣祖在《食货》第 6 卷第 6 期发表《白德尔与当代法国史学》；1979 年，夏伯嘉在《史学评论》第 1 期上发表《马克·布洛克与法国年鉴学派》，较早地在台湾介绍了年鉴学派。

20 世纪 80 年代以后，年鉴派史学如潮水般涌入中国。粗略说来，可分为以下几种情况。

第一，中国学者介绍年鉴学派学人及其著作。中国学者介绍法国当代史学思想时关涉了年鉴学派。他们还介绍从费弗尔、布洛赫参与《历史综合评论》工作，到 20 世纪 70 年代年鉴派史学的发展、演化、影响及遭到的批评。刘昶《人心中的历史》第 4 章"年鉴学派的总体历史理论"、王晴佳《西方的历史观念》第 10 章"西方史学的现状与未来"中的第 1 节"法国'年鉴学派'"都是对于这一学派的一般性介绍。为中国学界所介绍的学派成员有雅克·勒高夫、杜比、孚雷、勒韦尔、伏维尔、芒德鲁、拉布鲁斯等，第二代领袖布罗代尔尤其受到关注。年鉴学派的许多著作得到介绍和评论，例如费弗尔《十六世纪不信神的问题——拉伯雷的宗教》《莱茵河》等、布洛赫《封建社会》和《历史学家的技艺》等、布罗代尔《论史学》《十五至十八世纪的物质文明、经济和资本主义》《菲利普二世时代的地中海和地中海世界》《资本主义动力》等、勒高夫等人《新史学》、勒华拉杜里《蒙塔尤》等。通过这些介绍，年鉴学派无论个人情况还是整体发展趋势都得以在中国学界呈现。

第二，中国学者与法国新史学家之间的直接交流。1982 年 5 月，杜比应中国社会科学院邀请在京沪两地进行三周学术访问，后来端木美采访过杜比，表明杜比对于年鉴学派的另一种追求——

年鉴派-新史学的趋向。① 姚蒙对勒高夫的采访涉及"当前法国的史学形势""对年鉴派-新史学的估计"和"三个方面的方法论革新"。② 他对伏维尔采访的首要主题就是法国史学现状,其中涉及年鉴派与法国其他史学流派的关系,从布洛赫、费弗尔开始就存在的传统,总体史对于今天史学家的意义等问题。③ 其与孚雷的交谈中透露出法国史学家使用长时段理论和从社会结构、社会心态角度考察法国大革命的情况,文中表明年鉴派在巴黎已经过时了。④ 他与巴歇莱的谈话涉及年鉴学派"总体史"概念的内在矛盾和总体史研究的分化问题。⑤ 雅克·勒韦尔1989年3月底至4月中旬到北京和上海做学术访问,他与中国社会科学院世界史所、北京大学、上海社会科学院历史所、复旦大学、华东师范大学同行们进行了座谈。⑥ 1994年5月勒华拉杜里访华时,接受陈启能、许明龙的采访,表明了对于年鉴学派的信心。⑦ 中国学者与年鉴派学者的这些面对面交流加深了其史学的输入程度。

第三,中国高校相关教材中有所涉及。一些作为教材的《史学

---

① 端木美:《回顾历史,继承传统,着眼未来——访法国著名史学家乔治·杜比》,《史学理论研究》1995年第1期。
② 姚蒙:《"历史始终是人类社会在时间中的演进":法国著名历史学家雅克·勒高夫采访记实》,《史学理论》1987年第2期。
③ 姚蒙:《"今天的史学正处于过渡之中"——访法国著名历史学家米歇尔·伏维尔》,《史学理论》1988年第1期。
④ 姚蒙:《"建立一种批判的大革命史学"——访法国著名史学家弗朗索瓦·孚雷》,《史学理论》1989年第4期。
⑤ 姚蒙:《"研究历史的宏观与微观"——访法国著名历史社会学家让·巴歇莱》,《史学理论》1989年第1期。
⑥ 王舟:《法国史学家勒韦尔谈年鉴学派》,《世界史研究动态》1989年第7期。
⑦ 陈启能、许明龙:《"年鉴学派的建树不可逆转"——法国著名历史学家勒胡瓦·拉杜里访谈录》,《史学理论研究》1994年第3期。

概论》谈到了年鉴学派,例如吴泽主编《史学概论》介绍费弗尔、布洛赫、布罗代尔等人生平,概括年鉴派的三个发展阶段,总结其总体史思想和综合研究方法,并分析了年鉴学派的局限。"马克思主义理论研究和建设工程重点教材"《史学概论》第6章第3节中专门列出"法国年鉴学派"一目。多种西方史学史教材都专门写了年鉴学派。例如宋瑞芝等主编《西方史学史纲》第16章"新史学的兴起"有"年鉴学派的出现",第17章"对人类历史的探索"中有"年鉴学派的持续发展"。徐正等主编《西方史学的源流与现状》第11章"现代西方史学营垒的斗争"中有"年鉴学派的新史学",第13章"当代欧美主要国家的史学"中有"年鉴学派的发展,布罗代尔和勒高夫"。杨豫《西方史学史》第11章"新史学及其主要流派"第2节的题目就是"年鉴学派"。郭小凌《西方史学史》第10章"现代西方史学鸟瞰"第3节为"法国年鉴派史学"。张广智主著《西方史学史》第8章"现代史学Ⅰ"有"年鉴学派的崛起",第9章"现代史学Ⅱ"有"年鉴学派的演进"。顺便述及,在许多高校历史学专业的考试中,例如北京大学、复旦大学历史学专业研究生招生考试中,都以"年鉴学派"作为测试学生专业素养的重要内容。通过教学活动,年鉴学派为更多的中国师生所了解。

第四,中国学者翻译年鉴学派的论著。年鉴学派的著作被陆续翻译成汉文,许多著作在大陆和台湾都有汉译本。费弗尔《历史与心理学——一个总的看法》首先被翻译过来,随后是《莱茵河》。布洛赫的一系列著作如《论欧洲社会的历史比较》《历史学家的技艺》《法国农村史》《封建社会》等也被译成汉文。布罗代尔被翻译的作品依次是《历史和社会科学:长时段》《论历史》《法国经济与社会:50年代至今》《十五至十八世纪的物质文明、经济和资本主义》《资本主义的动力》《菲利普二世时代的地中海和地中海世界》《法兰西的特性》《资本主义论丛》《文明史纲》。勒华拉杜里《事件史、历史人类学及其他》《蒙塔尤》《历史学家的思想和方法》《新史学的斗士们》、勒高夫《新史学》《〈年鉴〉运动及西方史学的回归》《法国当代新史学》《中世纪的知识分子》《史学研究的新问题新方法新对象》《圣路易》《关于史学的若干问题》、利科《历史学家的技艺：年鉴学派》、杜比《法国历史研究的最新发展》、孚雷《历史学和人种学》，其他还有《年鉴史学论文集》、《年鉴》编辑部《我们在进行实验：再论历史学与社会科学》等都得到翻译引进。需要说明的是，中国学者的翻译势头至今不衰，例如利科的《历史与真理》汉译本2004年出版，勒高夫的《历史与记忆》汉译本于2010年面世，这里只是举例，不便逐一述及。无论如何，这些译著都为中国学人深入了解和研究年鉴学派提供了保证和参考。

## 二、中国学者对年鉴学派的热烈响应

中国学者在介绍并翻译年鉴学派的同时，也开展持续的研究工作。这些研究可以分为不同类型。

第一，中国学者编纂西方历史著作提要，选录年鉴派学者的论著。郭圣铭、王少如主编《西方史学名著介绍》收录40部西方史学名著，其中年鉴学派的著作占3部，它们是布洛赫《历史学家的技艺》、布罗代尔《十五至十八世纪的物质文明、经济和资本主义》和勒高夫等人《新史学》，分别代表了"年鉴学派的先声""总体史学的圭臬"和"年鉴派新史学的综合"。陈启能主编《西方历史学名著提要》收录52部西方史学名著，其中年鉴学派的著作有5种，它们是费弗尔《十六世纪不信神的问题——拉伯雷的宗教》、布罗代尔《菲利普二世时代的地中海和地中海世界》、阿里埃斯《儿童的世纪：家庭生活的社会史》、勒华拉杜里《蒙塔尤》、勒高夫等人《新史学》。

第二，中国学者编辑西方史学理论读本，摘录年鉴派学者的论著。田汝康、金重远主编《现代西方史学流派文选》收录王养聪译自费弗尔《为历史而战斗》(Combats pour l'historie)的《历史与心理学：一个总的看法》；何兆武主编《历史理论与史学理论》收录柳卸林转译自《社会科学信息》(Social Science Information)1970年第1期的布罗代尔《历史和社会科学：长时段》；刘北成、陈新主编《史学理论读本》摘录两篇年鉴派学者的论文，一篇名为《作为一种社会类型的封建主义》，选自张绪山翻译的布洛赫《封建社会》，另一篇为李霞、张正萍翻译的勒高夫《政治史还是历史学的骨干吗？》。

第三，中国学者撰写当代西方史学专著，都涉及年鉴学派。庞卓恒主编《西方新史学述评》中，赵进中论述年鉴学派的整体历史、结构历史和不同时段历史的研究。张广智、张广勇《现代西方史学》第3章"现代法国史学"分"年鉴学派"上、下进行论述。于沛主编《现代史学分支学科概论》中，罗凤礼论述费弗尔对于心理史学的贡献；俞金尧论述布罗代尔对于家庭史的贡献；于沛论述布洛赫对于比较史学的贡献；王小宽论述布罗代尔长时段理论导致历史研究的计量化，认为拉布鲁斯《十七世纪价格波动概论》《法国大革命开始时的经济危机》为计量史学树立了榜样。何兆武、陈启能主编《当代西方史学理论》有姚蒙写的第13章"法国年鉴学派"。罗凤礼主编《现代西方史学思潮评析》有杨豫写的第9章"法国年鉴学派"。其他如周樑楷《近代欧洲史家及史学思想》、徐浩与侯建新《当代西方史学流派》、陈启能主编《二战后欧美史学新发展》、于沛编《20世纪的西方史学》都有对于这一学派比较深入的研究。

第四，中国学者关于欧美史学的专题研究中有大量论述。张广智、张广勇《史学，文化中的文化》第9章"经济·社会·文明——年鉴学派及其史学模式"、鲍绍霖编《西方史学的东方回响》第5章陈启能所撰"法国年鉴学派与中国史学"都是专门论述年鉴学派的。特别是专门研究年鉴学派的著作就有姚蒙《法国当代史学主流——从年鉴学派到新史学》、赖建诚译著《年鉴学派管窥》、张广智与陈新《年鉴学派》等。

第五,在中国学者的西方史学史著作中,年鉴学派占有一席之地。张广智《克丽奥之路——历史长河中的西方史学》中第29章为"年鉴学派",陈新《西方历史叙述学》第8章为"布罗代尔:理性、保守主义与历史学家的责任",何平《西方历史编纂学史》第14章"二十世纪:历史观念和写作范式的变迁"第3节为"法国年鉴学派",特别是张广智主编《西方史学通史》第6卷《现当代时期》第1章"法国史学"首论年鉴学派。

大体说来,中国学者的研究主要集中在以下几个问题上。

第一,年鉴学派产生的背景与基础。例如李铁、张绪山《法国年鉴学派产生的历史条件及其评价》、曹景文《年鉴学派产生背景略议》等。

第二,年鉴学派的总体史观念。王晴佳《历史的总体研究:年鉴学派对我们的启迪》和纪胜利《年鉴学派总体历史理论的特点及其启示》讨论了年鉴学派历史总体研究对我们的启迪,江华《年鉴学派与世界体系理论》研究年鉴学派对于世界体系理论的贡献,其余还有孙娴《法国现代史学中的总体历史观》。关于年鉴学派长时段理论则有孙晶《布罗代尔的长时段理论及其评价》。

第三,年鉴学派研究范式的演变。这方面的文章有杨豫《法国年鉴学派范式的演变》、汪建武《试论年鉴学派及其史学模式》、周樑楷《年鉴学派的史学传统及其转变》、陈启能《〈年鉴〉杂志的更名和史学研究的新趋向》、姚蒙《法国新史学的范型》、杨豫《"新史学"的困境》。特别是朱本源在《历史学理论与方法》中以"年鉴派历史编纂学的方法""年鉴派的历史方法论模式发凡"深入讨论年鉴学派历史学的方法论模式。

第四,史学家的具体成就。关于布洛赫的研究有陈彦《了解法国新史学的一把钥匙——马克·布洛克史学遗产初探》,概述布洛赫的生平,探讨其比较方法及影响,研究他的人类学在史学中的运用以及他在史学中引进社会学的努力。围绕布罗代尔的研究非常突出,例如汪从飞《布罗代尔与工业化的历史学阐释》研究工业化的历史阐释问题,陈新《理性保守主义与历史学家的责任:初论布罗代尔史学思想及其实践效应》初步讨论布罗代尔理性保守主义与历史学家责任理念及其实践效应,姜芃《布罗代尔文明理论的启示》指出布罗代尔文明理论对于后人的启示,赖建诚《布劳岱的史学概念重探》重新探讨布罗代尔的史学概念,高承恕《布劳岱与韦伯:历史对社会学理论与方法的意义》考察了布罗代尔与韦伯在历史对社会学理论与方法的意义问题上的讨论。

第五,在其他方面,还有徐万发《马克思主义史学与当代法国年鉴派史学在史学认识论上的对话》,梳理马克思主义史学与当代法国年鉴学派史学在史学认识论上的对比。

特别要指出的是,为配合研究,学者们把国外的相关研究引进过来。对于学派的总体看法,引进苏联学者、勒华拉杜里、彼得·波克、保罗·利科、卡洛斯·安东尼奥·阿吉雷·罗哈斯(Carlos Antonio Aguirre Rojas)的看法;关于学派的背景与基础,引进井上幸治的成果;关于学派总体史的论述,翻译并发表布莱塞赫的观点;关于学派的比较史学,借鉴了小威廉·西威尔(William H. Sewell, Jr.)关于马克·布洛赫与历史比较逻辑的有关论述;关于学派的演变,吸收了安德烈·布吉耶尔(André Burguière)《年鉴学派的演变与现状》中为年鉴学派在当代所遭受挑战辩护的观点,其中谈到有人认为,年鉴学派冷落政治史是其缺陷,主张计量史学已经破产。巴勒克拉夫(Barraclough)和伊格尔斯的论述更是流行。伊格尔斯、哈罗德·T. 帕克(Harold T. Parker)等人编《历史研究国家手册——当代史学研究和理论》的导言"从历史角度看历史研究的变革"比较了年鉴学派和马克思主义史学在历史观念上的共同认识与差异,指出年鉴学派对意识历史的重视,对经济、人口模式的计量研究,对政治史的忽略,以及全面或者总体研究的倾向。伊格尔斯《欧洲史学新方向》第 2 章"年鉴传统——寻求一种历史科学的法国历史学家们"专门论述年鉴学派。巴勒克拉夫《当代史学主要趋势》第 2 章"探索新概念和新方法"论述了年鉴学派在西方的影响,第 3 章"社会科学对历史学的影响"论述了布罗代尔对社会学影响历史学的贡献,费弗尔、布洛赫对心理学影响史学的贡献,第 5 章"探索历史学的意义:国别史、比较史学和元史学"中论述了布洛赫关于比较史学的贡献与影响。其他还有道格拉斯·约翰逊(Douglas Johnson)《布劳德尔——一位具有戏剧性的历史学家》关于布罗代尔的论述。外国学者的这些论述为中国学者的研究提供了非常重要的参考。

## 三、中国学者以年鉴学派理念重塑史学

年鉴学派在中国传播的过程中,对中国史学造成了重要影响。如有论者所言:"以年鉴学派为代表的现当代西方史学,自引进中国后,对促进历史学的发展、对促进历史学的现代化,特别是促进历史学家开阔视野、深化认识、更新观念、拓展方法,就其总体而言,具有不可低估的积极意义。"[①]中国学者不仅研究年鉴学派,并且以年鉴学派理念重塑史学。

中国学者主张以年鉴学派的史学理念研究历史。改革开放前,中国大陆学者研究历史已形成固定的主流模式,以"五种社会形态"展示历史发展的顺序,以经济、政治、精神或者经济基础与上

---

① 张广智、陈新:《年鉴学派》,台湾扬志文化事业股份有限公司 1999 年版,第 199 页。

层建筑构建社会形态,以阶级斗争理论解读历史,以是否代表人民利益和是否顺应历史发展潮流臧否历史人物。改革开放后,社会出现新气象、遇到新问题,显得这种史学模式恍惚有隔世之感,一些理论上敏感的学者意识到必须对史学进行变革。这样,中国大陆史学理论界在20世纪80年代中期提出史学改革问题,认为"从史学思想、史学方法、史学手段、史学人才培养到史学研究体制、文风,都有一个改革的问题"①。甚至有学者提出:"今天在唯物史观的指导下,注意研究史学学科理论,更新史学研究模式,也是每一个史学工作者的义务。"②

中国史学改革存在着寻求他山之石的问题,关键在于怎样的史学模式才是变革中国史学的他山之石,结果,世界史学者和中国史学者不约而同地转向年鉴学派。他们一致认为:"年鉴学派把某个海洋及其周围国家作为一个整体来考察,如果我们扬弃他们那种把地理环境视为决定因素的观点,而取其考察的方法,那末就会帮助我们克服狭隘眼界,而更易于把握历史的规律。"③中国社会史研究"首先应作为传统史学的叛逆角色出现在学术舞台上。也许法国的同行——历史年鉴学派给了中国史学界以巨大的鼓舞,使上述的自信有了厚实的支撑"④。中国学者由此在实践中以年鉴学派的理论与方法来重塑中国史学。

年鉴学派的理论和方法在三代人那里有所不同,但总体说来,关注社会史,强调整体史,区分三时段历史,从下往上看历史,使用跨学科方法,都是非常突出的。现将中国学者使用年鉴学派理论

---

① 《时代·历史·理论(代发刊词)》,《史学理论》1987年第1期。
② 姚蒙:《文化、文化研究与历史学》,《史学理论》1987年第3期。
③ 张椿年、陈之骅、华庆昭:《开拓新领域,研究新问题:出席第十六届国际历史科学大会有感》,《世界历史》1986年第1期。
④ 王家范:《中国社会史学科建设刍议》,《历史研究》1989年第4期。

和方法变革中国史学的情况概括如下。

第一,社会史成为历史研究的重点。邓京力在谈到新时期社会史研究复兴时说:"社会史的复兴在很大程度上是借鉴了西方社会史的发展经验而展开的。如果把 1929 年法国历史学家吕西安·费弗尔和马克·布洛赫创立《社会经济史年鉴》杂志看作是西方社会史的发端,那么社会史在西方已经发展了至少 70 年。在这 70 年中,愈来愈多的西方史学家投入到了研究'整个社会的历史'中去,其研究课题激增(涉及人口与家族、阶级与社会团体、集体意识、社会运动、社会反抗、现代化的变迁、城市史等方面),研究方法多样化,研究模式不断更新。这对于刚刚起步不足 20 年的中国社会史来说,具有极大的借鉴意义。"①

是的,在新时期中国学者的社会史研究中可以看到年鉴学派的影子,突出表现为中国日常生活史被展现出来,例如刘修磐《魏晋南北朝社会上层乘坐牛车风俗述论》、江庆柏《图书与明清苏南社会》、姚伟钧《商周饮食方式论略》、范金民《清代徽州商帮的慈善设施——以江南为中心》、王子今与周苏平《汉代儿童的游艺生活》、赵全鹏《清代老人的家庭赡养》、徐晓望《从〈闽都别记〉看中国古代东南区域的同性恋现象》、于云瀚《魏晋南北朝时期城市风俗探论》、韩国河《魏晋时期丧葬礼制的传承与创新》、叶新民《从内蒙古地区的石雕和壁画看元代社会生活习俗》、高伟《元朝君主对医家的网罗及其影响》等。

外国日常生活史也为中国学者所关注。傅新球《英国社会转型时期的家庭研究》从家庭规范和结构、婚姻模式、夫妻关系、父母与子女等方面系统研究了 16 世纪至 19 世纪英国家庭关系的发展

---

① 邓京力:《新时期中国社会史发展趋势研究》,《史学理论研究》2000 年第 1 期。

和变迁。钱乘旦等在回顾"十一五"时期中国学者的德国近代史研究时说:"社会史在更大范围内进入了人们的研究视野……随着社会史理论的发展和研究方法的进步,对社会结构等相对宏大问题的关注也逐渐转向了对微观的日常生活体验和新文化史的探究。"①亚洲史研究也存在类似情况,刘琳琳《日本古代国家疫病祭祀中的鬼神观念》从疫病祭祀角度研究日本的镇花祭、道飨祭和疫神祭,认为后两者均源自中国的"疫鬼",是对日本本土的"鬼"观念加以改造的结果,反映日本祭祀中本土文化与外来文化的融合共生的状态。

第二,以整体观念和三时段理论研究历史。以年鉴学派整体观念研究历史,成功的例子很多。例如,王卫平《明清时期江南城市史研究:以苏州为中心》摆脱了孤立单一地研究某个城市或市镇的窠臼,将苏州与众多的江南城镇、乡村看成一个不可分割的整体,通过考察中心城市与周边市镇、市镇与乡村的互动关系,较全面地勾画出江南城市社会形态与地区市场体系结构。它是使用整体观念研究历史的典型。

张广智对基督教入华史进行考察,则是运用布罗代尔三时段理论的范例。他以为《天津条约》《北京条约》的签订成了基督教入华史的转折点,这是完全与布罗代尔的短时段含义相吻合的。不过,与布罗代尔漠视短时段内发生的政治、军事事件不同,这一时段内由于基督教士依仗不平等条约的庇护,宗教传播的政治化倾向日益浓烈,于是教案蜂起,反洋教斗争不绝。而1860年《北京条约》的签订至1900年"庚子事变"时间跨度40年,是布罗代尔时段理论中很经典的中时段。在这一中时段内,基督教入华的传教活

---

① 钱乘旦、吕一民、徐健:《"十一五"期间的世界近代史研究》,《世界历史》2011年第4期。

动与西方列强的政治、经济和文化利益更紧密地纠缠在一起,这种"情势"既有别于1860年之前,也有别于1900年之后中国基督教会史上一度出现的"黄金时代"。布罗代尔的长时段所包括的历史是一种结构,这里就是潜伏于中国人中的心理结构。中国的反基督教思想可溯及大秦景教初入唐时,以后便代代相传,相沿成习,迄至晚明。这种集体无意识是世代相继的文化心理,是绵延一千多年之久的思维定式,悠远而又有韧性,恒久而又顽固,按前述布罗代尔的长时段理论,这是一种对历史长河的流速起深层与长久作用的"心理结构"。"这或许就是讨论1860年至1900年为何成为近代基督教入华史上'暴烈期'的深层原因。"①

把两种观念结合起来典型的则是1999年复旦大学历史地理研究所同中国科学院地理所、大气所、地质所,北京大学城市与环境学系,北京师范大学资源与环境系联合起草的《过去2000年中国环境变化综合研究》,它将过去2000年气候变化研究、过去500年土地利用与土地覆盖变化研究、过去2000年来人对环境和生物物理过程研究、过去2000年气候与环境变化的模拟研究五个专题列为重点,试图通过人类活动方式的改变(包括土地开垦、作物种类、耕种方式、聚落选址的更移)的研究来探寻环境变化的信息。② 这一具体工程显然体现了整体观念和长时段观念。

第三,史学关注下层社会。何晓明在预测21世纪中国史学走向时认为:"80年代以后,在思想解放的潮流推动下,自我封闭的中国学术格局被打破。体现人类文明新成就的思想、理论、方法被中国的史学工作者直接接触、认识、吸纳。外国同行的不同工作范

---

① 张广智:《近代中国对基督教入华的回应——一项现代新史学的理论诠释》,《复旦学报(社会科学版)》1998年第3期。
② 韩茂莉:《历史时期黄土高原人类活动与环境关系研究的总体回顾》,《中国史研究动态》2000年第10期。

式成为我们学习、借鉴的对象。年鉴学派、心理史学、口述史学、计量史学等等过去不了解,或者被错误批判的史学流派、思潮、方法的合理成分逐渐被我们消化、吸收。……这些'他山之石',被中国史学家用来'攻玉',用来促成历史学降落民间,是80年代以后中国历史学的新迹象。"① 马新《两汉乡村社会史》中,"作者要写'从下往上看的历史'的撰述动机十分自觉",这种"从下往上看的历史"正是历史研究的"民间取向,也正是《年鉴》杂志创刊以来特别是二战以来欧美史学的主要潮流"。② 而且这本书"主讲乡村社会、'编户齐民'、布衣百姓有关或相干的事情,其余的事情不管多么重大,只要与乡民相关度不高,一律舍弃。而且,这不是技术考虑使然,而是相应的带有历史哲学性质的认识使然。这种带有历史哲学性质的认识,可以说是典型的'年鉴学派'与'社会史学派'的立场与主张,也可以说是对西方史学界提出的'从下往上看的历史'作出的有力回应"③。其他还有伊永文《宋代市民生活》、侯旭东《五、六世纪北方民众佛教信仰》、徐浩《清代华北农民生活消费的考察》等。

第四,中国学者使用跨学科方法研究历史非常突出。李学勤主编《中华姓氏谱》内容涉及历史学、民族学、民俗学、人口学、遗传学、语言学、文化人类学诸多学科。高荣盛《元代海外贸易研究》"除了使用历史学的方法以外,还使用了经济学科的研究方法。作者引入'经济腹地'的概念,从相互联系的地域和经济两个要素,探讨元朝对外贸易发展的原因。作者还用进出口平衡的理论研究元

---

① 何晓明:《降落民间——21世纪中国历史学走向管窥》,《史学理论研究》2001年第1期。
② 王学典:《历史研究的民间取向值得倡导——〈两汉乡村社会史〉简评》,《史学理论研究》1998年第3期。
③ 同上。

代的进出口贸易"①。郑振满《明清福建家族组织与社会变迁》"以历史学为出发点,吸收社会学、社会人类学的理论与方法,力图通过考察明清时期闽台地区的家族组织,探讨中国传统社会的基本结构与演变趋势"②。马新《两汉乡村社会史》中,"作者根据社会学、人类学、民俗学等学科所提供的视角、概念和方法,分别辨析了两汉乡村的社会分层及农民地位与归宿,两汉的乡里村落与宗族的基本面貌,两汉乡村的婚姻形式与家内人际关系及其家产分割方式,两汉民间信仰与乡村神祇崇拜及巫术在乡间的盛行等等。……为历史学跨学科研究的可行性提供了又一个有说服力的例证"③。

有学者总结20世纪90年代以后的农史研究说:"在农史研究方法上,除传统的历史文献研究法外,又对农业考古研究、比较农史研究等方法进行了理论探讨和实际应用。……民族学、生态学、经济学等方法在农史研究中也有一席之地。"④就跨学科研究的心理史学、心态史学而言,邹兆辰评论道:"中国学人是在了解法国年鉴学派史学的过程中了解心态史学的。……法国的心态史引起了中国读者的热情关注,尽管人们对心态史学的了解还远远不够,但可以预料,心态史学对中国学者的启迪可能不亚于美国的心理史学。"他还举了许多例子说明史学工作者受到多种因素的启发,认识到史学研究需要借助心理学,研究人的心理状况,纷纷呼吁历史

---

① 李治安:《读〈元代海外贸易研究〉》,《中国史研究动态》2000年第11期。
② 王铭铭:《帝国政体与基层社会的转型——读〈明清福建家族组织与社会变迁〉》,《史学理论研究》1995年第1期。
③ 王学典:《历史研究的民间取向值得倡导——〈两汉乡村社会史〉简评》,《史学理论研究》1998年第3期。
④ 卜风贤:《二十世纪农业科技史研究综述》,《中国史研究动态》2000年第5期。

研究应重视社会心理。他们从研究个别问题开始,尝试对某些历史问题进行社会心理的解释,研究中国心理史学的理论框架,探讨个别历史人物的心理特征,探讨各个时期、不同范围的群体社会心理,而且"绝大多数的研究成果都具有跨学科的特点"。①

外国史研究中这种情况也很常见。例如,高毅《法兰西风格:大革命的政治文化》探讨政治文化这一中介因素,认为政治文化就是一个民族特有的群体政治心态,以及这种心态的由来与作用。他把大革命政治文化的根本特征归结为"同旧世界彻底决裂"的信念与追求,以这个特征为线索,展现了从波诡云谲的政坛到动荡频仍的社会底层的种种矛盾斗争,以及不同社会群体的不同心态。"作者曾负笈西欧,采他山之石,他的研究正是吸取了政治文化史学、年鉴史学、心态史学的成果。"②再如刘大明《"民族再生的期望":法国大革命时期的公民教育》采用历史学、法学、政治学、社会学和教育学研究方法,剖析了大革命时期公民、公民身份、公民意识和公民教育的内涵,重点探讨公民教育理论与实践的社会前提与历史作用,是跨学科研究法国大革命史的一次成功尝试。

第五,使用计量方法研究历史。结构的历史、长时段的历史和跨学科研究历史,都离不开计量史学,这里就中国学者的相关成果举例说明。

中国史研究方面有黄启臣《澳门通史》,全书编制各类合乎规范的统计表格 90 多个。这些表格主要涉及澳门的土地、人口、渔业、工业、外贸、制造业、旅游业、博彩业、金融业、房地产业、保险业等经济部门。"作者在大量的史料中爬梳整理,使用计量方法对澳

---

① 邹兆辰:《当代中国史学对心理史学的回应》,《史学理论研究》1999 年第 1 期。
② 张宪章:《致力于历史表象与"终极原因"之间的探求——读〈法兰西风格:大革命的政治文化〉》,《世界史研究动态》1992 年第 8 期。

门经济的发展轨迹进行定量分析,使全书更具有准确性和科学性,避免了定性分析的空泛。而且,规范的表格使读者一目了然、简洁方便。通过计量方法分析研究,再编制成经济发展动态轨迹的表格,更加强了本书的科学价值。"①再如王善军《宋代宗族和宗族制度研究》从整体上全面探讨了宋代的宗族和宗族制度,具有系统性、贯通性,注重宗族和宗族制度与宋代社会的相互影响。作者"钩沉了百余则材料,绘制出'宋代宗族义田建置情况一览表',对142个同居共财大家庭的地区分布、家长姓名、义居口数、年数、旌表时间作了尽可能的挖掘,绘制出'宋代同居共财大家庭基本情况表'"②。

外国史研究方面有庄国土等人承担的国家社科基金项目"国际华人移民状况、趋势和居住国政策"、教育部重大委托项目"东亚华侨华人软实力"等课题研究任务,他与刘文正一起出版了《东亚华人社会的形成和发展:华商网络、移民与一体化趋势》。在书中,他们深入分析历史上各阶段华人海外移民的数量、目的地、移民源地和人口构成,特别是对近30年中国新移民的数量和分布做了详细统计和推估。其数据主要依据当地官方统计、当地华社的统计和中国使领馆的统计,征引和制作出关于当代东亚华人的图表60多种。有评论说该书"充分体现出作者注重实证与计量研究的严谨的治学态度"③。

需要特别指出的是,本论中举例的目的在于以一斑窥全豹。它们只是众多成果中的一部分,还有许多甚至非常优秀的成果没

---

① 刘正刚:《评黄启臣〈澳门通史〉》,《中国史研究动态》2000年第5期。
② 刁培俊:《〈宋代宗族和宗族制度研究〉读后》,《中国史研究动态》2000年第5期。
③ 聂德宁:《〈东亚华人社会的形成和发展:华商网络、移民与一体化趋势〉评价》,《世界历史》2011年第6期。

有涉及,尚祈学界宽宥。

总之,在年鉴学派的影响下,中国大陆学者无论在中国史还是外国史研究上,其研究对象、方法和其他诸多理念已经发生显著改变,因此说年鉴学派重塑了中国史学当不为过。

# 第48论

# 中西史学理论共通性之一：史学功用、史料和史家别裁

中西史学理论，均为庞大知识体系，差异迥然，斯为不争事实，早经学者揭示。改革开放后，西方史学理论的引入持续火热，然其语境差异、范畴翻新，加之翻译欠雅和不计前学等其他因素，使本来迥异的西方史学理论与中国本土传统史学理论愈显格格不入。有论者叹："我们常常会遇到这样一些情形：兴致冲冲打开的译著或者译作因语言艰涩而难以卒读；精通西方史学的同仁正在苦心孤诣地演讲而听者往往不知所云。"①中西史学必面临同样或类似问题，其史学理论当具相通性，斯言恰当："夫中西史学，渊源俱长而流变殊途，诚不可横施甲乙；惟宜平心索解，窥其底蕴，观赏异趣耳。至于殊语壹义，貌异心同者，并非偶然。盖文化有异，情理可通，若直笔信史，史之悬鹄，东海西海固无异辞也。"②这里就史学功用以及史料与史家别裁为例，以见中西史学理论相通之情形。

---

① 廉敏：《发现中国古代史学在当下的理论价值》，《"史学研究的挑战与回应"学术研讨会论文集》上册，2015年，第53页。
② 汪荣祖：《史传通说》，中华书局2003年版，凡例第1页。

## 一、史学功用,其利甚博

史学功用,其利甚博,中西史家持论颇似,此乃中西史学理论相通之证。

第一,保存史事。刘知幾《史通·史官建置》言史书保存史事曰:"苟史官不绝,竹帛长存,则其人已亡,杳成空寂,而其事如在,皓同星汉。"①此所谓斗转星移、人去物非,而史事于人心昭昭然。希罗多德《历史》第一卷第一节言其撰述动机道:"借此祈望,存人群之所为于记忆,以使之不朽。"②此虽为言动机之辞,然实亦道史书存史事于人心之功用。史学保存史事信息,刘知幾和希罗多德所认相同。

第二,训导世人。刘知幾《史通·史官建置》言史学训导世人云:"见贤而思齐,见不贤而内自省。若乃《春秋》成而逆子惧,南史至而贼臣书,其记事载言也则如彼,其劝善惩恶也又如此。"③其《直书》又言:"史之为务,申以劝诫,树之风声。"④弗劳德论史学教导功能道:"史者示人明辨是非,虽见识转变,手法无常,信念消长,然道德法则永铭。"⑤是与刘知幾之语毫无二义。刘知幾之"见贤而

---

① 刘知幾撰,浦起龙释:《史通通释·史官建置》,上海古籍出版社1978年版,第303页。
② 原文为:"In the hope of thereby preserving from decay the remembrance of what men have done." Herodotus, *History*, trans. George Rawlinson, http://www. heritageinstitute. com/zoroastrianism. com//reference/Herodotus-histories1. htm, accessed 16 May, 2016.
③ 刘知幾撰,浦起龙释:《史通通释·史官建置》,上海古籍出版社1978年版,第303页。
④ 刘知幾撰,浦起龙释:《史通通释·直书》,上海古籍出版社1978年版,第192页。
⑤ 原文为:"History, says Froude, does teach that right and wrong are real distinctions. Opinions alter, manners change, creeds rise and fall,(转下页)

思齐,见不贤而内自省"即弗劳德之"明辨是非";前者之"劝善惩恶"即后者之"道德法则"。

第三,彰往察来。司马迁《史记·高祖功臣侯者年表》道:"居今之世,志古之道,所以自镜也,未必尽同。"①刘勰《文心雕龙·史传》把它简化为"居今识古"②。"古今"为"往来"异辞。古之今,为来,今之古,为往;往之来,有今,来之往,有古。居今识古,实系彰往察来。二子倡"居今识古",皆主彰往察来之说。修昔底德《伯罗奔尼撒战争史》第一章谈古今之际:"窃忧书乏传奇,将害其趣;然若学者旨在确实之史而益于察来,其以吾著有用,必将令我欣喜。人类庶务,虽未来非直显过往,然其相似则无疑。要之,吾之著,非为赢一时喝彩之说辞,而实为终生之职志。"③修氏所谓"确实之史而益于察来""未来非直显过往""其相似则无疑",直言往来之关

---

(接上页)but the moral law is written on the tablets of eternity." 参见 Lord Acton, "Inaugural Lecture on the Study of History", in *Lectures on Modern History*, Macmillan Company, 1906, http://oll.libertyfund.org/titles/acton-lectures-on-modern-history, accessed 16 May, 2016。

① 司马迁:《史记》卷十八《高祖功臣侯者年表第六》,中华书局 1982 年版,第 878 页。
② 刘勰:《文心雕龙义证·史传》,詹锳义证,上海古籍出版社 1989 年版,第 560 页。
③ 原文为:"The absence of romance in my history will, I fear, detract somewhat from its interest; but if it be judged useful by those inquirers who desire an exact knowledge of the past as an aid to the interpretation of the future, which in the course of human things must resemble if it does not reflect it, I shall be content. In fine, I have written my work, not as an essay which is to win the applause of the moment, but as a possession for all time." Thucydides, *The History of the Peloponnesian War*, the first chapter, trans. Richard Crawley, J. M. Dent and Co., 1903, http://ebooks.Adelaide.edu.au/t/Thucydides/Crawley/chapter1.html, 24 Dec., 2014, accessed 16 Aug., 2015.

系,实为太史公、刘彦和所谓"居今识古"矣。

保存史事,时间拉长,内容变阔,扩而言之,竟为保存文化。训导世人,不独指导握权之人治国理政,也教导凡人培养公民智慧和道德。彰往察来,其义等而下者,取前车之鉴;等而上者,通古今之变。总之,"则史之为用,其利甚博,乃生人之急务,为国家之要道"①。

## 二、史不尽信,史家当存疑

史书多阙、多误、多伪,不可尽信,史家当存疑心,中西史学理论均有明揭。

刘知幾《史通》揭示史传欺诬。刘知幾《史通·疑古》论古代记述不可信曰:"世人之饰智矜愚,爱憎由己者多矣。加以古文载事,其词简约,推者难详,缺漏无补。遂令后来学者莫究其源,蒙然靡察,有如聋瞽。"②刘氏此处道出古史有"饰智矜愚""爱憎由己""简约""难详""缺漏无补",既有记述者有意为者,又有记述者无意为者。其《史通·暗惑》又论史传欺诬说:"夫人识有不烛,神有不明,则真伪莫分,邪正靡别。……而行之者伪成其事,受之者信以为然。故使见咎一时,取怨千载。夫史传叙事,亦多如此。其有道理难凭,欺诬可见,如古来学者,莫觉是非,盖往往有焉。"③氏于此更言识不烛、神不明、伪邪、欺诬、是非等,也分指无意和有意也。弗里曼论史籍不尽信,其《历史学方法》(*The Method of Historical*

---

① 刘知幾撰,浦起龙释:《史通通释·史官建置》,上海古籍出版社1978年版,第303—304页。
② 刘知幾撰,浦起龙释:《史通通释·疑古》,上海古籍出版社1978年版,第381页。
③ 刘知幾撰,浦起龙释:《史通通释·暗惑》,上海古籍出版社1978年版,第571页。

Study)有言:"史家解载籍中之信史,容或有误;岂知载籍之中,自身不免或误或谎。"①弗里曼所言史书"误""谎",则刘知幾所谓"缺漏""伪""邪""欺诬"也。总之,"舌生于人之口,莫之扪也;笔操于人之手,莫之掣也,惟其意所欲言而已,亦何所不至者"!"人言不可尽信。"②

### 三、史料难择,史家当考证

以往史著,真伪杂糅、是非难辨,史家怀疑乃情理之中,怀疑之后加以甄别,斯为考证,不可废缺。兹为中西学者共识。

刘知幾《史通·探赜》论考证古之著述说:"或以取舍难明,或以是非相乱。"③"于是考众家之异说,参作者之本意。"④刘氏主张考众家之异说,参作者之本意,以解取舍难明和是非相论之难题。修昔底德申论史料须经考证。修昔底德申论史料经考证方可用:"叙事多依手上原始史料,从未信一己之所感;或据亲见,或赖他人替吾所见。记载之确凿,无一非明证而严苛、细微至极者。"⑤刘知

---

① 原文为:"Not only may the historian err in interpreting the witness of records, but the records themselves may either err or lie." E. A. Freeman, *The Method of Historical Study*, Macmillan Company, 1886, p. 122.
② 崔述:《崔东壁遗书考信录提要》卷上《释例·人言不可尽信》,上海古籍出版社1983年版,第2页。
③ 刘知幾撰,浦起龙释:《史通通释·探赜》,上海古籍出版社1978年版,第209页。
④ 同上书,第213页。
⑤ 原文为:"And with reference to the narrative of events, far from permitting myself to derive it from the first source that came to hand, I did not even trust my own impressions, but it rests partly on what I saw myself, partly on what others saw for me, the accuracy of the report being always tried by the most severe and detailed tests possible."(转下页)

幾"考众家之异说,参作者之本意"之言,实为修昔底德"未信一己之所感""无一非明证而严苛、细微至极者"之说。总之,治史当"取其正经雅言,理有难晓者,诸子异说,义或可凭,参而会之,以相研核。如异于此,则无论焉"①。

**四、记述纷乱,史家当善思**

一件史事,常不止一人记述,其身份有异,材料或文献或口碑或实物,势必异辞。考证之后,史家当善思。此为中西史学理论均涉及之问题。

刘知幾《史通·采撰》论记述之异道:"讹言难信,传闻多失。""夫同说一事,而分为两家,盖言之者彼此有殊,故书之者是非无定。"②"异辞疑事,学者宜善思之。"③刘知幾先说"讹言""传闻",后说"异辞疑事",皆为记述之异;后说"宜善思之",是指史家独断。修昔底德《伯罗奔尼撒战争史》第一章言记述之异:"诗人夸口吟诗,编年者销蚀真实,此等记述,崇尚臆想,非凭无用,皆未碍我。吾侪愤于此,可欣然于斑斑史迹,论古凿凿。"④修氏所谓"夸口""销

---

(接上页)Thucydides, *The History of the Peloponnesian War*, the first chapter, trans. Richard Crawley, J. M. Dent and Co., 1903, http://ebooks.Adelaide.edu.au/t/Thucydides/Crawley/chapter1.html, 24 Dec., 2014, accessed 16 Aug., 2015.

① 刘知幾撰,浦起龙释:《史通通释·疑古》,上海古籍出版社1978年版,第393—394页。
② 刘知幾撰,浦起龙释:《史通通释·采撰》,上海古籍出版社1978年版,第117页。
③ 同上书,第118页。
④ 原文为:"Assuredly they will not be disturbed either by the lays of a poet displaying the exaggeration of his craft, or by the compositions of the chroniclers that are attractive at truth's expense; the subjects they treat of being out of the reach of evidence, and time having robbed most（转下页）

蚀真实""崇尚臆想",与刘氏所谓"讹言""异辞疑事"无异;其言"皆未碍我""斑斑史迹,论古凿凿",同刘知幾"宜善思之"。总之,"虽古人糟粕,真伪相乱,而披沙拣金,有时获宝"①。

**五、精练史书,世家当取杂说**

史家善思史料后,何以在粗精之间,做精史著,此问题中西史学理论均涉及。

刘知幾《史通·暗惑》主取诸子杂说。刘知幾《史通·暗惑》曰:"盖精《五经》者,讨群儒之别义;练三史者,征诸子之异闻。加以探赜,然后辨其纰缪。"②刘氏以为征异闻、辨纰缪,以练史著。修昔底德自陈"颇费周折方得结论"。修昔底德在《伯罗奔尼撒战争史》第一卷第一章中说:"目击者不同,故同为一事,而记述乖异,颇费周折方得结论。乖异之见或由记忆缺失,或由偏袒太过。"③修

---

(接上页) of them of historical value by enthroning them in the region of legend. Turning from these, we can rest satisfied with having proceeded upon the clearest data, and having arrived at conclusions as exact as can be expected in matters of such antiquity." Thucydides, *The History of the Peloponnesian War*, the first chapter, trans. Richard Crawley, J. M. Dent and Co., 1903, http://ebooks. Adelaide. edu. au/t/Thucydides/Crawley/chapter1.html, 24 Dec., 2014, accessed 16 Aug., 2015.

① 刘知幾撰,浦起龙释:《史通通释·直书》,上海古籍出版社1978年版,第193页。
② 刘知幾撰,浦起龙释:《史通通释·暗惑》,上海古籍出版社1978年版,第588页。
③ 原文为:"My conclusions have cost me some labour from the want of coincidence between accounts of the same occurrences by different eye-witnesses, arising sometimes from imperfect memory, sometimes from undue partiality for one side or the other." Thucydides, *The History of the Peloponnesian War*, the first chapter, trans. Richard Crawley, (转下页)

氏所言"记述乖异""颇费周折方得结论",正是刘子玄之所谓"征诸子之异闻。加以探赜,然后辨其纰缪"。总之,"书有非圣,言多不经,学者博闻,盖在择之而已"①。

(接上页)J. M. Dent and Co., 1903, http://ebooks. Adelaide. edu. au/t/Thucydides/Crawley/chapter1.html, 24 Dec., 2014, accessed 16 Aug., 2015.

① 刘知幾撰,浦起龙释:《史通通释·杂述》,上海古籍出版社1978年版,第277页。

# 第49论

# 中西史学理论共通性之二：
# 进化论、怀疑论和校勘学

学界已达成共识，中西史学理论是完全不同的知识体系。事实上，多种原因造成的差异要比其本身更大。2016年8月，兰州大学举办"历史的理论、观念与叙事"学术研讨会，那时笔者提交了《中西史学理论相通性（一）——以史学功能、史料与史家别裁为例》，举例说明中西史学理论在史学功能、史料和史家别裁等方面具有共通性，其中一部分是本书第48论。但是，还有其他相关问题需要进一步讨论，这里以胡适试图打通中西史学理论为切口，就进化论、怀疑论和校勘学为着眼点，以见中西史学相通之情。

## 一、胡适以为中西进化论具有共通性

胡适曾以进化论为着眼点说明中西具有共通性。早在1917年，胡适发表《先秦诸子进化论》，其中引子就对进化论有界定，内容包括"天地万物的源起""自原始以来至于今日，天地万物变迁的历史""变迁的状态和变迁的原因"。"荒诞神怪的万物原始论，都不可算作进化论。进化论的主要性质在于用天然的、物理的理论来说明万物原始变迁一问题"。①

关于老子的进化论,胡适以为老子主张万物起于"道",即"无"。"无"即空虚、空间,但是"这个空间如何变成万物,这个虚无如何变成万有呢?这个问题,老子却没有明确回答"。"万物既成之后,一切变迁进退,都由万物自取自致,一切全归自然,其中并无一点天意"。② 在社会问题上,老子"把'退化'当作'进化',有许多流弊……这便是老子的缺点了"③。

关于孔子的进化论,胡适说:"孔子以'易'为起点,易即是'变易''变化',一部《易经》便是孔子的进化论。"④他分析道:"近代的物理学起于力学,而力学研究的大都是关于动、静等现象。孔子把'动静'作变化的原因,可算得为中国古代科学打下一基础。"⑤他依据《易经·系辞传下》关于渔猎时代、农耕时代、政治社会时代的论述,认为孔子"把全部历史当作一条古今不断的进化,由草昧蛮野时代进而成高等繁赜的文化"⑥。又说孔子"不主张复古,却极'好古'","温故正所以知新,并非教人复古,也非教人'食古不化'也"。⑦

关于《列子》中的进化论,《列子·说符篇》述鲍氏之子所谓"天下万物与我并生,类也。类无贵贱,徒以大小智力而相制,迭相食,非相为而生之,人取可食者而食之,岂天本为人而生之?"胡适以此为依据,叹道:"今《列子》这一段话,方可算是真正物竞天择的

---

① 胡适:《先秦诸子进化论》,《科学》1917年第1期。
② 同上。
③ 同上。
④ 同上。
⑤ 同上。
⑥ 同上。
⑦ 同上。

学说呢。"①

关于庄子的进化论,胡适以为"有等级次序的不同形,乃是生物进化论的起点",《庄子·逍遥游》中的"大小之辨"则表明"庄子的进化论也从'不同形'作起点"。② 又认为《庄子·寓言》之"万物皆种也,以不同形相禅"总括了达尔文物种起源说:"庄子这话,并非全是心中想象的结果,确实有科学的根据。"③他说,庄子所谓"万物皆出于几,皆入于几","正合近世生物学家'精子'之说",庄子所谓"种有几""程生马""马生人"等,"可作一篇'人种由来'读"。④ 后来,胡适在这个问题上放弃了他认定这是庄子"人种由来"的观点,可见于其1958年所写《中国哲学史》台北版自记,其中说:"此书第九篇第一章《庄子时代的生物进化论》,是全书里最脆弱的一章,其中有一节'述《列子》书中的生物进化论',也曾引用《列子》伪书,更是违背了我自己在第一篇里提倡的'史料若不可靠,历史便无信史的价值'的原则。我在那一章里述'《庄子》书中的进化论',用的材料,下的结论,现在看来,都大有问题。例如,《庄子·寓言篇》说:'万物皆种也,以不同形相禅,始卒若环,莫知其伦。是谓天均。'这一段本不好懂。但看'始卒若环,莫知其伦'八个字,这里说的不过是一种循环的变化论罢了。我在当时竟说'"万物皆种也,以不同形相禅",此十一个字竟是一篇物种由来'。这真是一个年轻人的谬妄议论,真是侮辱了《物种由来》那部不朽的著作了!"⑤现在回到《先秦诸子进化论》论《庄子》之《齐物》和

---

① 胡适:《先秦诸子进化论》,《科学》1917年第1期。
② 同上。
③ 同上。
④ 同上。
⑤ 胡适:《中国哲学史》,载《胡适全集》第5卷,安徽教育出版社2003年版,第536—537页。

《秋水》篇的进化论问题上,胡适说这两篇"含有着'体合'和适者生存的理想"①。又说《齐物》中"彼是方生"之说,"便是黑格尔的 dialecfic,又名'Syn-the Method'"②。胡适接着指出,庄子跟黑格尔一样秉持"命定主义"和"守旧主义"。③

关于荀子、韩非子的进化论,胡适据荀子《天论》,认为荀子"第一要教人征服天行以增进人类的幸福。第二要人勿须问万物从何处来的,但研究万物的性情变化,便够了",前者"是科学的目的",后者"是科学的方法"。④ 而《非相》则包含"'欲观千岁,则数今日'的意思"⑤。韩非受荀子影响,《五蠹》已具马尔萨斯的人口思想⑥,他们的历史进化论"被李斯推行到了极端,遂不免有大害"⑦。

从1915年起到1917年,胡适为获取哥伦比亚大学博士学位写《先秦名学史》,其中论述先秦诸子特别是庄子的进化论;1918年完成的《中国哲学史》第九编第一章为"庄子时代的生物进化论";1918年11、12月,他在《东方杂志》第11、12期上连续发表《庄子哲学浅释》,以西方近代生物进化论来解读《庄子》。这些内容几同于《先秦诸子进化论》。

其中,胡适在《东方杂志》1918年第11、12期上发表的《庄子哲学浅释》道出庄子进化思想包含西方近代生物进化论的元素系列。在《庄子》中,胡适以为《秋水》《齐物》言生物"自化",《寓言》谈"物种"渐变,《至乐》论生物天然变化,与胡适在其他地方宣讲的西方近代

---

① 胡适:《先秦诸子进化论》,《科学》1917年第1期。
② 同上。
③ 同上。
④ 同上。
⑤ 同上。
⑥ 同上。
⑦ 同上。

生物进化论完全吻合。不过,他指出《庄子》中的进化论和西方近代生物进化论的最大区别,在于生物适应环境问题上,西方近代生物进化论者除了看到被动的适应外,还认识到主动的适应,而"《庄子》的进化论,只认得被动的适合,却不去理会那更重要的自动的适合"。①

时至1931年1、2月,辟有专栏"生命哲学"(Living Philosophies)的美国期刊《论坛》(Forum)连载胡适《我的信仰》(What I Believe)。同年,西蒙与舒斯特出版公司(Simon and Schuster)出版《论坛》的专栏文章《生命哲学》,胡适所述也被收了进去。向真译之为汉文,收入上海良友图书印刷公司1931年出版的《今日四大思想家信仰之自述》②。胡适述其1904—1910年在上海求学,读严复翻译的穆勒《自由论》(On Liberty)、赫胥黎(Huxley)《天演论》(Evolution and Ethic),胡适因"适者生存"的进化论联想到《列子·说符》中的故事,即鲍氏之子所谓"天地万物,与我并生,类也。类无贵贱,徒以大小智力而相制,迭相食,非相为而生之,人取食者而食之,岂天本为人而生之?"胡适以为鲍氏之子的言论含有"适者生存"的理念。③

胡适是以西方进化论为尺度来衡量中国进化论的。1915年5月28日,他在《吾之择业》中说:"自今往后,当屏绝万事,专治哲学,中西兼治,此吾所择业也。"④《先秦名学史》前言里也说:"我从

---

① 胡适:《庄子哲学浅释(未完)》,《东方杂志》1918年第11期。
② 此书所收指"四大思想家"是胡适、韦尔斯、爱因斯坦和杜威。北京大学出版社1998年版《胡适文集》"第一册说明"述为《中国四大思想家的信仰之自述》,书名有误。
③ 胡适等著,向真等译:《今日四大思想家信仰之自述》,上海良友图书印刷公司1931年版,第21—23页。
④ 胡适:《吾之择业》,载《胡适全集》第28卷,安徽教育出版社2003年版,第148页。

欧洲哲学史的研究中得到了许多有益的启示。只有那些在比较研究中(例如在比较语言学中)有类似经验的人,才能真正领会西方哲学在帮助我解释中国古代思想体系时的价值。"①他又在导论里指出:"为反对独断主义和唯理主义而强调经验,在各方面的研究中充分地发展科学的方法,用历史的或者发展的观点看真理和道德,我认为这些都是西方现代哲学的最重要的贡献,都能在公元前5、4、3世纪中那些伟大的非儒学派中找到遥远而高度发展了的先驱。"②他要"借鉴和借助现代西方哲学去研究这些久已被忽略了的本国的学派"③。他关注的问题是:"为什么古代中国的自然的和社会的进化理论没有获致革命的效果,而达尔文的理论却产生了现代的思想。进一步说,我希望这样一种比较的研究,可以使中国避免因不经批判地输入欧洲哲学而带来的许多重大错误。"④

1918年蔡元培给胡适《中国哲学史》作序,说胡适"禀有'汉学'的遗传性","于西洋哲学史是很有心得的"。⑤ 胡适本人则在《中国哲学史》的导言里说:"我作这部哲学史的最大奢望,在于把各家的哲学融会贯通,要使他们各成有头绪条理的学说。我所用的比较参证的材料,便是西洋的哲学。但是我虽用西洋哲学作参考资料,并不以为中国古代也有某种学说,便可以自夸自喜。……须知东西的学术思想的互相印证,互相发明,至多不过可以见得人类的官能心理大概相同,故遇着大同小异的境地时势,便会产出大

---

① 胡适:《先秦名学史》,载《胡适全集》第5卷,安徽教育出版社2003年版,第4页。
② 同上书,第12页。
③ 同上。
④ 同上书,第13页。
⑤ 蔡元培:《〈中国哲学史大纲〉序》,载胡适:《中国哲学史大纲》上卷,上海商务印书馆1919年版,第1—2页。

同小异的思想学派。东家所有,西家所无,只因为境地时势不同,西家未必不如东家,东家也不配夸炫于西家。"①

胡适在中西兼治的过程中,以西方进化论反观中国学者的类似论述,揭示了进化论在西方和中国史学中都存在着。

## 二、胡适提出中西怀疑论的共通性

胡适还以中西怀疑论为着眼点考察中西相通性。1922年胡适作《演化论与存疑主义》②,其中有这样一段话:"达尔文与赫胥黎在哲学方法上最重要的贡献,在于他们的'存疑主义'(Agnosticism)。存疑主义这个名词,是赫胥黎造出来的,直译为'不知主义'。孔丘说:'知之为知之,不知为不知,是知也。'这话确是'存疑主义'的一个好解说。"③可见,胡适把《论语·为政》中孔子的这句话跟达尔文、赫胥黎的"存疑主义"对接上了。有意思的是,他接下来又说:"但近代的科学家还要进一步问,他们要问:'怎样的知,才算是无疑的知?'赫胥黎说,只有那证据充分的知识,方才可以信仰,凡没有充分证据的,只可存疑,不当信仰。"④之后胡适没有再举中国古人的言论,就其考虑中国学者在这个问题上的对接而言,确是缺憾。不过今天可以补上,还是用孔子的话,那就是《论语·八佾》中的耳熟能详的那段:"夏礼吾能言之,杞不足征也;殷礼吾能言之,宋不足征。文献不足故也。足则吾征之也。"孔子之语不正是典型的中国学者在认识历史问题上推崇充足证据

---

① 胡适:《中国哲学史大纲》上卷,上海商务印书馆1919年版,第31—32页。
② 根据1930年亚东图书馆出版的胡适自选《胡适文选》,该文落款为"十一,九,五",可知《演化论与存疑主义》作于1922年。
③ 胡适:《胡适文选》,亚东图书馆1930年版,第7页。
④ 胡适:《演化论与存疑主义》,载《胡适文集》第10册,北京大学出版社1998年版,第350页。

的言论吗？

1930年5月30日，胡适完成《王充的论衡》，在1931年1月至7月《现代学生》第1卷第4、6、8、9期上连载。他以为，《论衡》批判伪书、古书、天人感应论等，故"《论衡》的精神只在'订其真伪，辨其虚实'八个字"①。还说："王充的批评哲学的最大贡献就是提倡这三种态度——疑问，假设，验证。"②

可见，胡适完全以存疑主义来认知王充的《论衡》，并发现《论衡》具有类似于存疑主义的提出怀疑、提出假设、寻找证据验证假设的学说体系。

### 三、胡适指出中西校勘学的共通性

胡适又以校勘学分析中西共通性。1934年10月8日，胡适作《校勘学方法论——序陈垣先生的〈元典章校补释例〉》，发表在同年《国学季刊》第4卷第3期上。他推崇陈垣校补《元典章》是"中国校勘学第一次走上科学的路"③，是"'土法'校书的最大成功"④。值得注意的是，胡适看到了校勘学"土法"和"海外新法"的一致性，他说："必须有善本互校，方才可知谬误；必须依据善本，方才可以改正错误；必须有古本的依据，方才可以证实所改的是非。……以上三步工夫，是中国与西洋校勘学者共同遵守的方法，运用有精有疏，有巧有拙，校勘学的方法终不能跳出这三步工作的范围之外。援庵先生对我说，他这部书是用'土法'的。我对他说：

---

① 胡适：《王充的论衡（未完）》，《现代学生》1931年第6期。
② 胡适：《王充的论衡（续）》，《现代学生》1931年第8期。
③ 胡适：《校勘学方法论：序陈垣先生的〈元典章校补释例〉》，《国学季刊》1934年第3期。
④ 同上。

在校勘学上,'土法'和海外新法并没有多大的分别。"①当然,他也指出西洋校勘学之优越于中国"土法"的三个条件:"西洋古书的古写本保存得多,有古本可供校勘。""欧洲名著往往译成各国文字,古译本也可供校勘。""校勘之学比较普及。"相反,在中国"写本多被抛弃了","四方邻国偶有古本的流传,而无古书的古译本","工具不够用"。②

20世纪50年代,唐德刚访谈胡适,最终成《胡适口述自传》。胡适在《青年期逐渐领悟的治学方法》里说他的《论训诂之学》是约翰·浦斯格(John P. Postgate)《大英百科全书》(*Encyclopedia Britannica*)第11版中的"版本学"(Textual criticism)节译,不过浦斯格用雪莱诗集中的例子,而他则用中国的例子。胡适说:"浦文之所以对我别具吸引力的道理,便是中、西两方治校勘学的相同之处。……中西校勘学的殊途同归的研究方法,颇使我惊异。"③胡适所说的中西校勘学的相同之处就是"发现错误""改正""证明所改不误"。④

由此可以看出,具体到进化论、怀疑主义和校勘学上,胡适确实在论史学方法时采取了中西结合视角。当然,这涉及他是以西方学术来衡量中国学术,还是将双方置于平等的地位这样一个复杂问题。若要考量它,则必须联系胡适是全盘西化中国文化,还是调和中西文化这个更大也更为重要的问题。不过,这更大、更重要的问题已不是小文能够完成的了,或可俟来日另行探讨。

---

① 胡适:《校勘学方法论:序陈垣先生的〈元典章校补释例〉》,《国学季刊》1934年第3期。
② 同上。
③ 胡适:《胡适口述自传》,载《胡适文集》第1册,北京大学出版社1998年版,第296页。
④ 同上。

不过，就上述三个议题来看，我们还是能够做出区分的。在进化论问题上，胡适先是设定西方近代进化论这一框架，之后再把中国的《庄子》等具体文献材料塞进去，从而表明中西学者的进化论是一致的。在怀疑论问题上亦如此，上文已证明，不赘述。在校勘学问题上则没有此前情况，而是把中西双方并列看待的。

总之，进化论、怀疑说、校勘学是史学理论中不可或缺的内容，从这个意义上说，胡适在探讨中西史学理论相通性方面做出了贡献。换言之，胡适的这一工作展示了中西史学理论相通的一个侧面。

# 第50论

# 中西史学理论共通性之三：史学批评的"中正"

史学批评"是对有关史家、史书、史学现象等史学问题发表评论性、商榷性意见与见解"①，或称史学批判，也名史学评论。当然，历史上，"批判"被滥用，遭受误解，那是另外一回事。史学批评，可以微观地评论史著的史料、逻辑结构、理论方法、语言文字和社会倾向等，还可以宏观地判定史学家及其著作在史学史上的传承、地位、贡献和局限等。通常情况下，史学批评会出现极端对立的观点，而其本质都是偏颇的。因此，重新批评某一史学现象，从公正意义上说，就存在着去偏颇性问题，或者说如何才能避免偏执。其实，学术史上已有学者提出解决之策，即所谓"中正"。它确是史学批评要坚持的态度和原则。这里就章学诚、罗伯逊主张的"中正"即"Impartiality"问题展开讨论。

## 一、章学诚"中正"、罗伯逊"Impartiality"释义

章学诚《文史通义》详细论述过"中正"。学术本为整体，但确

---

① 瞿林东：《代序：史学批评的宗旨和史学文化的意义》，载瞿林东、葛志毅主编：《史学批评与史学文化研究》，黑龙江人民出版社2009年版。

实存在不同类型,史上曾分为考据、辞章和义理。一时期,某类走红,其他低落;另一时期则刚好相反,这均是极端现象。章学诚分析它产生的原因说,学有博学之考索、才健之属文、能思之言义理,它们随时兴替,皆因"天下不能无风气,风气不能无循环,一阴一阳之道,见于气数者然也"①。章学诚把学术走偏归因于气数、循环,有宿命之感,但他论及天下风气,把学术与社会联系起来,倒非虚言。学者不得不应对风气之变,即章学诚所谓"所贵君子之学术,为能持世而救偏,一阴一阳之道,宜于调剂者然也"②。

需要进一步拷问的是,学者如何应对风气之变呢?一种是徇名而为,"好名之士,方且趋风气而为学业,是以火救火,而水救水也"③。他在《天喻》中对此表示强烈不满:"后人不察其故而徇于其名,以谓是可自命其流品,而纷纷有入主出奴之势焉。汉学宋学之交讧,训诂辞章之互诋,德性学问之纷争,是皆知其然而不知其所以然也。"④章学诚语意明确:这种应对不值得提倡。

在他看来,学者应该认识到:"所贵乎识者,非特能持风尚之偏而已也,知其所偏之中,亦有不得而废者焉。"⑤既如此,那就要采取另一种趋向即"中正"。章学诚在《天喻》中说:"风气之弊,非偏重则偏轻也。重轻过不及之偏,非因其极而反之,不能得中正之宜也。"⑥在《说林》中他又道:"风尚所趋,必有其弊,君子立言以救弊,归之中正而已。惧其不足夺时趋也,而矫之或过,则是倍用偏

---

① 章学诚:《文史通义校注》,叶瑛校注,中华书局1994年版,第154页。
② 同上。
③ 同上书,第311页。
④ 同上书,第310页。
⑤ 同上书,第355页。
⑥ 同上书,第311页。

枯之药而思起死人也。"① 显然，这是他竭力主张的。上述之言尽管是针对整个学术走偏现象的，然而对于认识史学批评中的极端观点亦有启发，那就是偏颇的史学批评可能都是应时之结果，都是未采取"中正"所致。

章学诚之前，刘勰、刘知幾就已提出"中""正"来了。刘勰讲"正"，《文心雕龙·史传》论史学，提"析理居正"，指出："若任情失正，文其殆哉。"刘知幾讲"中"，《史通·论赞》曰："至若与夺乖宜，是非失中，如班固之深排贾谊，范晔之虚美隗嚣，陈寿谓诸葛不逮管、萧，魏收称尔朱可方伊、霍；或言伤其实，或拟其非伦，必倍加击难，则五车难尽。"《史通·烦省》则批评"史之烦省不中"。章学诚"中""正"联用，是否直接受刘勰、刘知幾影响不敢妄断，但刘知幾读过刘勰《史传》，章学诚读过刘知幾《史通》，当不容置疑。

与章学诚同时代的苏格兰启蒙时期史学家威廉·罗伯逊在著史中也碰到章学诚提及的类似问题，同样主张中正。在《苏格兰史》第一版序言里，罗伯逊开宗明义："由于玛丽在位期间几乎所有事情，都成为被怀疑和有争议的主题，对立双方的热切精神很快揭示，没有更为可信和中正(impartial)的证据，那就什么问题也不能准确地决定下来。"② 他话中讲的事实大概是苏格兰女王玛丽一世在位期间，其国家在法国和英格兰的夹缝间生存，国内新教、旧教纷争不已，贵族干政之事屡屡发生。玛丽的支持者和反对者这两大派别的代言人带着复杂的政治和宗教感情，他们留给后人的记载中，对玛丽一世有截然相反的叙述和判断。早在《苏格兰史》出版四年前的1755年，罗伯逊就在《爱丁堡评论》上发表文章，评论

---

① 章学诚：《文史通义校注》，叶瑛校注，中华书局1994年版，第352页。
② William Robertson, "Preface to the First Edition", in *The History of Scotland*, Vol.1, Routledge/Thoemmes Press, 1996, p. VI.

大卫·莫耶斯(David Moyses)《苏格兰事务回忆录》(*Memoirs of the Affairs of Scotland*),其中有这样一段话:"在两党之间,固执者几乎只是试图对苏格兰历史上相反观点进行批判性探讨的人,被其偏见所限制,被其不满所蒙蔽,他们没有做出一点进步,没有一点发现。人的天赋要优于这样的限制、这样的激情、历史学家的误述和记录的不完美,将常常在热情或者恶意洒向真相的伪装下发现真相。"①这段话实际上是未用"中正"而表达出"中正"的含义。罗伯逊在写这段历史时碰到了严重的困难,不过他采取了"中正"(Impartiality)之策。

关于"Impartiality"在史学中的语意,詹姆斯·波斯威尔(James Boswell)于1772年6月《伦敦杂志》(*The London Magazine*)上发表的《关于罗伯逊博士近来品质的怀疑》(Sceptical Observations upon a Late Character of Dr. Robertson)有过解释:

> 人们必须以人类灵魂提供的不同旨趣和方式去阅读和写作。②
>
> 必须花费气力去研究材料,就每一方情形做公正和中正(impartial)的平衡,只有这样才能弄清所记事件和人物的真相。③

---

① William Robertson, *Miscellaneous Works and Commentaries*, ed. Jeffrey Smitten, Routledge/Thoemmes, 1996, p.62.
② 原文为:"It must not only be read, but it must be written by men of all the various tastes and ways of thinking, which the diversities of the human mind afford." Ibid., p.211.
③ 原文为:"We must have a laborious investigation of material, a judicious and impartial balancing of circumstances on each side, from which only the truth of recorded events and characters can be ascertained; we must have profound reflection and acute discrimination." Ibid., pp.213-214.

他提到"不同旨趣和方式""公正""平衡",因此"Impartiality"与汉语"党同伐异"语意相反,与"不偏不倚""折中""中正"意义相近乃至相同。尽管罗伯逊所指为具体的历史认识,而章学诚则指向学术总体趋势,然而其本质是一致的。可见,罗伯逊的"Impartiality",本质上就是章学诚的"中正"。

## 二、章学诚和罗伯逊以"中正"论史者举例

以中正来论史,往往可取得意想不到的收获。这里举章学诚和罗伯逊论史之例,以见其情。

章学诚论戴震之学为显例。戴震身后,有横肆骂詈之者,也有尊奉之而太过者,都是偏颇之举。章学诚以为,前者不足为戴震累,后者不免为戴震愚。他以为,真正的戴震"深通训诂,究于名物制度,而得其所以然,将以明道也。时人方贵博雅考订,见其训诂名物,有合时好,以谓戴之绝诣在此。及戴著《论性》《原善》诸篇,于天人理气,实有发前人所未发者,时人则谓空说义理,可以无作,是固不知戴震学者矣"[1]。这就是后人有尊有詈的原因。章学诚还指出,其实在戴震眼里,义理高于训诂,不过他"于史学义例、古文法度,实无所解,而久游江湖,耻其有所不知,往往强为解事,应人之求,又不安于习故,妄矜独断"[2]。他对戴学这一番评论是所谓中正也,除诋戴震短于史学义例、古文法度外,关于戴震学术中训诂与义理孰重及其当时遭遇的评论均为梁启超《清代学术概论》所继承。

得克萨斯理工大学的杰夫莱·斯密顿(Jeffrey Smitten)曾撰

---

[1] 章学诚:《文史通义校注》,叶瑛校注,中华书局1994年版,第275页。
[2] 同上。

文《罗伯逊〈美洲史〉中的中正》(Impartiality in Robertson's *History of America*),发表在《18世纪研究》(*Eighteenth-century Studies*)1985年8月第19卷第1期上,讨论罗伯逊《美洲史》中正地研究历史的态度。确如杰夫莱·斯密顿所言,罗伯逊写西班牙征服美洲史取中正之策。他分析1532年皮萨罗屠杀秘鲁人就是这样,恕不详述。

罗伯逊的中正之做法,在《苏格兰史》《查理五世在位时期的历史》中也有体现。这里举前书中的例子予以说明。《苏格兰史》第八编后有《关于杀害亨利亲王和女王致伯斯韦尔信真实性的考证性讨论》。这是一篇体现其中正思想方法的长文。罗伯逊指出,他并不想陷入因杀害亨利亲王或者玛丽女王致信伯斯韦尔所引起的任何争论,而是重复、揭露所有不大能立住脚的主张,这些疏忽、偏见、恶毒和不诚实让他感到厌倦。但是,为了帮助其他人就争论中的事实形成自己的判断,他还是付出"与他在《苏格兰史》中其他争议点上所付出的同样的重视和中正态度,尽量简短地陈述各方征引的证据"①。

关于谁是杀害亨利亲王的凶手,苏格兰学术界存在两种说法,一种认定伯斯韦尔策划和实施了犯罪,另一种以为罪犯是莫雷(Murray)伯爵和茂顿(Morton)伯爵及其同党。罗伯逊意识到,历史事实"处于孤立状态,无论它们确实是什么,故事的结构都保持原样",但是"无论是否与可能性相一致,或者是否为恰当的证据所支撑,一个历史体系或许可用两种不同方式加以尝试"②。这就道出历史事实被后人随意结构的可能性,实际上也说明他选择中正

---

① William Robertson, *The History of Scotland*, Vol. 2, Routledge/Thoemmes Press, 1996, p.315.
② Ibid., p.316.

思想方法的必要性。罗伯逊重复这两种说法的叙述结构,认为前一个说法有可能性,而后一个说法有疑点,因为莫雷杀害亨利的理由不充分。接着他就其依据的事实加以考证,探讨了女王自己杀死丈夫的必要性。他说:"很容易发现,玛丽和伯斯韦尔从亲王去世那里可以获得诸多好处。除了他们之外,这个王国没有谁,也没有哪个派别能从中得到哪怕一丁点好处。因此,伯斯韦尔杀了亲王。那个年代,尽管没有关于玛丽品行的根据,然而她赞成这一行为。"①"女王在丈夫死后所采取的步骤强化了这一设想。"②然而,他从外部和内部两个方面考证了玛丽写给伯斯韦尔书信的真实性,结论是现已公开的玛丽写给伯斯韦尔的信中,有些不是出自玛丽之手;即使在确定是玛丽写给伯斯韦尔的信中,也没有证据表明玛丽与伯斯韦尔合谋杀害其丈夫。

　　因此,罗伯逊认为:"在陈述双方证据之后,就相反的事实做出如此之长的考量之后,也许现在应该做出决断。我认为,只能有两个结论,那是从已经阐释了的事实中引发出来的。"③一个结论是,伯斯韦尔受其野心或者爱情的驱使,受女王对丈夫明显厌恶的鼓励,以为她要依附自己,谋杀玛丽的丈夫。尽管玛丽的初衷并非如此,然而她没有对伯斯韦尔表示不满,没有谴责他干傻事,而是把这视为伯斯韦尔关心自己的标志,违背正派和谨慎原则,并自愿与伯斯韦尔结婚。因此无论如何她都不是无罪的,她事实上认可了伯斯韦尔的行为。另一个结论是莫雷及其追随者认为伯斯韦尔伯爵是这场恐怖事件的主要实施者,它还不能称为谋杀,只是针对亲王亨利的犯罪。亨利的躁动不安令人难忘,女王认为丈夫平淡无

---

① William Robertson, *The History of Scotland*, Vol. 2, Routledge/Thoemmes Press, 1996, p.331.
② Ibid.
③ Ibid., p.383.

奇、荒唐可笑，于是有预谋地劝说和命令伯斯韦尔实施了罪行。罗伯逊最后说："这两个结论，哪一个与得出它的证据相符合，我还是留给读者自己去决定吧。"①当然，这里所说他的中正不是指在杀害亨利的凶手问题上认定是伯斯韦尔还是莫雷伯爵，而是指他在排除其他可能后剩下的两个结论中不明确选择其一。罗伯逊的这一工作表面上是在考订事实，实际上则暴露了已有史识的偏颇。

从章学诚评判戴震学术、罗伯逊分析谁是杀害亨利的凶手这两例来看，中正的学术前提是存在着截然相反的观点，而中正的落脚点是得出不同于任何一方的结论，是为一家之言。这就是刘知幾《史通·采撰》所说的："自古探穴藏山之士，怀铅握椠之客，何尝不征求异说，采摭群言，然后能成一家，传诸不朽。"可见，中正地开展史学批评，并不意味着仅仅将已有的两种极端观点各责五十大板，更要提出评论者的独特论断。

### 三、"中正"对于史学批评的意义

学术上的矫枉过正是时代的产物，时代本身就是在否定之否定中推进的。史学批评受社会环境影响，有论者研究当代史学评论时曾精辟地指出："正常的社会环境下，史学批评就是一个积极有效的力量，起到维护史学健康发展的作用；非正常的社会环境下的史学批评，就会成为戕害史学发展的破坏力量。"②如此说来，后人在重新批评某史学现象之时，更应当自觉地审视非常时期的学术观点和结论，发现它在哪些地方丧失公正、制造偏颇，这正印证了文中章学诚提出的"中正之宜"和罗伯逊提出的"Impartiality"

---

① William Robertson, *The History of Scotland*, Vol. 2, Routledge/Thoemmes Press, 1996, p.384.
② 邹兆辰：《史学批评与社会环境》，载瞿林东、葛志毅主编：《史学批评与史学文化研究》，黑龙江人民出版社2009年版，第264页。

问题。

每一个时代都有最突出的特征和最受关心的问题,可称之为"时代主题"。这时代主题随着连续强化而意识形态化,就产生了西方学者习称的"时代精神",章学诚所说的"天下风气",梁任公《清代学术概论》所名的"时代思潮"。时代的否定之否定,导致"时代精神""天下之气"或"时代思潮"的否定之否定,表现在学术上就是不同利益集团各执一词、互相攻讦。耿淡如以西方近代史学,特别是文艺复兴时期政治修辞派与博学派、伏尔泰学派与兰克学派为例,把这种现象总结为"钟摆现象"。① 所谓钟摆现象,其实就是"矫枉过正""过犹不及",从一个极端走向另一个极端,也就是章学诚所说的"矫之或过""不能得中正之宜",罗伯逊说的"偏见""误解""偏颇"。既如此,在开展史学批评之时,批评者要自觉意识到批评对象中可能存在的极端观点,从而抱着中正的态度,"对同一批评对象有所肯定,有所否定",这样,才不至于迷失于极端观点之中。②

中正本是一种态度、原则、立场,也是一种方策。无论出于何种目的,历史认识总有两个极端的存在:"文革"中,吕后被吹捧为有头脑、有策略的杰出女政治家,对西汉初年政治、社会稳定繁荣做出贡献;而"文革"结束后,人们一反前观,说她残忍、刻毒,把吕后看成一心想当女皇的野心家、阴谋家。改革开放前的很长一段时间里,李鸿章被斥为"一意主和""卖国""大买办";但是1979年以后对李鸿章的评价一反传统,他被说成"向中国近代化迈出第一步的代表人物","揭开了中国近代化的序幕","中国近代化军事改

---

① 耿淡如:《资产阶级史学流派与批判问题》,《文汇报》1962年2月11日,第3版。
② 瞿林东:《代序:史学批评的宗旨和史学文化的意义》,载瞿林东、葛志毅主编:《史学批评与史学文化研究》,黑龙江人民出版社2009年版。

革的先驱"。关于中国农民战争在历史上起到什么作用也是如此,改革开放前说它是中国封建社会发展的唯一或者真正动力,改革开放后又有人说它破坏生产力。既然历史认识是钟摆,在批评之时不妨采取中正策略,依照钟摆垂直位置对两种极端做出判断。其实,历史上的吕后、李鸿章、农民战争,跟那些极端观点都不完全符合,反映出这些历史认识的偏颇性。这就是"对比较研究的对象做全面的、辩证的分析"①。

总之,正如刘知幾《史通·采撰》所云:"夫同说一事,而分为两家,盖言之者彼此有殊,故书之者是非无定。"他主张:"异辞疑事,学者宜善思之。"这里不妨再附加一句,如何思之呢?那就是抱中正态度、持中正原则、取中正立场、以中正方策,去批评之。当然,这种中正的批评要有证据、讲道理,只有这样,才能真正实现批评的宗旨,即"对批评对象的评价和商榷"②,从而推动史学的进步。

---

① 瞿林东:《代序:史学批评的宗旨和史学文化的意义》,载瞿林东、葛志毅主编:《史学批评与史学文化研究》,黑龙江人民出版社2009年版。
② 同上。

# 跋语

初识西方史学史,是20世纪80年代中期在安徽师范大学徐正老师开设的本科生"西方史学史"课程讲堂上。徐老师授课有板有眼,时有深入探究,令人难忘。他和侯振彤主编的《西方史学的源流和现状》曾享盛名。进一步认识它则是10年后给淮北煤炭师范学院历史学本科生开设的课程中,为了讲好这门课,不得不系列阅读欧美史学名著,不得不参考学界现有的研究成果,自我感觉这方面知识有所增益。然真正进行探究性学习,那还是又一个10年后的20世纪末追随张广智先生学习西方史学史。

张师课堂讲授和课后聊天,除传授知识外,更重要的是潜移默化地使学生明白治西方史学的理念和方法,让后学受益无穷。特别令人感动的是,他的鼓励和鞭策使我从复旦毕业后没有懈怠,先后参与全国统编教材《西方史学史》的编纂,承担《西方史学通史》第四卷的撰写,乃至写作《近代以来中外史学交流史》的部分章节。张师有《超越时空的对话:一位东方学者关于西方史学的思考》《克丽奥的东方形象:中国学人的西方史学观》,吾这本小书的题名为《对话克丽奥:西方史学五十论》显然受其启发。总之,没有张先生的影响、指导、帮助、鼓励和鞭策,很难想象我还能够坚持学习西方史学史至今。

从复旦毕业以至今日,时光倏忽20余年,青春已逝,然离张师要求差距较大,难免让人唏嘘不已。好在出版《鲁滨逊新史学派研究》《西方史学通史·近代时期上》《启蒙时期苏格兰历史学派》,还不时发表单篇论文,现在就想把这些论文辑在一起,希望能够打发同人偶尔空闲的日子。另外,自信课程讲稿中一些地方有自己心得,故也一并抽出,与发表的论文一起重做逻辑建构,分总论、史家、史著、学派、融通五部分。

文章、讲稿写于不同时期,适用于不同对象、媒体及其栏目要求,故而体例有异、风格不同,征引材料也有时代印记,此次编辑尽量保持原貌,不加修订;不过鉴于要与时俱进,因此部分文字特别是已经发表的文字不得不做一些修订。

最后要感谢张师赐序,他的提携让小书增色不少;感谢复旦大学出版社的编辑,有了她们的帮助和辛勤付出,小书才得以早日面世。

李勇

2024年1月16日

图书在版编目(CIP)数据

对话克丽奥:西方史学五十论/李勇著. -- 上海:复旦大学出版社,2024.10. -- ISBN 978-7-309-17501-1

Ⅰ.K091

中国国家版本馆 CIP 数据核字第 2024YS3464 号

**对话克丽奥:西方史学五十论**
李　勇　著
责任编辑/赵楚月

复旦大学出版社有限公司出版发行
上海市国权路 579 号　邮编:200433
网址:fupnet@fudanpress.com　http://www.fudanpress.com
门市零售:86-21-65102580　团体订购:86-21-65104505
出版部电话:86-21-65642845
上海盛通时代印刷有限公司

开本 890 毫米×1240 毫米　1/32　印张 19.25　字数 465 千字
2024 年 10 月第 1 版
2024 年 10 月第 1 版第 1 次印刷

ISBN 978-7-309-17501-1/K · 836
定价:98.00 元

如有印装质量问题,请向复旦大学出版社有限公司出版部调换。
版权所有　侵权必究